מה אתה יודע על געגוע

הדסה בן ארי

מה אתה יודע על געגוע

נשות נופלים ממלחמות ישראל מספרות אהבה

טובי

Hadassa Ben Ari
What Do You Know About Longing?
Wives of Israel's Fallen Soldiers Talk About Love

הדסה בן ארי
מה אתה יודע על געגוע: נשות נופלים ממלחמות ישראל מספרות אהבה

עורך אחראי: ראובן ציגלר
עורכת ראשית: אוריה מבורך
עורכת משנה: אפרת גרוס
ייעוץ תוכן: ענת לב־אדלר
עריכה לשונית: שרה המר
הגהה: אביחי גמדני
עימוד: רינה בן גל
עיצוב עטיפה ועיצוב גריד העימוד: שמואל לעסרי

ספרי טובי, הוצאת קורן
ת״ד 4044 ירושלים 9104001
טל׳: 02-6330530 פקס: 02-6330534

office@korenpub.com
www.korenpub..co.il

מסת״ב ISBN 978-965-526-405-0

נדפס בישראל Printed in Israel 2025

תוכן עניינים

כַּנִּרְאֶה שֶׁאֶצְטָרֵךְ לַעֲצֹם אֶת הָעֵינַיִם שׁוּב וּלְהוֹצִיא
קְלָף
וְאָז אֵצֵא מֵעִוְרוֹנִי כְּדֵי שֶׁאוּכַל לְהַגִּיד
שֶׁבָּחַרְתִּי בְּךָ בְּעֵינַיִם פְּקוּחוֹת.
קָרָאתִי פַּעַם עַל אִשָּׁה שֶׁהִתְחַתְּנָה עִם דּוֹלְפִין וְצָחַקְתִּי
נוֹרָא
כַּמָּה אֲנַחְנוּ דּוֹמוֹת.
כָּל אֶחָד מִתְחַתֵּן עִם הַדִּמְיוֹן שֶׁלּוֹ,
אַף אֶחָד לֹא רוֹצֶה לְהִתְפַּכֵּחַ בַּבֹּקֶר כְּשֶׁיְּשֵׁנִים כַּפִּיּוֹת.
מִילְיוֹנֵי אֲנָשִׁים כָּתְבוּ שִׁירִים עַל אַהֲבָה,
מִלְיַארְדִּים אֲחֵרִים לֹא שָׁמְעוּ עָלֶיהָ מֵעוֹלָם, קָרְאוּ לָהּ
אִינֶרְצִיָּה
הֶרְגֵּל
בִּטָּחוֹן
זֶה־מָה־יֵּשׁ.
אֲנִי קוֹרֵאת לָהּ כָּבוֹד, בְּחִירָה, אֶחָד.

לכל המבקשים והמבקשות אהבה ששווה לחיות למענה.

הקדמה
מה אני יודעת על געגוע

בשנת 2008, כשמלאו לי עשרים והייתי ערב החתונה שלי, עשיתי לראשונה את דרכי במסדרונות האקדמיה כסטודנטית לתקשורת ומדעי המדינה.

כשהתבקשתי לחשוב על נושא לעבודה סמינריונית בתקשורת, היה לי ברור מאוד מה אחקור: איך סרטי דיסני משפיעים על תפיסות האהבה שלנו.

בעולמות של דיסני, אהבה היא נסיכה צרת מותניים מחובקת בזרועות אביר שמגיע על גבי סוס או כרכרה וחוטף אותה לרחבת הריקודים בעיצומו של נשף נוצץ.

הנסיך לעולם אינו עייף ונרגן, לעולם אינו טוען שהנסיכה רוקדת לו על העצבים ואינו מנסה להימלט לפגישת עבודה מאחר צוהריים עם הילדים.

הנסיכה אף פעם לא צועקת עליו שיפנה כבר את הזבל, שיחזור לראות אותה כמו בהתחלה ושעכשיו התור שלה לחטוף איזה שנ"צ כי היא נופלת מהרגליים.

השניים האלה, על המסך, תמיד נראים טוב, הכרס שלהם לא מתפתחת עם השנים והחיוך נותר צחור למרות כל הקש שהם אוכלים. בפנטזיות של הלב אפשר ממש להאמין להם שכך נראית אהבה. אבל בהיגיון ובניסיון, כולנו יודעים שהם, ובכן, חיים בסרט.

הגשתי עבודה לא רעה ולשמחתי וגם לצערי הציון היה מעולה. כלומר ההנחות שלי היו מדויקות. ובעוד המרצה שאלה מתי אחקור את הנושא בעבודת התזה, רק שאלתי את עצמי מתי נפגוש בפריים טיים אהבה אמיתית שתספר לנו משהו גם על עצמנו.

עם תחילת מלחמת "חרבות ברזל", כשראיתי אלמנות צעירות ויפהפיות בוכות על הקברים, חשבתי לעצמי, וואו, איזו אהבה בטח הייתה להם! אלו יפות התואר שהיו נשואות ליפי הבלורית, ויד אכזרית גדעה את אהבתם בתחילת החיים.

אבל, ציינתי לעצמי, גלימת העוז והצער שהזוגות הללו נעטפים בה באופן מיידי, מכסה ומעלימה מהתודעה את משברי היומיום שהם ודאי חוו, כמו שקורה בכל זוגיות. עכשיו, כשהם גיבורים והן אלמנות וכולם קדושים, קשה לנו להעלות בדעתנו שהוחלפו ביניהם המילים למה בכלל התחתנתי איתך, או – נמאס לי ממך תחזור לאמא שלך, או די, אנחנו צריכים להתגרש. אנחנו כבר לא רואים את הבקיעים, לא את זה שהיא התנגדה למלחמה בעזה ועדיין תמכה בו כשהוא יצא למילואים, או שהם רבו בראש השנה ולא השלימו עד הרגע שבו הוא עלה על מדים ויצא מהבית בשבעה באוקטובר, או שהקשר שלהם היה מורכב מפוסט טראומה ובגידות ומבחירה זה בזה בכל יום מחדש.

וחשבתי לעצמי שהגיע הזמן לספר גם את האמת שמאחורי האהבה. שאם הגיעו לפריים טיים אנשי לב, אמיצים, אנשים שמסרו את גופם ונפשם, את זוגיותם ואת חייהם למען העם והמולדת, גיבורים בעל כורחם, אני רוצה לשמוע מה יש לאלמנות שלהם להגיד על אהבה. כלומר, על איך נראית אהבה של החיים, לא רק הציור של האהבה שמצטייר בדמיון שלנו אחרי מוות הירואי.

אז בשנה האחרונה יצאתי למסע שבמסגרתו נפגשתי עם עשרות אלמנות שהגברים שלהן נפלו במערכות ישראל. אלמנות ממלחמות ששת הימים, ומלחמת ההתשה, מיום הכיפורים, ומלבנון השנייה, מצוק איתן וחרבות ברזל.

השכול הוא לא אונייה שמישהו שש לקפוץ עליה, וכשראיתי אותן מושלכות לתוכה, רציתי לחבק איתן את הכאב הזה. וגם ללמוד משהו על עצמי. הפגישות שלנו התקיימו בשעה שעוד ועוד חיילים שלנו נופלים בקרב או נלחמים על חייהם בבתי החולים. הדמעות עמדו בינינו ונשארו תלויות גם אחרי שכל המילים כבר נאמרו ונכתבו. יש מקומות בין הדפים שתוכלו ממש לגעת ולהרגיש אותן, חמות ובלתי מנוחמות.

בסופו של דבר, נאספו אל בין דפי הספר סיפורי האהבה של שמונה עשרה נשים כנות ומטולטלות, שהתרגשו מכך שסוף סוף הן נשאלות לא רק עליו, אלא גם על עצמן בתוך האהבה שהייתה ואבדה.

בין המשתתפות גם עדנה סרוסי נגה, ארוסתו של הדר גולדין שנפל בעזה ונשאר בה חלל שבוי. כששמעתי אותה, שמעתי את קולן של החברות והארוסות שאולי לעולם יהיו במידה מסוימת שקופות עבורנו בשל מעמדן הכאוב והמיוחד. הספר הזה מוקדש להן.

על ספינת השכול הטרופה שמיטלטלת כבר עשרות שנים במימיה הסוערים של מדינת ישראל, אנחנו יכולים לקפוץ עכשיו לרגע, להציץ ולאמץ לקרבנו כל מה שנוכל ללמוד על אהבה, שבר וחיים.

אני רוצה להודות בראש ובראשונה לאלמנות שהתראיינו לספר ושפתחו את הכתוב פעם אחר פעם כדי לאשר אותו. ואף על פי שהן הוצפו בכל פעם מחדש, הן עשו זאת עבור האהובים שלהן ועבורנו, ואני מקווה שגם עבורן. בזכותכן אנשים ירצו לחבק את האהובים שלהם, הם יזכרו את מה שחשוב ולא ייתנו למים רבים לשטוף את האהבה שלהם, את החיים שלהם. בזכותכן.

שימו לב שהאלמנות וקרוביהן מופיעים בשם בדוי, למעט סיפוריהן של: אורה קפלן, איריס חלפון, מיכל קסטן קידר, יעל נאמן ועדנה סרוסי נגה.

תודה **לשירה שמעון**, חברת הנפש הוותיקה שלי שיצאה איתי למסע הזה ודחפה אותי, ויצרה קשר עם האלמנות והחייתה אותי ימים רבים. תודה שהיית המקום עבורי לעבד את המסע שלהן ואת המסע שלי.

תודה **לאוריה מבורך**, העורכת הראשית של הוצאת טובי־מגיד־קורן. את מעיין נובע, את האישה האידיאלית (אל תמחקי לי את זה בבקשה!), וכשראיתי אותך ידעתי שאנחנו החברות הכי טובות ולכן אפקיד את הספר בידייך.

תודה **ליהושע מילר**, המנכ״ל שלנו, האיש והלב. אתה יודע שהיית איתי בכל עמוד, נכון? ועכשיו לקחתי אותך איתי לחיים. תודה **לראובן ציגלר**, ראש המערכת, איש החזון, בעל האכפתיות הנדירה והמקצועיות האינסופית. תודה **לענת לב אדלר**, הדבר הכי טוב שקרה לספר הזה! קיבלת את התפקיד לשמור עליי מפני עצמי, חידדת אותי ועשית אותנו יפים. אל

תשכחי מי הראשונה שגרמה לך לעלות על כזאת רכבת הרים. תודה ל**אפרת גרוס** עורכת המשנה הלבבית שלנו! תודה ל**שרה המר** עורכת הלשון, ל**רינה בן גל** על העימוד, ל**אביחי גמדני** על ההגהה, היינו צריכים לשלם גם על תוספת סיכון עם החומרים האלה, הא? תודה ל**אוולין לנדאו** ו**שי לירן** המתמללות המסורות שלנו. תודה ל**שמואל לעסרי** על עיצוב העטיפה. תן לי משהו מהיצירתיות שלך!

תודה לחברים ולחברות שליוו אותי. הרב ליאור אנגלמן, יובל אברמוביץ', יאיר אגמון, רמה בורשטיין, יוני אופיר, עודד ומרב פרלשטיין, עידו מור, שולמית פלזנר. אבי גז, הספר היה נראה אחרת לגמרי בלעדיך, ויעל שבח (אני לא יודעת, אולי בעצם את אחות ביולוגית שלי?).

תודה לנשים היפות והטובות מחבורת הלימוד השבועית שלי שעזרו לי לעבד את השבר לתורות ותפילות. תודה לכל החברות שלי, צריך להקדיש לכן פרק, על מה שאתן בעולם שלי. עכשיו אפשר לשבת לקפה.

תודה למשפחה שלי, לאחים ולגיסות ולגיס שלי, שלא הפסיקו להחזיק לי ידיים גם כשאמרתי שאין לי זמן וסבלנות אליהם כי אני דוהרת קדימה. תודה לסבתא **חנה צוקר**, אמא **הני רגב**, אחותי **אילת שורץ** וחמותי **לאה בן ארי**. שרשרת של נשים חזקות ויפות, לא שפויות במידה הנכונה והקרקע לכל מה שאני.

לאלוהים, שהחיה אותי. אני חושבת שדוד המלך כתב עליך ועליי, תָּשׁוּב תְּחַיֵּינִי וּמִתְּהֹמוֹת הָאָרֶץ תָּשׁוּב תַּעֲלֵנִי.

אחרונים חביבים, נועזים ומעוררי השראה, הילדים שלי שמכוחם ולמענם אני יוצאת לכל המסעות בחיי. **שיר ציון, ברוך חי, משה, מרים, אהבה, שלום ואורי־שושנה**. הספר הזה יוצא לאור מתוך הנתינה וההקרבה שלכם. תודה. ועכשיו אני מבטיחה ללמוד לשחק בפלייסטיישן.

זה הדבר שהיה במרכז הזוגיות שלנו כל הזמן, המשחק כביכול בין האהוב החי לאהוב המת, ההשוואה בין שניהם, הטרגדיה שהפסיקה את סיפור האהבה הראשון שלי והעניקה לי את סיפור האהבה השני שלי.

// אדוה יהלום, שם בדוי

לחיות עם שתי אהבות

אדוה יהלום

בת 42, חברתו של סמ"ר זיו בנימיני ואלמנתו של סא"ל עומר יהלום.
אמא לחופית (16), יניב (13), אור (10) ומרוה (6).

פעילות מבצעית בעזה (בנימיני) * חרבות ברזל (יהלום)

אחרי הפרק הראשון שלי עם זיו שאלתי את עצמי איך אני אמצא מישהו, איך אני אמשיך לחיות אחרי שהוא נהרג, איך אני אמצא אהבה. ואז הגיע עומר, אהבת חיי השנייה.

ואחרי שעומר נהרג, אמרתי לעצמי מהרגע הראשון שאני יודעת שאני אמשיך בחיים עם כל הכאב והעצב. אני יודעת שעוד יגיע לי פרק חדש. אני כל כך מאמינה בזה ורוצה את זה. למרות שהיו לנו חיים שלמים ביחד, והיינו הרבה זמן ביחד. אני מבינה היום שהחיים ממשיכים.

החיים שלי נראים כמו סרט. לא בחרתי בזה. אבל זה מה יש. ומפה אני בוחרת איך לחיות אותם. וברור לי כמו השמש שזורחת, ברור לי שאני רוצה לחיות. רוצה לחיות טוב, רוצה לחיות שמח, רוצה שהבית יהיה שמח ושהילדים שלי יהיו שמחים.

עומר ואני התחתנו בשבעה באוקטובר 2007. החתונה שלנו הייתה כל כך

יפה, והתקיימה בגן אירועים פתוח מהמם וטובל בטבע, בדיוק כמו שרצינו. התעקשנו שכל האירוע, כולל החופה והריקודים, יתקיים בחוץ, ולאורך כל השבוע שלפני היינו במתח, כי אמרו שירד גשם. בסוף היום שלנו היה יום מושלם.

עומר היה החבר הכי טוב של זיו, אהבת חיי הראשונה והאדם שאיתו עמדתי להתחתן. עם זיו רק דיברתי על חתונה.

הוא עשה את המסלול המפרך של שייטת 13 וחשבנו שאחרי שהוא יסיים אותו, נוכל למצוא את הזמן הנכון להתחתן. אבל לא הספקנו. עומר, החבר הכי טוב של זיו, היה האדם הקרוב והנכון לתמוך בי אחרי שהוא נפל.

הייתי בת שירות לאומי כשהכרתי את זיו. התנדבתי בקיבוץ שסמוך לקיבוץ שלו. וחברה טובה שלי החליטה שאנחנו מתאימים, למרות שהגעתי מבית דתי והוא היה חילוני לגמרי, לא מכיר את הדת ולא יודע כלום. וככה נפגשנו והתאהבנו. היה בינינו חיבור מדויק ומושלם. באמצע שבוע לא נפגשנו בכלל כי הוא היה בשייטת ובסופי שבוע בילינו כמו שצריך. אהבנו מאוד לצאת ביחד עם חברים למסיבות בשישי בערב בפאבים של הקיבוץ. ותמיד סביב שלוש בלילה בדרך חזרה היינו עוצרים בדוכן נקניקיות שפתוח כל הלילה, קונים לחמנייה עם נקניקייה וממשיכים הביתה. היינו צעירים בלי דאגות על הראש והיה לנו כל כך כיף.

בשבת בבוקר הכיף שלנו היה להיות ביחד בבית או לנסוע למסעדה תאילנדית שנורא אהבנו. היינו לוקחים משם אוכל וממשיכים לאמא של זיו. ובנסיעות תמיד שמנו מוזיקה בפול ווליום והחזקנו ידיים. אני זוכרת את הרגעים האלה כאילו הם קורים עכשיו. ידענו ליהנות עד הסוף מ־48 השעות שהיו לנו ביחד כשהוא היה יוצא הביתה.

החלום הכי גדול שלנו היה להתחתן, להקים בית ולגור בצפון. זיו השלים אותי ברוגע שלו, היה לו מין רוגע שלא משנה מה, הכול יהיה בסדר, תמיד. אהבתי את זה נורא. וכשלא היה בסדר הוא ידע איך להרגיע אותי. לא היו ריבים או ויכוחים בינינו, הכול היה על מי מנוחות. זיו היה אחד האנשים המצחיקים וזה התבטא בדברים הקטנים. אני אומרת שלא הייתה לו עצם בלשון, כי הוא אמר מה שהוא חושב ומרגיש וזה תמיד היה מקסים וגם מצחיק.

זיו יצא למבצע ממוקד בעזה המקוללת יחד עם השייטת. ידעתי שהוא יוצא למבצע בחמישי בלילה והוא אמר לי שביום שישי הוא ירים טלפון

ברגע שהם יחזרו. ביום שישי קמתי לעבוד ברפת וסביב השעה שבע בבוקר התקשרתי והוא לא ענה. התקשרתי כמה פעמים והתייאשתי כשלבסוף ענה המשיבון. הבנתי שמשהו לא בסדר והתקשרתי לאמא שלי. הייתה לי תחושה פנימית לא טובה, ליתר דיוק הייתי בהיסטריה. אמא שלי ניסתה להרגיע אותי, אבל כשניתקתי איתה את השיחה, ואני זוכרת את זה עד היום למרות שעברו עשרים שנה, הייתי נסערת בטירוף ולא ידעתי מה לעשות עם עצמי. כעבור כמה דקות התקשר אליי בן הזוג של אמא של זיו. הוא שאל אותי איפה אני נמצאת ואמר, אני בא לקחת אותך. הוא הגיע תוך שתי דקות ולכל אורך הנסיעה, עניין של חמש דקות, הוא שתק. כשהגענו לבית שלהם כבר ראיתי אמבולנס ורכב של הצבא, אחותו הקטנה של זיו ישבה על המדרגות וכיסתה את הפנים. צעקתי עליה ואמרתי, תגידי לי מה קרה, תגידי. זה זיו? והיא התחילה לבכות.

פתחתי את הדלת ורצתי לאמא שלו. ממש התרסקתי על הרצפה לידה ואמרתי לה, אני לא מאמינה שזה קורה.

זיו נהרג במהלך הפעילות. כשהכוח סגר על בית של מחבל, זיו נשכב על מטען והמטען התפוצץ. הוא נהרג במקום. ההרוג היחיד בפעולה. כשנכנסתי לבית הגבתי בהלם גדול. בשוק. העולם קרס עליי. הרגשתי תלישות. מה יהיה איתי, מה אני עושה עם עצמי עכשיו. לא הבנתי איך זה יכול להיות. לא הבנתי.

החתונה שלי ושל עומר שילבה בתוכה את כל קשת הרגשות. הייתה שם שמחה מאוד גדולה והתרגשות וגם עצב. המשפחה של זיו הגיעה ולמרות שלא היה להם קל בכלל, הם לא חשפו את הקושי. הם עמדו לצידנו וחיבקו והתרגשו ביחד איתנו. הסתכלתי עליהם כל הזמן, רציתי לדעת שהם בסדר בתוך כל הדבר הזה שנקרא החתונה שלי.

כשנכנסנו מתחת לחופה, הרב המחתן התחיל לערוך את הטקס. והוא היה איש כזה מקסים, ממש אדם טוב. הוא נורא רצה להזכיר את זיו ולמרות שהוא אדם כזה טוב, יצא לו ממש עקום. הוא אמר משהו בסגנון: זיו היה אמור להיות כאן היום, ובמקום זה עומר כאן. עומר כמובן נפגע עד עמקי נשמתו ואני לא ידעתי איפה לקבור את עצמי. לא ידעתי! הרי זה הדבר שהיה

במרכז הזוגיות שלנו כל הזמן, המשחק כביכול בין האהוב החי לאהוב המת, ההשוואה בין שניהם, הטרגדיה שהפסיקה את סיפור האהבה הראשון שלי והעניקה לי את סיפור האהבה השני שלי. ואז מגיע הרב ופשוט אומר את זה באמצע החופה.

אחרי שעומר אמר "אם אשכחך ירושלים תשכח ימיני, תדבק לשוני לחיכי אם לא אזכרכי, אם לא אעלה את ירושלים על ראש שמחתי", כולם שרו ומחאו כפיים, התחבקנו וחייכנו אבל הלב שלי רעד, ממש רעד. אחרי החופה הקהל הוביל אותנו לחדר ייחוד. החזקנו ידיים, עומר הגבוה והחסון ובתוך היד הגדולה והחמה שלו, מונחת כף היד הקטנה שלי. סוף סוף נחה. כשנסגרה מאחורינו הדלת, עומר תפס את הראש ואמר, אני לא מאמין שהוא אמר את זה. אני לא מאמין. ישבנו באלם. ניסינו לאסוף את עצמנו. להתאושש. אמרתי לו, אני אוהבת אותך. אני רוצה להיות איתך. פשוט יצא לו עקום.

השניות הזאת בזוגיות שלנו הרגישה כמו נכות. תמיד יש משהו בצד. כלומר, תמיד יש זיו בצד. ועכשיו, היום, מה אני עושה עם החיים שלי? עם זה שיש שניים מתים. זיו ועומר. לעזאזל! למה אני צריכה לעבור את זה. מה השיעור הזה שאני צריכה ללמוד בחיים שלי, איך זה יכול להיות?

אני לא רוצה להתמסכן. ועדיין אני שואלת את עצמי למה דווקא אני. ועדיין, אני רוצה לחיות. להיות שמחה. מגיע לי. מגיע לילדים שלי.

מהשבעה על זיו אני זוכרת את העיניים של עומר, החבר הכי טוב שלו, כשהוא ראה אותי. הוא תלה בי עיניים עצובות. עומר היה איש גדול מאוד, גבוה כזה. הוא חיבק אותי חזק ככה שהרגשתי שאני נמסה בתוך הזרועות שלו ושנינו בכינו. ומאז הוא פשוט היה שם. עומר תמיד היה לידי. חלקנו יחד את האבל.

בתקופה ההיא עומר יצא לקורס קצינים וכשהיה מסיים את היום שלו הוא היה מתקשר לשאול מה שלומי. הוא היה איתי גם בלילות וגם בבקרים כי הוא ידע כמה קשה לי לקום לעבוד, אז הוא היה מתקשר בבוקר לדחוף אותי. הוא אמר לי, יאללה, קומי, את מסוגלת. זה הרגיש לי טוב. לא הסתבכתי, זה היה בסך הכול עומר, החבר הטוב. עומר שיש לו חברה באותו זמן, עומר שהיה חלק מהחבורה שלנו כשיצאנו לדאבל דייט בזמן שזיו היה בחיים. זיו ואני ועומר ודפנה.

גם אחרי שעומר נפרד מהחברה שלו, המשכנו לדבר כרגיל. היה שלב שכבר לא יכולתי לשאת את החיים פה בארץ עם כל האבל הזה, וחברה הציעה לי להצטרף אליה לטייל בחו״ל. לא היה לי מה להפסיד, ארזתי את עצמי ונסעתי לדרום אפריקה. עומר ואני היינו מתכתבים בדואר אלקטרוני, אחת לשבוע. וגם שם המשכנו להתכתב, כי הקשר בטלפון לא היה רציף.

היה שלב שכל הקשר בינינו הרגיש לי מוזר. שזה מתחיל להיות טיפה מעבר. הרגשתי שעומר זקוק לי ושאני זקוקה לו בשביל לעמוד מול הכאב. חשבתי: החבר הכי טוב שלו נהרג. והוא עדיין ילד, זאת הפעם הראשונה שבה הוא חווה דבר כזה גדול. הרגיש לי שהוא נשען עליי באותו האופן שבו אני נשענתי עליו.

כשכבר התחלתי להבין שמשהו קורה בינינו, הרגשתי נעים וגם מפחיד. מצד אחד, יש כאן קשר רומנטי לא מדובר והלב שלי מספר שקורה משהו מתחת לפני השטח. מצד שני, מעל לפני השטח מתרחשים המון דברים, למשל השוואות. כל הזמן השוואות בראש שלי בין זיו לעומר. בין עומר לזיו. אני עם עומר ואני עם זיו ובינתיים הייתי רחוקה מהארץ ורחוקה מעומר.

חזרתי מחו״ל אחרי חצי שנה, כלומר עשרה חודשים אחרי שזיו נהרג. וחזרתי הביתה.

חלק מהריפוי שלי היה לעשות ספורט. לאמא שלי ולי היה הרגל. כל ערב יצאנו להליכה של שעה ביישוב שלנו. היינו מדברות על הכול ובוכות את הכול והיו לנו שיחות מאוד משמעותיות, שיחות שהצילו אותי, חיכיתי להן כל היום. ערב אחד בזמן ההליכה שלנו היא שאלה אותי, מה את אומרת, אולי תחשבי על קשר חדש?

אני לא שם, אמרתי לה, אבל אם יש מישהו שאולי אני מצליחה לחשוב עליו, אולי־אולי מצליחה לדמיין אותו, זה עומר. אבל לא נראה לי, הוא בטח לא בעניין, הרי אני החברה של זיו, בהא הידיעה. אין סיכוי.

ואמא אמרה לי, למה לא לתת צ׳אנס? נאנחתי והכנסתי לתוך השיחה שלנו את כל הפחדים שלי. והיו לי כל כך הרבה. חשבתי לעצמי, יש ביניהם קווים דומים. בעיקר במראה, בגודל. אבל בפנים הם אחרים לגמרי. לימים הבנתי שבהתחלה חיפשתי כל הזמן את הדומה ביניהם, את מה שעבד לי.

כשהבנתי שיש כאן משהו אחר שגם הוא עובד לי – נבהלתי. היום אני יודעת להגיד שהיה שם משחק שלי עם עצמי. אני רוצה ולא רוצה. זה

מוקדם ולא מוקדם, ומה יגידו. הרבה מה יגידו. הראש שלי עבד בלי הפסקה וגם עומר הרגיש את אותם הדברים והיה מבוהל מאוד.

כל הבלבול הזה הגיע לשיא ביום שישי אחד. הוא אמר לי, אני נשאר בבסיס, אולי תבואי בערב, נשב?

ידעתי לקראת מה אני מגיעה. שנינו ידענו שמשהו בינינו קורה. הגעתי בג'ינס פדלפון וגופיית סבא לבנה. ישבנו במבצר של השייטת, יש להם מבצר מאוד יפה שם בבסיס. כל כך התרגשתי, חיכיתי מאוד לראות אותו וכשהתיישבנו הוא אמר לי: קשה לי. אני מסתכל עלייך ורואה את זיו. אני לא יכול. זה מבהיל אותי.

אמרתי לו שאני מבינה ומרגישה אותו הדבר, אבל בסופו של דבר זיו לא פה. היינו רוצים שהוא יהיה איתנו, אבל הוא לא. ומגיע לנו להמשיך.

זה הרגיע אותו. ומשם המשכנו לדבר עד השעות הקטנות של הלילה. מאז אפשר להגיד שגיששנו את דרכנו בזמן שאף אחד מהחברים שלנו לא ידע. כל כך פחדנו מהתגובות. לא ידענו איך הצוות שלהם יקבל את זה, ואיך אמא של זיו תרגיש. אמרנו שעכשיו ניתן לעצמנו את הזמן שיהיה רק שלנו ואחר כך נספר.

חודשיים אחרי שהיינו ביחד הטלפון שלי צלצל בשתיים לפנות בוקר. על הקו היה חבר צוות של עומר. עניתי לו ואמרתי, ליעד, למה אתה מתקשר אליי בשעה כזאת? החברים מהצוות ידעו שיש איזשהו קשר ביני לבין עומר. כולם ידעו אבל אף אחד לא דיבר על זה. עד הלילה הזה. והוא אמר: הכול בסדר. עומר בסדר, אבל חזרנו מפעולה בשכם ועומר חטף כדור ביד והוא בדרך לבית חולים.

נכנסתי להיסטריה ואמרתי שעד שאני לא מדברת איתו אני לא מאמינה. הגעתי להורים שלו ואמרתי להם: אני לא מאמינה שזה שוב קרה לי. ובדרך, בנסיעה שאלתי את עצמי, מה אני עושה? אף אחד לא יודע שאנחנו ביחד ועוד רגע כולם יראו אותי שם לידו. מה עושים?

התקשרתי לאמא של זיו מהדרך ואמרתי לה: לבנה, עומר נפצע ואני בדרך לבית החולים ולא ככה רציתי לספר לך אבל... והיא קטעה אותי ואמרה: אני יודעת, אני מרגישה את זה כבר הרבה זמן ואני שמחה בשבילכם מאוד. והלוואי שרק יהיה לכם טוב. כל זה בשלוש לפנות בוקר ואני בת 21. אלוהים.

ואז הכול התחיל. נתי מהצוות נפצע קשה מאוד בפעולה ועומר אמר לו שנייה לפני שהוא נכנס לניתוח: "נתי, אני חייב לספר לך. אדוה ואני ביחד". ונתי נתן לנו את ברכת הדרך. האירוע הזה היה גיים צ'יינג'ר כי היינו במציאות מורכבת. הרגשנו שאנחנו משחקים משחק עדין שנקרא הזוגיות הנסתרת שלנו בתוך הקשר של החיים הקודמים עם זיו. אבל החיים האלו לא נקטעו. במובן מסוים הם גם המשיכו – בראש שלי, במחשבות. הרבה השוואות. הן התרחשו בעיקר בשנים הראשונות וכל הזמן. וההתמודדות הייתה תמידית. אבל כל זה התרחש בתוכי. מבחוץ, כולם שמחו. הסביבה כל הזמן חיפשה ומחפשת גם היום לקבל אישור שאני בסדר. וכשאני בסדר, הסביבה יכולה לקחת צעד אחורה. מה זה להיות בסדר? אם אני מחייכת? אם אני מעלה באינסטגרם דברים כיפיים שאני עושה עם הילדים? אם יש לי זוגיות חדשה, אני בסדר? זה בסדר כלפי חוץ. אבל מה קורה שם בפנים?

בפנים יש מאבק. אני רוצה להיות בסדר, אבל אני עדיין בתהליך שיקום. אני נושאת פציעה עמוקה בלב וקשה לרפא אותה. קיים דיסוננס כל הזמן. מה שהרגשתי באותן השנים עם עומר הוא שיש לי זוגיות, אבל שאני לא בסדר במאה אחוז. אני מתמודדת עם זוגיות חדשה כשיש לי זוגיות שנקטעה. הרגשתי צורך כל הזמן להגיד לעומר שאני איתו לא כברירת מחדל, אבל מצד שני, יכול להיות שאני טועה? כי אם זיו היה, כנראה לא הייתי עם עומר.

אמא של עומר גרה בקיבוץ ליד הכנרת. לילה אחד כשהיינו אצלו, הוא העיר אותי בשלוש לפנות בוקר ואמר לי, בואי, הולכים. שאלתי אותו לאן והוא לא ענה. קשר לי סרט על העיניים, לקח אותי לאוטו ואמר, סמכי עליי, אנחנו נוסעים! הוא עוד סימן לי עם האצבעות מול העיניים ושאל "כמה זה?" כדי שאני באמת לא אראה. נוסעים נוסעים נוסעים, יוצאים מהרכב ומתחילים לעשות טרק. הגענו למקום שהיה צריך להיכנס בשער שהיה סגור או לטפס על חומה. ואני עם העיניים מכוסות. עומר הרים אותי ואז הרגשתי שאנחנו מתחילים לעלות על הר. אני שואלת אותו, מה קורה? והוא אומר לי: תיכף, תיכף. אל תדאגי. תיכף מגיעים. כשהגענו לפסגה, הוא אמר לי, חכי עוד קצת עם הסרט. אל תורידי אותו מהעיניים. בזמן הזה הוא פרש מחצלת, הוציא

שתי כוסות ובקבוק יין. כשהורדתי את הסרט ראיתי שהוא לקח אותי לקלעת נמרוד שבגולן, תצפית מהממת, והיינו שם בדיוק בזריחה. עומר כרע ברך ושאל, את רוצה להתחתן איתי? וזה היה כל כך מתוק ואני התרגשתי בטירוף, בטירוף, וזה היה כל כך עומר! כל כך מתאים לו לעשות את זה ככה וזה היה אחרי תקופה ששאלתי אותו, מה קורה? מתי מתחתנים? מה קורה? וכל פעם הוא היה אומר לי, די! תפסיקי! תפסיקי להלחיץ, כשזה יקרה זה יקרה. חלאס, שחררי! כשזה יגיע, זה יגיע.

אחרי שלוש שנים זה הגיע.

לעומר הייתה קריירה צבאית מרשימה. הוא היה מפקד של יחידות מובחרות. הוא עשה תפקידים קשוחים וקרביים שבמסגרתם היה נעלם לימים ולילות ובתפקיד האחרון שלו שירת בתפקיד בכיר שקשור ללוחמה בטרור.

את התפקיד הזה הוא סיים בשלושה בספטמבר, אחרי עשרים ושלוש שנים בצבא. בכל השנים האלו לא החזקתי פחד שיקרה לו משהו. לא חשבתי שרק לא יקרה לי שוב פעם.

הרגשתי שאני מחוסנת. לא יכול לקרות לי כלום. וזה גם מה שעומר שידר. הוא היה אומר, "לא יכול לקרות לי כלום. אני בסדר. אני שומר על עצמי". וככה חייתי במשך שנים.

היו תפקידים שבהם הוא היה מגיע בכל יום הביתה והיו תפקידים שבהם חזר רק בימי חמישי. אנחנו כמשפחה לא זזנו עם התפקיד לכל בסיס שהוא היה בו, אלא החלטנו לגור פה, למרגלות הגלבוע. הרגשתי שלי זה חשוב, שהילדים ואני צריכים את המקום הקבוע שלנו שטוב לנו בו.

אפשר להגיד שבכל השנים חיכיתי שיתחיל כבר הדבר האמיתי, הזוגיות השגרתית שזוגות חווים. אבל גם מאוד חששתי ממנה. ולמרות שחיכינו ליום שבו עומר ישתחרר, אני חושבת שגם בינתיים עומר ואני עבדנו בזוגיות שלנו. ידענו את האתגרים והיה לנו חשוב לצלוח אותם. לא תמיד היה שמח. היו שנים מאתגרות יותר, עם יותר ויכוחים, אבל בשורה התחתונה תמיד היה לנו ברור שאנחנו רוצים להיות ביחד.

בשלב מסוים התחלנו ללכת לטיפול זוגי אחת לשבוע. ולא כי היה פיצוץ. הרגשנו שאנחנו צריכים את זה בשביל לשפר את התקשורת הזוגית

שלנו ולהתמודד עם האתגרים של היום יום, הרי היו ימים שלא דיברנו בהם בכלל בטלפון וכבר התרגלנו לזה. לא הרגשתי צורך לדבר כי כבר התרגלתי לחיות לבד, ואז עומר לא היה יודע מה קרה לי במהלך היום ואני לא ידעתי מה עובר עליו. וכשכבר השלמנו פערים ודיברנו, המידע שמסרנו כבר היה לא רלוונטי והימים פשוט חלפו. הזוגיות חלפה.

ידענו שהשורה התחתונה היא שאנחנו אוהבים ורוצים להיות ביחד, אבל הרבה פעמים הרגשתי שאני זאת שמחזיקה את זה חזק יותר. לא כי הוא לא רצה, אלא כי הוא היה עמוס ושקוע בחיים המקצועיים שלו, ואני הייתי צריכה להזכיר לו מדי פעם: תחזור הביתה.

אז ככה התחיל השבוע שלנו, בכל יום ראשון בשבע בבוקר כבר היינו בקליניקה של המטפלת, עם כוס הקפה ביד, חופרים את החיים. קבענו בשעה הזאת כי עומר היה צריך להמשיך לצבא והדבר המדהים היה שהוא אמר לחיילים שלו, אתם לא מכניסים לי שום דבר ללו"ז. זה הזמן שלי עם אדוה. וצריך להבין, ימי ראשון בשבע בבוקר זה הזמן הכי עמוס בצבא והוא לא ויתר עלינו.

הטיפולים עשו לנו טוב מאוד. הבנו איך נכון לנו לחיות ביחד כזוג ואיך אנחנו ממשיכים להיות ביחד למרות הזוגיות השנייה של עומר, הצבא. אני חושבת שהצלחנו לעשות את זה טוב.

היו לנו הרגעים שלנו. בימי שישי היינו יושבים בגינה שלנו עם קפה ונרגילה, ובאמצע שבוע, אם הוא היה יכול להגיע מאוחר יותר לצבא, היינו מתאמנים ביחד בבוקר וזה היה זמן האיכות הכי כיף בעולם.

בטקס השחרור של עומר מהצבא, בשלושה בספטמבר 2023, הרגשתי גאווה מטורפת. הסתכלתי עליו ואמרתי לעצמי: איזה כיף לי שהוא שלי ואיזה כיף שהחלק הצבאי בחיים שלנו נגמר.

בחודש שבו הוא היה משוחרר הוא גידל זקן. בהתחלה הוא רצה שפם. אבל אמרתי לו: לא יקרה. אז הוא הלך על זקן. אחרי הספר הוא בא לשאול אותי איך הזקן וביקש, אני רוצה שתלכי איתי לעשות קניות, לקנות בגדים. חייכתי מאוזן לאוזן. לא הכרתי את השפה הזאת אצלו, הוא חי על המדים כל השנים האלו ופתאום הכול השתנה.

בזמן הזה בין השחרור שלו למלחמה הספקנו לעשות הרבה דברים. נסענו, כל המשפחה, לשבוע לאילת והיה חופש כייפי ברמות. משהו בעומר נרגע. הוא היה נוכח ורגוע בלי כל הלחץ שתמיד היה כשהוא שירת בצבא. גם הספקנו לנסוע לנופש זוגי בתל אביב, וביום רביעי שלפני השבעה באוקטובר נסענו מהבוקר לעכו לחגוג יום נישואין. הסתובבנו בנמל המהמם. היה כיף ורגוע. עומר היה על אזרחי ובניגוד לכל בילוי שלנו הוא לא היה דרוך. הוא פשוט היה רגוע ושלו כשהסתובבנו בשוק ההומה וכאילו רק שנינו היינו שם, נתתי לו יד, הסתכלתי עליו ואמרתי לו, מאמי, איזה כיף לנו שאחרי כל כך הרבה שנים טוב לנו ביחד.

התחלנו פרק חדש בחיים שמאוד חיכינו לו. בחודש הזה הוא הספיק להיות הרבה בבית, מה שלא קרה במשך שנים. הוא לקח את הילדים להסעה, עבד בגינה, היה מתקשר אליי בעשר בבוקר ושואל, מה את עושה, רוצה קפה? חייכתי וחשבתי לעצמי, מה אתה קשור, מאיפה באת פתאום. עוד לא עיכלתי את המשמעות של הפרישה שלו. זה היה משעשע. בחודש הזה נפגשנו מדי פעם לקפה באמצע היום והרגשתי שיש לנו זמן איכות אמיתי ביחד, מה שלא היה הרבה שנים.

ביום שישי של השישה באוקטובר, ערב שמחת תורה, הזמנו חברים טובים לסוכה שלנו. הכנו סוכה יפה, הכי של הקיבוץ, עם יוטה ירוקה. כמו של מחנות בני עקיבא. בגלל הרוח כל הקישוטים של הילדים נפלו על הרצפה. פתחנו שולחן גדול והיה ממש כיף. יש לי את התמונה של הערב הזה בראש, שולחן עשיר עם מלא אוכל. הרמנו לחיים לכבוד השחרור של עומר ולכבוד יום הנישואין שלנו, בשבעה באוקטובר. וטל, החבר, אמר: יאללה, לחיים ושיהיו לכם עוד הרבה שנים טובות ושמחות.

היה לנו כיף והם הלכו מאוחר. עומר נשכב על הספה ואמר לי, אני ישן כמה דקות ואז אקום לשטוף כלים. הוא תמיד היה אומר לי: מאמי, שימי לי שעון לעוד עשר דקות אבל אל תיגעי בכלים. אני עושה אותם! אל תיגעי בכלים, בבקשה! באמת, עשר דקות תני לי. אני עוצם עיניים, בסדר? ואני אומרת לו: די, אבל ברור לך שלא תקום! והוא: עשר דקות נשבע לך. אני קם כמו שד! הוא הלך לנמנם, אחרי עשר דקות השעון צלצל והוא פשוט הפך צד על הספה.

בינתיים הוצאתי את אלבום החתונה שלנו, זה היה רגע קטן כזה ונורא נקי. הסתכלתי בתמונות, חיפשתי אחת להעלות לאינסטגרם וחשבתי, איזה כיף לנו, איזה כיף לנו! ואיזה סבבה זה לחגוג ככה יום נישואין. לא צריכה מלון ולא מסעדה. פשוט ככה.

בבוקר השבעה באוקטובר קמנו בסביבות השעה שמונה. עומר היה אמור לטוס לחו״ל לבדוק עבודה באותו לילה. את התיק של הצבא הוא כבר פרק. המדים היו מקופלים במחסן. הוא היה בהתרגשות שיא מהנסיעה בערב, אחרי שכבר כתב לו דף מסודר מה הוא הולך לדרוש ממקום העבודה בחו״ל.

אני מתעוררת ומסתכלת בטלפון ורואה עשר שיחות שלא נענו אצלי. עשר שיחות שלא נענו אצלו וכולן מאותה אחת, חברה מהיישוב ששלחה לי הודעה: אלעד בעלי מחפש את עומר דחוף. שיתקשר.

כשעומר התקשר, החבר אמר לו, אחי תפתח טלוויזיה מהר.

עומר פתח את הטלוויזיה ואמר, אני לא מאמין. תקשיבי. התחילה מלחמה! ואני בהלם. מה? שמונה בבוקר. ועומר אומר: אני חייב ללכת. הוא קלט בשנייה שזה לא משהו שייגמר בעוד רגע. זה הרבה מעבר. שאלתי אותו, לאן אתה הולך? אף אחד לא קרא לך. חכה שמישהו ירים אליך טלפון.

זה צו השעה, הוא אמר. אני חייב להיות שם. זה המקום שלי. איפה המדים שלי? הוא הלך למחסן להוציא אותם ובאותו רגע אני לא מרגישה כלום. הלם. כשהוא הלך חזרתי לישון ודווקא הייתי רגועה, ידעתי שהכול ייגמר והשבת שלנו ממשיכה בשלווה. לקראת הצוהריים אני מתכתבת איתו, מה נשמע, מה קורה, והוא כותב לי: את לא מבינה איזה בלגן. את לא מבינה מה קורה. ואז התחילו לדבר על חטופים. אמרתי לו, יש שמועה שחטפו אמא עם שתי הבנות שלה. זה נכון? הוא אמר לי, זה נכון ואני לא יכול לדבר יותר מדי, נדבר בהמשך.

כשסגרתי את הטלפון התחלתי להבין שמשהו גדול קורה. הבטן שלי התחילה להתהפך. הוא היה בבסיס שלו ליד ירושלים ומשם ירד לדרום. ההודעה האחרונה ממני הייתה, ״אני ממש דואגת, יש לי הרגשה לא טובה״

והוא כתב לי, ״אין לך מה לדאוג, יש לי גב מאחוריי, אני נמצא עם הרבה חבר׳ה והכול יהיה בסדר. נדבר כשאוכל״.

מאז לא דיברנו.

בלילה התכתבתי עם הסגן שלו והוא כתב לי: ״הכול בסדר, אין לך מה לדאוג״. הלכתי לישון שקטה. קמנו לבוקר ללא לימודים. ישבתי בסלון עם הקטנה שלנו על הרצפה, שיחקתי איתה ופתאום, אני אפילו לא יודעת להסביר, הרגשתי שאני חייבת להתקשר אליו לשאול מה נשמע. הוא לא ענה. סגרתי את הטלפון ובשנייה הרגשתי שאין לי אוויר. עוד לא ידעתי באותו רגע להסביר לעצמי מה קורה, אבל הרגשתי שאין לי דם בגוף ואמרתי לעצמי: משהו קרה.

התקשרתי לחברה ושיתפתי אותה והיא לא הבינה, למה את חושבת שמשהו קרה? תוך כדי התחלתי לקבל הודעות מחברות ומחברים שלו. מה קורה? הכול בסדר? שמעת מעומר?

בפועל מתברר שכולם כבר ידעו. אני לא ידעתי. ואני בבהלה באותו רגע שמשהו קורה ואני לא יודעת מה קורה. אני מסתובבת בבית כמו אריה בכלוב. הילדים איתי, אני מתלבטת אם להגיד להם או לא, והם רואים שמשהו קורה, חברים מגיעים לפה, מנסים להתקשר לבתי חולים. התחילו להגיע שמועות שהוא נפצע והוא בדרך לבית חולים. מדינה קטנה. מספיק שאחד אומר לשני וזה מתחיל לרוץ.

זה היה בראשון אחר הצוהריים ואני זוכרת את עצמי בטירוף, טלפונים, מנסה לחפש, אני מתקשרת למפקדים שלו והם לא עונים לי. אני מושיבה את הילדים ואומרת להם: תקשיבו, משהו קרה לאבא. אני לא יודעת להגיד מה, יש הרבה בלגן, אולי הכול רק שמועות ואני מבטיחה לעדכן אתכם. הם הגיבו בלחץ ואני רק חשבתי, לעומר לא יכול לקרות כלום. האדם הזה הוא הרקולס. לא רק אני חשבתי ככה. כולם חשבו ככה. זה הבנאדם. קיר. אי אפשר לשבור אותו.

השם שלו לא הופיע באף בית חולים ואני נרגעתי. זאת רק שמועה. הכול בסדר. ירד הלילה והילדים הלכו לישון. בחצות אני מקבלת הודעה ממי שהייתה פקידה שלו והיא כתבה לי: ״אני משתתפת בצערך״. התקשרתי אליה ושאלתי אותה על מה היא מדברת והיא אמרה, אוי אני מצטערת, דיברתי שטויות.

חשבתי שאני מאבדת את זה. נפלתי באותו רגע והתחלתי לבכות. אמרתי לעצמי, אני לא אעבור את זה עוד פעם, אני לא... וחברה שהייתה כאן אמרה לי, את לא תעברי את זה עוד פעם. זאת רק שמועה. הרגשתי כאילו אני בסרט. התקשרתי למפקד שלו והייתי בהיסטריה. כל שאר המפקדים לא ענו. אמרתי לו, אני חייבת תשובה. אני מסתובבת כמו אריה. הם הבינו שאני מרגישה שקורה משהו ושצריך לזרז את ההודעה. הם המשיכו להגיד: לא שמענו כלום, אנחנו צריכים לבדוק. סביב השעה שתיים סוף סוף הלכתי לישון כשמצד אחד אני לא מאמינה שמשהו כזה יכול לקרות ומצד שני אני גם יודעת ומבינה. אחרי בקושי חצי שעה שמעתי דפיקה בדלת.

קמתי.

בדלת עמדו שני קצינים.

באותו רגע עבר לי הסרט של החיים שלי.

לא בכיתי.

אמרתי לעצמי: אדוה, זה הזמן עכשיו.

הילדים שנאו את השבעה. לא הייתה להם פרטיות וזה היה קשוח. גם אני אדם פרטי, אני אוהבת את הבית שלי ואת השקט שלי. ופתאום הדלת פתוחה ומגיעים לכאן בלי הפסקה, בלי הפסקה, בלי הפסקה. חשבתי לעצמי, אם עומר היה פה, היינו מתחלקים. כל אחד מאיתנו היה יושב עם מישהו אחר. אבל הוא לא כאן והכול עליי. הרגשתי שאני צריכה לעבוד בשבעה שלי, אנשים מגיעים להשתתף בצער שלי ועומר לא פה איתי. אמא של זיו הייתה ממש חלק מהשבעה, היא הייתה כאן כל יום. בתוך הכאב שלי חשבתי עליה המון. היא כאילו איבדה עוד בן, כי עומר היה בקשר קרוב מאוד איתה.

בשלוש לפנות בוקר הייתי נכנסת למיטה עם קפה. יושבת וחושבת איך אני. מה לי ולזה. למעשה השבעה נגמרה אחרי עשרה ימים, בגלל הזמן שבו התחלנו לשבת אחרי שקברנו אותו. איך שחזרנו מהקבר קרצפתי את הבית. הייתי חייבת לאוורר אותו ועשיתי קניות בזארה באלפיים שקל. בחיי. הייתי חייבת להרגיש שפויה.

בחודשים הראשונים ההורים שלי היו מגיעים לפה בכל שבת. השבתות היו נורא קשות. לא יכולתי להתקרב למטבח. רק המחשבה להכין אוכל הציפה

אותי. כשעומר היה בחיים, היה לנו את אותו ריטואל בימי שישי. היינו קמים אחר הצוהריים מהשנ"צ ומתחילים לבשל. אני בישלתי ועומר תמיד התעורר מאוחר, הוא הגיע למטבח כשאני כבר הייתי עם כל הסירים על הגז. הוא היה מתנהל לו בנחת, מכין קפה שחור, יושב עם הוופלים של עלית ממש לידי במטבח, עד שהייתי מתעצבנת ומאיצה בו. נו, מה קורה? בוא תעזור. הוא היה אומר: טוב, אני אעבוד קצת בגינה, או שהיה מקלח את הילדים. מטבח לא היה הצד החזק שלו. הוא היה מכין רק שניצלים ושקשוקה. אבל איזו שקשוקה! הוא היה עובד בזה, כמו איש צבא הכול אצלו היה מסודר והוא היה מקדיש לכל עגבנייה את הזמן שלה. יותר מדי זמן. היה לו פרוטוקול תבשיל.

עם השנים למדתי להגיד שיאללה זה שלו. התנועה הטבעית שלי הייתה להגיד "אם אתה לא נמצא בבית אז אל תתערב", אבל עבדתי על עצמי כל השנים לעשות את הגשר הזה של הגעת – אז בוא נהיה ביחד, למרות שלא בא לי. תעשה שקשוקה – למרות שאני מעדיפה לתקתק אותה. במהלך השבוע הייתי לבד וקיבלתי החלטות לבד, והרבה פעמים הייתי צריכה להגיד לעצמי: כשהוא מגיע לסופשבוע, תכניסי אותו. זה לא המקום הטבעי שלו. היה לי מאוד חשוב לשמור על זה כי אני חושבת שזאת עבודה שלי עם עצמי. שיננתי: תרפי. ביום ראשון הוא חוזר לצבא.

אחרי שעומר נפל, לקח לי הרבה זמן לחזור למטבח. וכשכבר נכנסתי, וגם היום בימי שישי, יש לי הרבה רגעים שאני עומדת פה, במטבח, עם הגב למדרגות והפנים אל הגז. אני מסתכלת אחורה ומדמיינת את עומר. לפעמים זה קורה לי בדיוק בשש בערב, אותה השעה שבה הוא היה מתעורר ויורד אלינו.

אני שמה מוזיקה ואומרת לעצמי שאני רוצה שיהיה לי כיף. הבנות מגיעות לרקוד איתי, לפעמים אנחנו מבשלות ביחד. אני נזכרת בו, היפהפייה הנרדמת שהכעיס אותי בשעת הקימה שלו, נותן לי חיבוק, גם אם כעסתי עליו באותו יום, ושר את השיר שמתנגן ברקע. ואחר כך היינו יושבים בפינת האוכל, אוכלים ביחד. עד שאין לך את זה, אתה לא מעריך את זה. או שכן הערכתי, אבל לא מספיק חשבתי על זה. הרבה פעמים ארוחות שישי שלנו היו מלוות בריבים קטנים של מי יושב ליד מי. היום אני מתגעגעת לרגעים האלו.

אני לא מתעלמת מזה שעומר לא פה. אני לא מתעלמת מהמצב הקשה. אני מדברת על זה גם עם הילדים. אני בוכה מולם, אני משתפת אותם שעצוב לי וזה חלק מאיתנו. זה כל הזמן חלק. מדי פעם זה נופל עליי שאני גם האמא

וגם האבא. ואני מפחדת שלעולם לא אצליח להיות עומר בשביל הילדים. הייתה בינינו חלוקה נורא ברורה. אני הייתי הרגש ועומר היה השכל. הוא היה בן אדם חכם נורא שכל הזמן רצה ללמוד עוד ועוד.

כשהוא היה מקריא לילדים סיפורים לפני השינה, זה היה על מפקדים בצבא. משהו שממש לא מעניין ילדים, אבל הסיפורים האלה בערו בו והוא היה מכניס בהם כל כך הרבה חיות.

הילדים היו מהופנטים. אני לא זוכרת מתי בפעם האחרונה סיפרתי לבנות סיפור לפני השינה. אני מותשת בסוף היום. אני בחיים לא אוכל להחליף את עומר. זה היה שלו. וכשהיינו יוצאים לטייל הוא היה מראה לנו תמיד, תראו, אני ניווטתי בהר הזה ובהר ההוא. הוא הכיר כל אבן ועל כל דבר היה לו סיפור.

אני לא יכולה להיות גם אבא שלהם. לקח לי זמן אבל השלמתי עם זה. אני יכולה לעשות את הכי טוב שלי אבל לא מעבר לכך.

עומר הלך בתקופה הכי טובה שהייתה לנו בזוגיות. אחרי שהגענו לאיזה איזון עמוק.

הייתה פעם שהוא אכזב אותי ולא שכחתי לו. שנים. חופית הבכורה שלנו הייתה קטנה ונסעתי איתה ברכב. באמצע הדרך היה לי פנצ׳ר בפעם הראשונה בחיים שלי. נתקעתי בתחנת דלק והייתי בחוסר אונים מוחלט. התקשרתי לעומר. הוא לא ענה. התקשרתי פעם נוספת. הוא לא ענה. התקשרתי שוב והוא ענה בתקיפות: אני לא יכול לדבר עכשיו. זה דחוף? ואמרתי לו: כן! אני עם פנצ׳ר ואני תקועה בתחנת דלק! הוא אמר לי בלקוניות, אני לא יכול להתעסק עם זה עכשיו. תסתדרי.

ניתקתי את הטלפון והרגשתי חוסר אונים מוחלט. שאלתי את עצמי, מה היה פה עכשיו? כל התסכול והקושי של חיי צבא נכנסו באותו רגע ומילאו אותי. התקשרתי אליו עוד פעם והוא ענה ואמר, אני לא יכול לדבר! וצעקתי עליו, אבל מה אתה רוצה שאני אעשה? אני לא יודעת מה לעשות, אתה משאיר אותי פה לבד, תעזור לי! תגיד לי מה לעשות! ממש בכיתי בטלפון והוא פתאום התאפס על עצמו והתחיל להיות איתי, הסביר לי למי להתקשר ומה לעשות.

באותו הרגע הרגשתי כל כך לבד כי אומנם הוא בחר את הקריירה הצבאית ואני מאחוריו אומרת לו "אמן ולך תעשה מה שנכון וטוב לך", אבל אז ברגעים כאלו אתה משאיר אותי לבד? לאורך השנים החזקתי הכול לבד, לא ביקשתי עזרה, וכשהייתי צריכה את העזרה הנקודתית הזאת, הוא לא היה שם.

עברו חמש עשרה שנה ואני עדיין זוכרת את הרגע הזה כאילו הוא התרחש אתמול. כי הרגע הזה ביטא את סך כל הדברים שהיו ולא היו בקשר שלנו. בנקודת הקצה הזאת הוא לא הבין את הסיטואציה, כי הרי תמיד הסתדרתי לבד, אבל כשלא הסתדרתי, והייתי זקוקה לו, הוא לא היה שם.

במהלך השנים הרגשתי שאני משנה משהו בעצמי. שאני מבינה שאנחנו חיים חיי צבא ושזה הוא ואלו החיים שלו שהם החיים שלנו ושלקחתי על עצמי ללמוד לתפעל לבדי את הדבר שנקרא בית ומשפחה. דיברתי כך לעצמי כדי שבפעם הבאה שאני אתקע עם פנצ'ר אני לא אצטרך להתקשר אליו. עם הזמן התרגלתי לעשות את כל הדברים לבד וזה יצר בינינו נפרדות, אבל גם חיכוך כי הוא היה מתוסכל כשהחלטתי דברים לבד.

לפעמים הוא היה שואל לאחר מעשה: למה לא התייעצת איתי? למה לא שאלת אותי? למשל, אם היה קורה משהו בבית הספר שהוא רצה להיות מעורב בו, הוא היה מתעצבן: למה החלטת לבד? למה לא התקשרת אליי? ובכל פעם אמרתי, כי אתה לא זמין ואתה לא פנוי ואני לא מוצאת את האנרגיה להתקשר אליך ולחכות אם תענה לי או לא ולהיות מתוסכלת ממך.

עברנו דרך כזאת ארוכה מהימים האלו. דרך מהנפרדות אל היחד.

כשעומר היה בחיים, סופשבוע היה מוקדש למשפחה. חברים היו צוחקים או מתבאסים שאנחנו לא נפגשים איתם בסופ"שים. כל יום שישי. אני הייתי מסיימת אימונים בסטודיו והוא היה מסיים אימון בקרוספיט, זה היה הכיף שלו, והיינו נפגשים לקפה ויושבים עד 12:00, קבוע. כל השבוע הייתי בתנועה עם הילדים ושישי היה השקט. הרגשנו שאנחנו צריכים את הזמן הזה עבורנו.

מאז שהוא נהרג ימי שישי שלי הפכו ריקים נורא. הרגשתי שאני צריכה למלא אותם במשהו. נסחפתי לתחום היוגה, לא חשבתי שאני יכולה לאהוב יוגה, אבל התאהבתי בזה.

עומר היה איש ידיים. בשבת היה מכסח את הדשא, מביא עוד עץ מהמשתלה. רק תיתני לו לעבוד, לסדר. לא יכול לשבת. אחר כך יושב עם הקפה, מסתכל על הגינה.

הייתה לו נרגילה שאיתה הוא היה עושה את הטקס הזה. קניתי לו אותה ב־1,500 שקלים ליום ההולדת. הוא היה יושב כמו ראיס כזה, מדליק את הנרגילה, מזמין אותי לשבת איתו בחוץ.

הדיסוננס הכל כך גדול אצלו היה שכלפי חוץ הוא נראה כמו הר אדם, זה היה יכול אפילו לאיים, אבל הוא מייד חייך חיוך ענק עם שיניים גדולות, והעיניים הירוקות שלו, כאלו מהממות, אי אפשר היה שלא להתאהב בו. ואיזה פה מלוכלך היה לו. ומצד שני, הוא היה אחד האנשים הכי טובים שהכרתי. אין אדם שהוא לא עזר לו. הוא היה מוכן לחתנדב בכל דבר, הוא היה למשל קצין הביטחון של היישוב, למרות שהוא לא היה בבית במהלך השבוע. שאלתי אותו, איך אתה לוקח על עצמך כל כך הרבה דברים כשאתה עמוס עד מעל הראש? והוא ענה לי, מי ייקח את זה אם לא אני?

עומר היה גם סמן הציונות אצלנו בבית. כל עניין המסורת, הזהות של העם היהודי – זה היה עומר. זה בער בו. נכון שהוא היה קיבוצניק, אבל הוא חיפש כל הזמן. הוא לא האמין באלוהים, הוא אמר לילדים: לדעתי לא קיים אלוהים. מה כן? איזושהי ישות. הוא היה מביא להם בכל פעם כל מיני סימוכין שאין אלוהים.

הייתי מוקסמת מעומר שהיה איש אמת ועדיין היה פתוח לקבל את כל השאר. כשהגענו למשל לשבתות אצל ההורים שלי, שהם משפחה דתית, הוא היה מאוד מכבד.

עומר נתן לי את כל העולם. אני יודעת שהייתי עבורו יותר מהכול. הדבר הכי מתוק שהוא עשה לי אי פעם ליום ההולדת היה כשהוא הגיש לי דף כתוב, ועליו תמונה של הירח וחתימה למטה. שאלתי אותו מה זה והוא אמר לי, קניתי לך שטח בירח! הוא קנה לי שטח בירח. זה היה עומר. הוא באמת הוריד לי את הירח. והוא בנה לי את הסטודיו שלי לפילאטיס. הוא הגשים לי את החלום הזה למרות שהוא היה עמוס כל כך בעבודה. עומר האמין בי יותר משהאמנתי בעצמי. הוא אמר לי, את לא מבינה מי את. בא לי שתעופי על עצמך. הוא היה מתבאס כשהייתי מקטינה את עצמי או מתמלאת

בחוסר ביטחון. הוא תמיד איזן אותי. ואני אותו, אני נתתי לו את הקרקוע. הוא היה חמום מוח ולוחם צדק ואני הייתי מרגיעה אותו.

הוא כל הזמן היה אומר לי, אני רוצה שיהיה לך טוב. אני רוצה שתהיי שמחה. זה התבטא במעשים הקטנים. כל מה שרציתי הוא היה דואג להשיג עבורי. למרות שהייתה לו דמות גדולה וקשוחה, הוא בעצם היה דובי קטן כזה שהיה אומר לי כל הזמן, אני אוהב אותך, איך אני אוהב אותך. גם אחרי שנים. גם לילדים הוא היה אומר, איך אני אוהב את אמא שלכם, יאללה! גם כשהיא מטריפה אותי! איך אני מת עליה. הוא היה אומר לחופית: אין, בחיים אני לא עוזב את אמא שלכם למרות שהיא מטריפה. אין, אין! לפה (למצח) היא מגיעה לי, ועדיין אני לא משחרר אותה!

הייתי מטריפה אותו לפעמים. מבחינה כלכלית למשל, לא היו לי גבולות. זה היה משגע אותו כי הוא הגיע מקיבוץ ושם הכול מדוד. היו לנו הרבה ריבים על זה. הוא היה מפרגן לי כשחזרתי מאיקאה ומחמיא על הבחירות שלי, אבל בסוף החודש הוא היה עושה פרצוף.

הטרפתי אותו גם בזה שאני יכולה לצאת מהבית ולהשאיר את המזגנים פתוחים, גם את הרשתות ואת הדלת. הוא לא הבין למה קשה לי לסגור הכול. הייתי אומרת לו שאני פשוט שוכחת, לא שמה לב, שזה לא בכוונה. עם הזמן הוא למד להבין שזאת החולשה שלי. הייתה לו אנחה כזאת, שהוא היה אומר בקול חזק "אדוה חיה...", הוא היה קורא לי בשם המלא שלי בעיקר כשהוא היה פותח את המקרר ומגלה ששוב פעם פתחתי בקבוק חלב, למרות שיש בקבוק אחר פתוח. ועוד אחד. ועוד אחד. וכולם חצי מרוקנים. זה הטריף אותו. הייתי מוציאה חלב לקפה ומשאירה על השיש במקום להחזיר למקרר. הוא איש צבא, דברים כאלו משגעים אותו. אם הוא היה עומד במטבח וקורא לי "אדוה חיה!" הייתי צועקת לו מהחדר ליד, שמעתי את זה, שחרר! אז השארתי את החלב, בסדר! הוא קרא לי ככה בקול של "אין לי כוח אלייך", ממקום של השלמה. באותה מידה הוא גם היה אומר לי כל הזמן, אני לא יכול בלעדייך. וגם: את יכולה בלעדיי. הוא תמיד היה אומר, אם יקרה לי משהו, את תסתדרי בלעדיי. אם לך יקרה משהו, אני גמור!

האהבה שלי לעומר התבטאה בדאגה שלי אליו. לא דאגה חונקת, אלא דאגה במובן של לקנות לו את הדברים שהוא אוהב, שהמקרר יהיה מלא בהם.

לבשל לו לשבת את הדברים שהוא אוהב, לשלוח לו מדי פעם הודעה באמצע היום, אפילו רק "היי מאמי" כזה שהוא ידע שאני שם.

הראיתי לו אהבה גם בזה שהייתי לצידו ומאחוריו והוא ידע את זה. וזה גם לא היה ממקום של הקרבה או מסכנות, לא "אני פה בבית בגלל שאתה בצבא", אלא "אני מאחוריך. תעשה מה שאתה צריך לעשות, מה שאתה מרגיש שאתה מאמין בו ושנכון לך לעשות – אני איתך תמיד". מה זה אם לא אהבה?

עם השנים למדנו לריב. בהתחלה היו בינינו פיצוצים. עם השנים למדנו גם לריב נכון וגם להשלים. וגם למדנו אחד את השנייה ולמדתי את הצבא.

בהתחלה הייתי בונה עליו כשהוא היה אומר שהוא יגיע בשעה מסוימת הביתה ואני אוכל לצאת. הוא היה אומר לי למשל, אל תדאגי, בשבע אני אגיע הביתה ותוכלי לצאת לאימון. ותמיד, קבוע, הוא היה מתקשר בשעה שבע ואומר, אל תשאלי, אני תקוע בפקק. אז למה אתה לא מעדכן קודם? עם הזמן מצאתי לעצמי עוגנים. שריינתי בייביסיטר, למשל.

הטיפול הזוגי עזר לנו למצוא את הדרך חזרה, לחיים ביחד, לפני שזה הפך להיות אתגר קשה. כי בדיוק כמו אצל כל הזוגות, גם הזוגיות שלנו לא הייתה זוגיות מושלמת, לא הכול היה טוב. אצל אף אחד אין זוגיות מושלמת. למדנו עם השנים להפוך אותה לזוגיות שהיא מושלמת לנו. היא הייתה טובה לנו עם הרבה קשיים בדרך והרבה עליות וירידות.

כשבן אדם מת, קל מאוד להגיד את כל הדברים הטובים שלו, איזה איש מדהים הוא היה. לפעמים גם נוח לי לזכור רק את הדברים הטובים ולטשטש את השאר. אבל בשורה התחתונה מאוד מאוד אהבנו אחד את השנייה והקשר שהתחיל בינינו לפני עשרים שנה היה קשר חברי. לשם חתרנו כל הזמן לחזור.

בסוף בסוף, אנחנו חברים ויש קשיים ויש ריבים ויש חיכוכים, ויש רגעים ששואלים מה בכלל אנחנו עושים ביחד, אבל מה עוד יש? יש אהבה, ואליה ניסינו למצוא את הדרך. ולפעמים אני הייתי צריכה לחזור שנים לאחור, ולהזכיר לעצמי למה התאהבתי בו ושזה הוא שעומד לפניי היום.

לאורך השנים היו נשמות טובות שאמרו, הוא כבר שנים בצבא. אתם לא יודעים איך זה לחיות ביחד. עכשיו חכי שהוא ישתחרר... לא בטוח בכלל שתישארו ביחד. ואני אמרתי כל הזמן שאין סיכוי שזה יקרה כי אנחנו עובדים על הזוגיות שלנו ואנחנו יודעים לקראת מה אנחנו הולכים. אנחנו נצליח כי זה לא יפתיע אותנו.

ואז, בום, איך החיים מקבלים תפנית בעלילה. כל אחת והתיק שלה. כל אחת והאהבה שלה שנכבית באמצע החיים. ועכשיו לכי ותאספי את השברים ואת עצמך ואת הילדים שלך ואת המשפחה שלך, ועכשיו לכי תבני משהו חדש אחר. בהתחלה נבהלתי. חשבתי: אני בת 42, אישה עם ארבעה ילדים. אני אלמנה כאילו, מי ייקח אותי? מה יהיה עם החיים שלי מעכשיו? הייתי מבוהלת. החיים שלי היו מושלמים עד עכשיו. לא תכננתי לשנות הכול באמצע.

על הצוואר שלי אני עונדת את טבעת הנישואין של עומר. הוא מעולם לא הוריד אותה מהאצבע שלו וזה לא מובן מאליו, כי כשאתה עובד עם נשק בצבא עדיף להוריד טבעות. הוא תמיד אמר, אני לא מוריד, אני רוצה שכולם יראו שאני נשוי. גם כשהוא נהרג, הטבעת הייתה עליו. הורידו לו אותה ואני ביקשתי שלא ינקו אותה, שיביאו לי אותה עם האבק והדם. לקחתי אותה לצורפת שהכינה אותה וביקשתי ממנה שלא תלטש את השריטות שנוצרו עם השנים ושתחרוט בעיגול הפנימי של הטבעת הקדשה ואת תאריך הנישואים שלנו. הוספתי גם ארבעה יהלומים שהם ארבעת הילדים שלנו.

את טבעת הנישואין שלי השארתי על האצבע בחודשים הראשונים, ואז הורדתי ואז החזרתי. שיחקתי עם זה. לפעמים אני רוצה להיאחז במה שהיה ולפעמים אני רוצה לצאת לדרך חדשה. בסוף הורדתי אותה ושמתי את הטבעת שעומר קנה לי לשחרור שלו, עם יהלום גדול. אבל הרגשתי לא בנוח עם הבומבסטיות שלה וקניתי לעצמי טבעת חדשה, קטנה קטנה, מנצנצת עם יהלומים, אבל לא בולטת.

אני מרגישה שהמוות של זיו כאילו הכין אותי לדבר הזה. כבר הייתי בכל מה שקורה לי עכשיו. כבר עשיתי את זה, זאת לא פעם ראשונה שלי ובשונה מאלמנה אחרת, אני יודעת מה השלבים. כשזיו נהרג והייתי בתחתית של התחתית של התחתית, אני זוכרת שאמרתי, אני לא אצא מזה, אני לא אצליח. אני לא אמצא מישהו שיהיה כמו זיו! אבל מצאתי את עומר. אנשים

שואלים אותי, מאיפה יש לך את הכוחות? ואני מרגישה שזה בגלל שאני בדז'ה־וו. אני יודעת את הדרך, אני מרגישה אותה ברגליים. ובדיוק בגלל זה, ממש מהתחלה, בימים הראשונים, אמרתי לעצמי שעם כל הכאב ועם כל הצער, אני יודעת שאני אמשיך הלאה ואני יודעת שאני... שאני אמצא, זאת אומרת שיהיה לי משהו, מישהו אחר. לא יודעת מתי אבל אני מזמנת אותו. אני לא אומרת שאני לא יכולה לחשוב על זה בכלל, אלא אני יודעת שלמרות שאני עוד לא שם, זה התהליך הטבעי שצריך לקרות.

והנה, שנים עברו ויש לי המון שיחות עם אמא שלי ואני אומרת לה שאני פשוט רוצה שקט, שקט אמיתי כזה. לחזור להיות מאושרת באמת, מהלב, עמוק פנימה, כמו שהייתי. וזה משהו שאני עוד לא מצליחה לדמיין. אני מצליחה לדמיין את הדרך שאנחנו עושים, שבעתיד אמצא זוגיות, אבל אני לא רואה את עצמי מאושרת באמת כמו שהייתי. כי כרגע הלב שלי פצוע ומדמם.

אני יודעת שהוא יתרפא. אני יודעת שאני אצליח לשקם אותו, אבל אני לא יודעת אם אחזור להיות באושר כזה אמיתי וטהור כמו שהייתי.

אני מאחלת לעצמי את זה. אני מאחלת לעצמי לחזור לחייך מהריאות. לחייך באמת. לחייך ולשמוח, להסתכל על הילדים ולדעת שהם בטוב, שהם בסדר. אבל אני עדיין לא שם היום, אני חרדה להם ובאותה נשימה אני יודעת שהם יהיו בסדר כי אני אעשה הכול כדי שהם יהיו בסדר.

בשבוע שעבר נתקעה פה הרשת. שאלתי את עצמי מה אני עושה. עומר היה מתעסק עם הדברים הטכניים האלו. רק עומר. נאבקתי איתה עד שהצלחתי להחזיר אותה למקום. ואז אמרתי לעצמי, אני בסדר. יהיה בסדר. אני מוכנה לדבר הזה.

עכשיו אני יותר קרוב אלייך מתמיד.
אני נמצא איתך במחשבות כמעט ממש.
וזה גורם להתעלות – כמו זו שאנו
יודעים להגיע אליה.

// אורה קפלן

לקח לי ארבעים שנה לדבר על מה שעברתי

אורה קפלן

בת 72, אשתו של אבי קפלן ואלמנתו של רב"ט יגאל פלג.
אמא לעודד (48), בעז (46), אביטל (43), יפתח (41), אילה (37) ובניה (30).

מלחמת יום הכיפורים

בהתחלה, לא דיברתי על האבל שלי. מי חשב בכלל לדבר, זאת לא הייתה השפה. היום אנשים מדברים. היום אלמנות מדברות בעוצמה, בכוחות נפש. אצלנו לא היה ההרגל הזה. אולי הרשתות החברתיות משפיעות היום, הכול פתוח, כולם יודעים הכול על כולם.

היום כולם מדברים הרבה יותר. אוהבים לדבר את עצמם, כי זה דור יותר אינדיבידואלי שמביא את עצמו. בזמננו, אני חושבת שהיינו למען האחר, אז לא היינו צריכים לדבר על עצמנו. פעם אפילו בהלוויות בני המשפחה פחות הספידו. אז גם אני, במשך שנים, לא דיברתי על מה שעברתי. גם באזכרות לא דיברתי. הייתי בעשייה, הייתי בתנועה, אבל לדבר? זה לא. עד שלפני עשר שנים אחיינית של יגאל עשתה עליו סרט. היא ראיינה אותי ואת החברים, וזאת הייתה הפעם הראשונה שבה ממש דיברנו עליו. כן, רק אחרי ארבעים שנה התחלתי לדבר.

כשהתחתנו, יגאל היה בן 22. אני הייתי בת עשרים. התאריך היה ח׳ בחשוון תשל״ג 16 באוקטובר 1972. שנה אחר כך, באותו התאריך, הוא כבר היה במלחמה. ובתאריך העברי של יום הנישואין שלנו, ישבתי עליו שבעה.

ההורים של יגאל הם ממייסדי כפר הרא״ה, מושב דתי בעמק חפר שבו הוא גדל. יגאל למד בישיבת כפר הרא״ה והיה תלמיד טוב מאוד. הוא היה תולעת ספרים, למד תורה ברצינות, שיחק שחמט, היה מאוד מוכשר. מצד אחד, ברדקיסט ולץ. מצד שני היה מאוד רציני. יגאל היה חבר טוב. היה לו לב טוב, חבל על הזמן. האמת היא שמכולם אני הכרתי אותו הכי פחות זמן. היינו נשואים בסך הכול שנה. אבל השנה הזאת עיצבה לי את כל החיים.

אף אחד לא הכיר בינינו. לא היה צריך להכיר. אני גדלתי בפרדס חנה, התגייסתי לנח״ל והגעתי להיאחזות במחולה. זה היה בשנת 1970 ויגאל היה שם כבר שנתיים.

יגאל היה אחראי על ההשקיה וכמה פעמים ביום היה יוצא לפתוח את המים ולסגור. במשך הזמן התחלתי להצטרף אליו עד שהקשר בינינו התפתח למשהו אחר ובסוף השירות שלי התאהבנו והחלטנו להתחתן. נכון שלא היינו חברים במשך כל זמן ההיכרות שלנו, כי כולנו היינו חבורים שם בהיאחזות ולא מבחינה רומנטית, אבל כעבור חודשיים או שלושה, מאז ההבנה שיש בינינו משהו שהוא מעבר, כבר עמדנו מתחת לחופה. זה היה במשק במחולה, על הדשא. החתונות התקיימו רק בקיץ, כי לא היה מבנה גדול מספיק שיוכל להכיל אותנו בחורף. מייד אחרי החתונה התחלנו שנינו ללמוד. בימים ההם לא היו הרבה זוגות נשואים במשק והיו אולי שתי בנות שנולדו. המבוגרים ביותר במשק היו בני 25.

מחולה הייתה היאחזות נח״ל שאוזרחה ובשנת 1968 הפכה למשק צעיר. בתחילת הדרך הייתה במשק מצוקת דיור כי עוד לא בנו את מבני הקבע ובגלל חדירות מחבלים וקטיושות לא יכולנו לגור באוהלים.

כשקיבלנו בתים הם היו פשוטים – מבנה בטון שהייתה בו מבואה ואחריה חדר ושירותים. יגאל כבר היה אז חבר משק ואני עדיין לא, כי רק השתחררתי מהשירות.

אחד הענפים במחולה היה הגד״ש, גידולי השדה, ומכיוון שיגאל היה אחראי על ההשקיה, המשק החליט לשלוח אותו ללמוד חקלאות במסגרת הפקולטה לחקלאות ברחובות. הלימודים התקיימו בשנה הראשונה בירושלים,

ושם הלכתי גם אני ללמוד עבודה סוציאלית. כך שבמהלך כל השבוע יגאל ואני גרנו בירושלים, וחזרנו למשק רק בשבתות. זו הסיבה שבגללה לא היינו זכאים לבית גדול יותר כמו שקיבלו שאר המשפחות שגרו במשק. לאחרים חיברו שני חדרים של נח"לאים, והתקבל בית של שני חדרי שינה, מטבחון וסלון.

אנחנו היינו יצירתיים, במבואה התקנו כיור עם משטח שיש קטן שתפקד כמטבח ואת המקרר העמדנו בחדר השינה. למרות שהבית שלנו היה דירת חדר קטנה, לא הפסקנו לארח. בשבתות היו מגיעים אלינו כל בני ובנות הגרעין, הבית שלנו היה בית פתוח.

בימי שישי לא למדנו, אבל ליגאל היה חשוב מאוד לתרום. הוא חיפש מקום שיוכל לעבוד בו ולהרוויח כסף עבור המשק. הוא מצא עבודה במסגרייה בירושלים, עבד בכל יום שישי וחגיע למשק ממש לפני שבת. אני לא הייתי מחכה לו, אלא הייתי יוצאת על הבוקר למחולה וממשיכה לבשל שם, אחרי שגם בימי חמישי היינו עומדים במטבח שלנו בירושלים ומבשלים. אני זוכרת איך סחבתי את האוכל למחולה באוטובוסים.

בגלל שהרגשנו מחויבות למשק, כמעט ולא נסענו להורים. ויש לומר שלא הכרנו מאוד את המשפחות, הרי בקושי נפגשנו איתן. נפגשנו באירוסין ובחתונה. פגשתי את ההורים של יגאל גם בפסח אחרי שהתחתנו. זה היה הפסח הראשון שלנו ביחד, היינו בכפר הרא"ה ואני זוכרת שראינו שתי המלטות ברפת של ההורים של יגאל. כל הזמן רצנו הלוך וחזור לבדוק אם הפרה כבר ממליטה. סביב זה היה ליל הסדר.

בקיץ שלפני המלחמה הייתה בר מצווה לאחד האחיינים של יגאל, ובילינו עם כל המשפחה המורחבת. העובדה שהיינו בלי ילדים היא גם חלק מזה שלא הספקנו לבנות קשר עם המשפחה. אבל את הקשר בינינו הספקנו גם הספקנו לבנות. הייתה בינינו אהבה גדולה והייתה שנה מופלאה ומרגשת. היו לנו הרבה רגעים שבהם אמרנו, כמה טוב שיש לנו שנה של ירח דבש, כמה טוב שאנחנו ביחד. היה לנו טיול בקיץ לפני המלחמה שבו נסענו בג'יפ של ההורים שלו ולא הפסקנו לשיר. היה לנו כל כך טוב. זאת הייתה תחושה של זכות.

אף על פי שלא היה לי קשר יומיומי עם המשפחה של יגאל עד המלחמה, הם נתנו לי הרבה כוח, ועד היום, חמישים שנה אחרי, אנחנו משפחה אחת והם מגיעים לכל השמחות שלנו. נפתלי, אבא של יגאל, היה

אפילו הסנדק של הבן השלישי שלי. אסתר, אמא של יגאל, כתבה בזמנו מכתב לבת שלה עליזה שבו היא אמרה שהיא תמיד תהתה למי מהמשפחה קשה יותר להתמודד עם השכול והיום היא מבינה שלאלמנה הכי קשה כי היא צריכה להתחיל מחדש. לכן הם אמרו לי אחרי השבעה שהם רוצים שאתחתן. היום הילדים שלי אומרים שיש להם שלושה זוגות של סבים וסבתות. זה מסכם את הקשר שיש לשלוש המשפחות שלנו.

כשפרצה מלחמת יום הכיפורים זה היה לפני תחילת שנת הלימודים ולכן עוד היינו במשק. הגברים גויסו ואנחנו הנשים נשארנו לבד, עובדה שזיכתה אותנו בכינוי אלמנות קש: קבוצת נשים שהבעלים שלהן במלחמה, והן מנהלות את המשק. בשבתות היינו אוכלות ביחד, ובסוכות בנו לנו סוכה גדולה.

את יגאל הקפיצו בבוקר שלמוחרת יום כיפור. הוא הוצב בחזית הדרומית, בסואץ. אני זוכרת שהיינו אצל ההורים שלי בפרדס חנה באותה שבת שבה חל יום כיפור, ובמוצאי שבת אמרו לו: מחר בשש בבוקר אתה מתייצב. ליווינו אותו למונית וסבתא שלי אמרה, אין לך מה לדאוג, מי ייקח אותו ככה? היא אמרה את זה בגלל ששבוע לפני ראש השנה הייתה לנו תאונת דרכים בעמק יזרעאל, אני שברתי את היד וגם יגאל נפגע. הוא ממש צלע. מזל שלא הייתה פציעה קשה יותר. אחרי כמה ימי התאוששות חזרנו לחגוג את ראש השנה במשק ועשרה ימים אחרי כן פרצה המלחמה. זה היה בום. זאת הייתה מלחמה קיומית. דאגנו. דאגתי. אבל בסדר, לא הייתה ברירה אחרת.

אף שהייתה מלחמה והייתי אישה צעירה, לא רציתי לשהות אצל ההורים שלי. העדפתי להיות במשק, רציתי להיות עם חברות שלי, חלקן היו בהיריון. הייתי צריכה להעסיק את עצמי, אז מה עשיתי? באותה תקופה הרבה משפחות במשק היו אמורות לעבור לבתי קבע ואנחנו לא היינו זכאים לקבל בית כי היינו סטודנטים, אבל עלינו בדרגה והיינו אמורים לעבור לבית בן שני חדרים. אז העסקתי את עצמי בצביעת הבית. יום אחד, תוך כדי שאני צובעת את הבית, הגיעה חברה טובה שלי, יעל.

את יעל שלח אליי קצין העיר עפולה, כדי שתהיה איתי כשהוא מודיע לי שיגאל נפל כמה ימים קודם לכן, יום אחרי הפסקת האש. יעל הגיעה אליי ורעדה. רעדה ואמרה, "אמרו לי לא לספר".

עד היום, חמישים שנה אחרי, אני זוכרת את הרעד שלה. בהתחלה לא רציתי להאמין. חשבתי שהוא נפצע. הרי כל יום הוא כתב לי מכתב. המכתבים הגיעו אחרי שהוא נפל, אבל היו גם מכתבים שהוא שלח לי עם חיילים שחזרו הביתה במהלך המלחמה ואותם כן הספקתי לקרוא. בתקופה הזאת הוא היה מתקשר בשלוש־ארבע לפנות בוקר כשכבר לא היה תור לטלפון אצלם. השומר היה מעיר אותי, "אורה, יש לך טלפון!" וככה הספקנו לדבר כמה פעמים במהלך המלחמה.

אני זוכרת היטב את אחד המכתבים שלו, הוא כתב: "הייתי על המשאית שלנו וארגנתי משהו, זה היה אחרי ארוחת צוהריים ואחרי שארגנתי תפילת מנחה במניין. מישהו צעק: 'יגאל, יש לך חבילה' ואז כל הנוער התחיל לצעוק ביחד במקהלה: 'אורה, אורה, אורה!' לפי הקצב. קפצתי למטה וראיתי את החבילה ממך. פתחתי אותה בידיים רועדות, אני מקווה שהחבר'ה לא הרגישו. ומייד הוצאתי את המכתב והכנסתי לכיס. ארגנתי את החבר'ה שיאכלו ויש לך תודה רבה מהם. נשארתי איתם עוד קצת ואחר כך יצאתי לקרוא את המכתב. אורה שלי, המכתב גרם לי להתרגשות עצומה ולהתעלות נהדרת."

דווקא בגלל שלא היו לנו ילדים, הרגשתי שהמוות שלו יותר נורא, כי לא נשאר לי ממנו כלום. הייתי בהלם. לא הצלחתי לעכל. הייתי בהלם.

כשהוא יצא למלחמה כן היו לי חרדות ומחשבות שאולי הוא ייפול בקרב, אבל כל הזמן אמרתי לעצמי, תתגברי, ממשיכים בחיים. את לא רוצה לחשוב שזה יכול לקרות. מה, לחכות לזה? זה לא שייך.

יגאל לחם בסואץ, זה היה שדה קרב ספוג בדם. היו המון נופלים מהצנחנים, אליהם הוא היה מסופח במילואים. בין כל הפצועים, יגאל הצליח לצאת מסואץ והמפקדים החליטו שלמרות הפסקת האש ב־24 באוקטובר, למוחרת לפנות בוקר הם ייכנסו בחזרה במטרה לשפר עמדות, כדי שאחר כך במשא ומתן ידנו תהיה על העליונה. זאת הייתה משימת התאבדות בשטח חשוף מול צלפים מצרים, אבל ההחלטה נפלה.

אז יגאל נכנס לסואץ בחזרה ושם הוא נפגע מירי צלף. זה מה שידעתי כל השנים ולא מעבר לזה. רק כעבור 49 שנה פגשתי לראשונה צנחן שהיה לידו כשהוא נפל. הזמינו אותי לטקס למשפחות השכולות וותיקי החיל

ביום ירושלים בגבעת התחמושת. פגשתי שם את המג"ד, בחור מאוד נחמד. שאלתי אותו, אולי תמצא לי מישהו שהיה עם יגאל במלחמת יום כיפור? עברתי מאחד לאחד עד שהגעתי לבחור בשם רוני שסיפר: "אני נלחמתי עם יגאל ביום של הפסקת האש. היינו במחלקות שונות ולחמנו בסואץ. באותו לילה שבו יצאנו מהתעלה הקמנו יחידה חדשה של מי ששרד את סואץ".

רוני הפך להיות מפקד המחלקה ויגאל הפך להיות הקשר האישי שלו. באותו בוקר, הוא אמר, הוא ראה את יגאל מתפלל, והם נכנסו יחד חזרה לסואץ. הכרתי את יגאל שעתיים־שלוש, הוא אמר לי. אפילו לא ידעתי שהוא נשוי. הם היו צמודים בלחימה והוא ראה את יגאל נפגע מכדור של צלף. כשהחזירו לי את הציוד האישי שלו קיבלתי את הסידור שלו עם חור של הקליע. הסידור היה בכיס שלו ובמרוצת השנים הוא נעלם לי.

יגאל היה אחד מ־2500 חללים שלא נערכו להם לוויות. היו בארץ ארבעה בתי קברות זמניים, שניים בצפון ושניים בדרום והלוחמים נקברו שם בינתיים, עד שאפשר היה לזהות אותם ולהביא אותם לקבורה. זה לקח זמן. עשרה חודשים ליתר דיוק. רק ארבעה ימים אחרי שהוא נפל קיבלנו את ההודעה מקצין העיר. בזמן הזה, הוא כבר היה קבור ואי אפשר היה להגיע לבתי הקברות. ברגע שקיבלנו את ההודעה, היינו צריכים להתחיל לשבת שבעה. היום מודיעים לכל המשפחה, אבל אז הודיעו רק למי שהחייל כתב שצריך להודיע לו – והוא ביקש להודיע לי.

אני הייתי צריכה לנסוע להודיע להורים שלו. רגע לפני שיצאתי רצתי למכבסה להביא בגדים לשבעה. אמרתי לעצמי, אני לא אהיה האלמנה הזאת עם הבגדים השחורים. בחרתי בגד שיגאל מאוד אהב, חולצה אדומה וחצאית יפהפייה, מתוך המחשבה הזאת בתת מודע וגם במודע. לפני שיגאל נפל זכיתי לקבל ממנו מכתב, הוא כתב: "אני כעת במתח די גדול מבחינה נפשית. הסיבה למתח היא שאנו עומדים לפני משימה שעלינו לבצע. משימה זו היא קשה ומסוכנת, זאת האמת. אני מודה, אני די חושש. וזאת הסיבה למתח. אני חושב עלייך כמו תמיד, אבל עכשיו אני יותר קרוב אלייך מתמיד. אני נמצא איתך במחשבות כמעט ממש. וזה גורם להתעלות – כמו זו שאנו יודעים להגיע אליה. אבל אני הולך בראש מורם. כי זה תפקידי ובשביל זה אני כאן. אני בטוח שאת מבינה ואפילו מתגאה, אבל המצב מאוד לא ברור, כי הרגע שמענו בחדשות שמצרים הסכימה להפסקת האש...".

המשימה הזאת התבטלה ואחרי יומיים הוא נפל בסואץ. את המכתב הזה, המכתב האחרון שלו, קיבלתי מחייל שיצא ואפילו הצלחתי לדבר עם יגאל בטלפון אחרי שקיבלתי אותו.

המכתב נתן לי כוח, לדעת שהוא הלך עם מה שהוא מאמין בו. ברור שלקח זמן עד שהבנתי עמוקות את המשמעות של אי־היותו, אבל במילותיו, הוא נתן לי כוח להמשיך לחיות. בזכות המכתב הזה החלטתי שאני לא אהיה האלמנה בבגדים השחורים, אני אבחר בחיים. זה היה הדימוי שהלך איתי כשעשיתי את דרכי לכפר הרא״ה לבשר להורים של יגאל. נסעתי עם כמה חברים מהמשק, אבי, שהיה חבר טוב שלו ויעל שבישרה לי על נפילתו. הגענו לבית הרב של הכפר, הרב דב ליאור. נכנסנו אליו, סיפרנו לו וביקשנו שיבוא איתנו להודיע להורים של יגאל.

אבי וחבר נוסף הלכו יחד עם הרב להורים. נפתלי, אבא של יגאל, היה בדיוק ברפת, הם נכנסו אליו והרב אמר, נפתלי, אנחנו תמיד ביחד. שנינו בחברה קדישא. אנחנו תמיד הולכים ביחד ואתה זה שמבשר לאנשים בשורות קשות. היום אני זה שמבשר לך. נפתלי נתן צעקה ששמעתי עד הרכב, שם חיכיתי. חיכיתי שיגידו לו כי אני לא יכולתי לבשר לו. ואז הוא צעק: ״תגיד לי מי!״ כי היו לו שני ילדים שלחמו. מוטי שהיה גדול מיגאל בשמונה שנים, ויגאל. איך ששמעתי את הצעקה הזאת, מייד רצתי אליו, התחבקנו ובכינו ביחד. עד היום אני שומעת את הצעקה הזאת מהדהדת.

הייתי בת 21. כשבישרו לי, לא בכיתי. אבל אבי אומר שכעבור כמה שעות, כשראיתי את אמא שלי, התפרקתי. אף פעם לא ישבתי שבעה קודם לכן. אף פעם לא איבדתי בן זוג קודם לכן. ונכון שלא היו לנו ילדים, אבל הייתה לנו אהבה והיינו משפחה. קיוויתי שיתברר שאני בהיריון ושיהיה ילד שייתן לי סיבה להמשיך, אבל בשבעה התברר שאני לא. נשארתי רק אני בלי כלום. חשבתי, מה אני עושה?

למוחרת השבעה ידעתי בדיוק מה אני עושה. נסעתי למחולה. אמא שלי ואילנה, אחות של יגאל, נסעו איתי. עוד אי אפשר היה לעלות לקבר מבחינת הצבא. חבר מהמשק, מדריך חברתי, אמר שאני חייבת מייד לעבור דירה, כדי שיהיה לי בית שאוכל לארח בו. אמא שלי ואילנה באו כדי לעזור לי.

אמא שלי שמעה על מקרה שהיה כמה חודשים קודם לכן, מישהו מהצפון שעלה על מוקש ואשתו שמרה את כל החדר שלו והבגדים, והיא פחדה שזה מה שאעשה. היא אספה את כל הבגדים והציוד שלו במזוודה שהביאה מראש, ואילנה לקחה אותה לבית של ההורים.

רק אחר כך קלטתי את זה, והציוד שלו היה כל כך חסר לי. יום אחד פתאום חזרה לי ממחסן הבגדים במשק חולצה של יגאל וכל כך שמחתי.

בסוף אותו יום אמא שלי אמרה "אני חוזרת הביתה, נבוא ביום אחר עם אבא ונעשה את מעבר הדירה. עכשיו בואי נלך". ואני אמרתי לעצמי, אין דבר כזה שאני עוזבת בלי שיש לי בית משלי. הלכתי לבית של חבר מהמשק, דפקתי בדלת ואמרתי, אני צריכה עזרה לעבור דירה. פתאום הגיע כל המשק וכולם עזרו לי. אבי מזכיר לי עד היום איך נתתי לו הוראות איפה לתלות את המדפים. עד היום הוא זוכר לי את זה.

שני דברים היו ברורים לי: אני ממשיכה ללמוד, ונשארת לגור במחולה.

שנת הלימודים נפתחה באיחור. זאת הייתה השנה השנייה שלי, היינו אמורים לעזוב את מחולה ולעבור לגור ברחובות, כי יגאל היה צריך להתחיל ללמוד בפקולטה לחקלאות. כבר מצאנו דירה קטנה ואני הייתי אמורה לעשות עבודה מעשית ברחובות. אבל כשהוא נהרג העדפתי לחזור לירושלים, למקום המוכר. באוניברסיטה לא הבינו אותי ולא עזרו לי. שנה אחרי שהתאלמנתי בחרו בי להיות מזכירת הפנים במשק במחולה ועברתי ללמוד באוניברסיטת חיפה.

החיים במשק לא היו כל כך פשוטים. היו שם משפחות צעירות וחמישה רווקים בכל המשק. כולם הזמינו אותי בשבתות אבל אני אמרתי, תבואו אליי. אני צריכה את הבית שלי. אני לא חושבת שהחלטתי שאני ממשיכה הלאה, אבל בכל שבת היו אוכלים אצלי הרווקים של המשק וכולם היו בנים. הם באו בימי חמישי לעזור לי לבשל בדירה הצפופה ואכלנו בשבתות ביחד. זאת הדרך שמצאתי לשרוד. התלבשתי ונראיתי טוב, לא הייתי האלמנה הזאת המסכנה והיו לי חברים בודדים שבאמת ידעתי שאני יכולה לבוא אליהם ולבכות אחרי שהתאלמנתי.

הכול מתנפץ. הכול. אבל החיים המשיכו. אני זוכרת את מסיבת הפורים

שהייתה אחרי שיגאל נפל. יגאל תמיד היה הרוח החיה באירועים. במהלך הערב לא יכולתי לשאת את המחשבה עליו והלכתי הביתה.

אחרי שיגאל נפל הייתי צריכה לעבור טקס יהודי שנקרא חליצה. כשאדם נפטר ולא מותיר אחריו צאצאים ויש לו אלמנה ואח אחד או יותר, האלמנה צריכה להגיע לבית הדין יחד עם האח ולעבור טקס שאחריו היא מותרת להתחתן עם כל אדם שתרצה, למעט כוהן. בהמשך עבדתי במשך עשרים וחמש שנה בבית הדין הרבני בחיפה וליוויתי אלמנות שהיו צריכות לעבור חליצה. ואין הרבה כאלו.

דיברתי עם יגאל כל הזמן. פעם בחודש הייתי עולה לקבר ומשוחחת איתו, עד שאחותו אילנה אמרה לי, את לא עולה יותר לקבר לבד. בכל פעם שאת רוצה לעלות לקבר, תגידי לנו, אנחנו נחכה לך ונלך איתך. וכך היה. הייתי מגיעה לקבר, מדברת אליו. אבל גם אחר כך, כשהעבירו אותו לכפר הרא״ה, הייתי יושבת על הקבר. לא משתטחת ולא בוכה, זה לא אני. אבל ישבתי ליד הקבר ודיברתי איתו. ולא הייתי חולמת עליו אבל הייתי חושבת עליו המון, מדמיינת שהוא בא אליי באמצע הרחוב.

אני לא זוכרת כמה זמן אחרי שיגאל נפל, לפחות שנה, ההורים של אחד החברים רצו להכיר לי מישהו. אמרתי בסדר והוא בא למשק. אחרי שנפגשנו, התייעצתי איתם בבכי. אמרתי להם שאני לא יכולה. לא מסוגלת. אני רוצה להתחתן רק מאהבה. הם אמרו לי ״לא תהיה לך עוד פעם אהבה כזאת כמו שהייתה לך. לא יהיה עוד יגאל. יהיו דברים אחרים״.

אחרי שיגאל נפל, זה היה אבי, חברו הטוב, כן, ההוא מתליית המדפים, שמאוד עזר לי. אחרי שנתיים וחצי קרה משהו אחר בינינו וקיבלנו החלטה להתחתן.

כשהודענו שאנחנו מתחתנים, שמענו שצועקים במשק: ״שמעתם? אבי מתחתן! אתם יודעים עם מי? עם אורה!״ ולא האמינו. נסענו לכפר הרא״ה לבשר להורים של יגאל. לא היה קל לאף אחד. הם נורא שמחו, אבל השמחה הייתה מהולה בעצב. האחיין של יגאל בן השש שאל: ״ומה יהיה בתחיית המתים? עם איזה בעל אורה תהיה?״.

אני שמחה על המסע שעברתי עד שהגעתי לבנות חיים שלמים עם אבי. בלעדיו לא הייתי יכולה לחיות. ברגע שיגאל נפל הייתה לי תחושה

בתת הכרה שאני ממשיכה לחיות. שבמותו הוא ציווה לי את החיים. זה הלך לי ביחד. אבל איזה חיים? בזמנו לא ידעתי.

אחרי שהוא נפל היו לי חיים משלי, הלימודים והתפקיד המשמעותי שעבדתי בו כמזכירת פנים של המשק. ועדיין הייתי חסרה. ברגע שהשתנו היחסים ביני לבין אבי והפכו מיחסים חבריים ליחסים רומנטיים, הייתה לי תחושה גדולה של תודה שזכיתי לדבר כזה. מצד אחד זה ברור, ומצד שני, זה לא מובן מאליו. אבי בחר בי וביחד הקמנו משפחה. זה הסיפור, וזאת זכות.

שאלתי את עצמי לפעמים, איך אני יכולה לאהוב שניים. כנראה הקדוש ברוך הוא ברא אותנו ככה, כמו שאמא יכולה לאהוב את כל הילדים שלה וזה לא בא האחד על חשבון השני, כך יכולה להיות אהבה גדולה ואחר כך עוד אהבה גדולה וזה לא סותר. הייתה אהבה גדולה, והאהבה החדשה לא הופיעה בחלל ריק.

אני חושבת שאפשר לחוות אהבה מחדש אחרי שמאבדים אהבה אחרת. אמרו לי שאצטרך להתפשר כי לא תהיה אהבה נוספת, אבל אני אמרתי שאין דבר כזה, אני אתחתן רק מאהבה. באמת יש לי היום אהבה גדולה, אני נשואה כבר ארבעים ותשע שנה ואנחנו עוברים מה שכל זוג עובר, עליות וירידות, אבל אנחנו באהבה גדולה. לאורך השנים טיילנו בעולם והיום אבי מוציא טיולים ואני מצטרפת אליו. הטיולים הזוגיים שעשינו תמיד היו חוויה. לפני שתים עשרה שנה טיילנו בניו זילנד. יש לי זיכרונות כל כך טובים משם. היינו שם במשך חודש. שכרנו רכב ובכל יום נסענו לאזור אחר, ככה שבכל יום התחלף הנוף. יום אחד עלינו על קרחון והתבוססנו ביחד בשלג ויום אחר הלכנו לנוף משגע של יערות טרופיים שהגיעו עד הים בסוף העולם. כל כך הרבה חוויות משותפות היו לנו בחלקת גן העדן הזאת. רק שנינו ביחד, מה צריך יותר מזה.

אמא שלי הייתה שורדת שואה והיתה בת יחידה והקימה משפחה. היא תמיד אמרה שאנחנו "מתנת השמיים" שלה. זה מה שאני מרגישה עם אבי, שיש לנו ביחד מתנת שמיים. ועם זאת, היו גם רגעים קשים שנבעו מהאהבה הזאת שלי לשניהם.

כשאבי ואני התחתנו נשארנו לגור במחולה, זה היה מקום שיש לו חלק חשוב בחיים שלנו והיה ברור שנישאר שם. אחרי חמש עשרה שנה עזבנו את מחולה ואז הרגשתי שאני חווה פרידה שנייה מיגאל. כאילו עברתי עוד שלב של התרחקות ממנו. היה לי קשה כי היינו דמויות משמעותיות והמשק היה בשבילי המון. הוא היה הכול. הוא היה בית, הוא היה המקום הערכי שלי, הוא היה המקום שבו הכרתי את יגאל. כשעזבתי את מחולה הרגשתי שאני עוזבת את יגאל. מצד אחד זה תהליך של פרידה, מצד שני הוא אף פעם לא נגמר. יגאל עדיין מלווה אותי גם היום, לא ביום־יום, אבל גם בימי הזיכרון אני עדיין חווה את האובדן.

בימי הזיכרון תמיד היה מורכב. כאילו חזרנו אחורה בזמן ויגאל שוב חזר להיות במרכז העניינים. תמיד הרגשתי את הצורך להיות עם אבי ביום הזה. המשכתי לעלות לקבר של יגאל גם אחרי שהתחתנתי עם אבי וזה היה מובן לו ומקובל עליו והבנתי שהחיים חזקים יותר מהכול.

יש לי בעל והוא אוהב אותי ואני אותו. יש לי משפחה מאוד גדולה ואני מאוד עסוקה, כל הזמן. יש לי שישה ילדים, עשרות נכדים ואפילו נינים. אני סבתא רבתא. לקח זמן עד שהתייצבנו ויכולנו להרגיש בנוח. זה לא כל כך פשוט להתחתן בשנית. אפילו שאבי היה חבר מאוד טוב של יגאל, מאוד, וההורים של יגאל שמחו שאני מתחתנת דווקא איתו, לאבי היה מאוד קשה. יגאל היה מאוד מרכזי, פתאום להיכנס לנעליים שלו, זה לא היה פשוט. אני לא יודעת איך הייתי מגיבה אם הייתי מתחתנת כאישה השנייה. ויש גם את נושא הילדים שלנו, שגדלו בבית שבו יגאל נוכח.

היה איזה רגע שבו הבנתי את השניות הזאת, פתאום הבנתי שהתחתנתי בשנית עם חברו הטוב של יגאל. וזה קרה רק עכשיו, לא מזמן, אחרי חמישים ואחת שנה. עשינו שבת משפחתית בסמוך ליום הזיכרון של יגאל. היינו עם כל הילדים והנכדים והמשפחה שלנו ושל יגאל, שהקשר איתם רק מתחזק עם השנים, ודיברנו כל השבת על המלחמה. בסעודה האחרונה של השבת דיברנו על יגאל ודיברו חברים. היה מאוד מרגש איך גם אחרי חמישים ואחת שנה הוא כל כך חי בזיכרון של כולם. אבי דיבר שם על החבר הכי טוב שלו ומה זה אומר עבורו להתחתן עם האישה שלו. שמעתי אותו מדבר על האירועים שהם חוו ביחד ופתאום זה היה מולי, הדואליות הזאת. אני נשואה לאיש הזה.

כשיגאל נהרג לא ראיתי את המתוק, רק את המר. אחרי שיגאל נפל נשארתי לבד וכל העולם התנפץ. שאלתי את עצמי, איך את הולכת הלאה. מתי התחלתי לראות את המכלול המתוק? אולי רק אחרי חמישים שנה.

לפעמים אני מרגישה שהסיפור שלי מזכיר את הסיפור של רות המואבייה, גיבורת מגילת רות. אילו יחסים חמים אבל גם חיים מרים היו לה ולחמותה נעמי, שהמקרא קורא לה מרה, ואיך היא בחרה להפוך את כל מה שקרה לה – למתוק. בדיוק כמו בסיפור שלנו.

אנחנו לא יכולים לבחור את המציאות שהקדוש ברוך הוא מזמן לנו. אנחנו יכולים לבחור רק את האופן שבו אנחנו מתמודדים עם הדברים. גם במקרה שלי, השם זימן לי את ההזדמנויות ואני בחרתי לחיות את החיים שלי מתוך גישה אופטימית וחיובית. אבל זה לא היה ככה מייד בהתחלה.

לפני חמישים ואחת שנה התנפץ לי הכול. כל מה שבניתי. כל החלומות. כל הזוגיות שהייתה לנו. נשארתי לבד. אבל היום כשאני רואה איזו משפחה יצרתי, מתוק לי. גם ברמה הלאומית אני מרגישה שהמשכנו הלאה ובגדול. ידענו מלחמות, ספגנו אבדות שלא ניתן לתאר ועדיין הצלחנו לגדול, לצמוח ולהגיע ללבלוב. עם ישראל חי.

אהבתי את אלעד, אבל לא חשבתי שנחזיק מעמד לאורך שנים. ההורים שלי התגרשו אחרי שמונה שנים ביחד וכשאלעד ואני עברנו שמונה שנים נשמתי לרווחה. זה לא היה מובן מאליו עבורי.

// עמנואל גודמן, שם בדוי

בגיל ארבעים אני מת

עמנואל גודמן

בת 39, בת הזוג של רס"ם אלעד בר.

אמא ליואב (6) ועדי (2).

חרבות ברזל

אלעד תמיד היה אומר לי, בגיל ארבעים אני מת.

בהתחלה נלחצתי. אנחנו בני שלושים, וגיל ארבעים מגיע עוד רגע. הוא חזר ואמר, בגיל ארבעים אני מחזיר את הציוד. אמרתי לו, אין סיכוי. הוא אמר, נו טוב, אז בגיל חמישים. שאלתי אותו, תשאיר אותי אלמנה זקנה? אפשר לפחות שתמות בגיל 67, כשכבר לא תעניין אותי מיניות והילדים יהיו מאחוריי ואני רק ארצה להגשים את עצמי? בגיל 67 אני מוכנה שתמות. והוא אמר, זה מאוחר מדי. אני לא מוכן.

הדיון הזה התקיים בינינו במשך אחת עשרה שנים ובהן קיבלתי מאלעד את העוצמה שבה הוא חי את החיים האלו למרות ועם כל מה שהוא עבר. הוא נתן לי את האפשרות הזאת, לחיות את החיים האלו באומץ ובחוסר התפשרות גם כשכואב וחסר.

כשיואב הבכור שלנו נולד, אלעד אמר שהוא עשה את התיקון שלו בחיים. יואב באמת דומה לו מאוד חיצונית. וכשעדי נולד, אלעד אמר, הגעתי לנחלה,

עשיתי בית. ואז כבר נלחצתי מכל הדיבור על סוף החיים שלו ולא הייתי מוכנה לשמוע על זה יותר.

אמרתי לו, אלעד, לא הגעת לנחלה שלך, יש לך עוד הרבה דברים לעשות, לבנות מופע סטנד אפ למשל. והוא התעקש: אני את שלי עשיתי. הוא אמר את זה בקור רוח וגם חזר על זה בזמן ארוחות משפחתיות מצחיקות כשהוא מרים את האווירה כמו תמיד. זה היה מאוד מצחיק עד שקלטתי שזה לא מצחיק. אחרי שמונה שנים ביקשתי שיפסיק. פחדתי. הרגשתי שזה שם. שהוא עוד רגע בן ארבעים. וכשהוא חגג ארבעים, ממש ראיתי את הדיכאון שלו. קיוויתי שיצא ממנו משהו אחר והוא יתאפס על עצמו וסוף סוף יגשים את עצמו, אבל אלעד היה פיטר פן שלא רצה להזדקן.

כמה תיקונים וגלגולים הוא עבר בחיים שלו, הייתי סופרת לו את הנשמות, כאן יכולת למות וגם כאן. על כמה נשמות אתה? שאלתי אותו. כשפרצה המלחמה, הגענו לשבע מתוך תשע.

כשהוא היה במילואים, חזרתי ואמרתי, אלעד, זה עניין של כדור אחד לא במקום ואתה מת. והוא היה אומר לי, נכון, את צודקת. וזהו. שנינו ידענו מה המשמעות של המילואים. הוא כבר היה בן ארבעים. אבל הוא אמר לי, עמנואל אל תדאגי, מהמלחמה הזאת אני לא חוזר בארון. אחרי כל השנים שהוא היה טוחן לי במוח מתי הוא הולך למות, פתאום הוא לא הרגיש שזה מתקרב.

אלעד לא רק היה אומר לי מתי הוא ימות, אלא גם מה אני צריכה לעשות אחרי מותו. הוא אמר לי, אני רוצה להישרף לפני הילדים, ואחר כך אני רוצה קבר. בסופו של דבר הוא נשרף כולו ולא נשאר ממנו דבר, אבל יש לו קבר כי הוא חלל צה"ל.

באינטואיציה שלי לא הרגשתי שהוא הולך למות. מאז שהוא נפל, אני בסכסוך עם האינטואיציה שלי, אני צריכה לבנות את האמון שלי מחדש בעצמי ובהרגשות שלי.

הכרנו במסעדה בכרם התימנים בתל אביב. אני הייתי בת 26 ועבדתי בתור מלצרית. הוא היה שליח, בן 29. ביום שהוא הגיע למסעדה וראיתי את העיניים שלו, אמרתי: הוא יהיה האבא של הילדים שלי. ויהיו לנו שני בנים.

יש לי שתי עדות ששמעו את זה ממני באותו ערב. אבל אלעד לא שם עליי. רק אחרי זה הבנתי שהוא פשוט היה ביישן.

באותה התקופה היה לי חבר, ככה שהתחלתי לצאת עם אלעד רק שנה מאוחר יותר. אבל ההמתנה הזו לא הייתה מוזרה בעיניי, כי לאורך השנה ידעתי שמצאתי אותו, את אבי ילדיי, והכול בסדר. אני לא יודעת איך להסביר את זה, פשוט הרגשתי שאני צריכה לעשות מה שנראה לי טוב וכשזה יגיע, זה יגיע. לא היה לי לחץ. הייתה לי נחת. במהלך הזמן הזה עברתי פרידה מהסרטים אחרי שהחבר הזה נעלם. הייתה שם הרבה דרמה, הוא חזר אחרי חודש והיינו ביחד עוד שלושה חודשים עד שהבנו שזה נגמר בינינו. בזמן שהוא נעלם הייתי ממש שבורה, בכיתי ובכיתי למרות שידעתי שכבר מצאתי את אבי ילדיי, ולמה לבכות אם הוא נמצא פה לידי.

אלעד המשיך להיות השליח ויצא עם בחורות אחרות באותה שנה והיינו חברים טובים. כשהייתי פנויה, אלעד ואני התקרבנו יותר ויותר. יום אחד הוא שלח לי לפלאפון תמונה של עפיפון. הוא היה מכין עפיפונים גדולים של פעם. והוא כתב: הכנתי אותו בשביל אחות שלך. הבנתי שהוא מתחיל איתי ושאני צריכה לעשות את הצעד הבא כי הוא לא יוזם. אז התחלתי איתו, ככה לפחות הוא אמר, יצאנו לכמה דייטים ומשם זה כבר היה מהיר.

טסנו להודו בשביל להתחתן. הבאתי שמלה מהארץ, שמלת תחרה, לבנה פשוטה ויפה. הגענו להודו ובדרמסאלה הכנו ביחד טבעות. כשהגענו לרישיקש אמרתי לו: יאללה, בוא נתחתן עכשיו. היה חם ליד נהר הגנגס. חום אימים. בכל יום אמרתי לאלעד, בוא נעשה את זה, בוא נתחתן, והוא אמר, לא, לא היום. לא מתאים לי. מחר.

אחרי שלושה ימים אמרתי לו, די. או שעושים את זה עכשיו או שלא עושים את זה בכלל. קנינו לו חולצה לבנה ושרוואל שחור והתארגנו בגסטהאוס. אחרי שעשינו צילומים שאלנו את עצמנו: מה עושים עכשיו? הכול היה מתוכנן עד לאותו רגע וזהו. חצינו גשר ארוך מעל הגנגס והגענו לאחת הגתות, שם הצעתי שנחליף טבעות ונגיד נדרים. אנחנו אפילו לא זוכרים מה אמרנו זה לזה. שנינו היינו כל כך נרגשים.

בשנים הראשונות עוד ניסינו להיזכר מה אמרנו אבל לא הצלחנו. אמרנו דברים טובים וזה מה שחשוב. אחרי הנדרים עשיתי את טקס הפוג'ה, בו זורקים לנהר פרחים, ממתקים ונרות. אני זוכרת שקצת התעכבתי וזה עצבן

אותו. הוא רצה כבר לסיים. עברנו שוב את הגשר בחזרה לגסטהאוס ואלעד נתן מעשר, הוא נתן כסף למישהו שעמד שם. ואני רציתי לקנות משהו חדש. קניתי צמיד. הלילה ירד על הודו ופשוט היינו נשואים.

כשהכרתי את אלעד ידעתי שאני לא רוצה חתונה. וגם הוא לא רצה. זה היה הכי מדויק לנו. עכשיו אחרי שהוא נפל אני דווקא רוצה חתונה. רוצה מסיבה. לא טקס, רק חגיגה ושיהיה ברור שזאת חתונה. וזה יקרה בעוד שנתיים וארבעה חודשים.

אלעד ואני היינו שונים. מאוד. איך הצלחנו לאהוב ככה, אי אפשר להסביר. אני לא יודעת.

היו לנו הרבה שיחות שבהן שאלנו את עצמנו איך אנחנו ביחד. התעסקנו בזה הרבה. אנחנו שונים חזותית ותרבותית, אבל משהו היה גדול מזה. לא ידענו להגיד אותו. זה הכי קלישאה להגיד אהבה, אבל אני חושבת שלשנינו הייתה הבנה שאנחנו רוצים לעשות טוב זה לזה וזה רק הגדיל את האהבה. ולאט לאט כל הדברים שהיו שונים הפסיקו להיות נוכחים בקשר. היה בינינו הרבה הומור משותף והבנה טהורה של מהות החיים האלו. הסכמנו שהחיים על האדמה הזו זמניים ושיש לכל אחד מאיתנו שליחות. אני לא רוצה להוציא אותו ניו אייג׳, אבל מבחינה רוחנית דיברנו באותה השפה, שפת הבודהיזם. שנינו הבנו שיש גלגול נשמות, שיש מטרה לביקור שלנו על הארץ הזאת ושלא סתם נפגשנו. ואני עדיין מנסה להבין מה היה החיבור הגדול בינינו.

הרקע הסוציואקונומי שלנו שונה לחלוטין. אלעד הגיע משכונה מוחלשת במרכז הארץ. הוא התגלגל מפנימייה לפנימייה ולבתי נוער ושוב לשכונה וחוזר חלילה. וכמה שטויות הוא עשה בחיים שלו. בסוף הוא הרים חתיכת הרצאה מכל הסיפור שלו.

אלעד לא למד וגם לא היה אמור להתגייס לצה״ל. בהתחלה הצבא אפילו לא קיבל אותו להיות חייל מקא״מ, מה שנקרא נערי רפול. אבל אחר כך הוא היה בין הראשונים שעברו את המסלול המיוחד הזה והתגייס לקרבי.

אחרי הרבה שנים שבהן גרנו בתל אביב, עברנו לקיבוץ בצפון. יום אחד אלעד הלך כאן בשבילים ופתאום ראה את המדריכה שלו מהפנימייה

שהייתה המקום האחרון שהוא עוד קצת היה בו. הוא שאל אותה, את מאמינה שהגעתי לכאן, שיש לי ילד ושאני נשוי?

הצבא נתן לו השראה והוא עשה שינוי גדול בחיים שלו. הוא נהג לומר שתמיד יש דלת, תמיד יש פרצה ואפשר להתמקם טוב יותר בחיים האלה. הוא הבין שהצבא יכול לתת לו את המקום לשנות הכול, להפוך את כל הקלפים שהחיים הביאו לו מההתחלה.

אני גדלתי בחיפה, התחנכתי טוב והייתה לי ילדות בנאלית בסך הכול. ההורים שלי התגרשו כשהייתי בת שנתיים וגידלו אותי בהורות משותפת. לא היו ביניהם מתחים או ריבים, אבל הם גם לא היו החברים הכי טובים. כל אחד מהם התחתן בשנית. אני מגיעה מהוויה של חמימות ביתית ושפע. לא שפע מטורף, אבל יש לי גב כלכלי והורים שיעזרו לי גם אם לא יהיה להם שקל. לעומתי, אלעד הגיע מחוויה של הישרדות.

לתחושתי, אולי זה מה שגרם לו לרגשי נחיתות מול החברים שלי. הוא לא היה מסוגל אפילו לשבת איתם. בהתחלה זה היה לי קשה מאוד.

הפערים בינינו התבטאו גם בחיצוניות שלנו. ערב אחד הלכנו בנווה שאנן בדרום תל אביב ופתאום עצר אותו שוטר וביקש ממנו תעודת זהות. אני הייתי כמה צעדים לפניו, וכשהסתובבתי לא האמנתי שיס"מניקים עוצרים אותו. כששאלתי אותם מה הבעיה הם שחררו אותו מייד. זה היה כי הוא נראה מרוקאי ועם כובע הוא היה נראה הכי ערס שיש. לכן עצרו אותו. בגלל שיש לו חזות של עבריין או של ערבי. אלעד היה רגיל שעוצרים אותו וכבר ידע מה להגיד. הוא היה ישר מדבר עברית ונותן את תעודת הזהות.

בהתחלה ההבדלים ביני לבין אלעד הטרידו אותי מאוד. אבל כל כך אהבתי אותו והגעתי למקום שבו הבנתי שהוא רואה את הדברים באופן הזה ואני רואה את הדברים באופן אחר, וגילינו שיש דברים הרבה יותר מעניינים מאשר הוויכוחים בינינו. מה גם שעם הזמן הפערים בינינו היטשטשו כי בנינו את הביחד שלנו.

אלעד לא היה ימין קיצוני, הוא פשוט מאוד אהב את המדינה והיה מלא תקווה שיכול להיות לנו טוב יותר. שצריך לעשות מה שאפשר. הטקס שהכי עשה לו את זה בעולם היה טקס המשואות. היו שני אירועים שהיה צריך להיות בשקט כשהם מתרחשים – שידור תחזית מזג האוויר וטקס המשואות. אסור היה לדבר. ואם הוא פספס משהו, הוא היה מריץ אחורה. ביום העצמאות

תמיד הסכמתי שהוא יתלה דגל אחד בלבד – בבית. ולא ברכב. אני לא גאה בדגל הזה. ככל שהדברים נעשו יותר מגעילים בפוליטיקה, התרחקתי מאוד מלהיות גאה בדבר הזה שנקרא מדינת ישראל.

כשהוא ראה את הטקס, זה היה שלו לבד. אני הייתי צופה מהצד, מוותרת על כל הנאומים בהתחלה שהיו מעצבנים אותי. כשהייתי מגיבה להם אלעד היה מתעצבן ואז פשוט הייתי הולכת. במופע הדגלנות הייתי מתיישבת לידו כי הוא היה עושה מלא צחוקים. הוא היה מחקה את הסדרן ומקריין אותם ותופס אותם על הפאדיחות.

אלעד עבד קשה, היה קם בארבע בבוקר, יוצא לעבודה כשליח וחוזר הביתה בצוהריים. זה היה עוד פער בינינו. הוא עבד בכל הבא ליד כדי שאני אוכל לעשות כל מה שאני רוצה. ואכן, אני הגשמתי את עצמי כמורה ליוגה. התחושה הייתה שנפתחו לי כל הדלתות ושאלעד עושה ככל יכולתו כדי שאני אגשים את עצמי, כשהייתי אומרת לו: אלעד, לך תגשים את עצמך, הוא היה אומר לי, מה פתאום, זה לא הזמן וזה לא יקרה בגלגול הזה. זה לא הגלגול שלי. את תגשימי את עצמך, הילדים יגשימו את עצמם ואני אלך לעבוד. קיוויתי שיום יבוא ושהוא יבין את הדברים אחרת ולא יישאר מאחור.

כשיואב נולד אמרתי לאלעד, הבאתי לך ילד, תביא לי משהו. לא קנית לי טבעת לטקס שעשינו בהודו, אז רק תביא לי טבעת. הוא לא הביא. כשעדי נולד כבר אמרתי לו שאני דורשת, זאת לא בקשה, תביא טבעת. הוא לא הביא לי. ביציאה האחרונה שלו מהצבא, שהייתה קצת אחרי יום ההולדת שלי, הוא הגיע עם טבעת ורצה לתת לי אותה, אבל יואב אמר לו, אבא, לא ככה! אתה צריך לכרוע ברך. הוא הדגים ואלעד עשה את זה כמו שצריך, ירד על הברכיים ונתן לי אותה. הייתי כל כך נרגשת. אלעד עשה הכול לפני שהוא נהרג. סגרנו את כל הקצוות. אולי אני עוד ארגיש שהיו פספוסים, אבל אני מקווה שלא. אני מקווה שהבנתי את מה שהוא בא לעשות פה, שהוא עשה את שלו בגלגול הזה ונתן לי כל מה שהוא היה צריך לתת.

אני מתגעגעת לדבר איתו בלי סוף על שטויות וגם על הילדים שלנו. אני מתגעגעת אלינו יושבים וטוחנים בלי הפסקה איך נגיב לילד שהתנהג ככה ואיך נעשה ככה. ואני מתגעגעת ללילה טוב שלנו. לקח לי זמן להבין שאני

כל כך מתגעגעת לאלעד שהיה אומר לי לילה טוב, ואם לא הייתי עונה לו בחזרה, הוא לא היה משחרר. בהתחלה זה היה ברצינות ואחר כך היינו צוחקים מהקטע הזה לפחות חצי שעה, כל ערב. היום אני מתגעגעת למישהו שיגיד לי לילה טוב. ואני מתגעגעת לפעולה הזאת, לצחוק, זה הדבר שאני הכי מתגעגעת אליו.

לפעמים אני מבקשת מאלעד לתת לי סימן אם מה שאני עושה במקרה לא טוב. יש ימים שאני מסתכלת בתמונה שלו ואני אומרת לו כמה הוא חסר וכמה אני רוצה שיהיה כאן.

חזרתי לבדי להודו קצת לפני יום הזיכרון הראשון לנפילתו. במשך עשרה ימים בכיתי רוב הזמן, וחזרתי לארץ ליום הזיכרון. הרגשתי הקלה על כך שליום אחד לוקחים ממני את האבל. הרגשתי שחרור. כאילו – עכשיו זה שלכם.

ביום העצמאות ישבתי עם האחים שלי ובני הזוג שלהם והיה לנו ערב כל כך מצחיק. סוף סוף צחקתי, עד שכאב לי כבר מרוב צחוק. בן הזוג של אחותי שאל אותי מה היית רוצה, מה התפילה שלך? ואמרתי לו, כל החלומות שלי היו בזוג, ועכשיו נשארתי לבד עם החלומות. חלמנו למשל לעבור להודו ולהקים שם מרחב של ערבי במה פתוחה לסטנד אפ. מרחב שיגישו בו קפה ואיזה מאכל שיהיה הכי טעים. מרחב בלי סמים ובלי אלכוהול, כי אלעד לא עשה לא סמים ולא אלכוהול. ושמתחת למקום הזה, אנדרגראונד, יהיה הסטודיו שלי ליוגה.

זה היה החלום שלנו – לחיות ככה חצי שנה בארץ, חצי שנה בהודו. איך אני אחלום את החלום הזה עכשיו? אני לא רוצה את זה בלעדיו ואני לא מבינה כלום בסטנד אפ. הוא הבין הכול. איך אני אעשה עכשיו ערבי במה פתוחה?

אין לי כרגע חלומות, רק רצונות. אני רוצה להגיע למקום טוב עם עצמי, שאוהב את עצמי שוב, שאפרגן לעצמי גם בלעדיו. שאמצא אהבה אחרת, נוספת, ושזה לא ייקח הרבה זמן, כי אני מפחדת להתרגל ללבד שלי.

אני רוצה לראות שהילדים שלי גדלים ושהם בסדר. ואני רוצה לפגוש אותו שוב בגלגול הבא. את זה אני הכי רוצה. אף על פי שבתחושה שלי יש לי עוד הרבה גלגולים לעבור עד שאגיע להארה, לנחלה. ולעומתי, אלעד כבר הגיע.

אלעד לא אהב פוליטיקה. הוא אהב אנשים. פעם אחת כשהוא ישב עם כל הפלוגה התחיל דיון פוליטי סוער ואלעד אמר, או שאתם מפסיקים את הדיון או שאני קם והולך. אחד המפקדים שהספיד אותו סיפר שבאותה סיטואציה הוא אמר, אנחנו לא חייבים להסכים, אבל אנחנו חייבים להמשיך לאהוב. זה הפך להיות הסלוגן של אלעד. הוויה שלמה של אדם הצטמצמה למשפט הזה.

אהבתי את אלעד, אבל לא חשבתי שנחזיק מעמד לאורך שנים. ההורים שלי התגרשו אחרי שמונה שנים ביחד וכשאלעד ואני עברנו שמונה שנים נשמתי לרווחה. זה לא היה מובן מאליו עבורי. מה גם שהוא כל הזמן דיבר על המוות שלו, אז ידעתי שלא אהיה איתו לנצח נצחים. לא חייתי באשליה שנזדקן ביחד.

פעם שאלתי אותו אם לדעתו נזדקן ביחד, והוא אמר שלא. כי הוא לא יזדקן. גם לי היו תוכניות להמשך. חשבתי שבשלב כלשהו היינו מסיימים את מה שהיינו צריכים לעשות יחד, וממשיכים הלאה. חשבתי שנרצה לעשות דברים שונים.

אני למשל רציתי להגיע לגיל שישים, לטוס להודו ולהתבודד כנזירה, והיה לי ברור שהוא יישאר בישראל. לא ראיתי איך הרצון שלי לחיות חיים אחרים מתכנס למשהו משותף שיתאים לו. כן חשבתי שאם הוא לא היה נהרג, היינו חיים ביחד לפחות עוד עשר שנים.

אלעד לא התנהל נכון כלכלית ואני לא רציתי להיכנס למערבולת הזאת איתו בבנק, אז ניהלנו חשבונות נפרדים. בכל חודש הוא העביר סכום כסף לחשבון שלי. אני חושבת שהוא אמר לעצמו בראש כל הזמן, שעם כל החובות שלו, עדיף שהחשבונות שלנו יהיו נפרדים וככה אחרי שהוא לא יהיה, אי אפשר יהיה לקשר אותי לחשבון שלו. היו כמה פעמים שבהן חשבנו שאולי אני אנהל את החשבון שלו, אבל לא עשיתי את זה בסוף.

מתי הוא התאפס על עצמו כלכלית? שנה לפני שהוא נהרג. אם הוא היה ממשיך ככה, כנראה שכן היינו עושים שינוי ופותחים חשבון משותף.

היו לנו הרבה פעמים ריבים בתחום הזה. אני הייתי נלחצת שהוא לא מתנהל נכון והוא היה אומר לי: עמנואל, זה שלי. תניחי. אבל הוא אמר את זה בסטרס. הלחץ שלי הגביר את החרדה שלו.

לילה אחד אלעד בא אליי ואמר לי: אנחנו צריכים להיפרד כי אני גורר אותך למקום לא טוב כלכלית. הוא לא ידע איך לצאת מהמקום שהגיע אליו. זה היה קצת לפני שעדי נולד וזה גמר אותי. התאכזבתי ממנו מאוד. הרגשתי שהוא לא באמת רוצה להיפרד, אלא שהוא פשוט לא יודע איך להגיד לי שהוא שוב נמצא במקום לא טוב כלכלית.

אמרתי לו, אין שום סיכוי שאנחנו נפרדים בגלל כסף. בסוף עירבנו את ההורים שלי והם נתנו לנו קצת כסף והוא התחיל תהליך הבראה עם עמותת פעמונים ודברים התחילו להיראות אחרת. אף על פי שידעתי שהוא לא באמת רוצה להיפרד, זה היה לילה קשוח מאוד.

כשאני שואלת את עצמי איך מגשרים על פערים בין בני זוג, אני חושבת שהתשובה טמונה ברצון גדול שזה יצליח. ולכן צד אחד צריך לוותר. תמיד. זה בא לידי ביטוי גם במשפחות שלנו. הצד המשפחתי שלי היה יותר נוכח וחזק בחיים שלנו. וזה הצד האשכנזי ששונה מאוד מהמנטליות של אלעד. חשבתי שזה מדהים שאלעד רוקד על שתי החתונות, שומר על הזהות שלו אבל גם מתערבב עם המשפחה שלי. אני למשל לא יכולה. לא יכולתי להרגיש נוח בצד שלו, בסביבה שלו. לא כי הם לא קיבלו אותי, אלא כי פיזית אני נראית אחרת, מדברת אחרת. לעומתי, אלעד הצליח להרגיש בבת אחת הכי מזרחי והכי אשכנזי למרות שהוא תמיד אמר שכשהוא נמצא בחברה אשכנזית הוא מרגיש רגשי נחיתות, שהוא צריך להוכיח את עצמו. אבל מבחוץ היה נראה שהוא משתלב.

היה חסר לי שאין לנו חברים משותפים לבלות איתם ולחגוג איתם חגים. היינו בתוך עצמנו. כשהלכתי למסיבה של חברים, הוא לא היה מגיע איתי כי הוא לא הרגיש איתם בנוח. בשלב מסוים הבנתי שזה הולך להיות הרגל שבשגרה. הוא הלך לחתונות של חברים שלו ואני לא באתי איתו. הוא לא רצה שאבוא איתו. זה לא הרגיש לו מתאים. הוא אהב להגיע לאירוע, לשים את הצ׳ק וללכת. כשאני מגיעה לחתונה, זה לא בשביל לצאת ידי חובה. אני באה להיות וליהנות ואני נשארת הרבה זמן. והוא לא רצה שאכריח אותו להישאר.

שנינו לא אהבנו קונפליקטים, זה מה שהיה דומה בנו. העדפנו לבנות גשרים מעל הבורות שלנו. ולמרות שבנינו גשר קצת מרוחק מעל הריבים שלנו במקום להתעמת ולהעמיק עד שנמצא פתרון, הרגשנו קרובים.

לרגע הזה שבו בישרו לי שאלעד נהרג, הגעתי מוכנה. ידעתי מה אני צריכה לעשות. כמו שאלעד אמר, יואב הוא התיקון שלו ועדי הוא הנחלה והנה הגיע הסוף.

כמה ימים לפני שהוא נהרג שאלתי אותו איך יודיעו לי. הרי אנחנו לא נשואים רשמית. הוא הבטיח שהוא ביקש להכניס אותי לרשימות. אל תדאגי, הוא אמר לי, הם יוודאו שאת בבית. יום לפני שאלעד נפל נכנסתי לגוגל וכתבתי: איך מודיעים לאלמנה.

כשאלעד הגיע לגיל ארבעים הוא הכריז שהוא כבר לא הולך למילואים. הוא אמר ליחידה שלו שאפשר למחוק אותו, אבל הוא נשאר בוואצאפ של הקבוצה שלהם. בשבעה באוקטובר הוא הבין שקורה משהו. מה זה הבין? כולם הבינו חוץ ממני, כי אני לא מחוברת לחדשות בכלל. ברגע שהוא הבין את המצב, הוא אמר לי, אני לוקח את יואב ליום כיף. הוא אהב לבלות עם יואב, הוא היה עושה איתו שטויות, בדרך כלל כל מה שהורים שונאים לעשות עם הילדים שלהם. משחקי וידאו למשל. לונה פארק, שפיים, חרמון. אלעד עף על זה ברמות ואני חשבתי לעצמי, זה לא אמיתי. איך זה שאתה כל כך נהנה?

בשבעה באוקטובר אלעד לקח את יואב למשחקייה ואני ידעתי שאם הוא לוקח אותו ליום כיף, יש משהו חשוד בצבא. אחרת, למה אתה בלחץ לקחת אותו דווקא עכשיו כשמתחילות להגיע הידיעות? באותו הרגע שבו הוא לקח אותו, פתחתי חדשות וראיתי שיש מאתיים נרצחים. כשהם חזרו מהבילוי אלעד אמר לי, תקשיבי, קורה משהו לא טוב. את לא פותחת אינסטגרם וגם אם שולחים לך סרטון, את לא מסתכלת. את מוחקת אותו באותו רגע! הוא השביע אותי ואמר, אני נוסע לדרום ואני חוזר. ומאז ועד מותו הוא היה במילואים.

בכל ההתרחשות הזאת הייתי מנותקת רגשית. באותו בוקר אח שלי, חייל גולני בסדיר, היה באחד הבסיסים בעוטף, ממש ברגעים שבהם חדרו המחבלים. הוא היה מנותק קשר שלושה או ארבעה ימים ולא ידענו מה קורה איתו. אמרתי לאלעד, תחפש את אח שלי. הייתי בטוחה שהצבא יתאפס וישחררו את המילואימניקים והכול יהיה בסדר. עברו שבועיים עד שהבנתי שאנחנו במלחמה.

אלעד נהרג באחד הקרבות בעזה. הם מלכדו בניין והמחבלים ירו שני טילי אר־פי־ג׳י. אחד פגע בבניין ואחד פגע בכוח של אלעד. הוא והמילואימניקים שאיתו נהרגו במקום.

בסדיר אלעד היה בנח״ל ובמילואים היה חי״רניק. לכל אורך תקופת המילואים היו לי רגעים שבאמת לא הבנתי למה אלעד חוזר לצבא. הפעם האחרונה שהוא היה בבית הייתה באפטר, שממנו הוא חזר למילואים ביום חמישי. הוא נהרג ביום שני שלאחר מכן. באותו בוקר הוא עמד במטבח ואני עמדתי במרחק די גדול ממנו. אמרתי לו, אלעד, רק שתדע שאם אתה נהרג, אתה משאיר אותי ואת הילדים לבד. הוא הסתובב אליי ואמר, אם אני נהרג, זה רק בשבילך ובשביל הילדים שלי. ואז הבנתי שאנחנו רואים שתי זוויות שונות של אותו מטבע. פתאום יכולתי להבין איך הבנו שונה את כל תקופת המילואים שנמשכה ארבעה חודשים שלמים. אלעד הרגיש שהוא מגן עליי ועל הילדים, שהוא רוצה שיהיה פה טוב יותר ושזאת המשימה של חייו. נכון שזאת לא המשימה הבלעדית שלו, אבל הוא חשב שצריך לעשות אותה ושכל עוד הוא יכול לעשות אותה, הוא יעשה.

במשך ארבעה חודשים ניסיתי להשתמש בכל מיני טיעונים, שלא הזיזו אותו. אז באותו בוקר החלטתי להתניע את התותח הכבד ואמרתי לו, רק שתדע אלעד, יש לי את ההספד בראש אם אתה רוצה לשמוע... כמה ימים אחר כך, כשעמדנו ליד הקבר, זה היה ההספד שלי. לא שיניתי דבר:

תודה. אלעד אהוב שלי. בשביל רבים פה אתה מת כגיבור ובשבילי אתה החבר הכי טוב. האבא הכי נפלא לילדים שלנו. אתה הקומיקאי הכי מוכשר ויש לך עיניים וחיוך ששייכים רק לי. תודה לך שראית אותי כשהעיניים שלנו נפגשו. תודה שנתת לי יד ללוות אותך. תודה שנתתי לך יד שתלווה אותי. תודה.

לכל אורך תקופת המילואים הזהרתי את אלעד שהוא ימות מהתקף לב. צחקנו הרבה על זה שאני מפחדת עליו. הוא היה בן ארבעים, איך הם סמכו עליו? הם הלכו עשרה קילומטרים פנימה לתוך הרצועה וחזרו באותו יום. אמרתי לו, אלעד, יש מצב שתמות מהתקף לב וזה הכי נורא. והוא אמר לי, אם אני מת מהתקף לב, את חייבת להגיד שאני גיבור כי זה הכי פאדיחה. כשאמרתי לו את ההספד שלי הוא הגיב: אין בעיה. תגידי שאני לא גיבור. אבל אם אני מת מהתקף לב, את יודעת מה להגיד.

ההספד היה מבחינתי תותח כבד מולו, אבל הוא לא ממש עבד ואלעד המשיך ללכת למילואים. בכל החודשים האלו ניסיתי לשכנע אותו לא לחזור לשם. אמרתי לו שדי. סיימת את המשימות שלך. אתה בן ארבעים. אתה תמות מהתקף לב. יש כאן חיים. יש ילדים לגדל. יש צעירים ממך שיכולים לעשות את הדברים האלה. הוא תמיד אמר שאין. הוא אמר לי, תקשיבי עמנואל, אנשים לא מתגייסים. אנחנו ב־120 אחוז של משרתי מילואים ואין כבר את מי לגייס. זאת הסיבה שביקשו ממנו במיוחד להישאר. היו חוסרים.

גם בריב על המילואים שבו גילינו עד כמה שאנחנו הפכים, אלעד ואני הבנו שוב שמה שמחזיק אותנו זאת אהבה גדולה. היה בינינו חופש גדול, הוא עשה מה שהוא רוצה ואני מה שאני רוצה, כל עוד לא פגענו האחד בשנייה וכל עוד שוחחנו על הכול. אבל לגבי המילואים – פשוט ידעתי שאין לי מה להגיד.

פוליטיקה לא היינו מדברים בתקופה הזאת. אני בשמאל והוא איש מרכז. הוא לא היה מוכן לשמוע את מה שיש לי להגיד כי מבחינתו הייתי שמאל רדיקלי ועזבי אותך שטויות, יש פה מלחמה. ואני הייתי אומרת לו מה אני חושבת ומה לדעתי אפשר לעשות ואיך בדיבור אפשר לפתור את המצב, והוא היה אומר, עמנואל, עזבי אותך שטויות, זה לא המצב. לא ראית מה קרה פה בשבעה באוקטובר? והשיחה הייתה נעצרת כי לא רצינו להגיע לפיצוץ.

הייתי אומרת לו, מה אתה הולך להרוג? מה אתה נכנס והורג? מה זה הנשק הזה, מה אתה מביא אותו הביתה? מה אתה מתיישב בעזה בבתים שהם לא שלך? מה אתה מפנה אנשים ועושה תצפיות מתוך בתים שהם לא שלך? אני הייתי אומרת כיבוש. הייתי אומרת לו, תראה איך הבאנו את זה על עצמנו, אבל הוא לא היה מוכן לנהל שיחות כאלו.

אני חייבת להודות שעכשיו קשה לי לדבר על זה כי קצת יצאתי מהמטריקס, אני לא שם. אני לא רואה את המצב כמו שראיתי אותו קודם. אני רואה את האבל, את כל מה שבני אדם עושים לאחרים, אני מתבוננת על המלחמה במובן הזה שכאן יש מלחמה וגם באפריקה יש. זה לא שאנחנו הישראלים כובשים את העזתים אלא אנחנו פשוט משחקים את המשחק הזה שדורשים מאיתנו לשחק. המשחק הגלובלי של האלימות, של הכוח, של השליטה. היום אני פחות רואה את זה במיקרו של ישראל־פלסטין או ישראל־ירדן או ישראל־לבנון. אלא אני רואה את זה קצת יותר רחב. מבינה

שיש גורמים שהם בעלי הכוח והשליטה, ושהם אלה שמרוויחים מהמצב הזה. ככה אני רואה את הדברים ואלעד, אלעד היה מאוד ציוני.

הבנתי שהוא מאמין שמה שהוא עושה בצבא צריך להיעשות, שמישהו צריך להגן על הגבולות. ידעתי שזה לא רדיקלי, אבל היה לי קשה עם כל המיליטריזם הזה ועם העובדה שאנחנו מחנכים את הילדים שלנו על סיפורי גבורה וסיפורי נקמה ופחד מהאויב שיכבוש אותנו. אלעד לא ראה את זה ככה.

בזמן המילואים אלעד האיץ בי למצוא לנו דירה. באותו הזמן היינו במגורים זמניים בדירה שיש לאמא שלי בחיפה וחיכינו שתתפנה דירה בקיבוץ שאהבנו ושגרנו בו ארבע שנים עד שנאלצנו לפנות את הדירה. כל כך רצינו לחזור לקיבוץ, חיכינו שנתיים ואז פרצה המלחמה. אלעד אמר שאני לא עושה כלום. לא הבנתי, מה זה לא עושה כלום? עשיתי מלא. אמרתי לו, אלעד, אתה במלחמה ואני עושה כאן הכול. אני מגדלת את הילדים שלך, אני עושה קניות, יש לנו כלבה, אני עובדת במשרה מלאה ומפעילה את העסק שלי, מה זה לא עושה כלום? ואז הוא היה עונה, נכון עמנואל, סליחה, הכול בסדר, את מלכה. אחרי שהוא נהרג, ביום השני של השבעה, התחננתי בפני אמא שלי ובן זוגה: תמצאו לנו דירה. אני חוזרת לקיבוץ.

וכך היה. חתמתי חוזה לפני שראיתי את הדירה שהם מצאו וזאת הדירה הכי טובה שגרתי בה, שני חדרים וסלון. וזה מספיק לי ולילדים שלי.

אני נזכרת באותו בוקר שבו אלעד נפל, הסתכלתי דרך החלון מהקומה השלישית שבה גרנו בבניין הקומות בחיפה ווידאתי שאין בחניה מכונית שאני לא מכירה. כי אם הם באים להודיע לי, חשבתי, אני צריכה להכין את הילדים ולקרוא לאמא שלי. בדיעבד שמעתי שהם חיפשו אותי כבר בחמש בבוקר. כשראיתי שהשטח פנוי אמרתי לילדים, בואו נלך להסעות. יצאנו מהדלת, נעלתי אותה והילדים היו לידי. שיר, אח של אלעד, התקשר אליי ועניתי לו בקוצר רוח, לא היה לי כוח לנהל שיחה שבה עוד פעם אני אשאַל איפה אלעד. אמרתי לו בתקיפות: שיר, הכול בסדר. הוא חוזר היום, תירגע, הכול בסדר. שיר אמר לי, עמנואל, לא. איפה את נמצאת? צעקתי לו: אני לוקחת עכשיו את הילדים לבית הספר ולגן. הכול בסדר! והוא אמר לי, עמנואל, לא. הצבא מחפש אותך. איפה את עכשיו? באותו רגע התחלתי לצרוח כמו שלא

צרחתי בחיים. שיר, תגיד לי מה קרה! הם לא באים סתם! והוא מתעקש, עמנואל, תגידי לי איפה את נמצאת. המשכתי לשאול אותו מה העניין והוא ענה לי ברוגע. הוא כבר ידע. הוא היה שלֵו ומסכן. הוא ניסה לבקש ממני להירגע כי הילדים לידי. ואז הסתובבתי. ראיתי את הקצינים עולים במדרגות לעברי, ואחריהם עולים כל השכנים. הכול היה בהילוך מאוד מאוד איטי ומרגע שנכנסנו הביתה הכול רץ מהר. השכנים לקחו את הילדים ואני פתחתי את הדלת, כדי לקבל את הבשורה. שמעתי אותם שואלים ברקע, "אמא, מה קרה? למה את בוכה?" ותוך כדי צעקתי כמו בסרט טורקי בליל של צרחות, בכי וג׳יז׳דורים.

נכנסנו לחדר שלנו. ישבתי על המיטה. הקצין שקראו לו אריק שרון אמר לי, אלעד בר, היה בתאריך... מוגדר כרגע כנעדר שכנראה לא יחזור. פתאום התעוררתי לחיים. עד לרגע הזה הייתי בטוחה שאלעד מת ופתאום אני שומעת שהוא נעדר שכנראה לא יחזור. אז אולי הוא כן יחזור? אולי בגלל זה שיר היה רגוע. אולי הוא יודע שהוא בסדר. שאלתי את אריק, יש מצב שתמצאו אותו? והוא חזר על אותו משפט, נעדר שכנראה לא יחזור.

אלעד תמיד היה אומר לי, אפילו בלי קשר למלחמה, אם קורה לי משהו, תוך שלושה ימים אני לא פה. אני עושה את זה קצר. כשהקצין המשיך לחזור על המשפט, פתאום נזכרתי באלעד אומר את המשפט הקבוע שלו ואז הבנתי ואמרתי, אריק, הוא מת. הכול בסדר, אתה יכול להגיד שהוא מת. תודיע לי את זה כבר.

זיהוי הגופה הגיע בשעה 12:00. וכשאני מבינה, השמיים נופלים. אין דרך אחרת להגדיר את זה. פשוט הרגשה של בום. אני מרגישה שחותכים אותי בבשר החי, ממש עד הלב. זה נורא. הבנתי שהוא לא פה, שאני לא אגע בו יותר, שהוא לא ינשק אותי, שהוא לא יגיד לי יותר כלום. ועם התחושה הכבדה הזאת אני מבינה שיש דברים לתקתק, שצריך לספר לילדים ושאין לי רגע לעצמי. הרגשתי מחויבת לדאוג לפרטים הקטנים. הבנאדם נהרג, צריך לקבור אותו, צריך להחליט היכן.

קברנו אותו בבית העלמין בחיפה בחלקה הצבאית. היום אני חושבת שהוא היה רוצה להיקבר ליד ההורים שלו, אבל אנחנו גרים באזור הזה ולא יכולתי לשאת את המרחק.

מאז הלוויה לא ביקרתי בקבר שלו. אני עוברת שם ולא מסוגלת. אבל אני אגיע בקרוב. כבר תכננתי מה אלבש.

אני חרדתית. אחת החרדות הכי גדולות שהיו לי במהלך השבעה היא שלא יאמינו לי עלינו. היינו ידועים בציבור, לא היינו נשואים. בכל מקרה, החרדה הזאת לא התממשה. והאמת היא שבשבעה מאוד נהניתי, מזה שאני יכולה להגיד מה שבא לי ולעשות מה שבא לי, לבכות ולצחוק בו זמנית. דני, חבר ילדות של אלעד, מדבר כמוהו, עם אותם ניואנסים בדיוק. הוא סיפר לי בדיחה שאלעד סיפר לי כשרק התחלנו לצאת ועם השנים שכחתי ממנה לחלוטין. דני סיפר עם כל השואו והרגשתי שאני ממש שומעת את אלעד בקולו. וצחקתי כל כך. בשבעה הרגשתי שאלעד לידי, כאילו אני שומעת אותו דרך האנשים שהגיעו ודיברו עליו. ועכשיו פחות. עכשיו אני רוצה שיעצרו את הזמן. ככל שעובר הזמן אני פחות ופחות רואה אותו ואני מבינה שגם לא אראה אותו בהמשך.

בשבעה נתתי לעצמי ציון מאה על אלמנות ואני עומדת בו די טוב. יש ימים שבהם לא בא לי לקום מהמיטה ואם אני כבר קמה לעבוד, אני חוזרת למיטה ברגע שאני יכולה. הפסקתי לעבוד בערבים. שעות הדיכאון שלי הן מהשעה עשר בבוקר עד שיואב חוזר בשעה אחת ואז אני שוב תפעולית. ובימי שני ורביעי כשהילדים אצל ההורים שלי אני מרשה לעצמי לחזור למיטה.

חודשיים אחרי שאלעד נהרג חלמתי עליו בלילה.

חלמתי שהוא נכנס הביתה והייתי כל כך בהלם שהתעוררתי. למוחרת חלמתי עליו שוב וכשהוא נכנס הביתה, בחלום, שאלתי אותו, מה אתה עושה פה? הוא אמר לי, מה זאת אומרת? באתי. ועניתי לו, אבל אתה מת! הוא שאל אותי, מי אמר לך שאני מת? ואמרתי לו, כולם חושבים שאתה מת, מה אני עושה עכשיו? משרד הביטחון משלם לי על זה שאתה מת, קברנו אותך, מה אני אגיד לאנשים? הוא צחק עליי שאני אומרת לאנשים שהוא מת. הוא הלך לספה ושכב ליד יואב וחיבק אותו. אני הכי מתגעגעת לראות אותו מחבק את הילדים.

אלעד היה קירח, והמשאלה הכי גדולה שלו הייתה שיחזור לו השיער. כשראיתי אותו בחלום שוכב ליד יואב, מלא שיער, אמרתי לעצמי, הוא מת, הכול טוב. אני לא משלה את עצמי. ואז קמתי ומאז לא חלמתי עליו.

שבוע אחרי החלום הזה, יואב סיפר לי שהוא חלם שאבא חזר והוא צעק עליו למה לקח לו כל כך הרבה זמן לחזור. ואלעד ענה לו: אבל הייתי

פה תמיד, יואב. ואז הוא התעורר. שאלתי את יואב אם זה היה חלום טוב והוא אמר שלא. ומאז הוא גם לא חלם עליו. והוא גם לא רוצה. זה נורא.

עדי הקטן מדבר יותר מיואב. הוא מתגעגע לאלעד ומדבר עליו הרבה. ואין לי תמונות שלהם ביחד, וזה נורא. יואב שחום ועדי לבן, אחד מתולתל ואחד חלק, אבל עד גיל שנתיים הם נראים אותו דבר בתמונות, אז הוא כל הזמן רואה תמונות של יואב ואומר הנה אני. באיזשהו שלב הפסקתי להגיד שזה יואב כי באמת אין לעדי תמונות. הוא היחידי שמסתכל על תמונות של אלעד בבית והוא מספר סיפורים. פה היינו ככה, ואבא נתן לי במבה וחיבוק, כל הזמן חוזר על זה שאבא נתן לו במבה וחיבוק. לפני שעדי הולך לישון הוא אומר אני מתגעגע לאבא ויואב עונה לו, טוב, אבל לא מדברים כי אמא בוכה.

אין לי חרטה על דברים שאמרתי או לא אמרתי לאלעד. אמרתי לו הכול, אבל יש לי תקווה ורצון שהיינו יכולים להיות עוד.

שבועיים אחרי שחזרתי מהודו, אמרתי די, לא יכולה יותר עם האבל, אני צריכה גם חיים, לא יכולה לשאת את המוות, לא יכולה שהכול סביב אבל.

פתחתי טינדר לראשונה בחיי. זה היה מצחיק. שמעתי את אלעד כאילו הוא יושב ממש לידי וכל כך נהניתי מהחוויה הזאת, לשמוע את הקול הצלול שלו.

בראש שלי, הוא אמר לי מה הוא חושב על כל בחור שאני מסתכלת עליו. אם הייתי מסמנת איקס, הוא היה אומר, מה את עושה איקס? אם כך, אז איך בחרת אותי? ואם הייתי בוחרת מישהו עם שיער ארוך הוא היה צוחק, ברור שתבחרי אותו. את צריכה תיקון לקרחת שלי. אני מרגישה אותו איתי בדייטים, כל דייט שאני מרגישה שלא נכון לי אני מבקשת ממנו שרק יעשה משהו כדי שזה לא יקרה.

האינטימיות שלנו הייתה טובה מאוד והיא חסרה לי היום, אבל לפעמים במפגשים עם גברים אחרים אני חווה תחושה מאוד קשה. למשל, איך לא התנשקתי עם אלעד באופן הזה? ועדיין, כשאני עם בחורים אחרים הם לא מעניינים אותי. שום דבר בהם לא מעניין אותי. במהלך השיחות איתם אני כל הזמן חושבת איך את השאלה הזאת לא שאלתי את אלעד או איך הדבר

שמעניין אותם בי לא עניין אותו. כשאני מדברת איתם אני שואלת את עצמי, מה אלעד היה אומר לי?

ועם זאת, אני לא מרגישה פספוס במערכת היחסים שלנו. אני לא מרגישה חרטה. הכול היה על השולחן והייתה בינינו שקיפות מטורפת. הוא אפילו נתן לי את המשימה להמשיך הלאה. הוא אמר לי, כשאנחנו נפרדים את מוצאת מישהו יותר טוב ממני אבל אסור לו לאהוד את הפועל והילדים לא יקראו לו אבא.

אז אני במשימה עכשיו, אני מחפשת. זה גורם לי להרגיש שוב בת עשרים, עם פרפרים בבטן. ואני מסננת בטינדר את מי שאוהב כדורגל. אין לי כוח לגברים שהולכים למשחקים.

עד שפגשתי את אלעד חשבתי שאני לא מספיק. לא מספיק טובה ומושכת. ואז פגשתי אותו וכל מה ששמעתי שוב ושוב בעשר השנים האחרונות זה כמה אני יפה ומושכת ומדהימה. גם בימים של הריבים הכי גדולים שלנו, שלא קרו הרבה, זה היה ככה. והיום כשאני משוטטת בטינדר, ולפעמים אני תוהה אם מישהו בעניין שלי, אני שומעת את אלעד מחמיא לי והביטחון שלי עולה. אני נפגשת המון עם בחורים, ואז אני חוזרת הביתה לאלעד, הולכת לישון איתו. אין לי אהבה אחרת עכשיו. יש לי אהבה אליו. אני מרגישה במערכת יחסים פתוחה, הולכת, נפגשת, עושה פנטזיות וחוזרת לזוגיות שלי, לבית. כולם מדברים איתי על האבל, ואיך אני מתמודדת ואיך הילדים, ולפעמים זה מלאה. עכשיו יש לי אפשרות לצאת עם גברים אחרים ולדבר על נושאים אחרים. ואני אפילו מדברת איתם על אלעד ורובם מקבלים את זה ממש טוב. ברור שלפעמים אני שואלת את עצמי מה אני עושה בכלל בקשרים כאלו, אבל אני עונה לעצמי שאני ממלאת צורך מסוים, כמו לאכול ולשתות.

הגוף שלי בסטרס מחוסר במגע, חוסר בתקשורת, חוסר במישהו שמסתכל עליי ואוהב אותי וחושק בי. הגוף שלי במצוקה, וכשאני בדייטים שלי, אני מרגישה קצת יותר הקלה במובן הפיזי, אבל לפעמים אני מתבאסת שזה רק פיזי. כי הלב שלי כל כך כואב, שהוא לא פתוח לאפשרות שמישהו אחר ייכנס וירעיד אותו, זו רעידת אדמה להתאהב עכשיו במישהו ואני לא חושבת שיש מקום כרגע בלב שלי לרעידות האלה. אבל הלוואי שיגיע מישהו כזה.

אני לא מתחברת למילה אלמנה. קשה לי איתה. הוא אף פעם לא היה בעלי ואני לא הייתי אשתו. ואני לא כל כך מצליחה להבין מה אלעד בשבילי עכשיו. הילדים שלי יתומים, אמא שלו אם שכולה, אבל מה אני? הוא תמיד יהיה הבן של ואבא של, אבל יכול להיות שבשבילי הוא יהיה רק אלעד? בדיוק בגלל זה לא שמתי את הכיתוב האישי שלי על הקבר שלו. הייתי בת הזוג שלו ואחר כך מה?

בהתחלה המוות של אלעד היה חיצוני, כמו לידה חדשה במשפחה כשכל הקונסטלציה משתנה והמשפחה צריכה להתארגן מחדש. התארגנו סביב המוות ועכשיו הגענו לשלב הבא. אני מרגישה שהמוות, כלומר שאלעד, צומח בתוכי, אני מרגישה כמו הכלאה של אלעד ושלי, גם אצל הילדים אני רואה את השילוב שלו בתוכם.

היה לי נורא קשה עם זה שאני אלמנת צה"ל, שאלעד הוא ההרואי של כולם. מישהי נורא חמודה עשתה איור שלו והביאה לי אותו. לא הצלחתי להבין למה היא עשתה את זה. ממתי הוא של כולם? הרי אלעד אמר לי שהוא עושה את המילואים רק בשבילי ובשביל הילדים ולא הצלחתי להבין את החיבור הזה. היה לי נורא קשה שאני מייצגת עכשיו משהו. אני מייצגת אלמנות צה"ל, אני מייצגת אנשים שהלכו ומסרו את החיים שלהם למען השאיפה שיהיה פה משהו טוב יותר מבחינתם. אני מבינה שאני בצד הזה ושאני ייצוגית, אבל בכנות אני לא שם.

היום אני מרגישה קצת יותר משוחררת, יותר בקבלה ובשלום עם המקום הזה. אני מבינה שאני חלק ממשהו, גם אם אני לא אוהבת את השם שלו. וגם אם אני לא מסכימה עם הדעות של האלמנות האחרות, הן עדיין חוות בדיוק מה שאני חווה עכשיו. אין לי זכות לקחת את זה מהן רק בגלל שאני לא מסכימה למלחמה הזאת.

בהתחלה התרחקתי כי חשבתי שכולן אותו הדבר. מה זה אותו הדבר? שכולן מגויסות למלחמה ומחזיקות בדעות שונות משלי, אבל היום אני יודעת שהדעות שלהן לא משנות דבר בהוויה שלהן. אנחנו חוות את אותם הדברים.

אז כן מצאתי מחדש את המקום שלי, אבל עדיין קשה לי עם זה שאני מייצגת את צה"ל. לאירועים של הצבא אני לא מגיעה, טקסי כבוד הם מחוץ

לתחום מבחינתי, אבל לאירועים אחרים של ארגון אלמנות צה"ל או מפגש של המחלקה אני כן מגיעה.

את אחת המתנות הכי גדולות אלעד נתן לי שנה לפני שהוא נהרג.

הייתי אמורה לטוס להודו איתו ועם הילדים כמו שאני טסה בכל שנה להשתלמות אצל המורה שלי ליוגה ואלעד ידע שזה הדבר שהכי חשוב לי.

בדקה התשעים הוא אמר לי שהוא לא מצטרף, כי הוא חייב לעבוד. פרצתי בבכי וצעקתי עליו כי כל דקה שבה אלעד לא היה איתי הרגישה כמו נצח והרגשתי שלא אוכל לעמוד בזה.

רבנו ויצא שם ממש ג'וס. הטחתי בו שהוא תמיד עושה לי את זה, מבטל דברים שחשובים לי ושאין מצב שאני טסה לבד. והוא אמר, עמנואל, את טסה. אנחנו ביחד. בכל דבר שנחליט אנחנו ביחד, גם אם פיזית אנחנו לא ביחד. אם משהו לא יסתדר, זה יהיה עליי כמו שזה עלייך. וככה טסתי לבד עם הילדים לחודש וראיתי שזה אפשרי. אז זאת גם מתנה שאלעד נתן לי.

כל הזמן הסתכלתי על אלעד במבט של הערצה, איך שהוא עבר את החיים בסבל גדול והוא עדיין מאושר ורוצה לחזור למקומות הקשים האלו. אף פעם לא הבנתי את זה, אבל היום אני מבינה. אני מסתכלת על הילדים שלי ואני יודעת שאנחנו רוצים לחיות וזאת המתנה הכי גדולה שהוא נתן לנו.

אני לא יודעת אם אני תמימה, אבל אני חושבת שכשיש אהבה ולב פתוח, הרבה דברים אפשריים. בסוף אני רק רוצה שיהיה מישהו שיחזיק איתי את היום הזה. זה הכי חשוב, לא צריך יותר מזה. כל השאר יכול להסתדר. ככה אני מרגישה. האדם שיהיה האיש הבא שלי צריך להיות אדם שיודע להכיל, להכיל חרדות. הוא צריך להיות אדם תקשורתי שיודע לדבר את הרגשות שלו. גם אלעד היה כזה, אגב. ואני רוצה שהוא יהיה אכפתי. ואני רוצה שהוא יהיה שותף במעגל המשפחתי שלי עם הילדים ואני רוצה עוד בת. ואני רוצה שיקראו לה נעמי.

ואני לא אשכח איך הוא היה קונה סל אחד רק עם פירות הדר כי הוא ידע שאני אוהבת קלמנטינות. באמת שהוא היה מיוחד. כמה שאני אדבר על כמה שהוא היה נשמה, זה כלום.

// רבקה ג'אן, שם בדוי

הוא קנה רק לי אגס מהשוק

רבקה ג'אן

בת 77, אלמנתו של רב"ט חיים ג'אן.
אמא למשה (56), אפרת (54) ואודי (53).

מלחמת יום הכיפורים

הייתי הראשונה מהכיתה שהתחתנה. זה היה במרץ 1966, אני הייתי בת 18 וחצי וחיים היה בן 24. התחתנו באולם הספורט במושב עוזה והמורה שלי הוא שקידש אותנו.

כל זה היה בגלל שאמא שלי ריחמה על חיים, שכל הזמן היה בא אלינו הביתה עם אחי. הייתי מגיעה מבית הספר והוא היה מחכה לי בבית ומטפל בינתיים באחים הקטנים שלי. והדברים השתלשלו. לא ידעתי בכלל מה זו אהבה, אבל הוא התייחס אליי באופן מיוחד. למשל, פעם הוא קנה רק לי אגס מהשוק. אמרתי לו, "מה זה? אצלנו אין כזה דבר". אבא שלי היה קונה לכולנו אותו הדבר. המחווה הזאת עשתה את שלה והתחילה בינינו מערכת יחסים. כשההורים שלי דיברו על חתונה לא הבנתי, מי מתחתן? עד שקלטתי שהם מדברים על החתונה שלי.

כשהיה בן 21, חיים עלה לבדו לארץ מטריפולי. את המסלול הוא עשה דרך איטליה כי באותם הימים אי אפשר היה לעלות לארץ ככה חופשי. בהמשך גם תשעת האחים שלו עלו לארץ, כל אחד בזמן ובדרך שלו.

חיים הגיע אלינו למושב והתחבר לאחי שהיה בן גילו. אחותו גרה בשכנות אלינו, וככה הכרנו. כשאמא שלי ראתה שלחיים אין משפחה בארץ, היא אימצה אותו למשפחה שלנו. אני הייתי אז בת 17 וחצי, תלמידת כיתה י״א. השלישית מבין אחד עשר ילדים, וחיים אמר לאחי שאני מוצאת חן בעיניו. ככה זה התחיל.

לא היה חסר לנו כלום בבית. תארו לעצמכם מה זה אחד עשר ילדים. לחם שחור עגול ומסתדרים, מתחלקים ואומרים תודה על מה שיש.

כשההורים שלי חיו בטוניס, לאמא שלי היו שלוש משרתות ולאבא שלי הייתה חנות של ירקות ודגים. אמא שלי הייתה תופרת ואבא שלי היה משרת שלה, מסכן. איך הוא פינק אותה. הם עזבו הכול ועלו לארץ.

הבית שגדלתי בו היה בית פתוח. כולם הגיעו לאמא שלי ״גברת גלאס, גברת גלאס, קר לנו״, הם התלוננו, והיא נתנה להם חום ואוכל. ההורים שלי אהבו את חיים וקלטו אותו לתוך המשפחה שלנו, ולמרות שכל הזמן חשבתי שזה מחמלה כלפיו, כי לא הייתה לו בכלל משפחה בארץ וההורים שלי היו כמו ההורים שלו, כשהתחלנו לדבר על חתונה, הרגשתי שמשהו השתנה. הם מצאו בו משהו.

להורים שלו חיים הודיע באמצעות הטלפון של המזכירות שאנחנו מתחתנים. הם לא הגיעו לחתונה וכשעמדנו מתחת לחופה בעצם עדיין לא הכרתי אותם.

אמא שלו הגיעה לבקר אותנו חודשיים אחרי שהתחתנו ואבא שלו הגיע כשמשה הבכור שלנו היה בן שנה וחצי. המקצוע של חיים היה דקורטור של וילונות, אבל כיוון שלא מצא כאן עבודה, הוא התחיל לעבוד בפזגז.

כשהתחתנו, עוד בקושי הכרתי אותו. לא עשיתי צבא, לא שירות לאומי, לא אוניברסיטה, לא יצאתי מהבית. הייתי ילדה שקטה וצנועה, מה שהיו אומרים לי הייתי עושה. זאת הייתה המנטליות של אז. זה היה נורמלי להתחתן עם מי שהוא הראשון שלך גם בלי להכיר אותו טוב. אמא אמרה וכך עשיתי. שנה אחרי החתונה כבר נולד לנו הבן הבכור ואחריו נולדו שני האחים שלו. חודש לפני שנפל, חיים עוד הספיק להכניס את משה, הבכור שלנו, לכיתה א׳. חיים הצדיק. הוא באמת היה צדיק ולא בגלל שהיה בעלי. הייתי עם חיים שבע שנים. בקושי עיכלתי שהתחתנו והוא נעלם לי. נהרג.

מתי מתחילים באמת בקשר הזוגי? כשהילדים גדלים קצת, כשמגדלים את הילדים ביחד וחווים חוויות. אנחנו עוד לא הגענו לשלב הזה, עוד לא התחלנו להבין מה זה החיים. הוא עבד קשה, אני השקעתי בילדים, אלה היו החיים, ולא הספקנו הרבה.

הכי כואב לי שחיים רק עשה מילואים, הוא לא שירת באמת בצבא, הוא לא ידע להחזיק נשק. כלום. הוא היה עולה חדש ולא עשה שירות צבאי מלא. לקחו אותו במלחמת ששת הימים כדי לתמוך בלחימה. אני הייתי אז בחודש תשיעי עם הבן הגדול, שנולד שבועיים אחרי שחיים השתחרר.

בצבא, במילואים, היה לו קשה להשתלב בגלל השפה. הוא בקושי ידע עברית, דיבר יותר איטלקית וערבית, אבל זו הייתה ערבית של טריפולי, שהייתה שונה מהערבית התוניסאית שלנו. גם בינינו דיברנו איטלקית, והבנו אחד את השנייה.

בששת הימים, כשחיים חזר מהמילואים באמצע חג השבועות, כולם הגיעו לבית הכנסת שלנו בעוזה והתאספו סביבו, כדי להתעדכן דרכו בחדשות. לא היו אז טלפונים, ידענו רק מה שסיפרו מי שחזרו מהמלחמה. חיים סיפר את הדברים מילה בעברית, מילה בערבית, אבל הבינו אותו. למרות הקשיים, בשביל חיים לשרת בצבא זו הייתה גאווה. הוא היה מלא בחוויות, מאוד ציוני ואהב את המדינה מאוד מאוד. הוא שירת הרבה זמן במלחמה ומאז בכל שנה הוא יצא לשלושה חודשי מילואים ואני הייתי בזמן הזה אצל ההורים שלי.

להתפתחות שלי לא דאגתי. לא היה לי מקצוע, בכל שנה וחצי הייתי בהיריון. חבל שהוא מת, בתוכנית שלי היו יותר ילדים. רציתי שישה, אולי יותר. לא פחדתי מזה, אהבתי את הילדים ורציתי לגדל אותם.

קצת לפני שפרצה מלחמת יום הכיפורים, אודי, הבן שלנו בן השנתיים וחצי, התאשפז בגלל מחלת האסתמה שממנה סבל. הייתי צריכה להיות ליד המיטה שלו בבית החולים בזמן שחיים עבד והילדים הגדולים היו אצל ההורים שלי. בבוקרו של ערב יום הכיפורים חיים הגיע לבית החולים להיות איתנו קצת. אמרתי לו, תישאר איתו ואני אלך לילדים. לא ראיתי אותם כבר עשרה ימים. הרופא שמע את השיחה ואמר, אני אתן לו תרופות ותחזרו איתו הביתה. אחרי כיפור תלכו לרופא אצלכם והכול יהיה בסדר.

הגענו הביתה לאשדוד, אמא שלי הכינה מרק ואנחנו התכוננו לעשות את כיפור בבית הכנסת שלנו, שחיים כל כך אהב. בשבת בשעה 13:00, חיים הגיע להפסקה קטנה מבית הכנסת כדי לנוח בין התפילות. אחרי שעה הוא קם ואמר, רבקה, יש מלחמה. אני לא יודעת מה פתאום הוא אמר את זה, אולי התנבא, כי אף אחד עדיין לא פרסם שום דבר. ואז חיים התכונן לצאת מהבית כי הוא ידע שיצטרכו לגייס את הרכב שהיה לו מטעם העבודה.

הוא יצא לכיוון עוזה להיפרד מההורים שלי ואמא שלי אמרה לו, חיים, מה אתה עושה? איך אתה נוהג? יום כיפור! והוא אמר לה, יש מלחמה.

זה היה עוד לפני שהיו סירנות או תנועה של רכבים על הכבישים, ועדיין לא שמענו כלום, כי השכונה שלנו הייתה מאוד שקטה. מהר מאוד גויסו גם שבעה מהאחים שלי וגם גיסי.

גיסתי הייתה המזכירה של היישוב ורק לה היה טלפון. כולם היו מתקשרים אליה, ואודי, הבן הבכור שלי, שאל לאורך המלחמה, אמא, למה כולם מתקשרים למזכירות ורק אבא לא? הלכתי למשרד שבו חיים עבד ושאלתי אם הוא התקשר. נעניתי בשלילה ושיקרתי לאודי. אמרתי לו שאבא התקשר למשרד ושהכול בסדר.

ביום שישי הגעתי הביתה עם קניות מהשוק, ותוך כדי שהורדתי את הקניות מהרכב שהביא אותי, ראיתי את הרופא שלי מקופת חולים ואת קצין העיר, יושבים במונית ליד הבית. כל המשפחה שלי הייתה מגויסת ולא ידעתי על מי הם מגיעים לבשר. צעקתי להם: מי?? והם אמרו לי, חיים. הוא פצוע. שאלתי, בטוח? חשבתי אולי נקטעה רגל או יד, לא אכפת לי, העיקר שיהיה אבא לילדים.

הלכתי אחריהם. הם דיברו ביניהם בשפה של רופאים ולא הבנתי כלום. ואז אמרו לנו שהוא נפגע מכדור בראש ושיש לו שעתיים לחיות. חיים היה אדם חזק, בריא, לא עישן ולא שתה. הוא היה איש עבודה. החזיק יותר משעתיים. החזיק שבוע ימים ונפטר.

כשנכנסתי לחדר ראיתי אותו חבוש רק במצח. איזה חתיך הוא היה, ישן במיטה. נקי. מבריק. והוא היה קר. כל כך קר שפחדתי לגעת בו. הרופאים התפלאו שהחזיק שבוע ימים. ביום שמחת תורה חיפשו אותי. בחג הראשון של סוכות הוא נפצע ובחג האחרון של סוכות הוא נפטר.

בדיוק כשהתחילו את ההקפות בבית הכנסת הגיע שליח לאבא שלי ובישר לו. אבא שלי לקח אותנו לאכול ארוחת חג, וככה הוא הודיע לנו. אני לא חושבת אפילו שהוא אמר מילים. היו רק מבטים. הבנו. היה עצוב, מאוד מאוד מאוד. באותו הרגע שאלתי את עצמי, איפה אני, מי אני, מה אני עושה עכשיו. כשהייתי צריכה נעליים, חיים היה מביא לי חמישה, שישה זוגות, רק תבחרי מה שאת רוצה. כשהייתי צריכה בגד, היה מביא לי כמה סטים, רק שאבחר. לא יצאתי החוצה מהבית. לחם לא ידעתי לקנות. פינקו אותי בבית שבו גדלתי והוא המשיך את הדרך הזו של ההורים שלי. הייתי כמו מלכה. מלכה הייתה פראיירית לידי. אם הייתי רואה צמיד יפה ואומרת, ״יה! איזה צמיד יפה״, חיים היה קונה אותו עבורי והוא היה בסך הכול שכיר, לא היה לו הרבה כסף, אבל לא הייתי צריכה להגיד פעמיים כדי שהוא יקנה לי. הוא קנה לי את הדברים הכי חדשים, ופירות וירקות וכל מה שהיה יוצא ראשון היה מביא מייד להורים שלי. הוא גם היה כמו האח הגדול של האחים שלי. הוא היה שליח של אמא שלי כל השנים האלו, עשה כל מה שהיא ביקשה. אף פעם לא אכזב אותה.

אני זוכרת שיצאנו פעם אחת כל המשפחה המורחבת לטיול בטבריה. בתוך כל הציוד הוא לקח גם מקרר ועשה כמו בית שני בתוך האוטו. פתאום הוא חווה משפחה, משפחה חמה. היינו צוחקים עליו לפעמים. הוא פחד מאוד מעכברים. פעם אחת אחותי לקחה צמר פלדה, חיברה לו איזה זנב ושמה לו בתוך הנעל. איך הוא נבהל. פעם אחרת כשהוא נכנס להתקלח סגרו לו את השיבר של המים מבחוץ, אבל הוא גם צחק על עצמו. הוא זרם איתנו, לא ידע לכעוס עלינו. עשינו איתו חיים והוא הרגיש חלק בלתי נפרד מהמשפחה.

היה כיף לא נורמלי בטיול הזה. ולא רק בו. בכל מקום חיים היה כוכב. עד היום, חמישים ואחת שנה אחרי, כולם זוכרים אותו ויש להם מה לספר עליו. אם הוא היה מתקלח והייתה מגיעה שכנה ואומרת, ״חיים אין לי גז״, הוא היה יוצא מהמקלחת ונותן לה בלון גז.

כשבניתי כאן את הבית שלנו אחרי שהוא נהרג, הזמנתי חשמלאי שיסדר לי את החשמל. באתי לשלם לו והוא אמר להפתעתי, רבקה, תודה רבה שהזמנת אותי לתקן, את לא צריכה לשלם. אני חייב לך בגלל בעלך. שהיה עושה דברים בסתר, דברים שאני בעצמי גיליתי רק אחרי מותו.

אני זוכרת פעם שהבאתי טרקטוריסט כדי שינקה את השטח ליד הבית, עד היום אני בקשר איתו, כלומר עם הילדים שלו, הוא נפטר, מסכן. וכשניגשתי לשלם לו על שבוע ימים של עבודה. הוא אמר לי, רבקה, תודה רבה שקראת לי לעבוד. את לא צריכה לשלם כי התשלום הוא פסיק, נקודה קטנה ממה שחיים עשה בשבילנו. הוא היה עם דמעות, מסכן. אני לא יודעת מה הוא עשה, אבל עד היום אנשים מכירים לו תודה. אני זכיתי לזה, המון שנים קראו לי רבקה פזגז.

חיים בכלל לא רצה שאעבוד. אבל היה פה גן ילדים והגננת, שהייתה הגננת של הילדים שלי, אמרה לי, מה את עושה כל היום? תבואי תהיי קצת גננת מחליפה. אמרתי לה שחיים לא מסכים והיא אמרה שתדבר איתו. אמרתי לה שאין סיכוי, זה לא ילך. מפה לשם, יום אחד היא הייתה צריכה החלפה ואמרתי לו, חיים, מחר אני הולכת לעבוד בגן. הוא הופתע מאוד. הוא אמר לי, מה?! בשבילו, שאני אצא לעבוד, זה להיות לא שפויה. מייד כתבתי פתק לגננת: מצטערת מאוד אבל אני לא יכולה להגיע.

חיים אהב אותי מאוד. אני יודעת את זה. כשאפרת נולדה, הוא קנה לי צמיד זהב כל כך רחב והחביא לי מתחת לכרית. הוא הביא לי מתנות, עשה את כל הקניות ואני הייתי מבשלת. אפילו לחם לא הלכתי לקנות. בכל יום שני היה שוק והוא היה חוזר עם שני סלים מלאים כבר על הבוקר. ואני לא אשכח איך הוא היה קונה סל אחד רק עם פירות הדר כי הוא ידע שאני אוהבת קלמנטינות. באמת שהוא היה מיוחד. כמה שאני אדבר על כמה שהוא היה נשמה, זה כלום.

כשראיתי אותו שוכב בבית החולים, פצוע, הייתי בטוחה שהוא תיכף יקום בריא ושלם. לא האמנתי שהמצב עד כדי כך מסוכן.

על פי המנהג, בהושענא רבה, לפני שמחת תורה, מכים בערבה. אבא שלי לקח מהערבה ובא לבית חולים להכות את חיים. קיווינו כל כך שזה יעזור. ניסינו, כל דבר, העיקר שיתעורר לנו. זה לא עזר.

אחרי שהוא נפטר הלכתי למקומות לראות אם אנחנו חייבים כסף. הלכתי לרופא השיניים וגיליתי שבדיוק לפני החגים הוא שילם הכול. הלכתי לחנויות שהוא קנה בהן מצרכים וגיליתי שהוא סגר את כל החובות, ושיש אפילו עודף.

בראש השנה לפני שחיים נהרג, היינו אצל ההורים שלו. חיים נסע דרך קריית שאול ואמר לי, רבקה, פה קבורים החיילים שנהרגים במלחמה. פחדתי מזה. שבע שנים אנחנו נוסעים להורים שלו ולא עוברים דרך שם, אז מה קרה פתאום? בתקופה שלנו לא היו מדברים על מוות. הייתה מנטאליות אחרת. אם היינו רואים בית עלמין, לא היינו נוסעים לידו. האמירה שלו עשתה לי לא טוב. מאיפה הוא מכיר את בית העלמין, הוא עולה חדש, מאיפה הוא מכיר בכלל את המקום הזה. ודווקא עכשיו בראש השנה הוא נוסע דרך כאן? זה לא הסתדר לי. בסוף, בגלל שנהרגו במלחמה כל כך הרבה חיילים, הביאו גם אותו לקבורה ארעית בקריית שאול ואני כמובן חשבתי איך זה יכול להיות שהוא הכיר את המקום ונקבר שם בלי שום בחירה, אני לא מבינה. אחרי שנה שאלו אותי איפה אני רוצה לקבור אותו, ואני אמרתי שכבר ישאירו אותו בקריית שאול, כי ההורים שלו ברמת גן והם מבוגרים ואני צעירה, רציתי שיהיה להם נוח. בראש שלי קודם כול כבוד להורים. היום ממש כואב לי על זה כי קשה לי להגיע אליו. ועדיין בכל שנה אני נוסעת. בעבר הייתי נוסעת גם בערבי ראש חודש, בחגים ובתשעה באב. היו ימים שהכבישים לא היו כמו של היום. נסענו הרבה שעות. הייתי מכינה את הגננת של הילדים שאני נוסעת וביקשתי ממנה לקחת את הילדים אליה בצוהריים.

אחרי שחיים נהרג, המשפחה שלי לא עזבה אותי לרגע. האחים שלי היו כל הזמן סביבי וכל יום היה פה מישהו. לא הייתי לבד ולא דאגתי מה יהיה איתי. לפעמים זה קצת הרגיז אותי כי רציתי להרגיש קצת לבד, רציתי לשבור את הקיר בלי שאף אחד יראה, ולא נתנו לי. זה הפריע לי.

אמא שלי הייתה מכינה לנו את השבתות והיו מגיעים אליי. ובכל מוצאי שבת האחים שלי היו מגיעים גם. חנקו אותי. הייתה להם כוונה טובה, אבל היו לי ימים שהרגשתי שאני נחנקת מזה. ולא יכולתי להגיד כלום, כי הייתי מאוד צנועה. אני לא אחת שמתווכחת, תמיד קיבלתי אותם יפה. את כל החגים עשיתי אצל אחותי וכל יום אחרי העבודה היא הייתה באה אליי. ובכל שבת שנייה החברים של חיים מהצבא באו לכאן. וזה באמת היה כיף, עד שכבר די.

לא השאירו לי זמן להתגעגע. לא היה לי לבד באמת. רציתי להיות בשבת לבד אבל לא נתנו לי. רציתי לבכות, אבל לא יכולתי לבכות לפני כולם. הייתי בוכה בלילה לכרית.

הזמן עבר, אבל לא חשבתי על אהבה ולא רציתי להתחתן. הילדים היו קטנים, פחדתי עליהם. נגיד אני אכיר מישהו ואתאהב בו, אבל מה אם הוא יגיד מילה רעה לילדים שלי? מה אם הוא יפגע בהם? והילדים? הם דווקא רצו וביקשו שאתחתן. הם אמרו לי שהם רוצים שיהיה לי מישהו שיעזור לי לגדל אותם. הרגשתי צביטה בלב, אבל גם ידעתי שאני גיבורה ושאני אנצח. ולנצח, מבחינתי, זה היה להישאר לבד, כי פחדתי עליהם, פחדתי שמישהו פתאום ייתן להם הוראות. חיים חינך אותם ברכות, אף פעם לא היה נותן הוראות. פחדתי מאהבה לא טובה. פחדתי להכיר גבר אחר כי היה להם אבא טוב שלא החסיר מהם כלום. ובאותה המידה פחדתי מזה שאין להם דמות אב. מצד שני, אחרי שחיים נהרג, האחים שלי כל הזמן היו איתי והנוכחות שלהם הייתה תחליף לדמות אב.

אבל עבורי לא היה תחליף לחיים. הייתי ילדונת כשהכרנו והוא היה אדם מיוחד בשבילי, אין כזה מיוחד כמוהו. לא רציתי אף אחד אחר מלבדו. אז יכול להיות שפספסתי בגלל שלא הכנסתי מישהו אחר לחיים שלי? היום אני מסתכלת לאחור וחושבת שיכול להיות שהייתי רוצה עוד אהבה, אבל פחדתי לא רק על הילדים, יכול להיות שפחדתי גם על עצמי. הייתי מפונקת, מי יפנק אותי כמו פעם? חשבתי שמעכשיו אצטרך להתפשר ולהשלים עם מה שיש והעדפתי להישאר לבד.

אבל אני לא יודעת איך המשכתי אחרי שחיים נהרג. זה קשה. קשה. בורא עולם נותן כנראה כוחות. לילות לא ישנתי, גם כי אודי היה אסתמטי ופחדתי עליו. הסתכלתי עליו בלי סוף איך הוא ישן. פחדתי על כל הילדים שלי ולא נתתי לעצמי להרגיש ולחשוב על מישהו אחר שהוא לא הם.

הילדים כל הזמן שאלו עליו. התמונות שלו היה מפוזרות ברחבי הבית. תמיד הייתי שמה בצל עם פומפייה על השיש כי הילדים היו בודקים כל הזמן אם אני בוכה או צוחקת. היה להם קשה שבכיתי, אז כשהייתי בוכה, גירדתי את הבצל כדי שיחשבו שהדמעות יורדות ממנו. הרבה זמן הייתי נוהגת ככה.

הייתי רגילה לקבל את חיים בבית בשעה אחת עשרה בבוקר כשהוא היה עושה הפסקה בעבודה ומגיע לאכול. איפה השעה הזאת היום. איפה הקניות. איך היה לי קשה פתאום ללכת לקנות לחם, בחיים לא הלכתי למכולת.

היו לי ימים קשים. ובלילות שאלתי את עצמי איך לא הספקתי ליהנות ממנו, איך הוא היה בן אדם כזה טהור וטוב לב. הוא לא ידע לכעוס, רק לחייך תמיד.

לבית העלמין כתבתי הספד על איך חיים היה אבא טוב. לי, לילדים, לאחים שלי, להורים שלי, לסביבה. היו לנו ילדים קטנים, חיים היה עובד קשה, מגיע אחרי העבודה לקלח את הילדים, היה מאוד סבלני איתם, היה גאה לקחת את הילדים לגן, הגדול היה הולך איתו למשחקי כדורגל בימי שלישי ופשוט לא היה לי על מה לכעוס עליו. ואני אומרת את זה לא בגלל שהוא היה בעלי, אלא בגלל שהוא פשוט היה אבא למופת.

הכעס מגיע במשך הזמן, אחרי שלומדים האחד את השני, אבל אנחנו לא הספקנו כי היינו עסוקים בניהול הבית, בגידול הילדים, ולא היה לנו זמן לעצמנו, גם לא לכעוס.

אבל יש משהו שאני לא סולחת לחיים עליו: על זה שהוא עזב אותי. שהרים את הראש וקיבל כדור מקומנדו בסיני. המוח יצא החוצה. הכדור נכנס קטן ויצא גדול.

הבן הקטן שלי קופי שלו, אפילו מבנה השיניים אותו הדבר. בהתחלה היה לי קשה לראות אותו ככה, איך שהוא מחזיק את הסכו״ם כמו אבא שלו. אפילו כשהיה בן שנתיים וחצי הוא השאיר את הביס האחרון של הלחם בצלחת לברכה. בדיוק כמו אבא שלו. אחרי המלחמה הביאו לילדים הרבה מתנות. חבר של הבן הגדול אמר, איזה כיף לך, קיבלת הרבה מתנות. איציק אמר לו, אני מעדיף את אבא שלי ולא מתנות. הוא היה בן שש בלבד.

לכל האלמנות אני אומרת, אל תיקחו דוגמה ממני. גם לז׳קלין אחותי, שבעלה נהרג בתאונת עבודה והיא התאלמנה בזמן שהייתה בהירוין, אמרתי, ז׳קלין, יש חיים גם אחרי. תחיי את החיים. לשמחתי היא שמעה בקולי אחר כך והתחתנה.

עוד אני אומרת לאלמנות שיזכרו שהמילה ״לא״ קיימת בלקסיקון ומותרת לשימוש, גם אחרי שאבא נהרג. הילדים שלי לא ידעו מה זה לא, אפילו שזה דבר בונה. כנראה גם לא רציתי אף אחד אחרי חיים, כדי שלא יהיה מי שיגיד להם לא.

עד היום כשהילדים מבקשים משהו, אני לא יכולה להגיד להם לא, כי הם גדלו עם זה שאני תמיד אומרת כן. אני לא אשכח שאודי, כשהיה בן שבע, רצה נייק ומי היה קונה אז נייק? אני לא יכולתי לקנות כי הייתי צריכה לפרנס שלושה ילדים על הקצבה. אז קניתי לו חיקוי, היה כתוב על הנעל HIKE ואיך הילד היה מאושר, היה מקפל את המכנס שיראו שכתוב נייק. אני לא יכולה להגיד להם לא.

הייתה תקופה שבה חברתי לאלמנות אחרות מהמלחמה. לצערי שתיים מהן כבר נפטרו. אחת מהן התחתנה שוב אחרי שהתאלמנה ואחרי זמן מה התגרשה. היא חיזקה אותי מאוד והיינו חברות טובות. יצאנו ביחד לנופשים לאלמנות ויתומים ויש משם אלמנות שאני איתן בקשר עד היום. אז נכון שלא רציתי זוגיות נוספת, אבל חיזקתי חברויות.

המלחמה עכשיו בישראל, מלחמת חרבות ברזל, הרסה אותי. חזרתי חמישים שנה אחורה. אני רואה את כל הבחורות הצעירות וכל הילדים הקטנים וכואב לי הלב. גם אני הייתי בגיל שלהן. גם הילדים שלי היו בגיל של הילדים שלהן. ועד היום הבן הבכור שלי מדבר על חיים, הוא מנסה להזכיר אותו. שני הילדים שהיו קטנים יותר לא זוכרים אותו, הם בקושי הספיקו להכיר אותו.

אחרי שחיים הלך, עבדתי כעוזרת גננת בגן של הילדים שלי. החיים המשיכו, הילדים גדלו, הייתי צריכה לציין עבורם בת ובר מצווה, ולא ידעתי איך אני אעמוד באולם ואדבר מול כולם.

הזמנתי 400 איש, ושאול אחי הלך לבעל האולם ואמר לו, תוריד מנות, כי הוא חשב שאני מדמיינת ומגזימה. בשמונה וחצי בערב האולם היה ריק. שאול הסתכל עליי ואני עליו. הרמתי את הראש לבורא עולם ואמרתי לו שאני מאמינה בו. וזהו, אנשים באו בלי הזמנה, בשביל חיים הגיעו. לא 400 אנשים הגיעו, אלא 470.

לפסיכולוג הלכתי בגלל הקשיים שהיו לי עם הילדים. גם שנה אחרי שאבא שלהם מת אחד מהם עדיין דיבר בצעקות ונטה לכעוס מהר. בכל השנה הזאת הלכתי בבגדים שחורים, סתם מנטליות שהייתה בתקופה ההיא לאלמנות. גם אמא שלי הקפידה מאוד שאלך בשחורים.

יום אחד המורה בחוג ציור חילקה דפים וצבעים והילד הבכור שלי לקח שני צבעים, אדום ושחור. הוא צבע את הרקע באפור וצייר במרכז הציור ארון שחור וממנו עולה להבה אדומה. הפסיכולוג ראה את הציור ואמר לי, את מבינה את השחור, את רואה מה זה עושה לו? הבנתי. זה עשה לו שחור בעיניים. הפסקתי ללכת בבגדים שחורים.

חיים אהב קוסקוס ומפרום. עד היום אני מכינה כמה מאכלים כמו שהיה נהוג להכין אותם אצלו בבית. למשל, הרוטב של הקוסקוס שלהם אחר, יש בו הרבה חומוס וירק. שלנו יותר עדין ומימי.

ביומיום הייתה בינינו חלוקה מאוד ברורה של המטלות. אחרי שהוא נפל, פתאום הייתי צריכה לעשות גם את התפקידים שלו. לא הייתה לי ברירה. למדתי לנהוג וקניתי רכב. ידעתי שהוא לא פה, אז לא צעקתי ולא בכיתי. למי אני אבכה, על מי אצעק? על ההורים שלי? הייתי במלחמה עם עצמי. אמרתי, בורא עולם תעזור לי, וזהו.

גם אחרי כל כך הרבה שנים, אני כל כך מרגישה את חיים איתי, אני כל כך מאמינה בו ומעריכה אותו. אני כל הזמן איתו. כל הזמן.

בשנים הראשונות הכי קשה היה לי בתוך הקדושה של ערב שבת. הייתי מושיבה את הילדים ליד השולחן והיינו מדברים על החוויות של כל השבוע. לא השבת עניינה אותי אלא הילדים. שרנו שירי שבת ואמרנו דברי תורה והייתי נותנת להם תפקידים כדי להעסיק אותם וכדי שהכול יהיה בסדר. עד היום אני מדליקה לו נר של שבת.

איזה חלומות חלמתי עליו לאורך השנים. איזה כיף זה היה. רוב החלומות שחלמתי עליו היו בשבת.

פעם אחת חלמתי שהוא נמצא בתוך בור עמוק, שם שיחק כדורגל עם החברים שלו. הם לבשו מכנסי חאקי קצרים וגופייה. התכופפתי לשאול אם הוא צריך משהו והם היו מבסוטים וענו לי שלא צריך כלום. וזה לא רק בחלום. גם במציאות החברים שלו מהמילואים מתו עליו ואני מילאתי אותם בכל טוב. הייתי שולחת לו לצבא אפילו דגים ותבלינים כדי שיבשלו לכבוד שבת.

בפעם אחרת חלמתי שהוא בא הביתה. זה היה ערב שבת. הוא נכנס בדלת וזרקתי לעברו את המפתחות, כאילו אמרתי לו, תמשיך אתה, אני לא רוצה לנהוג יותר. והוא ענה, לא, את ממשיכה לנהוג. ונעלם.

בחלום אחר עשיתי קידוש בערב שבת ופתאום ראיתי אותו ישן בחדר. ניערתי אותו, אתה פה ואני עושה קידוש לבד? זה הרגיז אותי. אבל אז ראיתי שאני מנערת ספוג. איך נבהלתי. זה היה חלום וואו.

עברו ימים לא קלים.

אם הוא היה חי היום, הוא היה בן 81. מעניין איך הוא היה נראה. אני מדמיינת אותו בריא עם שיער כסוף, עוד לא לבן לגמרי. הוא שמר על עצמו תמיד והיה מאוד מתורבת בסגנון הטריפוליטאים המודרניים. הוא היה מכובד ומיוחד. כל מה שרציתי קיבלתי. שבע שנים פינק אותי ואת הילדים שלנו, כאילו הוא ידע שיהיה איתם תקופה קצרה. הוא נתן להם הכול.

שידעו הצעירות האלה, האלמנות של המלחמה היום, שיש חיים אחרי זה ושיהיו חזקות ושימשיכו לרקוד, לשיר ולצחוק. אני פחדתי לצחוק. לא היה מצחיק אותי שום דבר כי הייתי חצי אטומה. אנחנו משפחה שאוהבת לצחוק, אבל עם השנים זה ירד לי ולא חזר. היום אני צוחקת יותר בשביל לצאת ידי חובה. זאת טעות, אבל זה אופי. אפילו שעברו חמישים שנה, זה לא אותו הדבר.

והיום אני כבר לא פוסלת את האפשרות להכיר מישהו חדש.

אני לא מתחרטת על כלום, על אף ריב. כלום. לא היה לי חשבון נפש על הנישואים. זה היה המזל שלי, שביקשתי ממנו סליחה לפני שהוא הלך והלב שלי נשאר נקי. ועכשיו הלב שלי ריק.

// נוגה ברוך, שם בדוי

אמרתי לעצמי: אני אתן לו מלחמה אחת

נוגה ברוך

בת 29, אשתו של רס"ל נועם ברוך.
אמא לאוריה (6), יונת (5) ואלקנה (1).

חרבות ברזל

הנה משהו שהשתנה בי אחרי שנועם נפל. יש מילה אחת שאף פעם לא אמרתי. זאת מילה לא יפה, לא נקייה. וגם פה אתם לא תסכימו לי לכתוב אותה. אבל היום אני אומרת אותה על החיים שלי. הכול בחיים שלי ככה. כמו המילה הזו.

כשדיברתי עם הרב שלו, לא היה אכפת לי. אמרתי שם את המילה הזו. גם על אלוהים אמרתי אותה. הרב שלו אמר לי, אני לא הייתי מדבר ככה, אבל אני לא אומר לך מה לעשות. אם נועם היה שומע איך אני מדברת לפני ראש הישיבה שלו, הוא היה יוצא מהקבר ואומר לי, בחיוך, שאני לא נורמלית. חוץ מלטנף את הפה שלי, אני מנסה לחשוב מה עוד השתנה בי מאז שהוא נפל. עדיף לשאול מה נשאר. נשארתי אני, אבל עברתי שדרוג רציני. בהכול. אני יותר חזקה. יותר יודעת מה אני רוצה. יותר עומדת על שלי. יותר יודעת לדבר. יותר לא מפחדת. הפכתי להיות וונדר וומן. אני לא חושבת שטוב לי עם זה, אבל זה משרת אותי בכל האירועים המורכבים שאני מתמודדת איתם היום.

לא הייתי בשלה לנישואים עם נועם. אבל גם לא הייתה לי ברירה.

הכרתי את נועם כי הוא היה חבר של יוסי, בן דוד שלי שגדול ממני בשלוש שנים. האמת היא שנועם גם היה תלמיד של אבא שלי. אז אפשר להגיד שהמשפחות שלנו היו חברות. שנינו תמיד היינו ברדאר אחד של השנייה.

כשעוד לא הייתי בת 19, נועם שלח את יוסי לבדוק אם אני מעוניינת לצאת איתו. אמרתי לו שאין סיכוי. אני צעירה מדי, רק עכשיו סיימתי שירות לאומי. חשבתי לעצמי: אני יודעת שאני אתחתן איתו, אבל איך אני אצא איתו עכשיו? אני עוד צעירה. וידעתי שלצאת פירושו להתחתן לא הרבה לאחר מכן. אנחנו דתיים, ככה זה עובד אצלנו. לא רציתי להתחתן, אבל לא רציתי להפסיד אותו והדילמה הזאת המשיכה להתקיים בתוכי במשך שנה שלמה.

מדי כמה חודשים יוסי שאל אותי אם אני מעוניינת ובפעם האחרונה עניתי כך: אמרתי לעצמי שאם תשאל שוב פעם, אז בפעם שאחריה אני אסכים. יוסי חשב שאמרתי כן, אז הוא נתן אישור לנועם והוא שלח לי הודעה. וזהו. הייתי בת 19 וחצי וגררתי אותו שנה עד שהתחתנו, עד שהוא כבר אמר לי, או שאת מתחתנת איתי או שחלאס.

התחתנתי צעירה, לא הייתי בשלה. התחתנתי איתו נטו כדי שלא יברח לי. לא רציתי את זה בכלל ולקח הרבה זמן עד שהתמקמתי בתוך הנישואים האלו. שנים. למשל, עברו שנים עד שהכרתי בכך שהבית שלי הוא הבית עם נועם ולא בית ההורים שלי. שבתות עשינו בעיקר אצל ההורים ולקח כמה שנים עד שעשינו שבת בבית שלנו. לא הייתי בלו"ז הזה של ניהול משפחה משל עצמי, עוד רציתי להיות הילדה שקשורה להורים שלה ולאחים הקטנים שלה.

נועם לעומתי היה כבר בן 24 והוא ממש רצה להתחתן. אז הוא התחתן עם ילדה בת עשרים שלא רוצה כל כך לבשל לשבתות ואפילו כשהיא בבית היא לוקחת אוכל מאמא שלה. גם בהצעת הנישואין שני הקולות האלו עלו מתוכי. ובזמן שאני הייתי במאבק, הוא היה מדהים ויצא נסיך.

מלכתחילה הוא לא ידע אם להציע לי או לא, הוא שאל אותי אם להציע לי כי הוא לא היה בטוח מה תהיה התשובה שלי. בשלב מסוים אמרתי לו, תפסיק לשאול אותי. אם לא תתחיל לעשות דברים שום דבר לא יזוז!

אני זוכרת היטב את הערב הזה. הוא חזר מהאזכרה של סבא שלו. והוא היה מבסוט. אמרתי לעצמי: שיט, הוא הולך להציע לי. היינו תוך כדי נסיעה ברכב. ברגע שבו הבנתי, אמרתי לו, תעצור את הרכב. אתה הולך להציע לי, נכון? תעצור. יצאתי מהרכב, הלכתי בשדות. התחלתי לרוץ. לא ידעתי מה לעשות. והוא ירד מהרכב, אחריי. רצתי בשביל ארוך וחשוך. וככל שהתקדמתי לתוך השביל הוא נתן לי מרחב אבל לא נעלם. הוא נעמד שם בקצה השביל, כמו אמר לי: אני פה. ואני חושבת לעצמי, הבחורה מביישת אותך ואתה לא הולך! אבל לא פגעתי לו באגו, הוא לא אכל סרטים, הוא פשוט היה יציב.

לא ידעתי מה לעשות, הייתי אבודה. החלטתי להתקשר לרבנית שלי והיא אמרה לי, אל תפחדי. לכי אליו, רק אל תגלו לאחרים שאתם עומדים להתחתן כדי שלא תהיי בלחץ. פתאום נכנסה שיחת טלפון, חברים שלו התקשרו, נכנסתי להיסטריה וצעקתי לו, אל תגלה להם! והוא חרטט אותם ושיחק את המשחק.

ואז הסכמתי סוף סוף להיכנס לרכב ונסענו למקום שבו הוא ארגן את הצעת הנישואין על איזה צוק בים. כשהגענו הכול היה כבוי, הם כתבו עם גחלים "התינשאי לי". היה שם שטיח לבן. אמרתי לו, לא הולכים על השטיח! והלכנו מסביב. צעקתי על חבר אחר שלו, כבה את המצלמה! והוא הוריד אותה. ואז נועם הגיש לי ורד! את הוורד שכחתי בסוף הערב אצלו ברכב.

שיתפתי פעולה עם הצעת הנישואין הזאת, אבל מבחינתי אסור היה לנו להגיד לאף אחד, שלא כל העולם ידע שאני מתחתנת. זה הרגיע אותי, כאילו שהכול תחת שליטה. רק לא רציתי את נקודת האל חזור הזאת שכולם יודעים ומתרגשים יחד איתנו. עוד לא הייתי שם.

אבא שלי ואבא שלו הלכו לסגור את האולם של החתונה. בזמן הזה נועם היה בתרגיל גדודי במילואים בלי טלפון עליו. מדובר היה באולם שכבר ראינו ורצינו לסגור, הם רק הלכו לסגור סופית. כשהם היו שם התקשרתי לחברים של נועם, בוכה בהיסטריה, תביאו לי את ברוך! כשהוא התקשר אליי בכיתי לו, הם הלכו לסגור את האולם! והוא התפלא, כבר דיברנו על זה, מה קרה? אבל אני הייתי היסטרית והוא החזיר את אבא שלו ואת אבא שלי והם לא סגרו. איזה נסיך. מי עושה כזה דבר. כמה חוסן צריך כדי להכיל אישה כזאת מטורללת.

אני צריכה עוד גבר כזה. אני ממש מקווה שאצליח למצוא. הוא באמת היה וואו.

בשבעה באוקטובר כשנועם יצא מהבית התמוטטתי. הגיעה אליי חברה ואני לא הפסקתי לבכות. היא אמרה לי, מה יש לך? אמרתי לה, את לא מבינה? הוא לא יחזור. הוא לא יחזור. זה משהו שיודעים.

איזה קאדר זה להיות אלמנה. אני עוד מתרגלת למעמד. זאת סיטואציה מורכבת. אני צריכה להוציא מעצמי כוחות שכנראה היו שם תמיד, אבל זה לא כיף. לא כיף לגדול מהמקום הזה, של חוסר. למה אי אפשר להמשיך להציג אותי כאשתו של נועם?

עד עכשיו דיברתי רק עם אלמנות שהתחתנו. התחתנו מהר, ועם הבחור הראשון שהגיע. אלה אלמנות שהשתקמו. לימור סון הר־מלך ומאיה אוחנה מורנו. דיברתי גם עם רבקי הישראלי. אחת מהן סיפרה לי שהיא ממש רעדה בחתונה השנייה שלה. היא הראתה לי תמונות והצביעה – את רואה, פה רעדתי. ממש רעדתי.

מאז שנועם הלך, הוא לא מדבר איתי. והוא גם לא עוזר. אני אומרת לו שהוא זבל. והוא אפילו לא מגיב לזה. אני רבה עם עצמי. חוצפן. אני לא יודעת מה הוא עושה שם, אבל לא נראה לי סביר שהאישה שלך והילדים שלך פה ואתה לא דואג להם.

אני יודעת שהוא אמור לדאוג לנו למרות שהוא לא כאן, כי אני לא יכולה להאמין שהעולם הזה הוא חומרי בלבד. הרי הקשר הזוגי הוא חיבור של נשמות, זה מעבר לחיים באותו בית. זה נישואים. ולכן לא יכול להיות שאתה זורק אישה שעשית איתה טקס רוחני. פשוט אין סיכוי שבשר מבשרך עדיין מתקיים פה ואתה מבריז והולך. אולי אני חיה בסרט, אבל אני באמת חושבת שאין סיכוי שהקשר בינינו נעצר. אני פשוט לא מוכנה לקבל שלא מתקיים בינינו שום קשר. אמונה כזו מרדדת את העולם הזה ואת כל מה שאני מאמינה בו. ולכן לדעתי, ולמרות שאני לא תמיד רואה את זה, נועם דואג לנו מלמעלה.

הרי כל החיים שלו נועם פעל מאחורי הקלעים. הוא לא היה יוצא בהצהרות, אלא פשוט היה עושה. ולכן גם עכשיו אני רוצה להאמין שהוא פועל ודואג לנו, ממש כמו שהוא רגיל, לעבוד בשקט.

אני תמיד אומרת שאני לא מאמינה להספדים, כי אחרי שהבן אדם מת, אומרים עליו את כל הדברים הטובים, ואיפה כל הג׳יפה מסתתרת? אנשים מקדשים את כל מה שהיה, פתאום אין בעיות, אין טענות. אבל זה שבעלי נהרג לא אומר שהוא היה רק גיבור. ההיעדר לא מדביק לו כנפיים של מלאך ולכן גם אחרי שמישהו נהרג צריך להחזיק את הגם וגם.

בזוגיות שלנו הוא היה אחראי לכך שלא ייקרו לנו תאקלים, כי הוא היה מאוד מכיל. התפקיד שלי, לעומת זאת, היה לפתור את התאקלים שכן נחתו עלינו. אפשר לומר שאני דאגתי שלא נקרוס ביחד.

נועם היה אדם פשוט מהמם. הוא שם אותי במקום הראשון והוא ראה אותי והוא נתן לי הרבה כבוד. בתוך כל טוב הלב שלו, הייתי צריכה לזהות איזה תפקיד כל אחד מאיתנו מחזיק בקשר שלנו. הרי בזוגיות, כל אחד מבני הזוג נושא תפקיד, וכשאנחנו מזהים את התפקיד של השני, אנחנו גם יכולים לעזור זה לזה להשתנות. אני חושבת שנועם היה קצת מרצה. אנשים מרצים הם אנשים שלא מדברים על מה שקורה להם, הם נחנקים ונחנקים עם מה שהם מרגישים, עד שהם מתפרצים כמו הר געש, בבת אחת. אין להם שלב ביניים. מי שמכיר את התופעה, צריך לנסות לעזור להם, וזה קשה, כי הם לא מאפשרים. זה המנגנון שלהם. הם לא מתלוננים בדרך כלל, אבל כשהם כבר יתפוצצו, הם יזכירו לך לפעמים דברים שקרו איתך לפני שנולדת, את כל פשעי העבר. ואז הם גם יהיו כל כך פגועים שהם לא יוכלו לשמוע ממך. אולי קצת הפרזתי, אבל בנועם היה קצת מזה.

בשנתיים האחרונות לפני שהוא נפל, נועם ואני היינו משפחה מאמצת של בני נוער בסיכון. אני הייתי הרכזת הרשמית שלהם ונועם עזר לי ובמקביל עבד כמהנדס בחברה נחשבת. מה זה עזר לי? הוא היה כמו האח הגדול והאבא והמחנך שלהם. אנחנו מילאנו את כל התחום החינוכי הבלתי פורמלי. היינו יושבים איתם בערבים ליד המדורה בקצה היישוב ונועם היה מנגן להם בגיטרה והוא שר כל כך יפה. הוא שר כל כך יפה שהם האמינו לו שהוא אוהב אותם. היינו יוצאים איתם לטיולים ולמחנות התנדבות, היינו לוקחים אותם למסעות בעקבות הציונות וחורשים את שביל ישראל. נועם ישב לידם כשהם היו מעשנים נרגילה ועושה איתם שיעורי בית. לפעמים הוא היה הולך

אפילו לאספות ההורים שלהם ואני הייתי הולכת לקנות לבנות בדיקות היריון. גם את זה היה צריך לעשות לפעמים.

הרגשנו שהעשייה המשותפת הזאת ממש טובה לזוגיות שלנו. עם זאת, שמתי לעצמי מטרה לשמור על שפיות זוגית בתוך העבודה והשליחות האינטנסיבית הזאת. אני מרגישה שגם הצלחנו לעמוד בזה.

הסתכלתי על ההודעות ששלחנו בהתכתבויות בינינו ונזכרתי בפעם האחרונה שהוא יצא למילואים. זה היה במרץ. הוא היה אמור ללכת לשבוע מילואים ואני התחרפנתי. כל יציאה שלו מהבית הייתה רעידת אדמה בשבילי. לא רציתי שהוא ילך, אבל גם לא רציתי להגיד לו את זה. הוא מאוד רצה והוא ידע עד כמה אני לא רציתי, ואז נוצר מצב כזה של מדברים, לא מדברים, מדברים, לא מדברים, עד לרגע שבו הוא היה צריך לצאת מהבית. איך שהוא יצא מהבית למילואים, עלה לי החום. וגם הילדים הרגישו לא טוב. אני בטוחה שזה קרה כי לא יכולתי לשאת את המחשבה שהוא לא יהיה איתנו. לא רציתי לצער אותו אבל בסוף שלחתי לו הודעה שאני עם חום והוא אמר לי, טוב, אני חוזר, ואז הוא המשיך, ובפעם הבאה שיקראו לי למילואים אנחנו נחליט ביחד, והוא הדגיש את המילה "ביחד". כתבתי לו שגם הבכור שלנו עם חום, והוא כתב, את לא צריכה להצדיק את עצמך. אני חוזר. איזה נסיך.

וזאת הייתה הפדיחה הכי גדולה שהוא חזר, כי הוא כבר הגיע במסוק לשטח ההתכנסות אי שם הרחק. לקח לו יום שלם לחזור הביתה. לא היה מי שיחליף אותו בתרגיל, אני בטוחה שזאת הייתה בושה גדולה בשבילו לעזוב ככה, אבל הוא עשה את זה בשבילי. הוא ידע שאני צריכה אותו. לא את אמא שלו, לא את אמא שלי, רק אותו. איזה גבר.

לנועם הייתה סבלנות. מלא סבלנות. הוא היה אדם חם, גאון רגשי כמו שהוא היה גאון קוגניטיבי. השילוב הזה של השכל והחוכמה הרגשית שבעזרתם הבין את הזולת, והבין תהליכים, היה השילוב המנצח.

פעם אחת הוא הצטרף לישיבת צוות שלי בעבודה. אני לא זוכרת מה הוא אמר שם, אבל הפסיכולוג אמר, תקשיב. יש בך הכול. לא ציפינו שגבר ידבר כמו שאתה דיברת, ואתה עוד עובד בתחום אחר לגמרי, אתה לא בתפקיד של אחריות חינוכית וזה מפעים לשמוע אותך, יש לך ראייה רגשית.

ובאמת, ההבנה הרגשית העמוקה שלו עזרה לו להתמודד עם סיטואציות באורך רוח וביציבות. היה קשה מאוד להזיז את נועם מהמקום שלו. גם כשהכול היה גועש ורועש, הוא נשאר סלע איתן. סערות לא נגעו בו. הוא לא היה מטולטל בקלות. ואני כן הייתי טיפוס מטולטל. אני אדם שיודע להגיב מהבטן והוא החזיק בשבילי שפיות. אני מגיעה והולכת בסערה, אני יכולה לריב בקלות. נועם קרקע אותי. אחרי החתונה יכולתי ממש להרגיש שיש משהו חדש בחיים שלי, יציבות. רוגע. שפיות.

היה לנו אתגר שחזר על עצמו בחיים המשותפים שלנו והוא המשפחה שלי. תמיד רציתי לגור לידם ושהם יהיו כמה שיותר מעורבים בחיים שלי, והוא תמיד רצה רחוק. הוא רצה שנהיה נבדלים מהם. דווקא לפני שהוא נהרג בדיוק התפקסנו על זה והצלחנו למצוא את האיזון.

נועם היה מאוד חכם ונהג להתפלפל ולא תמיד התאימה לי כל ההתפלפלות הזאת שלו. לפעמים להתווכח איתו היה כמו לנהל שיחה רגשית במושגים פיזיקליים. כשהתווכחנו, או ניהלנו דיונים על דברים, הבנתי שיש לו היגיון מורכב, אבל הרגשתי שאני לא מספיק חכמה כדי להבין את ההיגיון הזה. נועם טען שאני לא מתאמצת מספיק להבין. לפעמים באמצע ויכוח סוער הייתי אומרת לו, כבר איבדתי אותך. כאילו, תפתח לי מצגת. אני כבר לא מבינה מה שאתה אומר. כשדיברתי ככה הוא נפגע ממני.

כמה ימים לפני שהוא נהרג, עקצתי אותו על זה. הוא דיבר מעומק הלב ואמר לי, די! זה חלק ממי שאני! הוא דיבר מדם ליבו. הוא ניסה להסביר את עצמו ואני הרי כן הערכתי את הדרך שבה הוא רואה את הדברים שבינינו, אז פשוט ביקשתי ממנו סליחה. הרגשתי שהגענו לאיזה רגע שבו לראשונה קיבלתי את החיסרון הזה. מגיע שלב בזוגיות שבו את לא רק בודקת יתרונות מול חסרונות, אלא מגיעה לשלב נוסף שבו את מקבלת בלב שלם את החיסרון של הבן אדם השני, וזה נדיר. את ממש לומדת לקבל את מי שמולך, בלי לעקוץ.

היינו טובים בסליחה. היינו טובים בלבקש אותה ככה פשוט. לשנינו אין אגו, ממש אפס אגו, אפס. ואז היה קל לבקש סליחה. הוא היה אומר: טוב, מאמי. אני מבקש סליחה. זה היה הכלי החזק שלנו אחרי מריבות והיה כל כך פשוט לפעמים לפתור ככה משברים. אבל לא את המשבר הגדול. פעם בשנה תמיד היה לנו ריב כסאח. ריב־ריב שלקח לנו שבועות עד

שפתרנו אותו. אחרי פעם כזאת קרה שיצאתי בלי כיסוי ראש מהבית ואמרתי, ביי אני יורדת לאילת. אבל אני כן חייבת להודות שאחרי כל ריב כאסח, שהקדים אותו משבר עסיסי שהיה קשה להיחלץ ממנו, הזוגיות תמיד עלתה קומה.

בראש השנה האחרון לפני שהוא נפל היה המשבר האחרון שלנו. ההיריון האחרון שלי היה קשה. אני לא יודעת מה קרה לי, אבל היו לי הקאות ובחילות ברמה גבוהה. הייתי זקוקה מדי פעם למנות ברזל ולחיבור לאינפוזיה. למרות הקושי, נסענו לעשות את החג עם חברים טובים.

אשתו של חבר שלו טיגנה צ׳יפס ופסטלים ולא יכולתי לסבול את הריח ולהישאר בתוך הבית. יצאתי החוצה והוא נשאר בבית עם כל החבורה שלו, חברי הילדות. התעצבנתי עליו. המינימום המתבקש הוא שתבוא להיות איתי, לא? לא יכולתי לעמוד בזה. אני במלחמה להמשיך עם ההיריון הזה, אז למה לא יכולים להתחשב בי ולא לטגן כל כך הרבה? הרגשתי שנועם לא מבין שהוא לא יכול להמשיך להתנהל כרגיל, כשאני סובלת. שהוא צריך להיות איתי בזה ולהבין שאני במובן מסוים חולה, שאני לא כרגיל ואני צריכה יחס מיוחד. צרחתי עליו. התעצבנתי, אני לא אביא לך יותר ילדים!

עד שמחת תורה לא הצלחנו להשלים, כי הוא נשאר בעמדה שלו ואני נשארתי בעמדה שלי. אני לא זוכרת אפילו מה הוא אמר, מה הייתה העמדה שלו. אולי הוא אמר שהוא ממש משתדל? או שהוא לא יכול לדעת כל דבר? התעצבנתי עליו מאוד ולא הצלחנו לפתור את זה. עברו שבועיים, כבר הגיע סוכות, ולא הצלחנו לסדר בינינו את הדברים. אמרתי לו, טוב, אתה יודע שאנחנו צריכים לפתור את זה, אז בוא נתכנס לסיים את זה. אתה מבין שזה ייפתר בסוף? הרגשתי שיש לנו עוגן, שיש לנו ביטחון מניסיון העבר שגם אחרי פיצוץ גדול, אנחנו משלימים ועולים שלב בזוגיות. אבל הפעם לא הצלחנו ליישר את ההדורים.

ואז פרצה המלחמה.

בשבעה באוקטובר עשינו את חג שמחת תורה בבית שלנו, ביחד עם בני דודים שלי. בשעה 11:00 התקשרו לנועם ואמרו לו שיש מלחמה בדרום, שיש רכב צה״לי חטוף ושחטפו נשים וילדים. נועם דיבר בקור רוח בטלפון

עם הקצינה שהתקשרה ונתנה לו הרבה מידע ואמר לה, את מבזבזת לי את הזמן, אני לא צריך עדכונים והתחיל לארוז את התיק ליציאה.

לפני שהוא יצא מהבית למלחמה, אמרתי לו, בוא הנה. לא רציתי שהוא ילך כשעוד לא יישרנו בינינו את ההדורים וגם ידעתי שהוא ימות ולא רציתי לקחת את זה איתי. אמרתי לעצמי, אני חייבת לסגור את זה בינינו, חייבת. ביקשתי סליחה שאמרתי לו דברים נוראיים והוא אמר, לא מאמי, הגזמת, הכול בסדר. אני זוכרת שאמרתי לעצמי, תזכרי את המשפט הזה שהוא אמר, תזכרי את כל המשפטים. שיהיה לך מה להגיד בהספד. ידעתי מה קורה שם במלחמה, הבנתי על ההתחלה שאף אחד לא מבין. במוצאי שבת אחותי הגדולה באה לקחת אותי ואת הילדים ולקחתי מהבית בגד שיהיה לי, שאני אוכל לקרוע בהלוויה. רגע לפני שיצאתי מצאתי את חולצת השבת המלוכלכת שלו ליד המיטה. החזקתי אותה לרגע בשתי הידיים שלי ודחפתי אותה עמוק מתחת לבגדים שלי בארון. ורק חשבתי: שיישאר לי משהו מהריח שלו. אם מישהו יגיע לכאן לקחת את הבגדים שלו, שרק יישאר לי משהו.

תמיד דיברנו על זה שהוא ימות ושאני אמשיך ואתחתן עוד פעם. מתברר שזה לא ככה אצל כולם, אבל אצלנו זה היה הדיבור. אני לא יודעת ממתי, אבל אפשר להגיד שמאז ומתמיד זה היה בשיח. תמיד אמרתי לו, ולא רק לו, גם לעוד אנשים, אתה אדם טוב מדי, אתה לא תישאר פה להרבה זמן. אני יודעת. אתה מהאנשים ההירואיים האלו שמתים לפני שהגיע זמנם וכולם אומרים איזה תותחים הם היו. זה אתה. אנשים הגיעו בשבעה והזכירו לי שאמרתי את זה.

והוא לא היה מכחיש. היה ברור שזה יקרה, ושזה רק עניין של זמן. היה לו נשק אישי והוא תמיד לקח את הנשק הגדול יותר עם המחסנית הגדולה למרות שהם גרמו לו לכאבי גב. נו, הוא פשוט חיפש איפה הוא ימות. כלומר, הוא חיפש תמיד איפה הוא יוכל לעזור וגם ידע שאם המחיר הוא מוות, אז הוא ימות. הוא היה מסוג האנשים האלה, הנדירים, ואני הסתובבתי עם התחושה הזאת של סוף החיים שלו. נגיד כשהסתובבנו בירושלים ושמענו פתאום רעש חזק, פחדתי שהיה פיגוע והנה הוא הולך לעזור ואני מפחדת שהוא ימות. הסתובבתי עם התחושה הזאת כל הזמן.

בשלב מסוים נועם עבר ליחידה נועזת יותר במילואים, נגיד את זה כך, וזה מאוד הלחיץ אותי. הוא אמר לי, אל תדאגי, אחוזי תמותה נמוכים.

אז אמרתי לעצמי, אני אתן לו מלחמה אחת, ואם הוא לא ימות בה, אני אגיד לו שזהו. אבל נו, בסוף הוא מת.

אחרי שקראו לו למלחמה חיכיתי שאחותי תגיע לקחת אותי ואת הילדים. כשיצאנו מהבית לכיוון הרכב, חשבתי שאני לבד ברחוב, ונתתי לעצמי להתפרק. צרחתי כמו משוגעת ולא ידעתי שרואים אותי. ישבו שם בצד, בגן השעשועים של השכונה, חבורה של בני נוער. אחרי שנועם נהרג הם באו אליי וביקשו סליחה. הם אמרו לי, לא הבנו, חשבנו שאת מגזימה. כשאמרתי לעצמי שהוא ימות, לא ידעתי שזה יהיה עד כדי כך גרוע. חשבתי שיהיה לי עצוב, אבל לא ידעתי שזאת תהיה תהום.

נועם ירד באותה שבת לדרום ובמשך כמה ימים לא יצר איתי קשר. הוא היה בכוח שחילץ את תושבי הקיבוצים מהבתים והיה שותף למרדפים אחר מחבלים. הוא טיפל בגופות וסרק את השטח כדי לחפש חוליות מחבלים נוספות שחיכו לפתוח בגל שני של תקיפה. במרדף אחר חוליית מחבלים הוא נורה ונהרג במקום, ארבעה ימים אחרי שפרצה המלחמה.

אין לי אסמכתא, אבל אני מאמינה שהוא עשה חושבים עם עצמו לפני שהוא הלך. אם הוא היה חוזר אליי בחלום הייתי שואלת אותו אם הוא בחר למות. אם הוא לקח בחשבון שזה עלול לקרות לו, אם הוא דמיין לפרטי פרטים את המשמעויות. אם הוא הבין מה הוא עושה לי כשהוא הולך מכאן. הוא לא כמוני, הוא שקול יותר. הוא ידע שהוא מסכן את עצמו, הוא היה בקומנדו למען השם. אבל האם הוא חשב עליי? אם בחלום הוא היה עונה לי שכן, שהוא הבין את ההשלכות ועדיין היה שווה לו להסתכן, אז באהבה מוחלטת, אני איתו.

כשהוא התארגן לצאת מהבית הייתי בלחץ איום, ולמרות זאת, רגע לפני שהוא יצא אמרתי לו, תקשיב, תן בראש. אני הגב שלך. לך תעשה מה שאתה צריך לעשות. והוא שאל, לפני שנייה היית בהיסטריה, איך עשית את השינוי הזה? אמרתי לו, עד עכשיו אתה נתת לי, היית למעני, התגמשת למעני, מעטים הדברים שדרשת ממני.

הרגשתי שעכשיו יש משהו שבוער לו לעשות ושתורי לתת לו, להחזיר לו. ברור שהייתי יכולה לעצור אותו מללכת, אבל בחרתי שלא לעשות את

זה. ידענו שיש אנשים חטופים. את לא יכולה לשבת עם בעלך בבית שלך כשיש נשים וילדים חטופים. אמרתי, אם יש בכוח של בעלי ללכת לעזור להם – הוא ילך. הוא נפרד מהילדים ואמרתי לעצמי, שיט, להיות לידם או לא? זאת הפעם האחרונה. להיות חשופה לזה או לא? ועניתי לעצמי שאין מה לעשות, אני האמא ואני צריכה להיות איתם.

אוריה שאל, בעוד כמה זמן תחזור? ואני רק חושבת בלב, בחייאת, הוא לא יחזור. מה זאת השאלה הזאת. הוא שאל, זה ייקח הרבה זמן? זה יהיה גם בלילה או רק ביום? הוא ניסה ללמוד את זה. הקטנה בת השלוש שיחקה על הרצפה, הוא אמר לה ביי והיא לא הישירה אפילו מבט. הסתכלתי עליהם ואמרתי לעצמי, טוב, אין מה לעשות. הלך.

אני לא זוכרת בדיוק מה הוא אמר כשהוא יצא מהדלת. הוא חיבק אותי מן הסתם. זה נתן לו כוח. למה אני לא זוכרת מה הוא אמר?

אחר כך כשהתארגנו ללכת לאחותי, הגדול שאל, אמא, מתי נחזור הביתה? ואני שאלתי את עצמי, מה להגיד לו, שלא נחזור לפה יותר? אבל עניתי: כשאבא יחזור.

אני לא מתחרטת על כלום, על אף ריב. כלום. לא היה לי חשבון נפש על הנישואים. זה היה המזל שלי, שביקשתי ממנו סליחה לפני שהוא הלך והלב שלי נשאר נקי. ועכשיו הלב שלי ריק.

כל זוגיות שתבוא, ובכן, לא כל זוגיות כי אני צריכה רק אחת, שלא ילך לי גם השני באמצע, אני יודעת שהיא תהיה בסוג של תחרות עם הדמות המדהימה שנועם היה. ואני גם יודעת שאדם שונה לאו דווקא יהיה פחות טוב. כנראה שיהיה לי טוב מסוג אחר. כנראה שאצטרך להיות גמישה. אני יודעת שאצטרך להתגמש.

הכי אהבתי כשהיינו יושבים ומנגנים על הגיטרות. הוא על חשמלית ואני על אקוסטית. וגם היינו מטיילים הרבה. התנאי שלי לעבודה העמוסה שלו היה שפעם בשבועיים אנחנו לוקחים יום חופשי ובו אנחנו מבלים ביחד. היום הזה היה לנו כל כך חשוב. היינו קמים מוקדם ויוצאים לטייל בצפון, ממש כל שבועיים. לפעמים היינו יוצאים ללילה ולפעמים היינו יוצאים לטייל גם עם הילדים.

נועם היה אבא מושלם. בדיוק פיתחתי תמונות ושמתי לב שכמות התמונות שבהן הוא מחזיק את הילדים שלנו היא פשוט אינסופית. הם יושבים עליו, על הכתפיים שלו, הוא מלמד אותם לשחק בבאולינג, הוא מחזיק אותם על הידיים. הנוכחות שלו הייתה משהו מטורף. הוא היה אבא נוכח במאה אחוזים, אפילו כשהוא יצא לעבודה מוקדם בבוקר, אם הוא לא ראה אותם באותו יום, זה לא היה קורה יומיים ברציפות. הוא לא נתן לזה לעבור.

הוא היה לומד למבחנים שלו תוך כדי שהוא היה עם הילדים. פעם הוא כתב לי, טוב, אני יורד לגן שעשועים ללמוד למבחן, והלימודים לא היו קלים, הוא למד הנדסת בניין, כן? הוא פשוט לקח את הילדים ואת החומר למבחן ועשה את הכול ביחד. לפעמים הוא הלך איתם למגרש הכדורסל השכונתי. רק בגלל שהוא היה כזה חכם הוא הצליח ללמוד שם.

בתקופות של מבחנים נועם היה יושב ולומד בזולה של הנערים שלנו. הוא אמר לעצמו, אולי אני לא פעיל, אבל גם להיות פשוט נוכח זה משהו. הוא היה מתיישב ליד השולחן הנמוך, מוציא את המחשב ואת הספרים ועם הזמן חלקם גם היו מביאים את הספרים שלהם ומתיישבים לידו.

אין סיכוי שיש עוד אנשים כמו נועם. איזה בן אדם אלוהי. אני אומרת את זה למרות שאני יודעת לזהות את המקומות שבהם הוא לא היה מספיק בשבילי. פירגון למשל היה הצד החלש שלו. כשהייתי שואלת אותו, תגיד, למה התחתנת איתי? הוא היה אומר, נו מה? אמרתי לך כבר. הייתי מתעקשת איתו, לא, תגיד לי למה! בסוף הייתי חולבת ממנו את מה שהוא מצא בי. אני חושבת שיש הרבה על מה לפרגן לי, אבל הוא לא היה ממהר לפרגן.

לפעמים רציתי שהוא פשוט יגיד, וואו, התלבשת מדהים, את נראית טוב. השיער שלך נדיר, או את שרה מהמם. אלו דברים שלא יכולתי להראות לאף גבר אחר, אז למה הוא לא עף עליי? הייתי אומרת לו את זה. ועדיין, יש דברים שקשה לשנות.

גם את זה שאני חיית לילה ונועם פחות. גם כשהוא נשאר איתי ער עד מאוחר, הוא פשוט היה עייף. ניסיתי להעביר אותו לשעון שלי, כל הזמן הייתי מושכת אותו לקצה, גוררת אותו איתי למסעדות בחצות. זה לא שהוא לא היה מגיע, אבל העייפות שלו הרסה את כל הכיף. הייתי שמחה אם הוא היה היוזם של המסיבות הליליות, אם הוא היה מציע, בואי נלך לאיזה מעיין,

לעשות סיבוב בכינרת ונחזור, או: בואי לרמת הגולן. ולמרות שהוא לא היה כזה, בסוף הוא עדיין השתלם לי. וגם אני השלמתי בסוף עם מי שהוא.

שמונה חודשים אחרי שנועם נפל ילדתי בן, הילד השלישי שלנו. קראתי לו אלקנה. שהאל יקנא במסירות הנפש של בעלי למען החטופים והפצועים, למען כל האזרחים במדינה שלנו. שישים סוף לכל הצרות שלנו ויחזיר את השבויים שלנו. יש מילים לתאר לידה אחרי שבעלך נפל? יש מילים לתאר ברית שבה נוכחת רק האמא? והלילות שבהם אני יודעת שלא משנה כמה אני אחפש, אין עוד זוג ידיים שיעזרו לי.

אני לא מצליחה לראות את עצמי יוצאת מהסטטוס הזה, מהאלמנות. עברה שנה ועוד פעם אני צריכה לעשות בדיקת חמץ לבד. עברתי את כל החגים בלעדיו, והצלחתי, אבל אני לא יודעת איך ייראו כל החגים הבאים. אני לא מסוגלת לדמיין. אני מאבדת תקווה כי אני רואה שהחיים שלי, שלנו, ממשיכים – בלעדיו.

כיום אני לא עובדת, אני לא יכולה לעבוד. אני לא ישנה בלילות, אני מגדלת שלושה ילדים מתחת לגיל שש ואני לבד. אני עסוקה רק בלטפל בעצמי ובילדים שלי, הולכת להדרכות הורים או לטיפול שלי, או שאני פשוט ישנה. בסוף אני צריכה לישון, כי עם שלושה ילדים לבד, אני כל הלילה מתעוררת לזאת שברח לה פיפי, לזה שיש לו תולעים ולזה שרוצה לינוק. אני יודעת שיגיע היום שבו אני אמשיך הלאה, אני אתנדב או אעבוד. מגיע איזשהו שלב שבו את רוצה לצאת מעצמך ולראות איפה את יכולה לעזור לעולם ולא להיות עסוקה רק בשיקום של עצמך.

אני מחכה שהיום הזה יגיע.

ואז הוא אמר לי משפט שאני בחיים לא
אשכח. הוא אמר, אני רוצה שפעם אחת
בחיים שלי תקבלי אותי כמו שאמא
שלך מקבלת את אבא שלך.

// איריס חלפון

קודם כול שמוליק

איריס חלפון

בת 55, אלמנתו של סגן שמוליק חלפון.
אמא לאהרון (35), גיל (32) וליעד אור (19).

מלחמת לבנון השנייה

אין איזה רגע מהחיים שאני זוכרת שהייתי בו ממש מאושרת. למה? כי הייתי מאושרת כל הזמן. פשוט כל הזמן. שמוליק הכיל אותי על הקריזות שלי ועל השטויות שלי. שמוליק גידל אותי, התחתנתי כשאני לא יודעת כלום מהחיים שלי. הוא היה החבר הראשון שלי, הגבר הראשון שלי – הכול. גם הוא היה תמים. שנינו היינו ילדים, שני ילדים בעולם. ועכשיו אני מסתכלת על הקטנה שלי, הנכדה, וחושבת איך שמוליק לא מסתכל עליה פה איתי.

לא מזמן הכרתי גבר שעוסק בטיפול שאמר לי, איריס, את עדיין חיה אותו. הוא אמר לי, את שמונה עשרה שנה אחרי. את אומרת שאת מחפשת זוגיות, אבל את עדיין חיה את שמוליק ולא מפסיקה לדבר עליו. והוא צדק. לפעמים אני אומרת לעצמי, די, שחררי! אבל אני לא יכולה לשחרר. הילדים שלי ממנו. הנכדה שלי ממנו. אין ולא יהיה כמו שמוליק. ארצה או לא ארצה, הוא תמיד יהיה לי מקור השוואה מול כל גבר אחר. הרי לא התגרשנו, לא נפרדנו מבחירה, אלא נקרענו זה מזו. יום אחד פשוט לקחו אותו והשאירו אותי להיות אמא, אבא, דודה, דוד, הכול. וגם לטפל בחמותי.

הכרתי את שמוליק כשהייתי בת 16. שנינו הלכנו למסיבת הגיוס של החבר של אחותי. שמוליק הגיע עם אח שלו. אחיו לבש מדים ירוקים של משמר הגבול ושמוליק לבש חליפה, מכנסיים וחולצה ירוקים. הוא היה אז בן 21, בוגר צבא. ראיתי אותו מסתכל עליי, דיברנו קצת, הוא שאל בת כמה אני, ואבא שלי עמד מרחוק וקלט הכול.

למוחרת באתי לספר עליו לאבא, הרי הוא צריך לדעת הכול ולתת את האישור שלו. אנחנו ארבע בנות של אבא. אמרתי לו, שומע אבא? זוכר שבמסיבה היה מישהו עם בגדים ירוקים? הוא אמר לי, כן. ראיתי את הבחור עם המדים. הוא שוטר? הוא התכוון לאח של שמוליק שהיה במג״ב, ואמרתי לו, לא, אני מדברת על אח שלו עם החליפה הירוקה. ואז גיסי התערב ואמר, אני מכיר אותו. הוא חבר טוב שלי. גדלנו יחד מגיל אפס. הוא רציני ואדם טוב. וזהו. התחלנו לצאת.

הייתי ילדה טובה שלא מבינה כלום. כשאבא שלי אמר לנו לחזור הביתה בחצות, היינו מגיעות רבע שעה מוקדם יותר, כי הוא היה נורא קשוח איתנו. אני זוכרת שאחרי בערך חודש שבו יצאנו, הגיע יום הולדתי. ה־1/1, תאריך שאי אפשר לפספס, ומזל ששמוליק לא פספס. הוא קנה לי מתנה שרשרת זהב עם השם שלי באנגלית. נורא התרגשתי.

שמוליק הציע לי נישואים בחגיגות חתונת הכסף של ההורים שלי בדצמבר 1987 במסעדת "אריאנה" ביפו. פתאום הוא אמר, אני יכול לבקש את היד שלך מאבא שלך? ככה ספונטני. אז הוא פנה להורים שלי ואמר, אני מבקש את רשותכם להתחתן עם הבת שלכם. אבא שלי היה בהלם: אבל היא ילדה, היא צעירה! הייתי חודש לפני גיל 18. התחתנו פחות מחצי שנה אחר כך, בתאריך 25.5. מאז שהייתי ילדה רציתי להתחתן בתאריך הזה!

התחתנתי כשאני עדיין לומדת בכיתה י״ב. לקחתי שבוע חופש מהלימודים וכשחזרתי עליתי לאוטובוס עם טבעת נישואים וכרטיסיית נוער. מנהל בית הספר ראה אותי כשחזרתי ושאל אותי, איך לקרוא לך, גברת איריס חלפון, או גברת איריס שטיינמן?

תודה לבורא עולם שהתחתנתי עם שמוליק בגיל צעיר, ככה היו לנו שמונה עשרה שנים לחיות יחד ולהביא לעולם שלושה נסיכים.

כשסיימתי תיכון התחלתי לעבוד במוסך בתל אביב, זה היה במקום שסמוך למוסך ששמוליק עבד בו כפחח רכב. שמוליק למעשה סידר לי את העבודה, שם עבד אבא שלו, זיכרונו לברכה.

כשהתחתנו כולם ריכלו, היא בהיריון. היא התחתנה כי היא בהיריון. אבל רק אחרי שנה נסענו לירח דבש לאילת ושם נכנסתי להיריון עם רון, הבכור. בגיל עשרים הפכתי להיות אמא. הייתי אמא צעירה. לא הבנתי בכלל כשהתחילה הלידה. זה היה כשניקיתי את התנור לפסח, נכנסתי לתוך התנור כמעט עם כל הבטן, ואיזו בטן – מחודש שישי עד תשיעי עליתי אולי שלושים קילו. קרצפתי את התנור טוב טוב, ואז התחלתי לשלשל ולהקיא וכשסיימתי לנקות את התנור הרגשתי כאב חד. הלכתי לישון וכשקמתי התקשרתי לחמותי ואמרתי לה, אני משלשלת ומקיאה. היא אמרה לי, טוסי לבית החולים, את בלידה! אמרתי לה, איזה לידה? זה רק שלשולים והקאות.

שמוליק לקח אותי לבית החולים הקריה, זה היה בשבת, הרופאים בדקו אותי ואמרו לי, את חסרת אחריות! העובר שלך עם רגל אחת בחוץ. איך הגעת למצב כזה? התחלתי לבכות. הייתי צעירה, לא הבנתי כלום מהחיים שלי. הסברתי לרופא שהתכופפתי לתנור וניקיתי. הילד היה גדול, 55 ס״מ אורך וקרוב לארבעה קילו, כנראה בגלל ההתכופפות שלי הוא הסתובב עם הראש למעלה והרגל ממש יצאה החוצה. הטיסו אותי לקיסרי. מתלמד ניסה להזריק לי אפידורל, אבל משהו התפקשש, התחלתי לדמם, דקרו אותי שוב, בכיתי, התחילו כאבים נוראיים והתחיל גם הניתוח ואני עם חומר הרדמה ועם כאבים נוראיים. הרגשתי הכול. המרדים איים עליי שאם לא אירגע, הוא ירדים אותי לגמרי ולא אראה את התינוק שלי יוצא. ואכן, זה מה שהיה בסופו של דבר. אני לא אשכח איך שמוליק לקח אותי ללידה השנייה. הוא כבר היה בעבודה במוסך כשהתחילו לי צירים וכאבים. הוא אמר לי, תבואי לעבודה ואני אקח אותך לקריה. זה מה שעשיתי, הגענו להיבדק וכשהרופאים טיפלו בי, שמוליק יצא עם בגדי העבודה שלו לעשן. לא עברו שתי דקות והתחילה לידה. מתברר שהעובר היה במצוקה, שתה את מי השפיר, מים מקוניאליים. כשהוציאו אותו לא שמענו בכי. שמוליק בא להיכנס ולא הבין מה קורה. כל הרופאים רצו לחדר שלי וצעקו ״להביא דחוף רופא ילדים!״. מרוב לחץ, השליה ברחה לי למעלה. בסוף הצילו אותו.

אחרי הלידה שמוליק ואני יצאנו מהמעלית כשאני על מיטת בית החולים, אמא שלי עמדה לידי. במהלך ההיריון חשבנו לקרוא לילד חי, כי לאבא שלי ז״ל קראו חיים, אבל איך שנכנסתי למעלית אמרתי לשמוליק ואמא שלי, תקשיבו ותקשיבו לי טוב. אני לא קוראת לילד שלי חי. רק גיל. שיביא לנו שמחה. וזהו, באמת, שיהיה בריא. קראנו לו גיל. הייתי בת 24 והרגשתי שזה הזמן לעשות הפסקה עם הילדים. לא רציתי עוד. אמרתי, מספיק שניים שיהיו בריאים. אבל ידעתי שבהמשך אני אביא עוד בנים. שמוליק אמר לי, בת לא תהיה לך ממני.

בבית אני הייתי שרת הפנים. עושה הכול. הוא אפילו לא בישל. פעם אחת הכין שקשוקה וכמעט שרף את המחבת. שמוליק עבד ועשה מילואים והיה טוב במה שעשה.

שמוליק היה רואה כל הזמן ספורט, כל הזמן. הייתי מתעצבנת. מקום ראשון אצלו היה הצבא, מקום שני היה הפועל תל אביב ומכבי יפו, מקום שלישי הייתי אני. ככה דמיינתי אבל הוא היה אומר לי, די עם השטויות שלך! היה ברור מאליו שבאמת הילדים ואני תמיד במקום הראשון.

שמוליק אהב אותי ואף פעם לא היה שוכח את יום ההולדת שלי. הוא תמיד אמר לי, אני לא יודע מה לקנות לך. תיקחי כסף ולכי תקני. על כל מה שאביא לך ממילא יהיו לך תלונות.

לפעמים הוא היה מביא לי לעבודה עוגה מרובעת קטנה כזאת, הייתי אומרת לו, מה אתה רוצה עכשיו, שאשמין? הוא היה אוהב שאני מלאה, היה אומר לי, אוי ואבוי לך אם תרזי. והייתי עם שיער אדום כל הזמן.

עברו כמעט שתים עשרה שנים מאז הלידה האחרונה. הייתי כבר בת 34 ואיכשהו נתפסתי להיריון. סיפרנו לילדים שיהיו בריאים ואחרי חודש וחצי התחילו דימומים. הלכתי לבית החולים ועברתי הפלה. עשו לי גרידה ואחרי ההפלה הזאת אמרו לי למנוע היריון במשך שלושה חודשים, אבל נתפסתי אחרי חודשיים והפעם לא אמרנו לילדים כלום. חיכינו שלושה חודשים עד שבישרנו להם והם כל כך שמחו, וואו איך הם שמחו!

אני זוכרת שעשיתי את הבדיקה ביום הולדתי בתאריך ה־1/1, בזמן ששמוליק עוד ישן. ראיתי שהבדיקה חיובית ולא רציתי לצרוח, לא רציתי

שהילדים ישמעו, אבל הייתי חייבת לספר לשמוליק. דחפתי לו את הבדיקה לתוך העיניים והערתי אותו. שמוליק, אני בהיריון! אמרו שלושה חודשים ועברו חודשיים! הוא לא הבין, על מה את מדברת? וכשהבין אמר, וואלה מזל טוב. ואז הלכתי לקרוא לחברה שלי, השכנה שלי מלמטה, שתצא דחוף למדרגות. הראיתי לה את הבדיקה והיא נהייתה אדומה מהתרגשות. אמרתי לה, אחלה מתנת יום הולדת.

במשך כל ההיריון רק הקאתי. כששמוליק היה מצחצח שיניים בבוקר, הייתי מקיאה. זה היה היריון הזוי, ושיהיה בריא הילד, הוא נולד הכי גדול. קוראים לו ליעד אור ולא הבנו כמה משמעות תהיה לשם הזה, שיהיה האור לעתיד משפחתנו.

בברית התעקשתי ששמוליק יהיה הסנדק. טוב שהתעקשתי. שמו לנו את השיר של חיים משה ויואב יצחק, עד סוף העולם, וזה היה וואו! "רוצה להגיד לך כדאי שתדעי, אני בעננים שאת לצידי וגם ברגעים שאני לא איתך, יש מי שלנצח אוהב רק אותך ואין בעולם עוד כזאת אהבה". מי חשב שלשיר הזה תהיה כזאת משמעות? רקדנו ביחד סלואו לצלילי השיר והיה כל כך מרגש.

כשליעד נולד שמוליק רצה שכל חודש בתאריך ה־24 לחודש נחגוג לו יום הולדת. והוא זכה לחגוג איתו אחד עשר חודשים.

שמוליק היה מכור למילואים. הוא היה הולך שלוש או ארבע פעמים בשנה. הוא התחיל בסדיר בחימוש ואחר כך עבר לצנחנים. כמה שאהבתי וכמה שהכרתי את שמוליק, אחרי שהוא נהרג אנשים סיפרו לי עליו דברים שלא הכרתי!

מישהו דיבר עליו באזכרה לפני שנתיים. אמרתי לו, אתה מדבר על בעלי שמוליק? גם הילדים היו בהלם ממה שהם שמעו כי שמוליק היה אחר במילואים. קודם כול, הוא היה לוקח על עצמו הכול. אם בבית אני הייתי מנהלת את הכול, אז שם הוא ניהל הכול, ואם היה מחסור בחופשות והוא לא היה יכול לשחרר מישהו הביתה, הוא היה אומר למפקד שלו: שחררתי אותו על חשבון החופש שלי.

אלוהים יודע לבחור ולקטוף רק את הטובים, לא יעזור כלום. שיהיה בריא שמוליק, הוא היה חבל על הזמן.

שלושה חודשים לפני שהוא נפל נסענו לאילת לחופשה. לא הסתכלתי כמו שצריך ביומן ונפלנו על יום השואה. כשנכנסנו לרכב הוא אמר לי, את נוהגת. הסתכלתי עליו, כאילו מה הקשר. מה אני נוהגת? מבת ים לאילת? אני רועדת! הוא אמר לי, לא מעניין. את נוהגת. אני חושבת שהוא הרגיש משהו, כי לא היה אופייני לו להגיד ככה. אחר כך היה עוד אירוע שבמבט לאחור נראה לי שהכין אותי למוות שלו. הייתה לי תקלה בטלפון, והקו היה רשום על שמו. כשדיברתי עם שירות הלקוחות בטלפון והם ניסו לטפל בתקלה, שמוליק התעצבן ואמר, זהו, נגמר. אין לי סבלנות. תעבירו את כל הקווים על שמה. לא ייפוי כוח ולא כלום. שהכול יהיה על שמה! אמרתי לו, תגיד לי, אתה נורמלי? והוא אמר לי, עזבי אותי, בחייאת איריס, עזבי אותי. טפלי בזה את. ואז התחילה המלחמה.

גלעד שליט נחטף לעזה ושבועיים אחר כך אלדד רגב ואהוד גולדווסר נרצחו ונחטפו ללבנון. היה בלגן ושמוליק כבר חיכה שיגייסו אותו. כל הוותיקים בגדוד התקשרו אליו, אמרו לו, חלפון, אתה מגייס אותי! חלפון, אתה מגייס אותי!

לאורך השנים שמוליק עשה מילואים כל פעם בין שבועיים לשלושה שבועות בשנה. כשהוא גויס ללבנון השנייה, הוא היה בן 41 ושמונה חודשים.

לפני הגיוס למילואים, הלכנו ביחד לקניות בסופר. זה היה ביום חמישי ושאלתי את שמוליק מה הוא רוצה שאכין לו לשבת והוא אמר לי, תעשי ממולאים. איך הוא אהב את הממולאים שלי.

כשהיינו בסופר הוא קיבל שיחה מקצינת הקישור שאמרה לו, חלפון, תתכונן. אנחנו מתחילים תוך כמה שעות את החייגן עם צווי שמונה. זהו. הבנו שהגיע הרגע. האווירה ברחוב הייתה שאנחנו חייבים להיכנס בהם. שמוליק אמר לי, אנחנו צריכים ללכת ולגמור אותם על מה שהם עשו. אמרתי לו: בחייאת. שאלתי אותו בדאגה, ככה אתה הולך? מה יהיה? והוא אמר לי, איריס, אם אני לא אלך ואחרים לא ילכו, מי ישמור עלינו?

חזרנו מהסופר והיה כבר ערב. היה צריך להעלות את השקיות לדירה שלנו, קומה ארבע בלי מעלית. עליתי עם ליעד התינוק ביד ועם שקיות ביד השנייה. שמוליק היה כמה צעדים לפניי. הוא נעצר רגע במסדרון, הביט עליי מלמעלה, ראה איך אני מתנשפת ואמר, אל תדאגי, אני עוד אסדר אותך. אמרתי לו, יאללה יאללה, תפסיק עם השטויות שלך. לא הבנתי באותו רגע

את המשמעות של המשפט. חשבתי שהוא רוצה להרגיע אותי כשאני עולה ומתנשפת עם התינוק. אני גם חושבת שהוא בעצמו לא ידע מה הוא אומר ואיך המוות שלו ישפיע עלינו.

אני זוכרת שהוא התיישב בסלון ליד השולחן. היה אוגוסט, חום אימים והמזגן לא קירר טוב. הוא התחיל להרים טלפונים לחיילים שלו ואמר, תתכוננו, בקרוב יהיה חייגן. תכינו את עצמכם ואת המשפחות. הוא קודם כול דאג שלחיילים שלו לא תהיה הפתעה, ורק אז הכין את התיק שלו.

בזמן שהוא התקלח, גיל, שהיה בן 12 וחצי, נעמד ליד המקלחת ודיבר איתו. הוא שאל, אבא, איך הרגשת כשאבא שלך מת? שמוליק אמר לו, בכיתי קצת בהלוויה וזהו, ואחר כך לא בכיתי כי הייתי צריך להיות חזק בשביל סבתא.

רון בדיוק יצא עם חברים שלו לבלות. היה אמצע החופש הגדול, הוא אמר שהוא יחזור מאוחר וחזר בשתיים לפנות בוקר. אמרתי לו שאבא הולך לצו 8. לפני שגיל הלך לישון הוא שאל, אבא, אתה לא הולך להיכנס ללבנון, נכון? שמוליק אמר לו, לא, אני חתייאר. חתיכת זקן. אז גיל התעקש, אתה לא נכנס פנימה להילחם! ושמוליק אמר לו, נראה לך, מי יכניס אותי? אמרתי לו, שמוליק, דיר באלאק! וזהו.

חבר שלו מאשדוד בא לאסוף אותו לפנות בוקר ואני למדתי מאימי שכשאבי יצא למילואים היא הייתה זורקת אחריו מים ואומרת: לך בשלום ותחזור לשלום. וככה אני עשיתי כל השנים. הפעם השעה הייתה מוקדמת, הייתי מבולבלת ושכחתי לזרוק אחריו מים. אחרי שהוא כבר ירד למטה קראתי לו, תעלה חזרה! וזרקתי אחריו מים. אמרתי לו, לך ותחזור לשלום.

בבוקר גיל התעורר וראה ששמוליק לא בבית. הוא שאל אותי, אבא בעבודה? עניתי לו, לא מותק. אבא היה חייב ללכת למילואים. ואז הוא שאל עם דמעות בעיניים: אמא, כשבאים קצינים הביתה להודיע, הם באים רק כשנהרגים או גם כשנפצעים?

גיל בכה והתקשרתי לשמוליק שירגיע אותו. ביקשתי ממנו, תחזור לשבת, הכנתי ממולאים. והוא אמר שהוא יגיע אבל בסוף לא הצליח לצאת. שאלתי אותו, מה זאת אומרת? אבל הבטחת! הוא אמר לי, מה את רוצה שאעשה? שחררתי הרבה חיילים שלי הביתה ואני נשארתי פה עם מעט חיילים. אני לא אשאיר אותם לבד. זה היה שמוליק, דאג לכולם.

הוא אמר לי להזמין את אחותי הקטנה שלומית להיות איתי בשבת כדי שלא אהיה לבד. באמת הזמנתי אותה והיא ישנה אצלנו, במיטה שלי ושל שמוליק. ומאז אין מצב, גם אם כל המיטות אצלי בבית ריקות, אין כזה דבר לישון במיטה של מישהו, אחרי מה שקרה.

את הקידוש רון הבכור עשה במקום שמוליק, ועד היום אם מישהו לא בבית, לא עושים קידוש. לא אחרי מה שקרה.

במוצאי השבת אחותי הייתה אמורה לנסוע הביתה ברכב ששמוליק קנה לה ותיקן אותו במו ידיו, אבל הרכב לא התניע. למוחרת בבוקר נסענו למוסך שעבדתי בו בעבר ונתנו את הרכב לתיקון. הבוס שלי אמר לי, תשאירי את הרכב פה בינתיים. שאלתי אותו כמה צריך לעלות התיקון והוא אמר לי, איריס, זה כמו שתשאלי אותי כמה עולה לתפור חליפה ליתום. אמרתי לו, מה אתה מבלבל לי את המוח על הבוקר, מה קשור יתום עכשיו? הוא אמר שהוא לא יודע את המחיר וסיכמנו שהוא יעדכן אותי. אמרתי לשלומית, תורידי אותי בעבודה ותסעי עם הרכב שלי לגבעתיים לעבודה שלך ואחרי הצוהריים תאספי אותי.

בדרך לעבודה, כשאחותי איתי, פתאום התנגן ברדיו השיר של קובי פרץ, "אני זקוק לך". ושמוליק התקשר, אמר לי שהוא בדרך לעלות לצפון. אני לא מכירה את כל הארץ, לא היה לי מושג איפה הוא.

באותו בוקר, בניגוד לכל יום אחר מתחילת המלחמה, כשהגעתי לעבודה לא הדלקתי את המחשב ולא את הרדיו. באותו בוקר פשוט התעסקתי בענייני העבודה. בסביבות השעה 12:00 בצוהריים התחילו הטלפונים. חמותי התקשרה, שאלה מתי דיברתי עם שמוליק. אמרתי לה ששעתיים קודם, ולא הבנתי למה היא שואלת. והיא שאלה אותי אם לא שמעתי חדשות. היא התפלאה, הראו בטלוויזיה נפילה של קטיושה בכפר גלעדי בצפון. אומרים שאזרחים נפגעו, אבל אני רואה נעל של צנחן ועליה דם. זאת הפכה להיות תמונת השער באחד הספרים על מלחמת לבנון השנייה.

ואז התחילו השיחות הממתינות. החיילים ששמוליק שחרר הביתה לשבת התקשרו אליי. "איריס, למה חלפון לא עונה?" "איריס, את יודעת משהו?" אמרתי להם שאין לי מושג ושיתקשרו לקצינת הקישור שלהם. בינתיים

התקשרתי אליה בעצמי ושאלתי אותה מה קורה. היא אמרה לי: איריס, אני לא יודעת כלום. אני לא יודעת מה קורה, והיא המשיכה: יש פגיעה, אנחנו לא יודעים בדיוק מי נפגע. כבר לא יכולתי לשבת במשרד מרוב מתח. יצאתי לכיוון הבית עם אחותי. רק רציתי להיות עם הילדים. תוך כדי התקשרתי לקציני העיר ולכל מי שהיה אפשר כדי לבדוק אם מישהו יודע משהו.

ואני חושבת לעצמי, קודם כול שמוליק, הוא יודע שאני חצי פולנייה, ואומנם הוא לא אהב לשלוח הודעת סמ״ס, אבל טלפון הוא יודע להרים! אז הוא יודע שהוא חייב להרים אליי טלפון במצב כזה ולהגיד לי שהוא יהיה בדממת אלחוט, אני לא יכול לדבר, ביי. למה הוא לא התקשר? ולמרות שהוא לא הרים טלפון, לא חשבתי שקרה הנורא מכול. רק חשבתי שלא נותנים להם להתקשר. וככל שעברו השעות, אמרתי, בטח הוא נפצע. ולא. לא הייתה לי מחשבה שהוא נהרג.

ואז הגענו הביתה. גיל הלך על הבוקר לחבר. התקשרתי לאמא של החבר הזה והסברתי לה את המצב. ביקשתי ממנה שתחזיק את גיל אצלה. הוא באמת התפלא איך נתתי לו להיות שם כל כך הרבה שעות. אמא שלי ניסתה להרדים את ליעד בחדר. ורון במחשב מחפש מה מו מי. מחפש איפה שמוליק. כל הזמן אנחנו מנסים לחייג לשמוליק ואין מענה, עד שפעם אחת ענה מישהו שנשמע לי ערבי, אבל הסביר שהוא שוטר צבאי. שאלתי אותו, למה אתה עונה לטלפון של בעלי? והוא שאל מי זה בעלי ואמר שהם בכפר גלעדי. רק אז נפל לי האסימון. שמוליק היה בכפר גלעדי.

השוטר ניתק את השיחה ואני התיישבתי על הספה ואמרתי, אלוהים. בבקשה, בורא עולם, אני מתחננת אליך שכבר יבואו לקחת אותי לבית החולים. מסכן שמוליק, הוא בטח שם! שוכב פצוע, לא נותנים לו להתקשר אליי, איבד את הטלפון שלו ולא יודע להתקשר אליי. הוא רק פצוע, בבקשה בורא עולם שיגיעו! ככה אני.

מאז שנאתי את המספר 12, כי הם היו 12 חיילים שנהרגו בשעה 12:00 והאירוע קרה בתאריך י״ב באב, כלומר 12 באב, 6 באוגוסט בשנת 2006. אחרי שהוא נפל, כשחיפשנו לעבור דירה, לא הייתי מוכנה לגור בבניין או בדירה שמספרם 12.

פתאום שמענו דפיקה בדלת. אני רוצה לקום מהספה ואני לא יכולה. התפללתי! ואני יודעת שבורא עולם שומע תפילות ואני לא חושבת ששמוליק

הלך. ואז שלומית אחותי מסתכלת מהעינית, רואה את הקצינים ולא פותחת את הדלת. היא אומרת, אני לא פותחת להם. אני קמה, הולכת לפתוח להם את הדלת – ובום, אחותי טורקת להם את הדלת בפנים. את לא פותחת את הדלת, היא אומרת, את לא נותנת להם להיכנס. בפעם השלישית שבה אני באה לפתוח את הדלת, היא שוב צועקת ואני באה ונותנת לה חתיכת סטירה. וכל זה עוד עם כדורי ההרגעה הצמחיים שאמא שלי דחפה לי לפה, שלושה כדורים.

נתתי לה סטירה, אמרתי לה: לכי מפה כבר! עד היום היא אומרת לי, לא רציתי לתת לשכול להיכנס אלייך הביתה. אמרתי לה, תזוזי כבר! את לא מבינה שכל דקה חשובה, שמוליק מחכה לי. את לא מבינה?

אני פותחת את הדלת ועומד שם קצין גבוה ואני מסתכלת עליו ואני לא נותנת לו להיכנס. פתחתי את הדלת לרווחה ויצאתי אליו החוצה כי בתוכי לא רציתי להכניס את השכול לבית שלנו, ואני רואה איך השכנים מתחילים לעלות. ליד הקצין היו גם רופא ואזרח עובד צבא על אזרחי. שאלתי אותם, נו, באתם לקחת אותי? מסכן, הוא פצוע קשה? מה, הוא שלח אתכם? הקצין אומר לי, את איריס חלפון? אמרתי לו, כן, מה, לא הבנת שחבל על כל דקה? לא נתתי לו להשחיל מילה.

הוא הסתכל לי בעיניים ותפס את שתי הידיים שלי. צעקתי, אני לא רוצה להקשיב לך. אני לא רוצה לשמוע אותך אומר לי את המילים! הוא אמר לי, איריס, אני מבקש, תני לי בבקשה. ואז התחלתי להבין מה אני הולכת לשמוע. את שלוש המילים האלה, "אני משתתף בצערך". צרחתי. אני לא רוצה לשמוע אותך! והוא תפס לי שוב את שתי הידיים ואמר, איריס, אני מצטער. נתתי צרחה. אמא שלי נתנה קפיצה מהחדר עם ליעד שישן על הידיים שלה. רון נתן ריצה מהחדר, ראה את הקצינים, ראה אותי על הרצפה, נשענת על הקיר וצורחת.

הוא דפק את הראש והידיים בקיר וצעק: די, אני לא רוצה להיות אבא עכשיו! הוא ישר הבין, אני לא רוצה להפסיק להיות ילד! אבא למה עזבת אותי? עכשיו אני צריך לדאוג למשפחה?

ואז בבת אחת כאילו ירדה אליי רוח הקודש, כאילו שמוליק בא להרגיע אותי, אי אפשר להסביר. פתאום הפכתי להיות רובוט. הפסקתי לבכות, קמתי לבן שלי, תפסתי את שתי הידיים שלו ואמרתי לו, תקשיב לי ותקשיב לי

טוב רון. אתה לא תטפל במשפחה. ממש לא. אני, האמא שלכם, וגם המדינה נטפל במשפחה. אתה תמשיך להיות ילד ותמשיך לבלות.

סיימנו בזה שהוא הבין שאני אגדל אותם ושיהיה בסדר ואז החזרנו את גיל הביתה. חמישה גברים לא הצליחו להשתלט עליו ועל הכאב שלו, ילד בן 12.

והאירוע המשיך. ברור שהוא המשיך. הבוס שלי מהמוסך הגיע בטיל אלינו הביתה. ראיתי באיזו ריצה הוא עולה במדרגות, מסתכל עליי בבהלה ואומר, את יודעת שסתם אמרתי "חליפה ליתום", נכון? אני לא ידעתי ששמוליק ייהרג, אני מצטער. להרבה דברים לא היה קשר, אבל שמוליק הכין אותי, ככה הרגשתי.

רצו לשלוח קצינים לחמותי. עצרתי את הקצין! אמרתי לו, תקשיב לי, אנחנו באים איתך להודיע לחמותי! אתה לא עושה את זה לבד.

טוב. מתארגנים. אני מתקשרת לגיסתי לעדכן אותה. היא אומרת לי שאח של שמוליק ישן, אמרתי לה, אל תגידי לו, רק תעירי אותו ותבקשי שיבוא לאמא שלו. נפגוש אותו שם עם קצין העיר.

הגענו לחמותי. אמרתי לה, שמחה, את חייבת מה זה להיות חזקה. היא לא הצליחה להאמין ששמוליק מת. היא התחילה להרביץ לעצמה והתעלפה.

הרופא שהתלווה אלינו אמר, עזבו אותה, היא תכף תתעורר, אמרתי לו, תגיד, אתה רציני? שלא תבלע את הלשון! מזל שחבר של רון, פרמדיק, היה איתנו, הרים לה מהר את הרגליים. ובן זוגה תפס את הראש ואמר, מי יבוא עכשיו אחרי כל יום עבודה אלינו וישתה איתי מיץ? ככה שמוליק עשה, כל יום עבר דרכם, שתה כוס מיץ ואחר כך בא הביתה. זה היה שמוליק.

חזרנו הביתה יחד עם קצין העיר. פתאום עצרתי ואמרתי לו, אני לא מאשרת לקבור אותו. פנקס המילואים שלו פה, שתי הדיסקיות פה, מאיפה אתה יודע ששמוליק מת, אולי אתם טועים בזיהוי? בעלי הבטיח שהוא לא ימות. אין מצב שהוא מת. הבאנו את הילד הקטן שלנו והבטחנו שנגדל אותו ביחד. נראה לך שהוא מת?

וככה שלחו אותי לזהות אותו בתל השומר.

באתי לזהות אותו. השכיבו אותו על צד שמאל, כך שאני לא אראה אותו. הרב עמד שם. התכופפתי לתת לשמוליק נשיקה והרב עצר אותי. מה

את עושה? הוא קפץ, אסור לך לעשות כזה דבר! כבר ניקינו אותו! הסתכלתי עליו ואמרתי לו, סליחה? זה בעלי!

תמיד כשאני חולמת על שמוליק אני רואה רק את הגב שלו, אף פעם לא את הפנים. שאלתי פעם רב למה זה ככה, והוא אמר לי בגלל שהלכתי וזיהיתי אותו.

ישבנו שבעה אצל חמותי. אני ישנתי על הרצפה וליעד ישן בלול. הוא בכה בלילה כמה פעמים וכבר לא היה לי כוח לקום אליו. התחננתי, שמוליק, בבקשה, בבקשה, אין לי כוח. לא עברו שתי שניות והילד השתתק עד הבוקר. בבוקר יצאתי לרחוב, ציפורים מצייצות, מכוניות נוסעות, החיים ממשיכים ואני רואה מודעות אבל על בעלי. איך זה יכול להיות.

נסענו לבית העלמין. פקקים של אוגוסט גם על השוליים. אנשים עוצרים את הרכבים, יוצאים ומצדיעים לקומנדקר. אני על המיניבוס עם הילדים והמשפחה, אומרת להם, רק שנספיק לקבור את אבא לפני השקיעה, תראו כמה אנשים, בטח יש הרבה הלוויות, השם ישמור. לא הבנתי שכולם הגיעו לשמוליק. אפילו אנשים שלא הכירו אותו באו לחלוק לו כבוד אחרון.

הגיעו אליי לשבעה מהממשלה. הרמטכ״ל ושרת החינוך יולי תמיר ובא אלעזר שטרן שהיה בזמנו ראש אכ״א. הוא הסתכל עליי ואמר, אולי זה יישמע לך קצת אכזרי, אבל כשאמרו לי שיש לך פה שלושה ילדים, נרגעתי. והוא צדק. נשארתי עם מתנה משמוליק, תינוק כמעט בן שנה שצוחק ומוחא כפיים. ועוד שני ילדים גדולים.

אמרתי לאלעזר, בעלי שירת על תקן קצין בלי שהוא עבר קורס קצינים. כי זה היה שמוליק. ואני לא מוכנה שיבנו את המצבה עד שתכתבו שבעלי בדרגת קצין. לילדים שלי זה חשוב וזה מה שיהיה. הוא אמר שזה לא אפשרי ואני התעקשתי שאני לא מוותרת. בסוף העלו אותו בשתי דרגות ואלעזר אמר לי, גברת חלפון, לא זכור לי מקרה כזה בהיסטוריה של הצבא.

שמוליק הפסיק לעשן כמה חודשים לפני שנהרג, כי הוא פחד לקבל סרטן ולמות כמו אבא שלו ודודה שלו בגיל 46. בבוקר השלושים, לפני שעלינו לבית העלמין, שיחקתי עם ליעד והנחתי על כיסא מולו קופסת

סיגריות של שמוליק, רציתי לפתות אותו ללכת. והוא עשה צעדים! חשבתי על זה שאת הצעד הראשון שלו הוא עשה בדרך לשכול.

אגב, את הממולאים שהכנתי לו באותה השבת, פלפלים עם אורז ובשר, לא נתתי לאמא שלי לזרוק. הם נשארו במקרר יותר מחודש.

הנצחנו את שמוליק בכל מיני דרכים, למשל כל שנה בטורניר קט רגל בתיכון של רון וגיל, והקמנו גינת משחקים כסמל לכך ששמוליק לא זכה לראות את ליעד משחק ונהנה. אבל בשלב מסוים הרגשתי שאני יותר מדי מכונסת עם כל האבל. כל יום הולדת של שמוליק וכל יום נישואין הייתי הולכת לבית העלמין. בכל שישה באוגוסט הייתי עומדת לידו בבית העלמין בשעה 12:00 בצוהריים, כותבת בפייסבוק כל הזמן, מדברת עליו ומדברת. זה לא ריפא אותי. הפוך.

אנשים ניסו להוציא אותי מזה. אפילו הילדים אמרו לי, אמא, די. אבל אני הייתי כל כך בתוך ההנצחה, מצב שבו אני כאילו חיה, אבל לא באמת. לא המשכתי בחיים שלי, כי פחדתי להכניס הביתה מישהו שהילדים, במיוחד ליעד שהיה תינוק, יקראו לו אבא. אמרתי לעצמי, אף אחד לא יחליף את שמוליק.

במשך שנה שלמה לבשתי שחורים ולא התאפרתי כי אני יודעת שככה עושים באבלות. אני בדרך כלל לובשת שחור, אז זה היה קל, אבל בשנת האבל הייתה בר המצווה של גיל. באותו יום קניתי חליפה לבנה והתאפרתי. הייתי חייבת. חייבים להפריד בין שמחה לאבל. וזה היה קשה.

כשעלינו לקבר אחרי שנה, הסתכלתי על המצבה ואמרתי, איריס, עברה שנה. הוא לא יחזור. אל תקברי את עצמך. תבחרי בחיים. ואז אמרתי לו, שמוליק, מחילה. אני בוחרת בחיים.

כשיצאתי מבית העלמין הרמתי טלפון ללירון הקוסמטיקאית ואמרתי לה, עכשיו אני באה אלייך ואת תעשי לי איפור קבוע. לא התאפרתי שנה שלמה, לא מעניין אותי כלום, אני רוצה איפור קבוע.

זה כואב, אבל ממילא בכיתי כל היום. היא עשתה לי גבות, איליינר ושפתיים, למרות שאף פעם לא עושים הכול בבת אחת. לא הרגשתי כבר את

הכאב מרוב ששרף לי. חזרתי הביתה כאילו פוצצו אותי במכות, הסתכלתי על עצמי במראה ואמרתי, איזה ליצנית את. אבל זהו, בחרתי בחיים.

אחרי שנתיים או שלוש הכרתי מישהו. אוי ואבוי. איך אני אספר לילדים? איך אני אסביר להם? אמרתי להם: תקשיבו, אבא מת ואני הכרתי מישהו. אני לא הולכת להתחתן, אני רק יוצאת לבלות איתו.

הוא לא ישן אצלי והם עדיין לא קיבלו את זה כל כך יפה, אז אמרתי להם, אלה החיים שלי. אני עוד חיה. אני לא מתה. רק כשהם שמעו אותי מדברת ככה, הם הסכימו.

אבל לא המשכתי בקשר. היה לי קשה. הוא הכיל אותי כשדיברתי על שמוליק וכל הזמן תמך בי וגם הפסיכולוגית אמרה לי, תקשיבי, לא כל אחד יכול להכיל את זה. והוא בא איתי לאזכרות וכל הזמן היה לידי, אבל אי אפשר היה לקרוא לזה זוגיות נורמלית. היא לא הייתה נורמלית כי לא הייתי שלמה עם עצמי. תמיד שמוליק היה בינינו. אפילו בחדר השינה הייתה תמונה שלו.

עד שהבחור אמר שיש גבול למה שהוא יכול להכיל. סיפרתי לפסיכולוגית והיא אמרה, תשמעי, את לא יכולה לגמור את הבן אדם, יש גבול! אז הבנתי.

בכל פעם שעברתי דירה העברתי את התמונות והחפצים של שמוליק איתי. הוא לא אהב להצטלם לכן גם לא נשארו לנו הרבה תמונות שלו.

היו לו בייבי פייס, הוא היה נראה כל כך צעיר, שאי אפשר להסביר את זה. העברתי איתנו לכל בית גם את המזנון עם הוויטרינה של שמוליק, ששם שמרתי את כל החפצים שלו, התיק הצבאי, התעודות שלו, אפילו את הארנק עם כל הכסף. כשהגעתי לבית הזה שאני גרה בו עכשיו אמרתי די. מספיק. אני רוצה להתחיל נקי. תליתי בסלון תמונה אחת שלו ואת יתר הדברים, וביניהם הדגל שעטפו בו את ארון הקבורה, נתתי לחמותי.

לא מזמן הרמתי את המזרון בחדר השינה וגיליתי שאני ישנה על חפצים שלו, ביניהם מכשירי הפלאפון שלו. הפסיכולוגית שאלה אותי, אז איך בדיוק את רוצה למצוא זוגיות, עכשיו אחרי שמונה עשרה שנה, בואי תסבירי לי. איך את רוצה שהמלאכים שבאים אלייך ידעו שאת פנויה?

שמוליק היה המשענת שלי. אני ניהלתי הכול, אבל הוא היה הגושפנקה שלי.

אני חושבת שבמשך שנה חשבתי ששמוליק עוד יחזור. יום אחד רון חיפש משהו ואני הייתי עסוקה עם ליעד. הוא שאל אותי, אמא, איפה זה? ואמרתי לו, רון, מאיפה אני זוכרת? תתקשר לאבא, תשאל אותו! הוא חשב שאני צריכה ללכת לאשפוז. הוא אמר לי, מה אמא, את מסתלבטת עליי? אמרתי לו, מה לעשות. זה כוח ההרגל.

יש דברים יותר הזויים. לפעמים ממש ראיתי את שמוליק. הרגשתי שהוא מכוון אותי כי הוא ממש דיבר איתי.

לפני כמה שנים הייתה תקופה שעברתי במהלכה דברים לא קלים, ביניהם משבר כלכלי, ושאלתי את עצמי עד מתי הוא חושב שאני אסתדר לבד. כעסתי על בורא עולם. קיבלתי עליו ג׳ננה. אמרתי לו, אתה כלום בשבילי. אתה לא קיים. הייתי אוכלת בשר, ואחר כך בשביל הפרינצים, הייתי שותה נס קפה. ככה שלושה חודשים. היחידה שהייתה בסוד המעשה זו אחותי הקטנה שנדהמה וניסתה להניא אותי מזה.

הגיע יום כיפור. הילדים ידעו שאני צמה ושומרת כי שמוליק תמיד קרא לי "הדוסית שלנו במשפחה", אבל בלי שאף אחד ראה אותי, הלכתי לשתות קולה לפני השינה. גרתי אז מול הים. לפנות בוקר ראיתי כמו בתוך חלום ששמוליק יושב על אדן החלון, מול הים. ראיתי רק את הגוף של שמוליק עם חליפה תכלת בהירה, פנים אין והוא מדבר איתי ואומר לי, איריס, למה את מתנהגת ככה? לא מתאים לך! ואני עונה לו: שמוליק, גם לא מתאים לי להיות לבד ולא מתאים לי להילחם את המלחמות שלי לבד. אין לי כוח, אני גמורה! ואז הוא אומר לי: איריס, אבל את לא מבינה שזה הגורל שלי? באתי לעולם הזה לזמן קצוב וזה הגורל שלי. תחזרי להיות איריס שאהבתי ואיריס שעזבתי, איריס שאני גאה בה על איך שהיא מגדלת את הילדים שלי, ותפסיקי להתנהג ככה. לא מתאים! התעוררתי בוכה, בכי חזק. אמרתי, בורא עולם, אני מצטערת. הייתי חייבת את הנענוע הזה, שמישהו יגיד לי, תתעוררי על עצמך.

כשאני צריכה כוח, אני נזכרת ברגעים שמחים שלנו ביחד. ביום העצמאות שהיינו עושים בפארק, ברגעים קטנים בבית. כל הזמן אני אומרת לו, שמוליק, עד כמה אני יכולה? כמה? אומרים לי שאני חזקה. מה חזקה.

בהתחלה כעסתי עליו שהשאיר אותי לבד. גם חמותי כעסה עליו. היא הייתה עושה מדיטציות, הייתה כאילו מתקשרת איתו. לא חלילה סיאנסים!

והוא היה מופיע לה בחלום ושואל, אמא, למה את כועסת עליי? והוא חיבק אותה והיא אמרה לו שהיא כועסת שהוא השאיר אותי עם תינוק והוא אמר לה, אמא, אבל גם החיילים היו ילדים, מה, אני אעזוב אותם? ידעתי שאיריס תסתדר. בגלל זה הרשיתי לעצמי לעזוב וללכת. ועכשיו אתם חייבים לסלוח לי.

כשאני מביטה לאחור, אני יודעת ששמוליק תמיד נורא כיבד אותי, מאז שהיינו חברים. אני זאת שהגיעה קשה לקשר. גדלתי בבית קשה ושמוליק לקח אותי בת 18 וחצי, לא ידעתי אפילו להדיח כלים כי אמא שלי הייתה עושה הכול. יום אחד שמוליק חזר מהעבודה, כולו ג׳יפה. הכרחתי אותו להתפשט במדרגות כי הייתי חולת ניקיון. אמרתי לו, אתה לא נכנס ככה הביתה. הוא אמר, טוב, אבל אני גווע ברעב. אמרתי לו, אתה לא אוכל ואתה לא נושם עד שאתה מתקלח.

ואז הוא אמר לי משפט שאני בחיים לא אשכח. הוא אמר, אני רוצה שפעם אחת בחיים שלי תקבלי אותי כמו שאמא שלך מקבלת את אבא שלך. בום. באותו הרגע הרגשתי את הפצצה, והאמת היא שזה גרם לי להשתנות.

האמירה שלו ריככה אותי מאוד. היא גרמה לי להיות יותר סבלנית. מזל שהוא הנחית עליי את הפצצה הזאת.

שמוליק כל הזמן נתן לי להחליט, הוא לא התווכח איתי. רק שאל לאן אני ממהרת, כי בכל פעם שהיינו צריכים לצאת, אני כבר הייתי מאורגנת והוא היה בשאנטי שלו. הייתי צוחקת ואומרת, גם אם תיפול לידך פצצה, אתה לא תתעורר. אתה יכול לישון, שום דבר לא מפריע לך! וזה מה שעשה הגורל בסופו של דבר. נפלה לידו קטיושה והוא נשאר במקום. שום דבר לא הפריע לו.

חלק מהנשים של הנופלים באסון כפר גלעדי התחתנו. כששאלתי את עצמי איך אני לא, הרבה אמרו לי שכנראה עדיין לא שחררתי. במיוחד רון אמר לי, אמא, די. אי אפשר עם השכול הזה. אבל מה אני אעשה, היה לי חשוב שהילדים יבינו שאני לא שוכחת את אבא שלהם.

שנה אחת ליעד היה צריך להביא לבית הספר נרות נשמה עם תמונה של שמוליק. הכנתי ארבעים יחידות. הדפסתי, גזרתי, הדבקתי. ומאז בכל יום זיכרון בשבע השנים האחרונות המטבח שלי הופך למשרד עם יום עבודה מלא. חברות שלי הציעו לעזור לי, אבל אמרתי להן שאני רוצה לבד. אני

עושה הכול. אני מכינה נרות נשמה עם התמונה שלו ומחלקת בסופר. בכל שנה אני מגדילה את הכמויות, עכשיו אני עושה כבר 600 נרות.

אני מדברת הרבה על שמוליק. כבר נמאס לחברים לשמוע אותי. עברו יותר משמונה עשרה שנה ואני מדברת עליו המון. אני חושבת שאם הייתי יכולה לשמוע את שמוליק, הוא היה אומר לי, די עם השטויות שלך, איריס. תמשיכי לחיות, תיהני מכל רגע. החיים שלך ניתנו לך במתנה. תמצאי את האחד שלך! ואני כל הזמן עונה לו: שמוליק, אתה יודע שרק אתה בסוף תשלח לי אותו.

הוא היה בשבילי בטיול הזה בן זוג,
אח, אבא, חבר, הכול. כל המשמעויות
וכל החלקים שיכולים להיות בקשר.
כאילו כל הגוונים של האהבה.

// נדין עבדאללה, שם בדוי

אני אמשיך לרוץ בשבילי ובשבילו

נדין עבדאללה

בת 40, אלמנתו של סא"ל אבראהים גנאם.
אמא לדניאל (18), דנה (15) ויוסף (9).

חרבות ברזל

אני זוכרת את הריצה הראשונה שיצאתי אליה אחרי שאבראהים נפל, היא הייתה כל כך קשה. כל הפארק שמע את הצרחות שלי, אבל מצד שני זה היה כמו טיפול בשבילי. להשתחרר, לצאת, לצעוק. קשה. אבל טיפול. אני רצה ונזכרת איך אבראהים היה רץ לידי ומחזיק לי את היד. כל ריצה אני מקדישה לו את הרגעים שאני רצה, וככה אני מצליחה לסחוב אפילו מרתון.

אני כל הזמן אומרת שאבראהים היה איתי עד גיל ארבעים אבל הרגשתי שחייתי איתו מאה שנה. למרות הקריירה הצבאית שלו, הספקנו לעשות הרבה דברים ביחד. הוא היה פשוט טוב בשילוב הזה, גם להיות איש הצבא וגם להיות האיש שלי. ובשני הקצוות האלו הוא היה טוטאלי.

מצחיק להגיד, אבל הספורט שינה לנו את החיים הזוגיים. כשהיינו בני 37 נכנסנו לעולם הזה ביחד, כשמשכתי אותו לרוץ איתי. וגם בבוקר של השבעה באוקטובר עוד הספקנו לרוץ ביחד. עשיתי שבת אצלו בגזרה, כמו בכל שבת שהוא סגר. התאמנו והתכוננו לעשות

את מרתון טבריה ביחד, אבל הכול נקטע. היום, למרות שאבראהים איננו, אני לא מוותרת לעצמי ולא מוותרת לאבראהים. אני ממשיכה בבילוי הזוגי שלנו למעני וגם למענו. אבראהים היה בן ארבעים כשנפל. את יום הולדתו ה־42 נציין בדיוק לפני מרתון טבריה, ואת ארבעים ושניים הקילומטרים במרתון הזה אני ארוץ. אני אמשיך לרוץ בשבילי ובשבילו. כדי להמשיך את הדרך שלנו.

הדרך לבית שלנו בבית ג'ן עוברת דרך כביש מפותל במעלה ההר. כל הדרך מלאה עכשיו בשלטים עם תמונות של אבראהים ועומאר יוסף בן הכפר שגם נפל ומה שהם עשו למען המדינה. כל הדרכים אצלנו הן עליות וירידות חדות. ברחוב צדדי נמצא בית האבן הגדול שלנו. הוא נראה גדול, אבל הוא לא. הוא בדיוק למידות שלנו. בכניסה לבית מצד ימין נמצאת עכשיו פינת זיכרון לאבראהים. התמונה שלו חקוקה על אבן שיש שחורה, ונטוע שם עץ זית גדול. חזק ויציב בדיוק כמו שאבראהים היה.

הכרנו ממש צעירים. מאוד צעירים. אפשר להגיד שחצינו את הגבול כי אני הייתי בת 15 והוא היה בן 16 ולמד בשכבה מעליי באותו בית ספר. התחיל בינינו סיפור אהבה. היינו יוצאים מהשער כדי להיפגש והכול היה בסוד. החברים והמורים לא ידעו, אבל ההורים שלי כן. בזמנו זה היה אסור, אבל היום זה כבר חופשי, כל הבנים מדברים עם הבנות.

זאת הייתה אהבה ממבט ראשון כמו שאומרים. התארסנו כשהייתי בת 17 והיינו מאורסים במשך ארבע שנים. בכל אותה תקופה לא היה לי ספק שעשיתי את הבחירה הנכונה, אבראהים הוא הגבר שלי. גדלנו אחד ליד השנייה, הכרנו טוב מאוד. ועדיין לבת שלי אני לא מרשה להתחתן בגיל כל כך צעיר. היא חייבת ללמוד קודם. ואחרי זה, שתמצא חתן רק בכפר, שתישאר לידי.

התחתנו כשהייתי בת 21. חתונה דרוזית זה אירוע שמתרחש במשך שבוע ימים ובו יושבים ובעיקר אוכלים. אוכל אוכל אוכל, קצת מוזיקה וחיים סביב האוכל. שבוע לפני החתונה מגיעים קרובי המשפחה לבית של החתן ושל הכלה בנפרד ויושבים לאכול ביחד.

המשפחה מכינה את האוכל. על האש, ממולאים, פיתה דרוזית ומנאחיש. בסוף השבוע מגיעה החתונה, שהיא האירוע הגדול יותר שאליו

מגיע כל הכפר והוא מתקיים בבית העם שבכפר. כן, פעם הזמינו לחתונות הדרוזיות את כל הכפר, אבל עכשיו כשהכפר כבר גדל מאוד וגם אין לאנשים זמן, התחילו לצמצם ומזמינים רק קרובי משפחה וחברים. כולם יושבים ואוכלים את המטעמים שמכין הטבח, אוכל דרוזי מסורתי כמו מנסאף, בשר כבש מבושל על אורז ולצידו רוטב יוגורט.

אצלנו הטקס בחתונה הוא הרגע שבו החתן מכסה את הכלה, וזהו. אחר כך החתן הולך עם הגברים והכלה הולכת עם הנשים ואחרי החתונה הם הולכים לבית שלהם ומתחילים בחייהם.

כשאברהים רצה להתגייס, לא הבנתי את המשמעות. הוא עוד לא היה בן 18. הוא בכלל למד במשך שנתיים דיפלומה של מדעי המחשב. לקראת סוף הלימודים הוא ראה שכל החברים שלו בצבא והחליט להתגייס. המשפחה שלו אמרה לו, אברהים, יש לך עוד חודש, תסיים את הלימודים! אבל הוא לא היה מוכן. הוא עזב הכול והתגייס. הוא גם לא שאל אותי, אבל מבחינתי לא הייתה כאן מחלוקת. אם הוא רצה, היה ברור שהוא ילך. אם הבן אדם אוהב משהו, למה שאני אחליט עליו? הייתי צעירה ולא הייתה לי הרבה מודעות, רק אהבה. רציתי שהוא ילך לצבא ואחר כך יעשה קריירה. אבל אחרי שלוש שנות שירות הוא החליט להמשיך לקבע. ואז היה שלב שבו הוא רצה להשתחרר ושכנעתי אותו להישאר. אמרתי לו, עוד קצת, עוד קצת. בסוף עלה לי ביוקר. אבל מזל שלנו שאנחנו עדה מאמינה. אם הוא לא היה נופל בצבא, הוא היה נהרג אולי בבית או במקום אחר. אנחנו מאמינים שזה הגורל שלו.

אברהים יצא מקורס קצינים לחתונה. בתקופה ההיא הוא היה בבית יומיים ובצבא שבועיים. מאז בעצם הייתי די לבד, גידלתי את הילדים שלי לבד. הקריירה הצבאית מאוד מאוד תובענית וקשה. אברהים נכנס לקורס קצינים בקלי קלות והכול היה אינטנסיבי. הוא היה מ״פ וביצע תפקידים נוספים. בשלב מסוים הוא יצא לשנתיים לימודים מטעם הצבא ואז נשמנו. מה לא עשינו בתקופה הזאת! בנינו את הדירה שלנו אחרי עשר שנים שבהן חיינו בשכירות, וטסנו בפעם הראשונה לחו״ל. לקחנו הלוואה וטסנו לתאילנד לחודש שלם, בלי הילדים. זה היה ירח הדבש שמעולם לא עשינו. ומאז טסנו בכל שנה. שנה אחת לבד ושנה אחת עם הילדים. אברהים דאג לי. וגם לזוגיות שלנו הוא דאג.

אני זוכרת מתי גיליתי שאברהים יודע לבשל. זה היה בטיול לתאילנד, הפעם הראשונה שטסנו ביחד לחו"ל, אחרי עשר שנות נישואים. וגיליתי עליו הרבה דברים מהצד הזוגי, הרומנטי. למשל גיליתי שהוא אוהב לבשל, אוהב לעשות שמח כזה. הרגשתי שפתאום באמצע החיים אני מגלה צדדים נוספים שהוא עוד לא חשף. אולי זה הגיל שפתאום אתה גדל והצד הרומנטי שלך גם גדל, כי כשהיינו צעירים יותר זה לא בא לידי ביטוי בצורה הזו אלא היינו רבים על שטויות. אבל ככל שהתבגרנו הבנו שהתעסקנו בשטויות והעדפנו להשתנות ולהכניס יותר רומנטיקה לחיים.

הטיול הזה למשל, היינו חודש ביחד. זה לא יום־יומיים. חודש באותו חדר, בלי אף אחד. לבד, לבד, לבד על אי בודד. הוא היה בשבילי בטיול הזה בן זוג, אח, אבא, חבר, הכול. כל המשמעויות וכל החלקים שיכולים להיות בקשר. כאילו כל הגוונים של האהבה. בחודש הזה היה לנו זמן שלנו, גילינו דברים חדשים האחד על השנייה. ואחר כך הרגשנו שהזוגיות שלנו עולה. ממש קופצת מדרגה.

אחרי שלוש שנים חזרנו לתאילנד לעוד טיול. והטיול הזה היה אפילו עוד יותר טוב מהראשון. רצינו לטוס שוב, הפעם לארצות הברית ביום ההולדת שלנו, אחרי שהוא ישתחרר מהצבא. אבל זה כבר לא יקרה.

כשהוא היה סוגר שבת, והוא סגר בבסיס את כל השבתות כמעט, היינו נוסעים להיות איתו. ואם הוא היה שבת בבית, הוא היה מכין לנו ארוחת בוקר כשהיינו חוזרים מהריצה. אני הייתי נכנסת להתקלח והוא היה מעיר את הילדים ומכין את הארוחה שכולנו חיכינו לה. הוא היה אלוף השקשוקות והחביתות והוא היה חותך לנו גבינות יפה יפה למרות שהוא לא אכל מהן. הוא כל כך אהב להכין לנו. והייתה לו מנה קבועה שהיה מכין כל שבוע, דג סלמון ואורז, ואני מתגעגעת כל כך.

בשנות השלושים המאוחרות שלו, כשאברהים התמכר לריצה, אי אפשר היה לעצור אותו. הוא ירד הרבה במשקל והיה בכושר לא רגיל. בזמן הזה הוא היה סמח"ט ובשנתיים האחרונות שלו הגזרה התחממה מאוד, כל הזמן היו התרעות מכיוון חיזבאללה. להיות סמח"ט זה תפקיד עם אחריות גדולה ועדיין הוא לא ויתר על הריצה. הוא היה הולך לישון בחצות וקם מוקדם בבוקר. הוא רץ בין 15 לעשרים קילומטרים חמש פעמים בשבוע, ובסופי שבוע היה רץ שלושים קילומטר ויותר. רץ וממשיך את היום שלו

כאילו הוא לא רץ בכלל. אברהים הוא בן אדם עוצמתי. הוא היה בן אדם עוצמתי.

בשלב מסוים הוא חלם לרוץ גם במרתונים בעולם, אז התחלנו לטוס לתחרויות בחו"ל. אני זוכרת את הפעם שבה טסנו למדריד. אברהים עשה מסלול של 42 ק"מ ואני רצתי 21 ק"מ. זאת הייתה ריצה כל כך יפה, אני נזכרת עכשיו בתמונה שלנו בסוף, ביחד. אברהים עשה הרבה מרתונים, אבל במרתון הזה, הרגשתי אותו כאילו שהוא עף. הוא הגשים את החלום שלו.

כל הזמן ידעתי מה הוא עושה בצבא, אבל לא בפרטים. הוא לא רצה להפחיד אותי. הוא היה אומר לי, בצבא הכול רגוע, הכול בסדר, ולא משתף במה שמתרחש, בשום אירוע שהוא היה בו. במלחמת לבנון השנייה למשל לא ידעתי שהוא נכנס ללבנון. הבנתי את זה אחרי שלושה־ארבעה ימים כשהוא הפסיק לענות לי ואמרו בטלוויזיה שהחיילים שלנו נכנסו ללבנון. הוא כל הזמן המשיך להגיד שהכול בסדר והוא בסדר ושאפשר להירגע. גם בשבעה באוקטובר הוא הרגיע אותי ועד שיחת הווידאו האחרונה שלנו ביחד – יומיים אחרי שפרצה המלחמה – הוא אמר שהכול בסדר.

המלחמה פרצה כשאברהים ואני היינו באמצע הריצה שלנו בגזרה שלו, בבוקר שבת. המח"ט התקשר ואמר שיש אירוע אסון, אבל לא ידענו עד כמה האסון גדול ולכן המשכנו לרוץ. כשחזרנו לבסיס אברהים הלך להתקלח ומפה התחיל עבורנו הבלגן.

ההתרעות בגזרה שלו, בצפון, התחילו כבר באותו היום, אבל הוא לא שיתף אותי. גם ביום שני הייתה התרעה על חדירת מחבלים בגזרה והוא לא שיתף. חזרתי הביתה עם חייל שלו והוא אמר לי: אל תדאגי, המלחמה לא פה, המלחמה בעזה.

ביום ראשון הבת שלי בת ה־15 הייתה מפוחדת מאוד, היא הרגישה שמשהו יקרה לאברהים והיא ושני הילדים האחרים ישנו איתי בחדר מאז. כל הלילה היא צרחה מפחד ואברהים דיבר איתה בשיחות וידאו והרגיע אותה. ביום שני, היום שבו הוא נפל יחד עם החייל שלו, ממש חצי שעה לפני שהוא נפל, היה השיא. היא בכתה וצעקה, יקרה משהו,

יקרה משהו! אמרתי לה, אין מלחמה בצפון, הכול בדרום! הצעתי שנתקשר לאבראהים כדי שהיא תראה שהכול בסדר. ישבנו על המיטה, זמן קצר לפני האירוע, דיברנו איתו וצחקנו ולא הרגשנו שיש משהו מוזר. לא הרגשנו בכלל בכלל שהוא הולך לאירוע, הוא לא נתן לנו את התחושה הזאת. הכול בסדר, הוא אמר לנו, אני שומר עליכם, אין כלום. אחרי חצי שעה שמעתי בטלוויזיה שיש חדירת מחבלים בצפון ושאלתי את עצמי, איך הוא אמר לנו שאין כלום?

באותו זמן, כולם שמעו בקשר שהסמח"ט נפצע. באותו זמן היו לאבראהים שישה אחיינים בצבא. וכולם ידעו שזה אבראהים.

התקשרתי. הוא לא ענה. התקשרתי לחברים שלו, לכל מי שאני מכירה. אף אחד לא ענה. ואז נפל לי האסימון שבאמת יש משהו כי אבראהים תמיד קופץ ראשון. תמיד, תמיד, תמיד, ועוד יותר כששמע בקשר שהמח"ט שלו נפצע. הוא והמח"ט היו ממש זוג. היה ברור שהם שם ביחד. חצי שעה כל האירוע הזה וכל העולם שלנו התהפך.

ביום שני בשעה 16:00 התקשר אליי החבר הכי טוב שלנו. הוא אמר לי, אני לא רוצה שתשמעי מאחרים. אבראהים נפצע ברגל והמצב שלו בסדר. צחקתי כי משהו נרגע אצלי, אז זה כל הסיפור, הוא נפצע ברגל?

לא יודעת איך הגעתי לבית החולים בנהריה. יש לי בלק אאוט. הלכתי לחכות בחדר המיון. אמרו שהרופא יצא אחרי שעה, אבל אף אחד לא יצא. פתאום הגיעה אחותו של אבראהים ושאלה אותי, מה את עושה פה? הוא בחדר הניתוח. לא הבנתי, למה בחדר הניתוח. מחוץ לחדר ראיתי את כל הכפר שלנו ואת אנשי הצבא. שם קיבלתי את הכאפה. אמרתי, מה עושים פה כולם אם הוא רק פצוע ברגל. למה כל הכפר פה, כל הצבא פה. מה יש.

נכנסתי לטראומה. הרופא הגיע. ישבנו. הוא אמר, אבראהים במצב אנוש, נלחמים על חייו. חיכינו במשך ארבע שעות עד שבישרו לנו שעשו את כל המאמצים האפשריים אבל הוא איבד הרבה דם. לא הצליחו.

אחר כך שמעתי את כל הסיפור. המח"ט שמע שיש חדירה של ארבעה מחבלים ליד אדמית וערב אל־עראמשה. המחבלים רצו לעשות בדיוק מה שעשו בעוטף עזה. היה להם הרבה ציוד כדי להרוג ולחטוף. המח"ט נכנס לאירוע ברכב לא ממוגן, קיבל את הצרור הראשון, וכל מי שהיה בקרבתו נפגע חוץ ממנו. נפלו לו שני חיילים שהיו בקרבתו, החייל שהחזיר אותי

יום קודם הביתה וחייל נוסף. היו שם הרבה פלוגות ומילואימניקים, אבל הקרב התחיל כשאבראהים הגיע והתחיל לנהל את האירוע. היו הרבה פצועים ואבראהים נתן את הוראות הפינוי. הוא נטרל שלושה מחבלים ואז כדור פגע לו בחזה. את המחבל הרביעי נטרלו שאר החיילים.

סיפרו לי שבטקס הצבאי לפני ההלוויה של אבראהים קם בחור מערב אל־עראמשה וצעק: אני רוצה לדבר! אנשים לא הבינו מה הוא רוצה, הוא לא מהצבא. והוא אמר, אנחנו, החיים שלנו בידיים של אבראהים. הוא שמר על היישוב שלי.

אמרו שבטקס תהיה הפרדה בין גברים לנשים, ולכן הלכתי ונשארתי עם הבנות ועם עצמי. ניסיתי להבין מה עובר עליי.

אני מרגישה שהאמונה נותנת לי כוח. אני מאמינה שכל אחד שנופל, תינוק נולד במקומו. האמונה שלנו בגלגול נשמות מרגיעה אותנו קצת שעכשיו הוא במקום אחר עם מורים אחרים. אני יודעת שזה לא אותו הדבר, אבל אם עוד שנתיים־שלוש הוא יחזור ויגיד לי "אני אבראהים" ואני אראה אותו עם אנשים טובים, אני אירגע.

בהתחלה שאלתי את המח"ט, למה נכנסת ראשון בלי רכב ממוגן? למה נכנסת, למה עשית את זה. האירוע היה יכול להסתיים בצורה אחרת. הם היו יכולים לשלוח זיק בשמיים, מטוס קטן שיהרוג את המחבלים. כל האירוע הזה היה מיותר. האשמתי את המח"ט, אבל עדיין אני חוזרת ואומרת שזה היה הגורל של בעלי.

כשכואב לי אני יורדת לחדר הכושר שאבראהים בנה לי ומתחילה לרוץ. עד שהוא בנה לי אותו לא עבדתי. בחרתי לשבת עם הילדים ולגדל אותם כשאבא שלהם בצבא. רציתי שתהיה להם דמות אם, אז החלטתי לוותר על החיים, ועל הלימודים, גם אחרי שכבר נרשמתי ושילמתי. פשוט ויתרתי כדי להיות האבא והאמא ביחד. כשאבראהים ואני התחלנו לרוץ התחלתי ללכת לחדר כושר בכפר מרוחק כי לא היה לנו חדר כושר לנשים בלבד פה בבית ג'ן. אז עלה הרעיון. אמרתי, עוד שנה אתה יוצא לפנסיה ואת כל הכסף שמגיע לך ניקח ונעשה פה חדר כושר לנשים, ואם אתה רוצה נעשה גם לגברים ואתה תנהל אותו. אבל אבראהים לא חיכה. הוא לקח הלוואה

ועשה לי חדר כושר בהפתעה ליום ההולדת שלי. הוא נתן לי רשימה של כל המכשירים ואמר, הנה מה שהזמנתי. הכול שלך. אם את רוצה להוריד משהו – תורידי. הייתי בהלם. אמרנו שזה לא יקרה עכשיו. אבל אולי הוא ידע שהוא לא יזכה להיות איתי עוד הרבה זמן. אולי הוא ידע שאני אצטרך משהו להתעסק איתו, משהו שייתן לי כוח. אברהאם עשה לי קריירה, הפך אותי למנהלת חדר כושר לנשים. וזה מה שעוזר לי לקום מהמיטה עכשיו.

בחודשיים הראשונים ההורים שלי ישנו איתי בבית. לא הצלחתי לדבר עם הילדים שלי כי לא היינו לבד. אפשר להגיד שלא הייתה לנו שיחה אחת משותפת בכל החודשיים האלו. אברהאם היה בין החללים הדרוזים הראשונים מהעדה במלחמה הזו. במשך ארבעה חודשים הגיעו לבית לנחם אותנו, כל יום מהבוקר עד הערב. בעדה שלנו אין דבר כזה להגיד לא לניחומים, אנחנו מקבלים את כולם. הגיעו לפה שרים, אנשי צבא ואנשים מכל חלקי העם.

אחרי חודשיים אמרתי להורים שלי, אתם אנשים מדהימים, אבל יש מסביב עוד משפחה שצריכה אתכם, ואני רוצה זמן עם הילדים שלי. אולי אתם תכעסו קצת, אבל בסוף תבינו אותי. אני מוכרחה לקום על הרגליים.

אבא קיבל את זה בסדר, אבל אמא כעסה שבוע־שבועיים. היא שאלה אם אני רוצה שהיא תישן איתי ואמרתי לה, לא, אני רוצה להיות עם הילדים שלי, לאסוף אותם ואני רוצה שאת גם תצאי ותתאבלי. את לא בוכה בפניי ואני לא בוכה בפנייך. אני רוצה לצעוק אבל לא יכולה כי את בבית ואת מרגישה אותו הדבר. אני תקועה, אמרתי לה, אני חייבת להתקדם.

כשההורים שלי יצאו מהבית התחיל תהליך האבל שלנו כמשפחה. התחלתי לעשות שיחות עם הילדים שלי, לדבר על אברהאם, להוציא את כל הכעס, וככה היה לי פתאום גם מקום להסתכל על הצד הנוסף שיוצא לי מכל הדבר הזה. אמרתי להם, תראו כמה אנשים ליוו אותנו, תראו את המשלחות לחו"ל שרוצים שתצאו אליהן. קחו מכל דבר גם את החיובי. אבל זה קשה.

בלילות אני סוגרת אחריי את הדלת ובוכה. אני לא רוצה להראות לילדים שלי שאני אישה חלשה, אני מראה להם את החוזק. אם אני לא אעשה ככה, המשפחה שלי לא תהיה מסוגלת לעשות כלום, יעני הם לא ימצאו בעצמם את הכוח.

ארבעה חודשים אחרי שאברהאים נהרג, עשיתי יום הולדת לאדם. הבאתי עוגה, הזמנתי את החברים שלו. אם אני אגיד לו "אבא לא איתנו ולכן לא חוגגים", מה הוא יעשה? הוא יאגור את הכאב עד שהוא יתפרק.

אני חווה עכשיו את ההורות כחצי, אבל בעצם כל החיים זה היה ככה. התמודדתי לבד עם הרבה קשיים ובמובן מסוים הלבד הקל עליי. ועדיין ידעתי שאברהאים נוכח איתי בכל החלטה. ואפילו בכל פעולה. הייתי אומרת לו בשיחת וידאו: אני שותה מים. הוא היה איתי אפילו בכוס מים. כל הזמן היינו מדברים. אני לא אשכח שבלידה הראשונה אברהאים לא הספיק להגיע. הרגעים האלו גם נתנו לי כוחות לעבור את הימים האלו עכשיו. אני יודעת להתמודד לבד.

אני מרגישה שכל השנים הארוכות של הצבא היו פספוס לזוגיות שלנו, אבל באותה מידה אני יודעת שאברהאים עשה כל מה שהיה יכול, על הצד הטוב ביותר, כדי שיהיה לנו כמה שיותר זמן ביחד. הזוגיות הייתה א׳־ב׳ של אברהאים, הדבר החשוב ביותר עבורו. כל שישי־שבת היינו ביחד. התנתקנו אפילו מהילדים לכמה שעות. כמה דיברנו בזמן הריצות שלנו. כמה חלמנו על מה שנעשה הלאה, ועכשיו הכול התפקשש לנו.

אף פעם לא הרגשתי שקשה לי מדי בזוגיות הזאת. בכלל לא. אני רק כועסת שעשיתי לו סרטון, לטקס הפרידה, שהיה אמור להיות יום אחרי שהוא נפל, ואמרתי לו שם, ואני יודעת שאני אומרת שטויות, אבל אמרתי לו שעכשיו אנחנו מחליפים תפקידים. אתה תהיה האבא והאמא ותגדל את הילדים ואני אהיה מה שאני. אני אתעסק בעצמי. ועכשיו החיים התהפכו לנו ב־180 מעלות.

אני עדיין לא מעכלת מה שקרה. אני רצה בלעדיו והוא חסר לי. עוד לא השלמתי עם זה שאברהאים לא איתי. כשאני מתקשה לרוץ עוד קילומטר אני מזכירה לעצמי שהוא איתי והוא ימשוך אותי. אני חייבת להמשיך הלאה. ואני הכי מתגעגעת אליו דווקא ברגעים השמחים. כשדניאל סיימה כיתה י"ב. בימי ההולדת של הילדים. בכל רגע משמח אני רואה את כל האנשים שאיתנו, כל אחת והבעל שלה, כל אחד והמשפחה שלו, ואני מסתכלת על עצמי ואני לבד. ואברהאים חסר לי. אלו הרגעים הכי קשים בשבילי. ביום־יום

אני מרגישה שהזמן מרפא, אבל ברגעים השמחים, בחגים, במסיבות ובחתונות אני מרגישה הכי קשה. הכי קשה.

אם אברהאים יבוא לי בחלום אני אגיד לו שאני מתגעגעת אליו. שאני רוצה אותו בבית. שכולנו. שהילדים גדלים ואנחנו ממשיכים את הדרך שלו. שאנחנו חזקים אבל הוא חסר. אני מרגישה את הצורך להגיד לו שאנחנו חזקים כי זה מה שהיה חשוב לו תמיד, לשמוע שאנחנו חזקים. הוא היה אומר לנו, "אתם חזקים ותהיו חזקים".

יש חיים ואני בחרתי בחיים, לא בחרתי להיות כאילו תקועה. בחרתי בחיים בשבילי, בשבילו, בשביל הילדים.

אני אוהבת לחלום עליו, אבל כשאני קמה אני בוכה. קרה לי משהו מוזר בחלומות איתו. תמיד כשחלמתי עליו, יומיים אחר כך קרה משהו לא טוב. פעמיים חלמתי שהוא מחבק ומנשק אותי ואז לוקח משהו אחר מכאן. מישהו אחר. יומיים אחרי הפעם הראשונה שחלמתי עליו עומאר יוסף נהרג במלחמה. הוא גר בכפר שלנו. חודש קודם, כשאמא שלו באה לנחם אותי, אמרתי לה, אל תיתני לעומאר להיות בתקשורת, הם יסמנו אותו! כן. הם סימנו אותו.

יש לי קשר עם סאוסן, האלמנה שלו. היא מאוד צעירה ואני לא יודעת למי מאיתנו יותר קשה. אני שואלת אותה, והיא אומרת: זה קשה מאוד. היא שואלת אותי איך אני מתמודדת, ואני עונה לה: קשה מאוד. אני חושבת שסאוסן זה כאב אחר, היא עדיין ילדה ואני בת ארבעים. זה אחרת. הבנות שלי כבר גדולות, יש לי משפחה, הבית שלי תוסס, יש משהו שממלא אותי. אבל בתוכי אני יודעת שזה לא מספיק, יש משהו שחסר. כל היום אני מרגישה בסדר, ורק בלילה אני מרגישה את הלבד הזה. ואני מוכנה לשאת את התחושה הזאת כל החיים. זה יהיה כל החיים. אני לא מאמינה שאני אזכה לעוד אהבה. לא יהיה כמו אברהאים. זה הגורל שלי בחיים. זהו, אברהאים זה אברהאים.

אני לא חושבת על אהבה חדשה. אני חושבת רק על הילדים שלי, לגדל אותם. אני חושבת שהם הספיקו לראות את הזוגיות שלנו. עשרים שנה היינו ביחד, אפילו יותר, אבל אני הרגשתי כאילו היינו מאה שנה ביחד. הייתה לנו זוגיות מושלמת, מושלמת, מושלמת באמת. אז אני אמשיך ואגדל את הילדים שלי על הערכים שאברהאים ואני גדלנו עליהם, על הזוגיות שהייתה בינינו. ואם הם ראו אותה, אז גם שלהם תהיה כזאת, לא?

אני אומרת למפקדים שלו ולחיילים שלו כל הזמן, תהיו כמו אבראהים שידע לשלב בין זוגיות לצבא. בכל אירוע משפחתי ובכל טקס שהיה בצבא אבראהים פתח במילים, "נדין, דניאל, דנה ויוסף", כל המשפחה, כל הזמן, תמיד בהתחלה. והוא היה כל הזמן בראש הפירמידה של המשפחה.

בעדה הדרוזית יש נשים גרושות, יש נשים שהתאלמנו ויש נשים שהתגרשו והתחתנו שוב. אין לנו חוק שאומר שאלמנות לא יכולות להתחתן שוב פעם, אבל אנשים מסתכלים על זה לפעמים בעין לא טובה. הדור הישן הם טיפוסים קצת אחרים, אבל הם מבינים שהעידן מתחלף, שהדור שלנו עושה מה שבא לו. אני חושבת שהיום אם אלמנה רוצה זוגיות שנייה, היא תעשה את הזוגיות שלה. זה לא פסול. אבל היא צריכה לקחת בחשבון שידברו עליה, בכל המגזר ידברו עליה. מצפים שהאישה תישאר לבד כפי שהיה פעם. אבל זה לא הדור.

אני לא מאחלת לעצמי זוגיות אחרת. אני רוצה לגדל את הילדים שלי. אני כן מאחלת לעצמי שאצליח בדבר הקטן שאבראהים עשה למעני – הסטודיו. שאגשים את מה שחלמתי עם אבראהים, ואעלה בקרב הנשים ובני הנוער את המודעות לספורט, כי כאן בכפר המודעות שלנו לא כל כך גדולה.

אני ממשיכה את הדרך שלנו ביחד ומגדילה את חדר הכושר ולומדת כל מה שקשור בתחום. אני עכשיו מגלה בעצמי עוד יותר כוח, כדי לגרום לנשים לעשות טוב לעצמן. הבריאות שלנו היא הדבר שהכי חשוב בחיים. אם היא לא טובה, אין חיים. אני רואה את הנשים בעדה שלנו, מי שבת חמישים בקושי זזה. אני אומרת לנשים, תלכו חצי שעה ביום, זאת לא רק בריאות גופנית, זאת גם בריאות נפשית. הספורט הוא הכוח הנפשי שלנו. אני לא מגלה לנשים כאן שאני לא כל כך אוהבת חדר כושר, אני הרבה יותר מעדיפה ריצה באוויר הפתוח, כמו שרצתי עם אבראהים. אני רצה מדי יום שמונה ק"מ. בקיץ ובחורף, אני רצה. נזכרת איך בקיץ היינו רצים באגם מונפורט כבר בארבע וחצי בבוקר ובחורף היה שם אפילו יפה יותר והיינו רצים גם בגשם, אפילו כשהיה גשום מאוד.

רצנו והידיים שלנו ביחד. יד ביד.

מה יותר יפה מזה?

פחדתי פחד מוות לגלות שיש לו עוד
משפחה. פתחתי את הטלפון שלו
באובססיביות מטורפת ורק רציתי
לראות שאין לו ילדים ממישהי אחרת.
שלא תבוא לכאן אישה שתגיד לי, היינו
ידועים בציבור, מגיע לי גם להשתתף
באבל הזה.

// עופרה ירד, שם בדוי

אצבעות שבורות

עופרה ירד

בת 40, אשתו של רס"ם עמוס ירד.

אמא לאורי (11), מעין (8), ורד (7), שיר (5) וגיל (2.5).

חרבות ברזל

אני אשתו של עמוס. זאת המילה. אני אשתו לא כי הוא לא מת, אלא כי בסיפור שלנו אני לעד אהיה אשתו. לא ויתרתי עליו, ואף על פי שבמובן מסוים הוא התעלל בי, הוא גם היה העוגן שלי.

אני לא אוהבת ששואלים אותי איך הוא נפל. הוא לא נפל. מי שנופל – קם. עמוס נהרג. מת. בסדר? הוא מת בתחילת המלחמה לאחר שגייס את עצמו בשבעה באוקטובר, אף על פי שהוא פוסט טראומטי כבר מתחילת שנות האלפיים ולא היה אמור להיות מגויס. במהלך חיינו המשותפים הייתי שותפה גם למסע וגם למשא של עמוס כפוסט טראומטי. הרבה פעמים החיים לצידו נראו ככה: "חלמתי בלילה שככה וככה". כלומר, הוא מקיא עליי את החלומות שלו ואני מקשיבה, ואז אסור לי לדבר על זה, אני לא יכולה לשאול שאלות. הוא הניח את הנטל והלך. ולפעמים הוא כן היה צריך שאשאל מה היה שם ואגלה סקרנות. תלוי מאוד ביום ובהרגשה. ועד היום אני לא יודעת מה היטיב איתו או איתנו יותר. לא תמיד הייתה מסקנה בסוף השיחה. לא הייתי המטפלת שלו, רק בת הזוג. זה ריקוד מסובך.

עמוס היה חובש קרבי באירוע בצפון לפני כעשרים שנה. תצפיתניות זיהו שיש חדירה של מחבלים והוא קפץ עם שני לוחמים מהחפ"ק לזירה. הוא הגיע עם המ"פ והסמ"פ. איך שהם ירדו מהג'יפ, צלף ירה על המ"פ והוא מת במקום. הסמ"פ זיהה את המחבל והסתער עליו עם רימון ללא נצרה והתאבד בחיבוק על המחבל. עמוס בתור חובש ציפה מעצמו להציל את הדבר הזה. אבל לא היה סיכוי. הלוחמים, שאהבו את עמוס, שראו את הנשמה שלו, שהעריכו וחיבקו אותו, מתו במקום וכשהנשמה שלהם עזבה את הגוף, חלק מהנשמה של עמוס עזב גם כן.

זאת הייתה הפעם הראשונה שעמוס חווה אירוע כזה בצבא, אבל האמת היא שהפוסט טראומה התחילה כבר כשהוא היה ילד. אפשר להגיד שהוא קיבל חבילת קלפים לא משהו. הוא עבר אירוע קשה בילדות ולא היה מטופל.

האירוע הזה השפיע על הילדות שלו ועל הבגרות שלו. היו לו כל מיני התנהגויות שגרמו לו ולחברה להסתכל עליו כעל ילד לא מוצלח, עצלן ועצבני והצבא היה המקום הראשון שבו לא נבהלו ממנו. אפילו עשו לו שם נעים לאגו. ראו אותו, העריכו אותו, פתאום הוא היה ראוי.

אני דמות טיפולית ואני יודעת לנתח את כל התהליך הזה, אבל בסוף הייתי אשתו של עמוס. ועמוס סבל מפוסט טראומה. וזה השפיע על החיים שלנו. מאוד.

כעבור כמה שנים אבא שלי, שאהב ואוהב את עמוס כמו בן, אמר לו שהוא פוסט טראומטי ושצריך לטפל בזה. עד אז לא דיברנו במונחים האלו ועמוס לא קישר את התופעות שעברו עליו לטראומה.

היום אני יודעת להגיד שהביטוי של הטראומה בחיי היום־יום שלנו היה בחוסר היכולת שלו להחזיק מקום עבודה, בהתפרצויות זעם, באלימות של עמוס – כלפי עצמו. למשל, כשהוא היה מתעצבן, הייתה לו תנועה כזאת, שהוא נשך את האגרוף שלו. הוא גם היה נותן אגרופים לקיר ויותר מפעם אחת בילינו במיון עם אצבעות שבורות. בלילות הוא היה צועק מתוך שינה, ואם הייתי נוגעת בו אפילו במגע קל, הוא היה קופץ מייד בבהלה. ותמיד היה איזה מתח בבית. מתח ברמה מאוד מאוד גבוהה. לא יכולתי לדעת מה יקפיץ אותו. וגם הוא לא ידע.

לאורך השנים למדנו.

בשנת 2017 הוא התחיל להיות מטופל ורק כעבור ארבע שנים הוא הוכר על ידי צה"ל כפוסט טראומטי.

הכרתי את עמוס בכיתת הלימוד. בסוף השירות הצבאי יש ללוחמים ולתומכי לחימה אפשרות לשפר בגרויות וככה נפגשנו בכיתה. הייתי הרבה יותר טובה ממנו בלימודים וזה עצבן אותו. ממש עצבן אותו.

בשבוע השני ללימודים כבר התחיל בינינו מתח. זה היה מגוחך, כי הוא היה בזוגיות עם מישהי אחרת, אבל בכיתה הוא משך לי בצמה ואני קשקשתי עליו בטושים. כמו ילדים. הוא גם היה נושך אותי והייתי חוזרת הביתה עם סימנים כחולים ומפגרים. היה בו קסם, משהו שובב ושובה לב. הניגוד הגמור אליי, האשכנזייה האריסטוקרטית שהשטויות האלו לא מדברות אליה. אני חשבתי כמה לא מצחיק מה שהוא עושה, ומצד שני הבנתי כמה מהמם וכיף זה להשתובב איתו. הוא היה מדבק. הצחוק שהוא צחק היה מדבק. היה לו חיוך קצת מתגרה וקצת נוסך ביטחון. והיו המבטים.

ברוב הפעמים הוא לא העז להישיר מבט, אבל כשהוא כן עשה את זה והסתכל לי בלבן של העין, יכולתי להרגיש איך הנשמה שלי ממש זזה מהמבט הזה. הרגשתי שאני מקבלת ממנו תחושת ביטחון מבלי שהוא אמר מילה. היה לי כל כך נעים להיות לידו. זה נמשך כשלושה חודשים ואז הוא השתחרר מהצבא וחודש אחריו גם אני. נשארנו חברים ואני טסתי לארה"ב לעבוד בעגלות של מוצרי ים המלח. במשך שנתיים שמרנו על קשר רופף ושלחנו מדי פעם מכתבים.

ברור שקשר זוגי היה על הפרק. אבל פחדתי לעשות את הצעד הזה. שנינו פחדנו.

בגלל שאני לא אזרחית אמריקאית הייתי צריכה להיכנס ולצאת מארה"ב כל חצי שנה, וכשהייתי מגיעה לארץ היינו נפגשים ומנהלים שיחות ארוכות, אם שווה לסכן את החברות בינינו בשביל הזוגיות, כי החברות הייתה אחלה ולא ידענו לאן הזוגיות תיקח אותנו.

באחת הפעמים שבהן חזרתי לארץ, עמוס בדיוק חגג יום הולדת 24, ובגלל שהייתי כל כך עשירה מהעגלות של ים המלח, סגרתי לנו סופשבוע בטורקיה. זה היה עוד בתקופה שטורקיה הייתה טובה אלינו.

בערב יום ההולדת שלו חגגנו עם חברים ובבוקר למוחרת הוא ליווה אותי לשדה התעופה וחשב שאני חוזרת לארה״ב. כשהוא בא להיפרד ממני הוצאתי את כרטיסי הטיסה ואת הדרכון שלו. עמוס היה בהלם. העיניים שלו פגשו את שלי, בלב נתב״ג, והאוויר החזיק את כל מה שיש בינינו. בצומת הזה הנחתי לפניו את האפשרות לקדם את הקשר שלנו. אבל הוא היה פחדן. לא קרה בינינו כלום בטיול הזה. כלום! במשך שנים אחר כך צחקנו על הטיול ההוא. הוא הצטדק ואמר, מה, לא אמרת לי כלום. לקחתי אותו לחו״ל. מה עוד צריך להגיד?

אחרי הטיול הזה חזרתי לארה״ב והמשכנו להיות בקשר חברי. הטיול לטורקיה ביאס אותי מצד אחד, כי עמוס לא לקח את הקשר בינינו צעד קדימה, ומצד שני זאת הייתה חוויה מהממת, כי הוא התנהג בצורה מכבדת של פעם, הוא לא חצה את הגבול בינינו כי הוא לא קיבל ממני רשות. היה משהו מדליק בכבוד הזה, בגבולות הברורים שלו.

ככה נפרדנו לשנה נוספת שאחריה התחלנו שוב בדיונים אין קץ כדי לבחון אם שווה או לא שווה שניכנס לקשר זוגי.

אלה היו כמובן שיחות שאני יזמתי, וכשחזרתי לארץ סופית כבר אי אפשר היה להימלט מהשאלה הזאת שעמדה בינינו. כל עוד התכתבנו ודיברנו בטלפון, הצלחנו לשמור על המתח והטיזינג, אבל כשכבר נפגשנו, היה ברור שצריך לקפוץ למים. ובעצם חיכיתי לו.

בארצות הברית לא היה לי זמן לחיי אהבה. חייתי בסוג של קומונה ועבדתי 7 ימים בשבוע, 857 אלף שעות ביום, שבסופו רק רציתי מקלחת ולישון. עד כדי כך הייתי בעומס שאפילו כשהיה לי קטע עם בחור שם, בהתחלה לא קלטתי שהוא גוי, וחשבתי שהוא יהודי.

לעמוס כל הזמן אמרתי שאני לא אישה של סטוצים. שמבחינתי זוגיות היא קודש הקודשים ומשפחתיות היא דבר נשגב ואחרי זמן מה החלטנו לקפוץ למים.

אני זוכרת שישנו אצל ההורים שלו לילה אחד, ולמוחרת נסענו לקמפינג עם הרבה חברים. אני לא זוכרת את השתלשלות האירועים המלאה, אבל הלכנו לישון אצלו בחדר והתנשקנו!

עד עכשיו יש לי צמרמורת כשאני נזכרת ברגע הזה שבו הפכנו מידידים לאוהבים. חיכיתי לה הרבה זמן והנשיקה הייתה נעימה כמו שקיוויתי. אני זוכרת את הניצחון הזה, לגלות שלא התאכזבתי. כשסיימנו להתנשק, עמוס

כמו תמיד אמר משהו מצחיק, נראה לי שעכשיו אפשר להגיד לכל הנוכחים בחדר שהחלטנו. אנחנו זוג.

יש לי עצב גדול על כך שלא תהיה לי אהבה כזאת יותר לעולם. אני עד עכשיו מרגישה את ההתרגשות הזאת שהתפוצצה בינינו.

הכרתי את עמוס כבר כפוסט טראומטי. אבל עוד לא קראו לזה בשם. היה נראה שהוא סוחב משהו מילדות, שלא לימדו אותו איך להתנהג. הוא היה טורק דלתות ומתעצבן חופשי. אני חושבת שבהתחלה עמוס עצמו שייך את ההתנהגויות האלו לבית שבו הוא גדל, כאילו הוא שאל את עצמו, איך יכול להיות שכל החברים שלי בסדר ואני לא? הרי גדלנו ביחד ואני גבר־גבר.

רק שבמקום להעמיק ולשאול, הוא פשוט האמין לסיפורים האלו שההורים שלו סיפרו לו על עצמו. שהוא בעייתי, שהוא לא ראוי ולא יכול ולא מסוגל. שהוא בעיקר לא. שזה לא העולם שמאתגר אותו, זה הוא שמאתגר את העולם. הוא האמין לזה והמשיך הלאה. עד שאבא שלי נתן לזה שם, לקח אותו יד ביד והוא התחיל טיפול.

אפשר לטעות ולחשוב שההחלמה מתחילה ברגע שמכירים בך כפוסט טראומטי, אבל יש מקרים שבהם קורה בדיוק ההיפך, ובעקבות האבחון, הטראומה מתחילה לגדול.

בכלל, תהליך ההכרה בך כפוסט טראומטי הוא ארוך מאוד ומביך מאוד. אתה צריך להוכיח שאתה פגוע ולא מתפקד. אומרים לך שאם אתה עובד, אתה בסדר. אבל האמת היא שכל שלושה חודשים מפטרים אותך כי אתה בהתפרצויות ובניתוקים בזמן העבודה. אפילו רעש של אופנוע יכול לגרום לך ניתוק ואתה כבר לא מתפקד. אני זוכרת שזימנו אותי פעם אחת לשיחה באגף לטראומה בתל השומר. אמרתי להם, תקשיבו, העברתם אותו ניתוח לב פתוח. חיטטתם, שאלתם שאלות ואז אמרתם, בסדר, הבנו. והלכתם כשאתם משאירים אותו ככה. פעור, פצוע, מובך, מבוהל ומבולבל.

אבל מה מצופה ממנו? מי מטפל בו עכשיו? מישהו יכול לקחת אחריות על הדבר הזה?

עמוס כל הזמן שאל, ובצדק, מה יוצא לי מזה. כלומר, מתי מגיעה ההקלה. איזו מוטיבציה יש לי להיפתח ולספר את מה שעברתי, אם רק יוצא מזה עוד זבל?

והוא צדק. הרי ברמה כזו או אחרת, הוא למד לחיות בתוך העור של עצמו, ופתאום מתחילים לטפל בו, פותחים את הפצעים, מציפים את הכאב, ונכון שזה מסיבות חיוביות, כי רוצים להבטיח לו הכרה, אבל מי מבטיח שבסוף תגיע גם הקלה?

הייתה לנו גם תחושה שאנשי המקצוע שבחנו אותו הניחו שהוא רוצה לדפוק את המדינה ולעשות עליה קופה. כאילו שאפשר לעשות קופה מהדבר הזה. לא צריך. תודה רבה. הוא רצה לעצור הכול ולחזור לחיים הקודמים, אבל זה לא שאתה יכול באמת לעצור משהו כשאתה כבר באמצע התהליך.

בסופו של דבר, עמוס קיבל הכרה שהביאה איתה אנחת רווחה, קודם כול אצלו, כי סוף סוף נתנו תוקף לתחושות שלו, והוא כבר לא הרגיש שהוא סיפר לעצמו סיפור. הנה, לדבר הזה שאתה חווה יש שם ומישהו חתם שזאת לא אשמתך. ההכרה לא משנה את החיים ברגע אחד, אבל היא פותחת פתח לנרטיב חדש שאפשר להתחיל לרקום ולעבוד איתו.

עמוס ואני שני אנשים שחיים ברמת ריגוש וגירוי מאוד גבוהה. אנחנו צריכים חיכוך משמעותי עם החיים, עם פיזיות ועם חוויות כדי שנרגיש שאנחנו חיים. ולכן, כשהיינו ביחד טרפנו את החיים והכול היה מגניב, אבל הזוגיות בינינו הפכה להיות מהר מאוד מעייפת.

בגלל הפוסט טראומה שלו, עמוס היה צריך להרגיש כל הזמן שאני אוהבת אותו ורוצה אותו ושהוא חשוב לי. אם להיות לרגע אשת מקצוע, אני אגיד שההיקשרות הראשונית שלו בחיים עם המבוגר שאמור להיות מבוגר מיטיב הייתה חוויה לא טובה. חוויה פוצעת. ולכן הוא היה צריך כל הזמן הוכחות שאני לא הולכת, לא נוטשת ולא כועסת, מבואסת או נפגעת. זה מאוד מעייף.

הוא היה מתקשר אליי באמצע יום עבודה שלו וכשראיתי את המספר שלו הגוף שלי נלחץ, כי ברירת המחדל שלי תמיד הייתה שקרה לו משהו. אם אני בעבודה, אני לא יכולה לדבר, אז אני עונה לו בשקט ושואלת, זה דחוף? ואז הוא יוצא עליי במאתיים קמ"ש. אני גם לא מבינה מה הוא רוצה, וגם באמת לא יכולה לדבר. מה עושים? הייתי מנתקת ומצפה שהוא יכתוב לי. והוא כתב. עשרות פעמים הוא כתב "אני צריך שתצאי". הייתה לו אפס

עקומת למידה, הוא לא הבין שהוא מתנהג בצורה לא מותאמת. להיפך, הוא היה ממשיך ואומר, הייתי צריך אותך ולא היית שם בשבילי. מישהו דרך עליי, עשו לי ככה וככה. אני צריך אותך כאן ועכשיו. זה פשוט היה גועש ממנו ואני מצידי אמרתי, אתה לא תינוק בן שנתיים, אתה לא ילד עם צרכים מיוחדים, תתמודד. והתשובה? אני צריך להרגיש שאת מקשיבה לי, שאת אוהבת אותי, שאני חשוב, ראוי. ואם את לא מספקת לי את הצורך הזה אני הולך לחפש אותו במקומות אחרים, כי את בת הזוג שלי, המטפלת שלי והעוגן שלי.

עמוס ניהל רומנים.

בהתחלה הוא היה משתמש במחלה כקופון, כמו כרטיס פטור מתור. אז מה אם ניהלתי רומן? אני פוסט טראומתי. אז מה אם צרחתי על הילדים? אני פוסט טראומתי.

הוא אף פעם לא גילה לי שהוא מנהל רומנים, תמיד גיליתי בעצמי. אני לא יודעת בוודאות כמה היו לו, גיליתי על שלושה ואני אשמור על צניעות כי אני לא יודעת כמה עוד היו.

עם השנים יכולות הבילוש שלי השתפרו. היום אני גם יכולה לתת לקהל הרחב טיפים בנושא. אני זאת שהגעתי אליו בכל פעם ושאלתי, מה זה עכשיו? שב ותספר. אני רוצה לשמוע את כל הפרטים החל משיחת הטלפון הראשונה. הכול. לא שחררתי.

לאורך השנים למדנו את ההתמכרות הזאת שלו, לריגוש. הבנו אותה, הבנו שהיא חלק מהפוסט טראומה. ואני אמרתי לו: שומע? תתמודד. הייתה לשנינו תקווה, ממש אמונה, שברגע שהצבא יכיר בפוסט טראומה שלו, אז זהו. תם הטקס. תודה, תרמנו. חוזרים לחיים נורמליים.

אבל לא חזרנו, כי אף פעם לא היו לנו חיים נורמליים. פשוט הבנו שאנחנו מתחילים חיים על מסלול אחר. עברו הרבה שנים עד שהבנו שפוסט טראומה היא מחלה לשארית החיים שלנו ושל הילדים שלנו.

הבעיה הייתה הפערים ההרסניים בין משאלת הלב שלו להיות איתי באמת בקודש הקודשים שהוא הבית שלנו, היכל התהילה שלנו, לבין חוסר היכולת שלו לקיים את זה במציאות. וזה ריסק אותו בכל פעם מחדש. הוא רצה לגונן עליי. במשך שנים משאלת הלב שלו הייתה שרק נצלח את המשבר הזה וזהו, נחזור לחיות חיים מאושרים ביחד. כשהיינו הולכים לישון בלילה,

אמרתי לו: אני יודעת עם מי אני הולכת לישון בלילה, אני מכירה את כל הפצעים שלך. תפסיק לנסות לשמור עליי.

מה הייתה הבקשה האחרונה שלו בעזה? באחת מהשיחות האחרונות שלו עם כל החברים אי שם בלחימה, הוא ביקש שאם הוא מת, הטלפון שלו לא יגיע אליי בחיים.

מה זאת הבקשה המעליבה הזאת? אני יודעת שהמוטיבציה שלו הייתה שלא אֶפָּגַע יותר ממה שנפגעתי, אבל יש לנו מספיק ניסיון חיים בזבל הזה ואם הוא ביקש שאני לא אראה את הטלפון שלו, היה ברור מה אני הולכת למצוא שם. ותודה ל־8200 שהביאו לי אותו.

פחדתי פחד מוות לגלות שיש לו עוד משפחה. פתחתי את הטלפון שלו באובססיביות מטורפת ורק רציתי לראות שאין לו ילדים ממישהי אחרת. שלא תבוא לכאן אישה שתגיד לי, היינו ידועים בציבור, מגיע לי גם להשתתף באבל הזה.

אני זוכרת ששאלתי חברות טובות איפה הגבול שלי, מה עוד יקרה בבית שלי ואני אכיל וזה יהיה בסדר. הן היו שואלות אותי מה אני מספרת לעצמי, מה המוטיבציה להתעללות הזאת שאני עושה לעצמי ואמרתי להן שאין אהבה כזאת. אין. וזה לא פוגש שום היגיון. אני יודעת.

ברור שרציתי לעזוב אותו לא פעם ולא פעמיים. השאלה עמדה באוויר. אבל כל השנים אמרתי, ובשלב מסוים עמוס האמין לי, שאלוהים הזיע על הזיווג הזה. הוא עבד כל כך קשה ובסוף זיווג אותנו, אז הייתה לי כל כך הרבה מוטיבציה ואמונה.

אמונה שהנה, רק נעבור את המשבר הזה, וסיימנו. והנה נולדו לנו ילדים ורק רציתי שעמוס יהיה שלי, שלי, שלי. רציתי שהוא יהיה רק שלי וראיתי איך הוא הופך להיות מבוגר אחראי ואיך הוא טוב עם הילדים. היו לא מעט רגעים שהסתכלתי על הילדים משחקים איתו וקינאתי בהם שיש להם אבא כזה. ובאותה המידה חשבתי: איזה מניאק שיש לו את המסוגלות להיות אבא טוב ויציב. אם אנחנו יכולים גם ליהנות ממך ולא רק להרגיש איזה תיק אתה, אפשר שגם בזוגיות תהיה ככה?

אבל בזוגיות שלנו, כשהיה טוב, היה סופר טוב. וכשהיה רע, היה רע לתפארת.

אני של תחילת הנישואין הייתה אומרת שאם הוא בוגד אז שלום ולא להתראות, אין בכלל מה לדבר. אבל כשזה קרה בפעם הראשונה הייתי בהיריון הראשון שחיכיתי לו מאוד, אחרי הפלה יזומה שעשינו כי חששנו להכניס ילד לאירוע הזה של הזוגיות שלנו. אני זוכרת שנסענו לבית החולים וחיכינו לגרידה ומשאלת הלב שלי הייתה שאולי הוא יגיד לי: בואי נלך הביתה. אנחנו נצליח. בואי נשאיר את ההיריון הזה. אבל הוא לא אמר. והמשכנו הלאה.

ידעתי שנצטרך למלא את דלי החוויות שלנו רגע לפני שנביא ילד לעולם, ולכן לקח לנו שנים להבשיל.

ואז היה הירח ועמוס התגייס לצוק איתן.

אף אחד לא ידע שאני בהיריון ואני הרגשתי בגוף את התחושה שאומרת, אני הולכת להיות אלמנה של המלחמה הזאת. הוא הולך למות ולהשאיר אותי בהיריון. אבל הוא לא מת. הוא עשה איתי עוד ארבעה ילדים. הוא רצה ילדים ואני רציתי לקיים בית. יש משהו בשולחן מלא ילדים שאת אומרת לעצמך, יש לי פה משהו! הכול שווה את התמונה הזאת.

לאורך הנישואין, כשגיליתי על בגידה רציתי למות. ורציתי שהוא ימות. אחרי שגיליתי את הרומן השני אמרתי לו, אני אדם של כנות רדיקלית, תגיד את האמת. ובא המניאק ושיקר לי. ככה! יש לי מנטרה שגם הילדים מכירים בהקשרים אחרים, לא משנה מה האמת, אני רוצה את האמת. ואמרתי לו, עם האמת אתה יכול להתמודד, אנחנו יכולים להתמודד. אבל הוא הכחיש והפך אותי למשוגעת ולא לקח אחריות.

ידעתי שאני הולכת לישון בלילה עם אדם חולה. כל מה שהייתי צריכה זה סוף אחר לסיפור שלנו. החזקתי את התקווה כל הזמן. והייתה לי סיבה טובה, כי כשהיינו זוג ומשפחה ברגעים טובים, בשעות, בחודשים, הייתה תחושה של, הנה, הנה, אני לא משוגעת, באמת טוב לנו ביחד, זה באמת קורה. וזה נעים מאוד!

שאלתי את עצמי איך עושים שיהיה יותר נעים מאשר פחות נעים. עד היום אני לא יודעת וכנראה לעולם לא אדע. אני לא אדע עם עמוס.

כעסתי שהוא פתח את הזוגיות שלנו מאחורי גבי, דבר שאני לא הייתי מוכנה לעשות. כעסתי ונעלבתי ובאותה המידה הרגשתי שאין אהבה כזאת כמו שלנו. שאין אהבה כזאת בבטן שלי ובנפש שלי ואין אדם בעולם שיוכל

להתמודד עם השריטות שלי כמו עמוס, ויניח לי יד על הכתף בסוף יום ויגיד שיהיה בסדר ואני אאמין לו. רק עמוס. והאמנתי לו על בסיס המבט שלו בעיניים שלי, בכיתת הלימוד, בסוף השירות הצבאי.

אני ממשיכה ללכת למטפלת הזוגית שלנו גם אחרי שהוא מת. היא עוזרת לי לשמור על הטיפול ולהכניס את עמוס לסיפור שאני ממשיכה לעבור היום, כשהוא מת, והיא מזכירה לי מי הייתי ומה לא הייתי. וגם את כל המובן מאליו שהייתי.

היא אומרת שהיא מחכה לפרק הבא שלי, לא הזוגי בהכרח, אלא לפרק הבא שנקרא עופרה. לא עופרה הרעיה, לא עופרה האמא. אלא עופרה בלי תפקידים.

בשכל, אני מבינה את מה שהיא אומרת, אבל ברגש אני מבינה שלשארית חיי אני אהיה אשתו של ואמא של הילדים שיהיו בריאים.

אבל אני גם מנסה ללמוד את השיעור שלי, איפה אני מתחילה ואיפה אני נגמרת. איפה אני עושה למעני ויוצאת להליכה או לים. ולמה אני עדיין לא שם, כי עובדה שאני מרגישה חיה רק כשאני חיה למען מישהו אחר.

אני מאוד משימתית וטוטאלית, כל מי שתחת ידי מטופל היטב, אז איך לא פיצחתי את הזוגיות שלנו? אני יודעת שעמוס היה שם שחקן חשוב ובוחר, אבל מה היה החלק שלי שם?

אני יודעת שהחלק שלי לא היה קשור באשמה, הוא היה קשור בבחירה. בחרתי להמשיך להאמין כל החיים הזוגיים שלנו שאני אצליח לתקן אותו בשם האהבה, בשם המשפחה, בשם קודש הקודשים.

אמרתי לו: עם חברים ובעבודה תהיה מי שאתה רוצה להיות. אבל בקודש הקודשים הזה, בזוגיות שלנו, בבית המקדש שהוא הבית שלנו והמשפחה שלנו, תהיה בן אדם.

כשפתחתי את הטלפון של עמוס אחרי שהוא מת וראיתי התכתבויות שלו עם כל מיני נשים, חשבתי לעצמי, איזה חד לשון הוא. איך הסתומות האלו קוראות את ההודעות שלו ומאמינות לו. לפעמים הוא היה אומר לי מילים של דון קישוט והייתי אומרת לו, תתקדם נשמה. לא עובד עליי הדבר הזה. הוא מצידו אמר, טוב, אבל אני חייב לנסות.

ואני קוראת את ההודעות שהוא כתב להן ואני כועסת ופגועה ומקללת אותו וחושבת כמה זה עלוב. הרי אם לא היית מת, הבחורה ההיא באמת הייתה חושבת שהיית עוזב אישה עם ילדים בשבילה? והתשובה היא כן. היא הייתה חושבת ככה כי עמוס היה יכול להעביר לך את התחושה שאת כל העולם ואת הכי חשובה עכשיו. זה מקסים. אבל כשאת למודת ניסיון, את לא נשבית בקסמיו. את אומרת, זה לא מחזיק מים נשמה ואין לך איך לפרוע את הצ'ק הזה, אז בוא תעזוב את המילים הגבוהות ותרד למעשים.

לכן גם ביקשתי ממנו שנעשה הסכם חדש לזוגיות. כי החיים לימדו אותנו שההסכם הראשוני שלנו לא עובד, ומכיוון שאתה לא הולך וגם אני לא הולכת לשום מקום, בוא ננסה לראות מה יעבוד לנו.

היה משהו בביחד שלנו שהרגשתי שהוא נשגב יותר מהכול. ואני לא דתייה ואין לי עניינים עם אלוהים, בטח לא אחרי שעמוס מת. לעמוס הייתה נשמה מאוד גבוהה, ואם הוא לא היה מת מות קדושים, הוא היה מגיע לגיהינום. אלוהים הציל את הנשמה שלו כי אני לא יודעת מה היה יוצא ממנו בחיים האלה. אז אלוהים קצת הציל אותו מעצמו. ואני נשארתי עם הזבל. עם הכביסות, הניקיון והילדים. וסבבה לי להישאר עם הילדים, אבל מי יטפל בכולנו?

לעמוס ולי היו הרבה רגעים טובים ואני לא צריכה להתאמץ בשביל לזכור אותם. יש משהו מנחם בעובדה שזה לא מצריך מאמץ.

עמוס היה רומנטיקן חסר תקנה והייתה לו יכולת מדהימה לראות את טובתי ולדאוג לה. הוא היה לא פחות מפנומנלי בקטע הזה. אני יודעת שזה פרדוקסלי, אבל גם סיפור החיים שלו פרדוקסלי.

כחלק מהטיפול שלו בפוסט טראומה הוא התאמן לטריאתלון. הוא עשה מלא ספורט, רץ, שחה, רכב על אופניים והיה מאוד מעצבן בשלמות שבה הוא עשה דברים. גם את הכריכים של הילדים למשל הוא היה מכין מלחמי מחמצת שהוא טיפח. והוא היה מכין לי את הקפה בבוקר עוד לפני שפתחתי את הפה לדבר. הוא היה אדם של מחוות ושל מעשים. הוא היה שף וקונדיטור בלתי נסבל. היה מכין לי שטרויזל עם בצק פריך ופירורים ומילוי של שמנת חמוצה ופטל ותות שדה פרוס מלמעלה. טעים של החיים.

הוא היה מכין בצק שמרים ושם אותו במקרר להתפחת לילה ומוציא אותו בשלוש לפנות בוקר כשהוא קם לעשות את האימון המפגר שלו ואני הייתי קמה בבוקר לריח של עוגת שמרים שוקולד חלווה טרייה. וצעקתי לו, תודה, אבל לא שכחתי מה שעשית לי אתמול!

היה בו משהו מבלבל. עמוס של הבחוץ היה שונה מעמוס של הבית. הוא היה המורה הגדול ביותר שלי, בחייו ובמותו. המורה הכי גדול, משמעותי, בלתי נסבל, מעצבן, זבל. כמות השיעורים המזוויעים שעברתי איתו גם אחרי מותו, היא לא תיאמן.

בשלב כלשהו, המטפלת הזוגית שלנו הציעה שנפצל בתים, מתוך ההבנה שאנחנו זוג ואנחנו צריכים לפרק רגע את הסימביוזה בקשר שלנו לפני שאנחנו מפוצצים את המשחק.

דיברנו על מה אנחנו עושים בשלב הזה של פירוק הבתים ומה לא. כל האירוע היה מאוד מוחזק ולמשך פחות משנה עמוס עבר לגור ביחידת דיור בעיר אחרת.

יום אחד, במהלך התקופה הזו, שבה גרנו בנפרד אבל המשכנו את הטיפול הזוגי, נכנסתי לפייסבוק וראיתי שהוא יצא עם זוג חברות שלו מהיסודי. אחת מהחברות תייגה אותו ואני בכלל לא ידעתי שיש לו פייסבוק ואינסטגרם. וזה נורא. הזמינות, הקצב, האפשרויות, השוק הפרוץ הזה. אי אפשר לספור כמה אנשים התחילו איתי שם מאז שהוא מת. אז אני רואה את התמונה שלו איתן ויוצאת לי אש מהאוזניים. אתה לא יכול לבוא איתי לטיפול זוגי ולהגיד לי כמה קשה לך וכמה אתה עצוב ואיך אתה רוצה בכל לילה לדפוק בדלת שלי ולהגיד, די, בואי נחזור מחר לגור ביחד, כשאתה מבלה עם חברות שלך מהיסודי!

העליתי את זה כשהיינו בטיפול הזוגי ומה הוא אמר? הוא שאל אותי, את מכירה אותי ואת מאמינה לזה, לחיוך הזה? אולי הייתי כל כך שבור שהייתי חייב לצאת מהבית אחרת הייתי מתאבד? את היחידה בעולם שמכירה את הסיפור שלי, מכל הכיוונים. למה זה מערער אותך? אמרתי לו שאני מתערערת כי הוא שקרן וחולה ובוגדני ומכור. רציתי להאמין לו אבל הגוף שלי לא הצליח.

כשעמוס דאג לי, הוא עשה את זה ממש טוב. וכשהוא אהב אותי, בעצם, הוא כל הזמן אהב אותי. לא היה לי ספק שהוא אוהב אותי משורש נשמתו.

אבל זה היה מעייף. כאילו, תמלא לי את מכל הדלק רגע, כי אני בניגוד אליך לא הולכת למלא אותו במקום אחר. כשהייתי כועסת הייתי אומרת לו, לך תמות. והנה, הוא הלך. לקח אותי יותר מדי ברצינות.

בשישה באוקטובר חזרנו מבילוי משפחתי ארוך ולמוחרת עמוס נכנס לטקס השירותים הקבוע שלו ויצא מוקדם מדי. הוא רץ אליי והראה לי סרטון של שופל פורץ את הגדר בגבול עזה. אני עוד לא הבנתי מה הולך, אבל עמוס כבר פתח חמ"ל בבית. ואז הוא ביקש את ברכתי לנסוע לעזה. אמרתי לו, תשכח מזה נשמה. זה לא יקרה. אבל עמוס כבר החליט שהוא נוסע וביקשתי ממנו שרק יאכל איתנו צוהריים לפני שהוא יוצא. הוא הוריד את התיק, חיבק אותנו והבטיח שתוך שלושה־ארבעה ימים הוא חוזר. הוא רק הולך לדאוג שלכל החברים שלו יש מה שצריך, מזרונים, אוכל טוב, ושלכולם יש את הנשקים שלהם. אני חושבת שבנקודה הזאת כולנו, כולל הוא, האמנו לזה. חשבנו שזה קצת צוק איתן, יוצאים לאיזה מבצע.

בגלל שעמוס היה מגויס, עברתי לגור אצל אחותי. הקצינים באו לבית שלי להודיע לי. אבל לא הייתי שם. הם הגיעו לאחותי בשתיים לפנות בוקר. היא העירה אותי וקמתי מייד כי חשבתי שהיא צריכה עזרה. לא מעירים אדם סתם באמצע הלילה. היא קראה לי לסלון והלכתי אחריה, בטוחה שהיא עומדת לספר לי שמישהו מהמשפחה מת.

ובסלון עמדו קציני המודיעין.

קרסתי על הרצפה וצרחתי.

אני, שלא צורחת בלידות, הערתי את כל הבית. ואז הם שאלו אותי אם אני רוצה קצירת זרע. ככה. ואני חושבת לעצמי, אם עמוס היה חוזר מעזה, היו עכשיו עוד ילדים בבית, לא כי אנחנו יכולים להרשות לעצמנו מבחינה כלכלית, אלא כי אני מאמינה שאחים הם המתנה הכי טובה שאני יכולה לתת לילדים שלי. שייכות וחבורה בעולם זה משהו שאין לו מחיר. זה ביטחון, זה קרקע, זה עוגן, זה סיפור. עצרתי לרגע לחשוב ואז אחיות שלי הסתכלו עליי בתדהמה. אמרתי לחיילים, לא. לא, לא, לא. זה קצת חולני, לא? אם אני קוצרת זרע ובוחרת אחר כך לא להשתמש בו, אז מה אני עושה איתו, זורקת? ואם אני מביאה לעולם ילד שיגדל בלי אבא, בלי לשפוט אף אחת

שבוחרת בזה, זה יכול להיות קצת אגואיסטי. אני שמחה שעצרתי לחשוב על זה ושמחה גם שאמרתי לא.

כשעמוס נכנס לעזה התקשרתי למטפלת הרגשית שלו מטעם משרד הביטחון. הוא היה מטופל כמה פעמים בבריאות הנפש ברמב"ם, אז ברור שהרמתי אליה טלפון. שאלתי אותה באיזה קטע הוא במילואים. הרי משרד הביטחון חתם עליו שהוא לא כשיר. אסור לו להיות באזור מלחמה ואסור לו להחזיק נשק. אני מבינה שהוא השתעשע עם הרעיון והיה נעים ומגניב לאגו, אבל הגיע הזמן לחזור הביתה. והיא אמרה לי שזאת החלטה של צה"ל והיא לא אחראית על הסיפור. ואני לתומי חשבתי שמשרד הביטחון זה צה"ל. אבל לא, אלו שני גופים נפרדים. אמרתי למטפלת שלו שסליחה, אבל היא נשמעת לי קצת סתומה ושתעזור לי להוציא אותו משם. אבל היא אמרה שזה לא שייך אליה.

כשהיא הגיעה לשבעה שלו, ניסיתי לדלות ממנה מידע עליו, אבל היא התעקשה שהיא מנועה מלספר כי יש לה חיסיון. לא הבנתי. ממי? ממנו? הוא מת. וכמה רציתי לשמוע מה הוא עבר איתה ומה עבר עליו ומה לא הבנתי או לא שמעתי או לא ידעתי.

אחרי השבעה הצלחתי להביא אותה לפגישת זום איתי ועם המטפלת הזוגית שלנו. היא ברברה הרבה שהיא לא יכולה לספר שום דבר ואז המטפלת שלנו אמרה לה, היא רק רוצה לדעת שהוא אהב אותה. את זה את יכולה לתת לה? והיא אמרה, בטח. לא רק שהוא אהב אותה, היא הייתה המגדלור. המקום הבטוח שלו. הוא תמיד רצה להצליח בקשר שלהם ואת זה אני יכולה להגיד לך. ואז ידעתי, שלא סיפרתי לעצמי סתם סיפור. שאני לא משוגעת.

והיו הרגעים האלו, שכעסתי ושנאתי אותו אבל גם אהבתי. בהתקף זעם למשל. תמיד יכולתי לראות את זה מתחיל. הלסתות שלו ננעלו כמו אמסטף, ועמוס הוא חתיכי כזה, אז הלסתות שלו בולטות. ואז מתחילות תנועות הידיים והוא מתחיל להזיע, אבל מנסה לווסת את עצמו תוך כדי תנועה. ולי מתחיל להיות חם באוזניים כי אני מבינה שאנחנו לקראת משהו ואני לא יודעת מה בדיוק, ובתוך האירוע המתגלגל של התקף הזעם שלו, אני מסתכלת עליו ומתמלא לי הלב באהבה.

איך זה הגיוני? כי אני באמת אוהבת אותו ורואה איך הוא מביט לי בעיניים והוא לא מחפש שאני אהיה המטפלת שלו או אמא שלו. הוא מסתכל עליי בחרדת קודש, כאילו אומר, אל תיבהלי ממני ואל תלכי. ולא כי היו לו חרדות נטישה, אלא כי הוא פחד שאני איבהל ממנו כמו שהוא היה רגיל שנבהלו ממנו בילדות. הוא פחד שאני אאמין לדמות המפחידה שלו. אבל אני ידעתי שאין שום סיכוי בעולם שעמוס יפגע בי, למרות שהוא בהחלט היה מסוגל. כשזו הייתי אני, הוא התאפק והוציא את הזעם שלו על האדם הבא שהתקשר או שהוא פגש, או על הקיר. לימים הוא למד לצאת לריצה ולפרוק שם.

במשך הרבה שנים הפוסט טראומה הגדירה את עמוס וזה שירת אותו. ועם זאת, באומץ רב הוא היה מוכן לבחון את האופציה של לחיות לצידה. בשנתיים האחרונות, כשהוא היה מטופל בבית חולים לבריאות הנפש, הילדים ידעו לשאול, אבא, היה היום טיפול קשה?

היינו חייבים לדבר על זה איתם, כי גם הם היו כתובת לזעם שלו. למשל, בשגרה, אחר הצוהריים, כשהם היו משחקים וצועקים, עמוס התחיל עם רעידות ברגל, כי אצל עמוס בהארד דיסק הצבאי, ילד שצועק מסכן אותך ועלול לחשוף אותך ולכן צריך להשתיק אותו מייד. ולכן כשהם שאלו, עמוס למד להגיד להם שכן, היום היה לו יום עם טיפול קשה, ולכן הוא לא יכול להיות איתם אחר הצוהריים. אז במצבים כאלה, הוא בישל בתוך הבית ואנחנו שיחקנו בחוץ.

כשאני חושבת על זה, מבחינתי, עמוס היה סיבה לתקווה. כי הזוגיות שלנו הייתה מלאה בכמעטים. כמעט והצלחנו. כמעט וסיימנו. כמעט ועברנו. מצד שני, זאת לא לגמרי האמת, כי בסוף, עמוס היה אדם חולה, פוסט טראומטי ומכור לסיפוק מיידי.

כשאני שואלת את עצמי איך מישהי יציבה כמוני מצאה עוגן באדם כזה שבור, אני חוזרת למבטים שלו.

היינו יכולים להיות בקמפינג עם חברים והוא תפקד ותפעל מה שצריך וכשלרגע נפגשו המבטים שלנו, הייתה שם חצי תנועת ראש, וכמעט מצמוץ ומייד היינו שוב בבועה שלנו. וזה כל מה שאני צריכה. את האישור הזה שהוא שלי והוא איתי.

לעמוס היה בכתף שקע כזה של אנשים רזים ומעצבנים. הכוך, ככה קראנו לזה. ובכל פעם אחרי שהוא היה בוגד בי, ונשכבתי לידו, שאלתי,

היא הייתה בכוך? והוא היה אומר, לא. זה רק שלך. יש דברים שאי אפשר לגעת בהם.

עמוס היה רואה אותי ואוסף אותי לכוך שלו שבו הייתי יכולה להניח את הראש לרגע. אני לא מניחה את הראש אף פעם, אני אדם תפקודי, אבל הוא היה היחידי שהצליח לתפוס אותי ולהכניס אותי לשקט הזה. הוא לא היה גבוה ממני בהרבה, נגיד חצי ראש מעליי, והוא היה מסתכל עליי מלמעלה ואומר לי, אנחנו בסדר. וזה כל מה שאני צריכה.

גם לי יש פצעי ילדות. גם אני לא הרגשתי שמצמיחים אותי, למרות שההורים שלי עשו הכי טוב שהם יכלו. ומהכי טוב שלהם הצמחתי עלים וענפים והעמקתי שורשים, אבל בסוף גם אני צריכה מישהו שיגיד לי שאני ראויה ושיאהב אותי באמת ושירצה בי, ועמוס היה כזה. והייתי מוכנה לשלם מחירים. שילמתי מחירים לא הגיוניים כדי שיהיה לי את הכוך הבטוח הזה להניח בו את הראש.

כשהוא היה בעוטף עזה הילדים דיברו איתו על בסיס יומיומי, אבל כשהוא נכנס לעזה, הבן שלנו היה שואל אותי לסירוגין, יום כן, יום לא, אמא, נכון שאבא מת ואת לא מספרת לנו ולכן הוא לא מתקשר? ואמרתי לו שעד היום לא שיקרתי להם ושאני לא אתחיל עכשיו.

הייתי צריכה לשאת את כל השאלות האלו והמתח הזה, והילדים שלא נמצאים במסגרות חינוכיות. וכשעמוס היה מתקשר מעזה, והיה צריך שאעוף עליו ואוהב אותו ואגיד לו שהוא כזה גיבור, אמרתי, לא נשמה. עד כאן.

כעסתי עליו ואמרתי לו שהוא חתיכת אגואיסט שהוא מציל את העולם כשהמשפחה שלו קורסת. אתה גיבור, תם הטקס. אני צריכה שתחזור לפה. והוא פשוט אמר, הלוואי שתביני שזאת הדרך שבה אני שומר עליכם. בלבולי שכל. אבל האמת היא שהדבר האחרון שאני רוצה בבית כשיש מלחמה זה את עמוס. אם הוא היה איתנו, הוא כל היום היה בטלפונים או בחדשות, בודק איפה חברים שלו. לא רוצה, לא צריך, תודה.

כן הייתי צריכה אותו ברמת קבלת ההחלטות. איך מתנהלים, מה עושים עם הילדים. הוא הספיק לחזור הביתה פעמיים בזמן המלחמה. בפעם האחרונה שהוא בא לבקר אותנו, כמה ימים לפני שהוא נהרג, לא יכולתי אפילו

להסתכל עליו והוא לא הבין למה וזה שרט אותי, שהוא לא מבין למה. לא הסתכלתי עליו, לא חיבקתי אותו ולא נישקתי אותו. ואמרתי לו שילך כבר.

לא אמרתי לו שאני אוהבת אותו כי אני ניהלתי מלחמה בבית שלנו, לעזאזל! המגע האחרון שהוא חווה בחייו מאישה לא היה ממני. וזה שורט אותי.

לשמחתי, כי אנחנו חייבות לראות אור בכל דבר שקורה, אני הייתי האחרונה שנפרדה ממנו בארון הקבורה. בסוף הסיפור, אני האחרונה שהייתה איתו. האחרונה שליטפה אותו. לנשק כבר לא הצלחתי. היה לו ריח של פורמלין וזה היה נורא. והוא היה חתיך יותר מאשר בחתונה שלנו. הוא היה מואר, העור שלו היה מתוח והזקן שלו היה מסודר ובסוף אני הייתי האחרונה.

אני מעזה לשבור משהו באידיאליזציה של אחרי המוות, לא רק מולי אלא גם מול הילדים. אני אומרת להם, אבא שלכם לא היה מושלם. נכון שהוא גיבור והכול, אבל הוא לא היה חסר פגמים, וכשאתן בנות שלי תצאו לעולם, אל תחפשו אדם כמו אבא שלכן כי הוא לא היה מושלם. הוא היה מעצבן והיה מלכלך את המטבח וזה היה בלתי נסבל להתמודד עם כמויות הכוסברה והפטרוזיליה שנדבקו לכל מקום במטבח ורוטב העגבניות של הממולאים שהשפריץ על הקיר. הוא לא ידע לעשות כביסה ולמרות זאת התעקש לעשות לי כביסות והגדיל ראש במקומות לא רלוונטיים. הוא לא היה מושלם ואני מוכנה להגיד את זה אחרי מותו. הוא היה מסובך ומורכב. הוא היה בן אדם, לא גיבור מלחמה.

מתי צריך גיבור? כשמשהו לא עובד. כשהכול בסדר ומנוהל היטב, לא צריך גיבורים. צריך אנשים. גיבורים צריכים כשדברים קורסים ורק כוח־על יציל את המצב.

עמוס לא היה גיבור. הוא היה בן אדם שמאוד אהבתי והדליק אותי ונמשכתי אליו, והוא גם היה אדם שפגע בי והכאיב לי והיה אגואיסט וזה השיעור הכי גדול להחזיק – גם וגם. ועכשיו שהוא מת יש לי את הפריבילגיה להשלים את הסיפור שלנו כמו שאני רוצה.

אנשים היו אומרים לי, את בטח משמרת את הזוגיות שלכם, את הרומנטיקה, את התשוקה. בטח, ברור! שכחתם שכשהוא חוזר הביתה הוא רק רוצה לישון עשר שעות.

// מיכל קסטן קידר

ואז דולב הלך ואיתו הלך לא רק ההווה, אלא גם העתיד ואפילו העבר

מיכל קסטן קידר

בת 48, אלמנתו של סא"ל דולב קידר.
אמא למאיה (19), אורי (17) וגיא (13).

מבצע צוק איתן

המוות של דולב היה טראומטי בשבילי, טראומה שאומרים שמשנה את מבנה המוח. המבנה שלי השתנה, המבנה של הילדים, המבנה של המשפחה. אני נותנת לילדים הכול ואני משתדלת לחשוב עליהם כעל ילדים רגילים, אבל זה לא נכון. הם כל יום מתעוררים ואין להם אבא ואני פשוט מתכחשת.

אבל יש לי גם משהו אופטימי להגיד. את יום הנישואים השביעי לספירה שאחרי ההתאלמנות, שכחתי, פשוט שכחתי. שלושה ימים אחרי חשבתי לעצמי, וואו, לא כתבתי פוסט עצוב עם תמונה שלנו! בסוף, ממש שמחתי לגלות ששכחתי, כי אחד הימים הקשים הוא יום הנישואים ואני שכחתי ממנו. אני זוכרת איך הרב שחיתן אותנו אמר אחרי הקידושין והטבעת: "בית ישראלי חדש נוצר" או משפט דומה ומדהים כזה. אז אם יום הנישואים זה כל מה שהיה יכול להיות לי ושכחתי אותו, מבחינתי זה סימן מאוד מגניב, לא תמיד יום הנישואים יישאר כזה כואב.

דולב ואני הכרנו בשידוך. היינו ילדים בני 21 או 22. אני למדתי משפטים ואחת החברות שלי אמרה שיש לה חבר טוב מהלימודים ונראה לה שזה יסתדר בינינו. היא סיפרה לו איזה שקר כלשהו ונתנה לו את מספר הטלפון שלי. התחלנו בשיחות טלפון. שלושה שבועות עברו עד שהוא יצא הביתה ובינתיים התאהבתי בו דרך הקו ורק קיוויתי שהוא נראה טוב.

בפעם הראשונה נפגשנו במאי 1998, על ספסל ליד סופר אגרון בירושלים. הוא היה חמוד, ממש ממש חמוד, והוא היה מצחיק. אני לא זוכרת מה קרה אחרי זה, הכול התרחש לפני כל כך הרבה שנים. פשוט הפכנו להיות זוג.

בהתחלה הוא די ניסה להדוף אותי, קצת התעלקתי עליו ולא היה לו כוח אליי. אני מגזימה, אבל באמת, כשהוא היה חוזר בסופשבוע מהצבא אחרי שלא היה בבית במשך שלושה או ארבעה שבועות, הוא רצה להיות עם המשפחה שלו ועם החברים שלו ולישון במיטה שלו, בעיקר לישון. הייתי מגיעה אליו בחמישי בערב או בשישי בבוקר, בלי רכב, כי לא היה לי אז רכב, לכן היה ברור שאני נשארת אצלו עד מוצאי השבת. אבל לפעמים הוא פשוט היה מודיע לי באמצע השבת שהוא מצא לי טרמפ חזרה הביתה. לא נעלבתי, הוא היה החבר הראשון שלי, אז לא תמיד ידעתי למה לצפות.

באותה תקופה למדתי משפטים בירושלים ובשנה שאחריה עברתי לתל אביב ולמדתי שם קולנוע. באותו זמן דולב שירת בקבע וגר אצל ההורים שלו בכפר סבא והיה מגיע לישון אצלי. בשלב מסוים קניתי מכונת כביסה ומייבש כי עִצבן אותי שעד שסוף סוף היינו ביחד ויכולנו לנסוע לאן שאנחנו רוצים, היינו צריכים גם להגיע להורים שלו, פעמיים. פעם אחת כדי להביא את הכביסה ופעם שנייה כדי לאסוף אותה מהמייבש. מאז אומנם הגענו אליהם בכל שבת, אבל לא היינו צריכים לשבת שלוש שעות ולחכות עד שהמכונות יסיימו.

היינו ביחד שש שנים עד שהתחתנו.

והיינו נשואים עשר שנים ואחד עשר חודשים.

אחד עשר חודשים פחות יומיים. דולב נפל ב־21 ביולי, 2014.

כשהתחילה הכניסה הקרקעית לעזה היינו בשבת אצל ההורים שלי שגרים בדרום. היה ירי ארטילרי של הכוחות שלנו על עזה ושמעו אותו כל כך חזק שלא ישנתי כל הלילה. חשבתי על נשים פלסטיניות מסכנות שמנסות לשמור על התינוקות שלהן. אני זוכרת שהייתי קצת בפייסבוק אז בקבוצה של נשות צבא. מישהי כתבה "אחת מאיתנו איבדה את בעלה, איזה נורא זה. הכול הפך למאוד קרוב".

כשהכרנו, דולב שירת בפלח"ן גבעתי, אחר כך הוא הפך להיות סמ"פ ואז היה צריך לקבל החלטה אם להישאר בקבע. היינו אז שנתיים ביחד, הוא התלבט הרבה אם להמשיך בצבא במסלול שווה שכולל לימודים ושכר דירה ורכב. הוא שאל אותי מה אני חושבת שצריך לעשות, ושאלתי אותו בחזרה מה ההורים שלו אומרים. מבחינתי אני לא הייתי צריכה להחליט שום דבר, ועל כל הדברים בחיים שלי הייתי מתייעצת עם אמא ואבא שלי.

אחרי שדולב היה בתפקיד מ"פ פלח"ן גבעתי הוא התחיל ללמוד משפטים במרכז הבינתחומי ועברנו לגור ביחד בדירה בהרצליה. עשינו את ההובלה ולמוחרת טסנו להודו לחודש.

אלו היו שלוש וחצי שנים מתוקות שבהן הוא היה בבית, רק בבית, ואני אפילו לא זוכרת מה עשינו עם כל הטוב הזה. זה כמו לנסות להיזכר מה עשית עד שהיו לך ילדים, תקופה שנמחקה. בשבת אחת הוא ניסה לישון שנ"ץ ולא הצליח. הוא אמר לי, נראה לי שמילאתי את המחסן של השינה. אני לא מצליח להירדם! בשנים האלו הוא סיים את התואר הראשון והשני בהצטיינות.

התחתנו כשהיינו בני 27 וכעבור שנה וחצי נולדה הבכורה שלנו, בתקופה שהוא היה יותר בבית. ואז הוא חזר לצבא. מאוד דאגתי. לא ממה שיקרה, אלא על עצמי. לא רציתי להיות לבד. היה לנו כל כך כיף ביחד, עברנו דירה לשכונה הצבאית במודיעין, גרנו בבית חדש ולא הכרתי אף אחד מהשכנים. לא היה לי אפילו את מי לשאול לאיזה גן לשלוח את הילדה. ובגלל שזאת הייתה שכונה חדשה, גם אף אחד לא ידע. אי אפשר היה להשיג אפילו בייביסיטר. הייתי באמצע לימודי תואר שני במשפטים ובקולנוע ביחד. איך זה קרה? התחלתי ללמוד משפטים בירושלים ואז החלטתי שאני רוצה קולנוע

ועברתי ללמוד קולנוע בתל אביב. בכל השנה הראשונה התייסרתי בשאלה מה אעשה כשאהיה גדולה ואם לא עשיתי טעות ואז אמרתי לעצמי, את חכמה ואין לך בעיה ללמוד שני תארים ביחד. ומצד שני, את גרועה בקבלת החלטות, אז עדיף לך פשוט ללמוד את שני התארים.

לא עסקתי במשפטים אפילו יום אחד. עשיתי סרטים דוקומנטריים וכתבתי סדרה. היום אני עושה הסבה לאחיות, פשוט חבל שלא ידעתי קודם שביולוגיה זה מקצוע מאוד מאוד מעניין. אם בזמני במקום "פרקליטי LA" היה אפשר לצפות ב"האנטומיה של גריי" בטוח הייתי עכשיו רופאה. זה עולם מרתק, אבל אני לא יכולה ללמוד עכשיו רפואה. אני בת 48.

לקראת סוף הלימודים של דולב אמא שלי החליטה שהוא לא צריך לחזור לצבא. אמרתי לה שחוץ מהשיקול המוסרי של השירות בצבא, אי אפשר, כי הוא חתום בחוזה. היא אמרה, בואו נעשה פדיון הבן. כמה יעלה לנו לפדות אותו מהדבר הזה? היינו צריכים להקשיב לה, לעשות פדיון הבן. אבל דולב אהב את הצבא ואהב להיות מפקד. הוא אהב שיש תחתיו חיילים ומפקדים שהוא יכול לחנוך אותם וגם לקבוע מדיניות ואיך נראים דברים. ומול כל זה הייתי מאוד בודדה.

דולב לא היה בגִזרה כשפרץ מבצע צוק איתן.

הוא עמד לסיים תפקיד באילת וכשהתחילו הראיונות לתפקיד הבא אמרתי לו, תקשיב, אף פעם בחיים לא ביקשתי ממך שתהיה בבית. עכשיו, אחרי שמונה שנים, אני רוצה ומבקשת שבתפקיד הבא תהיה בבית.

שכנעתי אותו לבקש להיות בתפקיד מדריך במכללה הטקטית, אבל הוא קיבל תפקיד של מג"ד גפן בבה"ד 1 ואני מבינה בצבא והבנתי את המשמעות, שזה יכול להפוך לתפקיד קרבי. אבל הוא פטר אותי בזה שהתפקיד לא יהיה גדול ושהוא יהיה הרבה בבית. ואז התחילה המלחמה ודאגתי, אבל לא דאגתי מאוד. היום אני חושבת שהייתי צריכה לדאוג יותר, ככה לפחות הייתי נוסעת לבקר אותו לפני.

לא נסעתי כי היה לי דד ליין להגשה של סרט ב־20 לחודש. ביימתי סרט על קורס מאמנות כדור רשת שהפיקה עמותה למען צעירות בדואיות בבאר שבע. ואמא שלי התאשפזה בזמן הזה, שוב פעם. היא הייתה מאוד

חולה ואמרתי לעצמי שהפעם לא אתן לשום דבר להשפיע עליי עם הדד ליין של הסרט, לא למלחמה ולא למחלה של אמא שלי; מדי יום שישי הייתי מצלמת את הקורס באוניברסיטת בן גוריון ואז חוצה את הכביש ונכנסת לסורוקה להיות עם אמא.

דולב אמר שהם נכנסים למבצע, אבל הוא עוד לא אמר שהם נכנסים פנימה לעזה. הוא נשאר שתי שבתות ברציפות בצבא. בשבת הראשונה הוא היה במצפה רמון ורציתי לבקר אותו עם הילדים אבל היו שם אזעקות ונפילות וחשבתי שמסוכן מדי. אני חושבת שגם בסתר ליבי אמרתי שממילא לא היה לי כוח לנסוע למצפה רמון. זה קשוח עם פעוטה בת שנה וחצי, והיא בדיוק הייתה בגמילה וההדד ליין של הסרט שלי היה ביום ראשון.

דולב אמר לי לא לדאוג ושהוא יעדכן אותי כשהוא ייכנס לעזה. הוא לא עדכן כי הוא באמת לא נכנס. המחבלים הם אלה שנכנסו לארץ במנהרה חודרת. היו שלוש קבוצות כאלה. אחת הגיעה לפילבוקס, ונהרגו שם חמישה חיילים. הקבוצה השנייה נתקלה בכוח שריון, אחד הקצינים שנהרגו היה בעלה של חברה שלי, והקבוצה השלישית של המחבלים הרגו את דולב והחפ"ק שלו. דולב קיבל דיווח על תנועות חשודות, אבל בגלל שזה היה בתוך שטח ישראל אי אפשר היה לירות מלמעלה בלי זיהוי ודאי – בעיניים. דולב והחפ"ק נסעו בג'יפ לעבר הזירה, הם נתקלו במארב שירה עליהם נ"ט, אבל הם עוד הספיקו לרדת מהג'יפ ולנהל קרב מול שלושה עשר מחבלים. כל הארבעה נהרגו.

בדיעבד אני מגלה הרבה סימנים שבישרו את המוות שלו.

יום לפני שדולב נפל קפצתי לחברה שלי שבעלה היה מג"ד שלו בעבר. היא אחת מסודרת כזאת, לא כמוני. כשנכנסתי, ראיתי שהיא עושה סדר בכל הביטוחים שלה. המחשב היה פתוח על אתר ביטוח דרך "חבר". אמרתי לה, וואו, הגדלת ביטוח חיים? והיא אמרה לי, כן. אני כל הזמן רוצה לעשות ושוכחת. הגיע הזמן.

בשלב הזה של המלחמה כבר הקרינו בטלוויזיה הלוויות של לוחמים וראיונות עם בני המשפחות. אני זוכרת גם ששאלתי אותה, תגידי, אם הוא נופל ביום שהילדים נמצאים בבית, אז הקצינים מודיעים ליד הילדים?

למוחרת בבוקר נסעתי לתל אביב לפגוש חברה תל אביבית שלי ובנסיעה דיברתי בטלפון עם חברה אחרת, אמרתי לה: תקשיבי, בכוונה הלכתי לישון עם הפיג'מה הכי יפה במקרה שיבואו להודיע לי, אבל לא היה כלום. ושום דבר שדומה למחשבה כזאת לא עבר לי בראש לפני כן, אף פעם.

בדרך לתל אביב התקשרו אליי כל מיני אנשים וכמעט סיפרו לי, אבל לא הבנתי את הרמז. חוץ מהם, תחקירנית מהחדשות וגם כתבת של אחד האתרים התקשרו למי שהפיקה לי סרט שעשיתי על משפחות של אנשי קבע. הם רצו אישור לשדר חלקים מהסרט והיא התקשרה אליי לקבל רשות וזה גרם לי לדאוג נורא, כי אולי קרה משהו למישהו מהסרט? בראש אני מתחילה לחשוב על כל הדמויות. אחד מהם טס יומיים קודם לעשות תפקיד בארה"ב. איש צבא אחר כבר השתחרר ולא היה בתפקיד, אפשר להיות רגועים לגביו. וזהו, דולב.

ואז משום מקום התקשר אליי מי שהיה הנהג של דולב בתפקיד הקודם, חמוד אבל קצת מבולבל. ממש לא היה לי כוח אז סיננתי אותו. ומזל. התברר שכשהוא שמע את השמועות, הוא חשב: די, אני לא מאמין שזה באמת קרה. את מי אפשר לשאול? אה! אני אשאל את מיכל, היא תדע! מזל שלא עניתי, כי אז הוא התקשר למישהי בעלת תפקיד מהצבא והיא אמרה לו, מטומטם! אתה לא מתקשר למיכל! אחרי שסיננתי אותו היה לי לא נעים אז התקשרתי אליו בחזרה. הוא אמר לי, אה, לא לא. רציתי משהו בקשר ל... התבלבלתי.

הגעתי לבית הקפה בתל אביב, לפגוש את החברה ונשמעה אזעקה. ואז התקשרה אליי קצינה ממשאבי אנוש בקריה שעזרתי להם לתכנן כל מיני מפגשים של נשות מפקדים. היא אמרה היי, מיכל מה עניינים? אמרתי לה, בסדר. היא שאלה איפה אני, אמרתי לה שבתל אביב והיא התעקשה ושאלה, איפה בתל אביב? אמרתי לה שבבית קפה ולא הבנתי לאן היא חותרת. והיא אמרה, אנחנו צריכות לשבת על המפגש שתכננו לעשות בעוד חודש. ואז התחלתי באמת לדאוג כי קיבלתי עוד שיחה מוזרה מחבר טוב של דולב. הוא שאל אותי, שמעת ממ"פ? אמרתי לו שלא, והוא אמר, שמעתי שמועות על בה"ד 1. ואז התחלתי להילחץ. התקשרתי לקצינה ההיא ממשאבי אנוש ושאלתי, למה את מחפשת אותי, קרה משהו? את יודעת משהו?

בינתיים בבית הקפה חברה שלי בדיוק יצאה מהשירותים וראתה אותי מתהלכת, לא רגועה ומלצרית מגישה לי כוס מים. אחותי לא ענתה לי

לטלפון. היא ידעה כבר מהבוקר כי בעלה שירת בקריה ואחד הקצינים שם שידע שהוא גיסי הודיע לו. כשאחותי הגיעה לבית שלי, המודיע שלף אותה וכלא אותה באמבולנס כדי לוודא שהיא לא מודיעה לי בטעות. אז אחותי לא ענתה לי. אף אחד לא ענה לי. נלחצתי ואמרתי לחברה שלי, אני נוסעת הביתה. לדעתי הכול בסדר אבל אני צריכה להיות בבית.

בדרך התקשרתי לאמא של דולב והיא לא ענתה לי והתקשרתי לאח שלו והוא גם לא ענה לי, ואת מי כן תפסתי? את אבא שלו. הוא ענה בסבבה, אבל זה כי הוא פשוט עדיין לא ידע. אי אפשר לשחק את זה. ואני נרגעתי ולפני שהגעתי הביתה הרמתי צלצול לגילה חברה שלי שהייתי אצלה לילה קודם.

אמרתי לה, אל תצחקי עליי אבל קיבלתי כל מיני טלפונים מוזרים. תעשי טובה, לכי הביתה ותראי שאין שם אנשים רעים על מדים, ואז היא התקשרה ואמרה, אין שם כלום, הכול בסדר, ואחרי עשר דקות היא התקשרה שוב ואמרה, תקשיבי, הלכתי עוד פעם רק לוודא ואני שומעת שאת נסערת, אני אחכה לך פה ואני לא רוצה שתהיי לבד. אל תילחצי כשאת רואה אותי פה, אני פשוט מחכה לך. היא כבר ידעה משהו מהבוקר כי בעלה גם בצבא והוא אמר לה, תהיי במוכנות למיכל. זה כל מה שהוא היה יכול להגיד. אז היא לא הלכה לעבודה וחיכתה לי.

כולם כבר ידעו. חוץ ממני.

זאת שכונה צבאית. השכן פה בפינה למשל לקח את עצמו ואת הילדים שלו לארומה כדי לא להיות כאן כשמודיעים לי. הוא חזר רק בערב. אמרתי לגילה בטלפון, תשיגי לי סיגריה ואפילו לא עישנתי בזמנו אבל רציתי. אמרתי לה, תשאלי את יצחק השכן, הוא היחיד שמעשן. תשיגי לי סיגריה. היה בלגן, כולם ידעו וכולם חיפשו לי סיגריה. בינתיים החניתי את הרכב ונכנסתי עם גילה הביתה. היא ישבה איתי על הספה כשסיפרתי לה על טלפונים ואמרתי לה, איזה מוזר ואיזה סתומה אני! הרי אם היה קורה משהו, בעלך היה יודע ומודיע לך, ואת יושבת כאן איתי. ואז היא שלחה לבעלה הודעה, תגיד להם שייכנסו עכשיו אחרת אני מודיעה לה. זהו, ואז הם באו. בעצם, הכלבה שלי הודיעה לי כי פתאום היא התיישבה ליד הדלת. גילה אמרה, יש מישהו בדלת. אם הייתי קולטת, לא הייתי פותחת. הם נכנסו. והם היו צריכים להסתכל לי בעיניים כשהם בישרו לי, אבל אני לא הייתי מוכנה להסתכל בעיניים

שלהם. קברתי את המבט שלי ברצפה בזמן שהמודיע התפתל וניסה ללכוד את המבט שלי, אבל אני לא הייתי מוכנה לזה.

הם שאלו אותי אם אני צריכה סיוע נפשי, אמרתי, לא, אני רק אדבר עם הפסיכולוגית שלי. התקשרתי אליה, ויצא הגורל שבאותו בוקר היא הייתה בפגישה בגוף בצבא שמטפל באירועים האלה. היא כבר ידעה מראש שדולב נהרג ודאגה לבייביסיטר לילד שלה כדי שהיא תוכל להיות איתי כשמודיעים לי.

כשהפסיכולוגית שלי באה, אמרתי לה, נטלי, נכון שתמיד את אומרת שזה לא טוב איך שאני מתמודדת עם הרגשות שלי, שצריך להתמודד ולא להחביא אותם? אז איך אני יכולה להתמודד איתם עכשיו? והיא אמרה, תדחיקי. את לא יכולה להתמודד איתם עכשיו.

עליתי על המיטה ושכבתי בדממה. חברות שלי הגיעו וקפצו לי על המיטה. הדחקתי כי אמרו לי להדחיק ובשלב מסוים שאלתי, אני חייבת להודיע עכשיו לילדים? בלילה הראשון של השבעה לא ישנתי בכלל ובלילה שאחריו ישנתי קצת. וכשקמתי בבוקר שכחתי שדולב נהרג. הבטתי מהחלון החוצה וראיתי את הצילייה שהצבא הקים בגינה ונזכרתי. ומבחינתי הוא נהרג שוב. וזה קרה בכל בוקר מחדש. זה כאילו כל פעם לקבל את ההודעה מחדש. אחרי זה אחותי לא הסכימה לראות יותר את הצילייה הזאת והעיפה אותה.

אמא שלי נפטרה בשבוע של יום השנה הראשון של דולב.

כשדולב היה מג"ד, שאלו אותו פעם מה הוא אוהב לעשות בזמנו הפנוי והוא אמר "לטייל בארץ ישראל". אפשר להגיד שזה היה שקר מוחלט כי שנה אחרי שהתחתנו אמא שלי חלתה במחלה סיעודית והיא הידרדרה במשך השנים, ונאלצה להישאר בבית עם מכונת הנשמה ובלון חמצן ומכונת מזון, אז לא באמת טיילנו וגם לא יצאנו לקמפינג כי עד שדולב הגיע הביתה הוא לא רצה לישון באוהל.

וככה במשך שנים, בכל פעם שדולב יצא מהצבא, היינו מגיעים להורים שלי.

אלו היו שנים לא קלות. הייתי הולכת פעמיים בשבוע לטיפול על חשבון הצבא ואז הגיע יוני 2014 והפסיכולוגית אמרה לי, הגשתי כבר כמה

פעמים בקשה להארכת המימון לטיפול שלך, אבל זהו, מעכשיו תצטרכי לשלם על חשבונך על הטיפולים, אני מצטערת. הייתי אמורה להתחיל לשלם ביולי 2014 ואז דולב נפל ומאז שוב הצבא מימן לי טיפולים. צחקתי עם החברים שלו שהוא נהרג בדיוק בזמן כדי לחסוך.

בזמן האשפוז האחרון של אמא שלי כבר הבנו שזה הסוף. אבא שלי שאל אותי אם אני מתכוונת לפרסם מודעה בעיתון לגבי האזכרה של דולב ואמרתי לו שאני מחכה לרגע שבו אמא תמות, שיעשו לנו הנחה על שתי מודעות. ובסוף באמת שלחתי חברה שלי לבקש הנחה ב"ידיעות אחרונות". ישבנו שבעה על אמא שלי חוץ מאשר ביום שלישי, היום שבו עלינו לקבר של דולב.

דולב ואני חיינו חיים שלמים ביחד. שש עשרה שנה. גדלנו ביחד מאז שהיינו בני 22 וגידלנו שלושה ילדים ביחד. היינו בעצמנו ילדים והפכנו אחד את השני לבני אדם, להורים. כמה רגעים היו לנו בתקופת החיים הזאת.

עולים לי בראש זיכרונות מאוד אקראיים. הסיפור הכי חמוד הוא מהתקופה שלפני שהיו לנו ילדים, כשהוא היה בלימודים והיה בבית. גרנו במרכז ואני עבדתי בקיץ כעוזרת הפקה באיזה סדרת ילדים. הייתי צריכה לקום לימי הצילום ב־4:00 בבוקר כדי לנצל את השעות של האור ולכן הייתי צריכה ללכת לישון מוקדם. אבל דולב רצה לעשות צחוקים ולא נתן לי ללכת לישון. הוא כל הזמן התחיל לפתוח איתי בשיחה והציק לי. מצד שני, כשקמתי בשעה 4:00 הוא התעקש לקום ביחד איתי, לחכות לי עד שאסיים להתקלח, לשתות איתי קפה. זה אפילו לא היה רומנטי, זה פשוט היה חמוד.

ואני זוכרת איזה משפט קטן שלו שריגש אותי מאוד. חברה שלי חלתה בסרטן והתחילה את טיפולי הכימותרפיה. היא שלחה לי תמונה שבה ראו את השערות על הרצפה כשהיא גילחה את השיער בפעם הראשונה. הראיתי לדולב את התמונה וזה עשה לו נורא עצוב. הוא אפילו היה בהלם ואני זוכרת שנורא ריגש אותי שזה נוגע לו.

והיו כמובן גם רגעים פחות דרמטיים. דולב היה מספר כאלה בדיחות שאי אפשר בכלל להסביר במילים והוא היה כאילו ממש צוחק מעצמו, הוא היה מנפח את הלחיים באופן מוזר ושר לגיא "אונייה, אונייה עם כנף כשל

יונה", והיא הייתה מטפסת עליו ובטעות דורכת לו במקומות רגישים והוא היה עושה פרצוף כואב ואז ממשיך לשיר לה.

אני לא זוכרת שהייתי מתעצבנת עליו. לפעמים, על דברים קטנים. דולב ואני אף פעם לא באמת רבנו גם כי אני גרועה בריבים, אני פוחדת מריבים, אני לא רבה. בגלל זה הבית שלי מבולגן היום, כי אני מתעקשת שלעולם לא אריב על דברים קטנים שהייתי מבזבזת עליהם זמן בעבר. כמו למשל כשאמרתי לדולב, אל תישען על הקיר כשאתה חולץ נעליים, אתה מלכלך אותו! או תחלוץ נעליים בכניסה במקום לחצות את כל הבית, להתיישב בסלון ואז לחלוץ אותן! אני לעולם לא אריב על זה שוב.

דולב היה פרטנר גרוע בריבים כי הוא ישר התנצל ואז נשארתי עם כל העצבים בפנים. וגם באמת היה קשה לריב מבחינה טכנית כי הוא היה בצבא במשך שנים, אז שמרתי את הריבים למתי שיהיה זמן לריב. ולא היה.

הייתה תקופה שהוא היה עם סגן הרמטכ"ל בקריה, אז הוא היה מגיע תמיד קצת לפניו והולך קצת אחריו. ומכיוון שזה היה סגן הרמטכ"ל זה אומר שהוא לא ממש היה בבית. הוא היה יוצא מהבית ב־5:00 בבוקר וחוזר ב־2:00 לפנות בוקר לפעמים. מדי פעם הוא היה נשאר לישון בקריה. וזה היה מעצבן. כעסתי ואמרתי לו את זה. אני זוכרת שבאיזשהו שלב הוא אמר לי את המשפט הנהדר הזה: לא כיף כבר לחזור הביתה, או משהו כזה. זה היה... מהמם. אני מניחה שבכיתי, אני לא זוכרת.

לרוב דולב היה מאוד רגיש ומאוד מתחשב. הוא היה מתקשר למשפחות של החיילים שלו בחגים והוא היה מאוד אכפתי אבל הוא לא כל כך ראה קשיים של אנשים, בעיקר קשיים נפשיים. זה קצת חלף מעליו וזה ביאס אותי. הייתה לי תקופה נפשית לא פשוטה בעקבות המחלה של אמא שלי, לפעמים זה ממש נהיה קשה ואז רציתי לחזור לטיפול. מכיוון שהטיפול היה דרך הצבא, זה היה עובד קצת עקום, הם היו מתקשרים לבעל, כי זאת ההקצאה שלו לטיפול וכשהוא היה מאשר היה אפשר להתקדם. אז זה היה התפקיד שלו לטפל בסידור הזה אבל הוא חיכה שאני אטפל בזה. אמרתי לו, תקשיב, אני לא בטוב. אני בדיכאון. אנשים בדיכאון לא יכולים לעזור לעצמם. הם כמו צעצוע בלי בטריות, זאת ההגדרה של דיכאון. הרבה פעמים אנשים חושבים שאני חזקה יותר ממה שאני באמת ואני לא מבינה למה כי אני כולי בכיינית.

דולב היה מאוד מרגיע למרות שהוא לא היה רגוע. זה הדבר האחרון שאפשר היה להגיד עליו. אבל הוא לימד אותי לא להתרגש מאנשים כי אני תמיד הייתי הכי פולנייה. הייתי אומרת לו: מישהו נעלב – מה עושים? ואיך לא לפגוע במישהו אחר והוא תמיד היה אומר: נפגעת? קח פנדל! הוא ידע מה קשור אליו ומה לא קשור אליו ורק אני לא ידעתי מה לעשות עם זה.

אחרי שהוא נהרג, הרגשתי לפחות בהתחלה שכאילו בלעתי אותו, כי הצלחתי פתאום להפנים את כל התכונות שלו שתמיד רציתי שיהיו לי. בין השאר את התכונה הזאת, אבל אולי זה קשור לשכול שאחריו אין לך סבלנות ולא אכפת לך משום דבר והרבה דברים הופכים לקלים יותר. היום אם מישהו נעלב ממני, אני אומרת לעצמי, זאת החלטה שלו. פתאום יש בחיים שלי מסננת של מה חשוב ומה לא. ואני רואה רק מה שחשוב ולכל השאר אין לי סבלנות. אפס. כלום. אני משאירה את מעט הכוח שלי לדברים החשובים בלבד. וכל מי שפגש את השכול ויגיד לך שפתאום הוא הבין את מהות החיים זה פשוט שקר. אתה בהישרדות, עובד על אינסטינקטים. אתה יודע מה באמת חשוב וכל השאר ביי, לא עכשיו. זה מה שדולב ידע לעשות תמיד ובקבלת החלטות במיוחד. הייתה לו תכונה ישרה כזאת של לדעת להחליט בשכל ישר מה חשוב יותר ולהתמקד בו. והוא עזר לי בזה.

לדולב לא היו ממש תחביבים. לאנשי צבא אין באמת הרבה תחביבים, אין להם זמן לכאלו דברים. והוא היה בצבא רוב החיים שלו. האמת היא שהייתה תקופה כשהוא היה בלימודים ברייכמן שהוא פתאום התחיל לשחק עם אח שלו סקווש, שזה כמו טניס. זה מה שכל הטחונים ברייכמן עושים. צחקתי עליו מלא. אבל חוץ מזה, דולב היה אדם של בית ועד שהוא הגיע הביתה, הוא רצה להיות עם הילדים ואם היה לו זמן, גם עם חברים. חודש לפני צוק איתן הוא עוד הספיק לראות איתם את המונדיאל.

אנשים היו אומרים לי, את בטח משמרת את הזוגיות שלכם, את הרומנטיקה, את התשוקה. בטח, ברור! שכחתם שכשהוא חוזר הביתה הוא רק רוצה לישון עשר שעות. הייתי מעירה אותו כדי שהוא יהיה קצת עם הילדים. זה מאוד קשה. זה כאילו לחיות שני סוגי חיים, החיים של אמצע השבוע והחיים של סוף השבוע. זה היה מעצבן את הילדים שלי ומבלבל אותם. לפעמים הם ממש כעסו. אני זוכרת שקנינו לו אייפד כדי שהוא יעשה

שיחות וידיאו עם הילדים, אבל עד גיל מסוים הם לא הסכימו לדבר איתו מרוב כעס.

אני אפילו לא זוכרת מה היה איתי בשנה הראשונה אחרי שדולב נפל. הגדולה שלנו הייתה שוברת כל הזמן איברים. לא תמיד זה היה אמיתי. בפעם הראשונה בטוח לא, ומאז כבר לא התייחסתי ברצינות. בפעם השנייה היא כבר קבעה לעצמה תור לאורטופד. כשהגענו אליו הוא הסתכל ושאל, איפה הצילום? לא עשינו צילום. איך לא? הוא שאל, לא עשית לה צילום? ברור שזה שבר, תראי איך זה נפוח. מאז בכל פעם אחרי שהיא אמרה: כואב לי, לא הייתה ברירה, הלכנו לבדוק. וחוץ ממנה, השכן התקשר להגיד שהבן שלי מתחבא בשיחים בשטח בית הספר במקום להיכנס לשיעורים. והילדים היו כועסים, כל הזמן כועסים. אבל חוץ מזה הם נתנו לי להיות באבל של עצמי וככל שהרגשתי יותר טוב הם הרשו לעצמם להביע את עצמם יותר.

את יום העצמאות הפסקנו לחגוג מאז שדולב נפל. אני עושה את הקניות ליום הזיכרון כשכולם עושים קניות ליום העצמאות. וכשיוצא יום הזיכרון ונכנס יום העצמאות, מתרסקים על הספה. הרבה אנשים לא יודעים אבל יום הזיכרון הוא בעצם כמו יום של שבעה. הרבה אנשים מגיעים אלינו ופעם הילדים היו הולכים לחגיגות עם מישהו מהשכונה אבל אני זוכרת איך גיא גדלה וגילתה ביום עצמאות אחד שמה שעושים זה להיות דבוקים למיטה בלי יכולת לזוז.

אחרי השבעה באוקטובר מצאתי את עצמי מתעסקת הרבה עם השכול. ביחד עם יעל שבח, אלמנתו של הרב רזיאל שבח שנרצח בפיגוע, ארגנתי מפגשים של אלמנות ותיקות שרצו לבקר את מאות האלמנות הטריות. ואז יעל ואני הרגשנו שאנחנו חייבות לאוורר החוצה לפחות חלק מהאנרגיות של השכול שהצטברו אצלנו. וכך נולד לנו מופע סטנד־אפ בשם "מה נפל עליי". אני אספתי כמה חברות שתמיד הצחיקו אותי ויעל עשתה חיפוש יותר יסודי של בני משפחה שכולים, שרוצים ויכולים לספר את סיפורי השכול בזווית שיש בה גם הומור, ופתאום היא הודיעה שהיא סגרה לנו מופע במועדון צוותא

בתל אביב. הכרטיסים נגמרו תוך יום וקבענו עוד מופע ועוד אחד. רצנו עם המופע הזה במשך שנה שלמה.

חרבות ברזל זאת המלחמה הראשונה שנמצאת ממש ברשתות החברתיות. כל הנשים כותבות, כל האלמנות. בזמנו רק אני כתבתי טור שבועי בוואלה והרבה יחסית קראו אותו. היום האלמנות כותבות כל הזמן ומצד שני כולן רוצות להמשיך הלאה ומחפשות זוגיות באפליקציות. היו כבר שלוש חתונות. כשהייתי כמה פעמים אצל הפסיכולוגית שלי אמרתי לה, תשמעי, אני מקנאה. זה לא פייר. לקח לי שנתיים וחצי להגיע לטינדר. אמרתי לה, לא הגיוני שיוצא משהו בריא ואמיתי מלהכיר גבר אחר פחות משנה אחרי שבעלך נהרג. מצד שני, זה מתנשא להגיד כזה דבר. אני הכי אמורה לדעת שאנחנו לא יודעים ולא מבינים כלום. ואם הבחירה של האלמנות להמשיך קדימה הפכה לתופעה, סימן שיש בזה משהו. אני גם ידעתי שאני ממשיכה הלאה.

הייתה תקופה שפתאום נורא חשבתי על גברים, אבל רק בגלל הלחץ שבסוף לא יהיה לי גבר. בפועל, מה שבאמת רציתי היה להתאבל. אין דרך לברוח מהכאב, זה לא יעזור. בשנה הראשונה שכבתי על הספה וישנתי כל הזמן. עשיתי עוד כמה דברים, אבל זה בעיקר מה שאני זוכרת. וזה גם מה שאני אומרת היום לאלמנות לעשות.

התקשרו אליי הורים, שאלו, את יכולה לבוא לדבר עם הבת שלנו? אנחנו מאוד דואגים. שאלתי אותם למה הם כל כך מודאגים, מתי בן הזוג נפל והם אמרו, לפני שבועיים. אמרתי להם, אני אבוא אליה בשמחה, אבל זה בסדר אם היא תהיה ככה גם בעוד שנתיים.

קראתי את הספר של שולי מועלם. היא מספרת שם איך היא ישר חזרה לעבוד אבל אחרי שנתיים הרגישה שהיא לא יכולה יותר, עזבה את העבודה וישבה בבית. היא הבינה שהיא צריכה לשנות כיוון, קודם כול לשבת, לחשוב ולנוח, כי צריך לעשות את זה. זה תהליך שצריך לעבור. אין דרך לעשות אותו אחרת, אין דרך שאפשר להקל עליו. צריך לעבור דרכו, כמו קיר שצריך לעבור אותו.

הרי כל הזמן מדברים על מנגנון fight or flight אבל יש גם תגובה שלישית שנקראת freeze ואני הייתי לגמרי ב־freeze. באבל אתה צריך גם איזשהו freeze, לא לעשות דבר ולא לברוח. הרי היו לי חלומות, הייתי בדיוק בשלב הזה שהילדים קצת גדלו, יושבים אחורה על הספה, מסתכלים על

הילדים משחקים, הבעל מסתובב איפשהו, הכלב משתולל, ואז את אומרת לעצמך, אני מסודרת ככה עד הפנסיה ואז נתחיל לטייל. אבל אז דולב הלך ואיתו הלך לא רק ההווה, אלא גם העתיד. ואפילו העבר, כי בהתחלה לא יכולתי להיזכר בדברים מרוב שהכול כאב.

האסימון לא נופל אף פעם. הוא כאילו נופל ואז שוב פעם נעלם. גם היום אני לא יכולה להאמין שדולב לא כאן. יותר מזה, באחת מהפעמים שבהן רציתי להיות פחות בפלאפון, מצאתי פתרון. נתתי לכל אחד מהמספרים החשובים שלי צלצול שונה כדי שאני אדע מתי כן לבדוק הודעות ומתי לא. ובכל פעם שאני שומעת את הצלצול של חיים, בן הזוג שלי בחמש השנים האחרונות, אני בטוחה שזה דולב. אני לא יכולה להסביר את זה. כל הזמן. אני יודעת שדולב לא יחזור אבל לפעמים בא לי להתקשר אליו.

מלחמת חרבות ברזל עשתה לי בלבול נוראי בהקשר הזה. חיים עשה מילואים איפה שדולב נהרג והוא כל הזמן היה בעוטף. אספתי אותו פעם אחת כשהוא לבש מדים וזה היה נורא מבלבל. אמרתי לו שרק בגלל זה הוא צריך להפסיק עם המילואים. זה אשכרה משגע לי את השכל, חשבתי שאני משוגעת. האסימון נופל אבל הוא נופל וקם, נופל וקם.

את חיים פגשתי ב"טינדר של החכמים". בטוויטר.

אני לא זוכרת את הפעם הראשונה שעבר לי בראש "בא לי להמשיך הלאה". זה היה תהליך, לא החלטה. ארבע וחצי שנים אחרי שדולב נפל, התחלתי לפלרטט עם מישהו מהטוויטר ופתאום היה לי נחמד להרגיש עוד פעם אישה. במקביל התחלתי לשים לב לחיים בטוויטר כי הוא היה גם שנון אבל גם רגשי. הוא כתב ספר על אחת מהמלחמות, הוא ראיין הרבה אנשים וזה העלה לו את הפוסט טראומה שהוא לא ידע שיש לו.

הפעם הראשונה שבה יצרנו קשר הייתה סביב יום הזיכרון או לקראת יום הזיכרון. הוא שם לב שאני לא ישנה, פתאום ראיתי שגם הוא לא ישן ובשתיים לפנות בוקר הוא ישב עם כוס ויסקי ואני עם האוזו, ואז, אני לא זוכרת מה היה. אני חושבת שכתבתי לו משהו או שהוא פנה אליי ואני שלחתי לו הודעה בפרטי. במסגרת העבודה שלו הוא ראיין הרבה קצינים מגבעתי, הרבה מהם דיברו על דולב. זה היה בשנות התשעים, רק התחיל הסיפור הזה

של חיילים בוכים בהלוויות ובהתחלה ירדו עליהם ואמרו שזה אסור. חיים שם לב שהמפקד היחיד שהיה לו אכפת מהרגשות של החיילים ואמר שצריך לשמור האחד על השני, היה דולב.

ביקשתי מחיים שישלח לי כמה פרקים של הספר שאקרא והוא לא רצה. הוא אמר לי, את בטוחה? יש שם הרבה מתים. אמרתי לו שאם יש מישהו שלא מטריד או מלחיץ אותו לקרוא סיפורים על מוות זאת אני. הרי אני ראיתי את הגופה של בעלי וקראתי את דוח המוות שלו יחד עם רופא שעבר איתי קליע קליע בגוף שלו. אחרי זה, סיפורים של אחרים לא עושים לי שום דבר.

חיים שלח לי כמה פרקים ואז דיברנו עליהם בטלפון. נתתי לו את ההערות שלי תוך כדי שאני הולכת מדי פעם לפריזר לשתות אוזו. דיברנו איזה שעה והייתי כבר שיכורה לגמרי. אומנם זאת הייתה שיחה על הספר אבל היא עשתה לי טוב באופן אישי.

סמוך ליום הזיכרון הרגשתי על הפנים, הייתי צריכה לדבר עם מישהו. כתבתי לו והוא בדיוק היה בדרך מגרושתו באזור ירושלים לבית שלו במרכז. הוא אמר שהוא בדיוק הוריד את הילדים ויש לו הרבה זמן בנסיעה. ואז הייתה שיחה. קשה לקרוא לזה שיחה כי נדמה לי ששוב פעם הייתי שיכורה. בכיתי, צעקתי, דיברתי ככה לחילופין והוא רק הקשיב. שעה וחצי הוא הקשיב כשהוא לא באמת מכיר אותי. הוא היה ממש ממש חמוד והבנתי שממש בא לי להתחיל איתו, אבל הוא לחלוטין לא שיתף פעולה.

כל זה היה חמש שנים אחרי שדולב נפל. במשך כמה חודשים חיכיתי לחיים שיעשה מהלך ובשלב מסוים כבר נמאס לי להמתין. כל הזמן חשבתי שאולי הוא כן מבין ואולי לא ואולי כן, ואז פשוט הכרחתי אותו להיות איתי. הייתי כותבת לו כל הזמן ופעם כתבתי לו, הילדים שלי יוצאים השבוע למחנה ויש לי זמן בלעדיהם, הוא לא הבין מה אני רוצה. ואז כשהם נסעו, אמרתי לו: בוא ניפגש בלי הילדים, וככה קבענו לאכול ארוחת צוהריים באזור שלו. יצאתי לכיוון שלו והוא כתב לי, אני בדיוק באמצע העבודה, התחלתי לכתוב את הפרק הראשון. זה הדבר האחרון שנשאר לי בספר. מה את מעדיפה? ארוחת צוהריים או שיהיה לך פרק מוכן עד הערב? ואני חשבתי לעצמי, מה אתה אידיוט? אמרתי לו, סיימת את הפרק? אולי אני אבוא אליך לקרוא אותו. אחר כך הוא אמר לי שאז הוא הבין, אבל עדיין לא היה בטוח. או

שבאיזשהו שלב הוא כן הבין אבל לא רצה להבין כי הוא חשב לעצמו שלא מנומס להתחיל ככה עם אלמנה.

חיים אמר לי כבר בשיחה הראשונה שלנו, שהייתה התכתבות, I don't do שכול. אנחנו כל הזמן צוחקים על זה. הוא סיפר שלפני 1996 אף אחד מהחברים שלו לא נפל ואחרי 1997 נפלו 22 חברים שלו. שאלתי אותו, מה, אתה כל שנה הולך ל־22 אזכרות? והוא אמר: I don't do שכול. בעקבות הספר שלו נפתח מאבק ציבורי להכיר בתקופת המוצבים בלבנון כמלחמה לכל דבר ואז הגיעו ממשרד הביטחון להעניק לי את אות המלחמה של דולב.

חיים ואני יוצאים כמו זוג בני 16 אבל עדיין לדעתי אנחנו לא נפגשים מספיק. אנחנו ביחד אבל לא גרים ביחד. לפעמים אנחנו עושים ביחד חגים. הוא היה אצלנו פעם בראש השנה וזה הרגיש מעולה, הילדים שלי מתים עליו. אמא שלו ואחותו לא יודעות עליי. אני לא יודעת למה, אבל הוא שמר אותי בסוד. בהתחלה זה מאוד הפחיד אותי, אמרתי לו, לא הבנתי. אני אגיע להלוויה שלך ואני אצטרך לריב עם אמא שלך שתיתן לי להספיד? גרושתו יודעת, הבנות שלו יודעות, אבל אמא שלו ואחותו לא יודעות.

כבת זוג של איש צבא, למדתי לחיות בזוגיות שכוללת נפרדות. החיים הנפרדים שחייתי מדולב לא היו רק בממד הזמן או הנוכחות הפיזית, אלא היה לו עולם שלם וסגור שלא הייתי קשורה אליו בכלל.

עם חיים אני פשוט חיה את היומיום, גם כפי שכל אחד מאיתנו חווה אותו לפני שהכרנו. הילדים שלנו והבתים שלנו היו סיפור שלם גם לפני שהכרנו. לפעמים אני חושבת שיש בי פחד מלעשות את הצעד הבא ולהתקרב לחיים יותר. אולי לאחד סיפורים. ייתכן שהזוגיות הנפרדת נצרבה בי עמוק מדי, למרות שהיום אולי אני כבר לא רוצה אחת כזו.

עם חיים טוב לי. לא מזמן דיברתי עם חברה שאני נפגשת איתה מדי פעם כדי להוציא תסכול על מה יכולנו להיות. אמרתי לה שאני מרגישה שאני שליש ממה שהייתי או ממה שיכולתי להיות. פעם בצעירות עשיתי מיליון דברים, הייתי אדם אנרגטי והחלטי, אבל היום אני פחות, פחות בהכול. אני חיה וממשיכה ללמוד איך לחיות עם ולצד זה, איפה בדיוק להניח בראש ובלב את החיים הקודמים שלי ואת הכאב כדי שהוא לא יקפוץ עליי כשאני לא רוצה בו. וזה לא תמיד עובד. אבל כל שנה אני נהיית טובה בזה ולפעמים

כבר לא מפחיד אותי לחשוב על העתיד. אני כל הזמן אומרת לאלמנות, אל תסתכלו על העתיד כי זה נורא מייאש ואחר כך נורא מפחיד.

רוב הזמן אני כבר לא מפחדת ואני מוכנה מדי פעם להציץ קדימה. לא לעבר תוכניות גדולות או דברים מפוארים. אני גם לא מחפשת את זה כבר. טוב לי ונעים לי עם מה שיש.

הסברתי לו שהנוכחות של עזיז בחיים שלי לא לוקחת מהאהבה שלי ליוסף. שאבא שלו הוא כבר לא אדם פיזי קיים ושלאהוב אדם מת ולאהוב אדם חי אלו שני דברים שונים, ושניהם הולכים ביחד.

// אלין אבו סאלח, שם בדוי

מה יגידו עליי אם אחליף את השחור

אלין אבו סאלח

בת 40, אלמנתו של סא"ל יוסוף עזאם ואשתו של עזיז אבו סאלח.
אמא לאדם (15) ואמיר (11).

מבצע בלב עזה בין המלחמות

אצלנו בעדה, כשהבעל מת, לובשים בגדים שחורים. ומתי מחליפים אותם? מאלמנה דרוזית מצפים שתהיה אלמנה עד סוף החיים. שתשב עד סוף ימיה לבכות על זה שבעלה מת ונמצא באדמה, והיא נשארה פה. אישה שבוחרת בדרך הזאת, מעריצים אותה. היא נחשבת גיבורה. אבל לי אין את האופי הזה. אני לא אוהבת שמרחמים עליי ולא יכולה להיות בקרבת אנשים שמרחמים עליי. תמיד אמרתי שביום שתעבור לי בראש המחשבה מה יגידו עליי אם אחליף את השחור, אני אחליף. כל אחד מגיב באבל בהתאם למידת החוסן, האמונה והקבלה שצבר. בנוסף, הצעדים שננקוט בהם במהלך האבל תלויים במידת הרגישות שלנו לשיפוטיות ובמידת האהבה שאנחנו מרגישים לעולם. דרך ההתמודדות שלי שונה מהמקובל, ולכן בהתחלה פחדתי להגיד שלמרות מה שקרה לי, אני אוהבת את החיים ורוצה להמשיך לחיות. זה קיצוני שאלמנה תגיד דבר שכזה. ואכן, כשאמרתי, זה עורר כלפיי כעס ושיפוטיות מצד המשפחה. אבל היום אני אומרת בקול רם: אני אוהבת את החיים ואני רוצה לחיות.

את יוסף הכרתי כשהייתי בת 17, תלמידת כיתה י״א. שמעתי עליו לראשונה במסיבת האירוסין של אחותי. הוא הגיע כקרוב משפחה של ארוסה של אחותי, גבר יפה שמבוגר ממני בשבע שנים ושמתברר שגדל איתי באותו הכפר. אבל למרות ששנינו מירכא, לא הכרתי אותו קודם לכן, וגם באירוע לא ראיתי אותו. רק לאחר מכן הוא ביקש לדבר איתי בטלפון ובשיחה הזאת, כשדיברנו בפעם הראשונה, ידעתי שהוא יהיה בעלי, שאיתו אני רוצה להתחתן.

היום אני יודעת להגיד שהוא ענה בדיוק על הצרכים שלי, הייתי צריכה מישהו מיוחד. כבר כשהוא ביקש לדבר איתי, הרגשתי שהוא אדם מיוחד. יוסף היה אדם מאוד מוצלח. הוא מהראשונים מהעדה שלמדו בפנימייה צבאית ומהראשונים שהתקבלו לסיירת צנחנים.

מהר מאוד התארסנו. בזמן שהיינו מאורסים לא יכולנו להיפגש בחופשיות, זה לא מקובל אצלנו. אז הכרנו מרחוק, הוא היה מגיע לבית של ההורים והיינו יושבים יחד עם כולם ומדברים.

כשסיימתי את לימודי התיכון הלכתי ללמוד בטכניון. השכבה שלי הייתה הראשונה שעשתה קורס הכנה לפסיכומטרי כבר בזמן הלימודים, וכשקיבלנו ציונים גבוהים היה ברור שנלך לטכניון. זאת הייתה הפסגה מבחינתנו והתרגשנו מאוד, אבל לא באמת ידעתי אם אני רוצה ללמוד שם.

למרות זאת למדתי במסלול של מעבדה רפואית, אבל לא המשכתי כי מה שבאמת רציתי זה להיות קלינאית תקשורת, תחום שהיה אז אפשרי ללמוד רק מגיל עשרים. מכיוון שהייתי בת 19 וכדי לא לשבת סתם בבית בזמן שבעלי בעבודה, התחלתי ללמוד פסיכולוגיה עד שיכולתי להתחיל ללמוד קלינאות תקשורת, המקצוע שאני עוסקת בו היום.

בשנה הזאת התחתנו וגרנו במרכז ובכל שנה החלפנו מקום מגורים עד שלבסוף חזרנו לכפר. בזמנו לא הבנתי למה, והיום אני יודעת שזה חלק מהדרישות של העבודה של יוסף במערכת הביטחון.

בהקשר של העבודה, היו ליוסף כל מיני שריטות מעניינות, שבאותו זמן היו בעיקר מעצבנות. למשל, בכל פעם שהתארחנו במלון בארץ או בחו״ל, היינו מקבלים חדר, נכנסים, שמים את המזוודות ואז מוציאים הכול ומחליפים חדר. אין אפילו פעם אחת שנשארנו בחדר המקורי שיועד לנו. כעסתי עליו, נו די! לא צריך את האובססיה הזאת. רק אחרי שהוא נהרג התחלתי להבין למה הוא התנהג ככה.

הייתה לו עוד שריטה אחת, יומיומית. לפני שהלכנו לישון בלילה הוא היה בודק את כל החלונות והדלתות כמה פעמים, וכשהלכנו למסעדות הוא תמיד היה חייב לשבת עם הפנים לכניסה. אולי היום זה מצחיק, אבל אז זה היה מעצבן, כי באופי שלי אני אוהבת שבן אדם שולט בעצמו ולא שדברים חיצוניים שולטים בו, וההתנהגות הזאת גרמה לי להרגיש שהוא נשלט ולא מצליח להתעלות מעל זה.

מאז שהכרתי את יוסוף הוא שירת בצבא. כשהכרנו הוא היה בתחילת דרכו ביחידה, כל השירות שלו היה ללא מדים, בגלל התפקיד הרגיש שלו, וראיתי אותו על מדים רק בטקסים ובקבלת דרגות. לפעמים יוסוף היה צריך לשנות את החזות שלו. פעם אחת הוא גידל שפם ולפעמים הוא שם פלסטר על הפנים באזור שהיה נראה לי מוזר. לא שאלתי שאלות בקול. רק בתוך הראש. בעיקר כי רציתי לשמור עליו. ידעתי שאסור לו לשתף ורציתי לשמור עליו שחלילה לא אעשה לו נזק.

יוסוף אהב שרואים אותו ומפרגנים לו. בעבודה שלו אי אפשר היה לספר מה הוא עושה, ולדעתי בגלל זה הוא מצא את עצמו באופן טבעי הולך לכיוון של עשייה חברתית. הוא היה מאוד פעיל במקום שבו גרנו, הקים עמותה, ליווה צעירים והתנדב עם נוער.

בעיניי זאת הבמה שבה הוא קיבל מענה לצורך הזה. כולם העריכו אותו מאוד והוא גייס שותפים להקמת עמותה שמטרתה להיטיב עם אנשי העדה הדרוזית. איזה איש הוא היה!

הוא והשותפים שלו השתלמו בקורסים של מנהיגות לצעירים, למדו ורכשו מודלים של בניית קהילות, התנדבו ותרמו. יוסוף הדריך בירכא שתי קבוצות של נוער בתנועת "אחריי!" הוא עשה את זה בשישי ובשבת למרות שאלה היו היומיים היחידים שהיה בהם בבית. אבל זה היה לו חשוב, הוא באמת האמין שעתיד טוב יותר למדינה בכלל ולעדה הדרוזית בפרט יתאפשר דרך הנוער.

כשיוסוף היה יוצא לעשן בפתח הבית שלנו שהיה במרכז הכפר, היו מגיעים בזה אחר זה צעירים ומתייעצים איתו. זה עשה לי טוב, לראות איך הוא מעורב בקהילה. מצד שני, הוא התחיל להשתלב פוליטית בכפר וזה

מאוד הפריע לי, הרי הוא בקושי היה בבית ואני לא רציתי לחלוק אותו עם כולם כל הזמן.

חודש לפני שהוא נהרג, הוא הביא את אבא שלי לדבר איתי, אולי להרגיע אותי. אני זוכרת את המבט בעיניים שלו כשהוא עמד בסלון ליד הדלת, הייתה שם השתוקקות כזאת למימוש, רצון לכבוש עוד תחומים שבהם הוא טוב ויכול להעניק לאחרים. הוא ידע שזה קשה לי, שאני מרגישה שהעשייה שלו באה על חשבוני, שלפעמים הרגשתי שהוא בוחר בעצמו ובהישגיות שלו על חשבון שלוות הנפש שלי, ומהלב אמרתי לו, הכול בסדר. תלך. תהיה פעיל פוליטית גם אם אני בזה לעשייה המוגזמת הזאת. עוד חודש אתה משתחרר.

אני חושבת שהדבר הכי חזק בינינו היה ההכלה. הכלתי את העבודה שלו ואת ההיעדרויות שלו מהבית. הכלתי את הרצון שלו להתפתח כי הוא אהב את העבודה שלו, את האדרנלין, את התחושה שהוא עושה משהו מעבר. בזה היינו מאוד דומים. הוא אהב לעשות דברים ייחודיים, כאלה שאחרים לא עושים, ואני הבנתי אותו ותמכתי למרות שבתוכי היה לי קשה להסכים למחיר שאני משלמת.

לא משנה כמה זמן היה לו, או לא היה לו, הוא לא ויתר על לדחוף אותי. הוא האמין בי והעריך אותי. בסוף, הייתי ילדה והוא גידל אותי. הוא הכין אותי להכול, גם למוות שלו. הוא עשה אותי חזקה וזה התבטא גם בדברים הקטנים. אני זוכרת במיוחד שכשרציתי להתקבל לטכניון וביקשתי ממנו לכתוב לי מכתב שהייתי צריכה, הוא התעקש שאכתוב בעצמי ואז הוא תיקן אותי. זה היה מעצבן אבל לאט לאט השתפרתי. הוא תמיד הכין אותי לחיים שבהם רק אני קיימת ודואגת לעצמי ולילדים. הייתי לוקחת את הרכב למוסך, עושה לו טסט, העניינים הכלכליים של הבית היו באחריותי ולא היה לו מושג כמה כסף יש בבנק. שני האחים שלנו התחתנו חודשיים לפני שיוסוף נהרג. אצלנו חוגגים שבוע שלם לפני החתונה וביום החתונה יש טקס שבו החתן עומד ואנחנו מצטלמים איתו ונותנים לו מעטפה עם כסף. בשתי החתונות אני הייתי בטקס לבד עם הילדים. לבד.

היו כמה וכמה פעמים שבהן דיברנו על תרחיש כזה שהוא ימות. זה היה חלק מהשיחות שהם עברו ביחידה עם הפסיכולוג שלהם. ולפני מבצע חשוב הם היו שמים על השולחן בבית את השאלה מה יקרה אילו.

השיחה הזאת התקיימה גם בינינו.

בהתחלה היה לי קשה לשתף פעולה, אבל בהמשך הצלחתי.

השיחה האחרונה שלנו בעניין הייתה חודשיים לפני שהוא נהרג. גם כשאני נזכרת בה היום השערות שלי סומרות. לא משנה כמה שנים עברו, אני עדיין מצטמררת כשאני נזכרת בכל אותם רגעים שבעקבותיהם החיים שלי נחתכו ללפני ואחרי.

ישבנו במרפסת האחורית שלנו. יוסוף ישב באזור הדשא ועישן בזמן שהוא הכריח אותי לדבר על סוף החיים שלו. ובכיתי. ממש בכיתי. הרגשתי שזאת שיחה אמיתית שבאמת צריך לנהל. הוא שאל אותי, מה תעשי כשאמות? לא הסכמתי לדבר. וכשהסכמתי, בכיתי ואמרתי שיכאב לי מאוד ויהיה לי קשה, אבל אני יודעת שאני אמשיך ואני אגדל את הילדים ואני לא אתחתן. והוא התפלא, אהבלה, למה לא להתחתן? זאת הייתה השיחה האחרונה שלנו בנושא. ברור לי שהוא רצה שאמשיך.

הרבה פעמים לאורך השירות שלו, דמיינתי את ההלוויה שלו. באמת שניסיתי להסיט את המחשבות אבל ברוב הפעמים לא הצלחתי.

אני זוכרת את המבצע הראשון שלו, שהיה ממש בתחילת הנישואין שלנו. הוא אמר לי, אני לא אהיה זמין במשך יומיים. אם את צריכה משהו, תתקשרי למספר שאני נותן לך. הם התעכבו במבצע וחזרו אחרי יומיים. בזמן הזה בכיתי לבד, בתוך דירה קטנה ברמת השרון, ולא יכולתי לישון כי הייתי כל כך מודאגת. לא הייתי בקשר עם בנות זוג של לוחמים אחרים ביחידה, ולא היה לי אומץ להתקשר למספר שהוא נתן לי ולהגיד שקשה לי, שאני מודאגת. בשלב מסוים כן התקשרתי למספר שהוא נתן לי וענתה לי חיילת שאמרה לי, הכול בסדר. אנחנו רואים אותם. הם מתעכבים. אני לא שוכחת את הברק בעיניים שלו כשהוא חזר. אז הבנתי בפעם הראשונה במה מדובר כי כשהוא חזר, הוא ריחף. והיום אני מסוגלת להבין למה. אחד האנשים החשובים במדינה אמר שבזכות העבודה שלהם נחסכו הרבה מלחמות מהמדינה, שבזכותם אנחנו יכולים לשבת עכשיו ולשתות קפה. זה היה יוסוף.

יוסוף ואני לא דיברנו על הפעילויות המבצעיות שבהן השתתף, אבל כן דיברנו על המעגל החברתי והיחסים שיש לו עם האנשים שאיתם הוא משרת. האמת היא שעד הלוויה לא פגשתי אף אחד מאנשי היחידה. אחרי הלוויה הצלחתי לחבר בין הפנים לדמויות ששמעתי עליהן, והרגשתי כאילו אני מכירה אותם מזמן. הם הגיעו לנחם אותנו בימים שאחרי הלוויה. אצל הדרוזים יושבים בבית העם במשך שלושה ימים אחרי הלוויה, אבל במקרה של יוסוף ישבנו שבעה ימים כי הגיעו הרבה אנשים. יוסוף אהב לשתף ואני אהבתי להקשיב, וזה אגב מה שאפיין את הזוגיות שלנו, שיח מאוד פתוח וקרוב. כשהוא היה נוסע שעתיים לעבודה היינו מדברים כל הדרך. הוא היה חבר קרוב שלי ואיתו התייעצתי ואותו שיתפתי בהכול. הוא דחף אותי בתחום המקצועי ובזכותו פתחתי קליניקה לטיפול בילדים מייד אחרי שסיימתי את התואר. הבנו זה את זה, תמכנו מאוד זה בזה. אני לא יודעת אם אצל כל הזוגות זה ככה.

כמובן היו עליות וירידות, אנחנו לא זוג מושלם, ממש לא. עברנו את מה שכולם עוברים ובתוך זה מה שגם לא היה מושלם היה חוסר הנוכחות שלו. אמרתי לו, יוסוף, אני לא רוצה להיות אמא חד הורית, אני רוצה לגדל את הילדים ביחד איתך.

אחרי שילדתי את אמיר, החלטנו שוב לעבור לגור במרכז, כדי שנוכל להיות קרובים לעבודה שלו, אבל בפועל הוא היה חוזר הביתה מדי יום קרוב לחצות והייתי לבד כל היום. זה היה קשה עד כדי כך שהחלטתי לחזור לצפון להיות ליד המשפחה ויוסוף חזר הביתה בסופי שבוע. אחרי שהוא נהרג התחרטתי. הרי יכולנו להיות יותר ביחד, יכולתי ליהנות ממנו. אני יודעת.

כשהוא היה חוזר הביתה היו לפעמים מתחים, בעיקר סביב העשייה החברתית שלו. הוא רצה להיות מאוד פעיל ואני רציתי מאוד להיות איתו. אבל הוא ידע איך לפצות. תמיד דאגנו לטייל, לטוס, להיות בזמן משפחה ולא להתעסק בטלפון תוך כדי.

שנה לפני שיוסוף נהרג טיילנו 21 ימים בתאילנד עם הילדים והיה לנו מדהים. זה הזכיר לי את הטיול הראשון שלנו ביחד כזוג אחרי החתונה. נסענו לאילת ושם פגשתי בפעם הראשונה את יוסוף הילד השובב. הרי הייתי מאורסת ליוסוף הבן אדם העוצמתי ואיש הצבא, ופתאום באילת ראיתי אותו עושה שטויות, משתעשע, יורד לבריכה, קונה איתי דברים שטותיים שאני אוהבת ומטייל איתי לכל מקום שאני לוקחת אותו.

אני אוהבת פשטות ויוסוף לא היה בפשטות בתשעים אחוז מהיום. כשמצאתי בו ואיתו רגעים כאלו של פשטות, אהבתי אותם כל כך.

החיים שלנו היו הרבה בנפרד. אני חייתי חיים באמת פשוטים, עבדתי וגידלתי את הילדים, והוא עבד בעבודה מאתגרת ולא פשוטה בכלל.

התאלמנתי בשנת 2018, לפני שבע שנים. יוסוף שירת ביחידה נבחרת במודיעין ונפל בחאן יונס. הוא נפל בפעולה שהייתה משותפת ליחידה ולסיירת מטכ"ל והתפקיד שלו היה רגיש. הרבה דברים לא ידעתי על התפקיד שלו, אבל כן ידעתי שהוא משרת ביחידה נבחרת ומסוכנת, וידעתי שהוא יוצא לפעילות הזאת. יוסוף היה רק בן 41 כשהוא נחרג.

כשהוא נפל הוא לא היה בשירות יומיומי ביחידה. הוא היה בשנת לימודים לתואר שני ולא היה אמור בכלל להשתתף במבצע.

כמה חודשים לפני המועד המתוכנן למבצע, התקשר אליו מפקד הכוח וביקש שיצטרף למשימה המיוחדת. יוסוף עצר את הלימודים, כי מבחינתו לא הייתה אופציה להיעדר מהמבצע.

יחד עם זאת, עם כל הנכונות, היו לו תחושות לא טובות בכלל לגבי אופי המבצע, מיומנות הכוח וההתנהלות. הוא פשוט הרגיש שמשהו לא תקין. הוא היה חוזר הביתה מהאימונים ומספר לי שהכוח לא מוכן. היה לו ויכוח עם המפקדים והוא אמר שהוא לא מוכן שאמא שלו תבכה עליו דמעה אחת. אמרתי לו, תגיד להם שאשתך לא מאפשרת לך לבוא. צחקנו על זה, אבל זה היה רציני. באמת היו לו תחושות לא טובות.

מה שהציל אותי מלשקוע אחר כך, אחרי כל מה שהיה, היה האמונה. אני מאמינה בגורל, ומאמינה שיוסוף היה צריך למות באותו הרגע גם אם הוא היה בבית. המחשבה והאמונה הזאת מקלה עליי לקבל את המציאות איך שהיא במקום לכעוס על המפקדים ועל האופן שבו הוא נהרג. הרי זה היה הגורל שלו.

כשהוא יצא למבצע, היו לי תחושות לא טובות. באותו הבוקר הוא הלך עם הבן שלנו, אדם, לקנות לי שטיח לקליניקה וכשהם חזרו, הם אכלו ארוחת בוקר ביחד. אחרי זה הוא חיבק את הבנים, לקח את הנס קפה והסתובב ללכת. קראתי לו בחיוך ושאלתי, ומה איתי? הוא חזר וחיבק אותי ויצא לפעילות שבדיעבד השתבשה. זאת הייתה הפעם האחרונה שבה ראיתי אותו.

כשהכוח נכנס לעזה, הוא נחשף על ידי החמאס, שחשד בהם. הכוח ניסה לשנות מיקום ולשפר עמדות, אבל הם נעמדו ליד מגדל גדול שבו הקשר לא עבד והתברר שזאת מפקדה של החמאס. גם סיפור הכיסוי שלהם לא עבד, ויוסוף יצא מהטרנזיט כדי לדבר עם החמאס ולנסות להציל את המצב. חמאס תחקר אותם במשך ארבעים דקות בזמן שסיירת מטכ״ל היו כמה מטרים מהם ולא הצליחו לתקשר איתם, כי לא היה קשר. יוסוף החליט לתת סימן לפעולה וחבר שלו, החבר הכי קרוב אליו בצוות, שלף את הנשק וירה בהם. בדרך הוא פגע ביוסוף פגיעה קשה. זה היה אותו חבר שיוסוף אמר לי, אני לא רגוע מהפעולה אבל על נ׳ אני סומך. הוא לא סתם אמר את המשפט הזה. אני מאמינה שבהכול יש סימנים מלמעלה. המשפט הזה נאמר כדי לעזור לי במצב שבו אני נמצאת היום.

יוסוף קיבל מחבר שלו כדור שנכנס לריאות ועבר ללב. הוא מת מייד ולא סבל.

לוחמים של סיירת מטכ״ל הצליחו להגיע ולאסוף את הכוח ביחד עם הגופה של יוסוף ופצוע נוסף, בזמן שחיל האוויר מפציץ את האזור מלמעלה.

בשמונה וחצי בערב שלחתי הודעה ליוסוף, כתבתי לו ״היי״. ראיתי שהוא קיבל את ההודעה, ונרגעתי, כי אני רגילה שהוא שם את הטלפון על מצב טיסה. רק אחר כך נודע לי שהוא מת באותו זמן ובכלל לא קרא את ההודעה.

רגע אחרי ששלחתי לו את ההודעה, הלכתי לישון. היה עוד מוקדם אבל לא הרגשתי טוב. הילדים רצו לישון לידי ואמרתי להם שאני לא יכולה.

כשנכנסתי למיטה והנחתי את הראש ראיתי איזה מחזה, איזה דמיון שמספרים לי שיוסוף מת. יש אנשים שחושבים שאני ממציאה, אבל זה מה שראיתי, ואז ראיתי את עצמי מספרת לילדים. ממש שמעתי באילו מילים אני משתמשת ואיך אני מתנהגת. ומה שחלמתי בהקיץ שאני אומרת להם, זה בדיוק מה שאמרתי להם אחר כך במציאות. השתמשתי באותן מילים. בדיוק. אני חושבת שיוסוף עשה לי הכנה כדי שלא אקבל את הידיעה על מותו בצעקות.

הם הגיעו לבשר לי בחצות.

ישנתי ופקחתי את העיניים קצת אחרי חצות. הסתכלתי על הטלפון שהיה על שקט וראיתי שאבא שלי מחייג אליי. פחדתי לענות לו. כשלא עניתי, הוא

התקשר שוב והפעם עניתי. הוא שאל אותי אם אני בבית, אמרתי לו בטח, איפה אני אהיה. הוא ביקש שאגיע לפתוח את הדלת. שאלתי אותו למה. למה לפתוח את הדלת. אבל כמובן ידעתי. הוא ניתק ואני נשארתי לשבת על המיטה, המומה. הוא התקשר שוב וביקש, בואי תפתחי את הדלת. הוא היה צריך להתקשר פעם נוספת כדי שאקום על הרגליים. הוא אמר לי, אלין, תחליפי בגדים ובואי.

כשפתחתי את הדלת הוא לא הצליח להגיד מילה. מאחוריו עמד הקצין ואבא בכה, בכה, בכה. שאלתי אותו, קרה משהו ליוסוף?

וככה התחילו החיים החדשים.

מייד נכנסתי לתפקיד של האימא שאמורה להגן על הבנים שלה, שמתי את עצמי בצד ודאגתי להם. כל מה שרציתי היה לצמצם את הנזק עבורם. הערתי את אדם וכשחיבקתי אותו אמרתי לו, אני הולכת לספר לך משהו מאוד מאוד מאוד עצוב וכואב. אתה יודע שאבא בצבא ולפעמים הוא הולך למקומות מסוכנים? והוא אמר לי, לא, אני לא יודע. והוא צודק. מבחינתו אבא ישב במשרד. אז סיפרתי לו מהתחלה, שאבא היה בצבא במקום מסוכן והוא נפצע ונהרג. חיבקתי אותו והוא בכה. אותו הדבר עם אמיר שהיה אז בן חמש. הוא כיסה את עצמו והתחיל לבכות בקול.

היה לי חשוב לשמוע שהגופה בארץ, רציתי להיפרד ממנו כי יש אצלנו בעדה חשיבות לקבורה, זה כמו סגירת מעגל. באמת נפרדתי מהגופה כשהיא שלמה וכשהוא מחייך. אבל לגופה עצמה אין חשיבות וגם לקבר אין.

יש לנו בית קברות צבאי ויש שם מצבה וברור איפה כל חייל קבור. אבל שאר האנשים נקברים בחלקת אדמה קטנה שיש בה חדר מבטון. שם שמים את הארון וכל כמה שנים מנקים ומחליפים את הגופות.

נ׳, הלוחם שפגע ביוסוף, הגיע להלוויה ואני עוד לא ידעתי שהוא זה שירה בו. במבט לאחור אני מבינה שהוא לא הצליח להסתכל לי בעיניים. אמרתי לו, אני רוצה לדעת הכול. ספר לי איך הוא נהרג. הוא אמר לי שעדיין לא יודעים ורק אחרי זמן סיפרו לי את האמת.

תמיד כשהיינו צופים בחדשות וראיתי פגיעות במצבים של ירי דו צדדי, הייתי ממש כועסת ויוסוף היה אומר לי, אל תשפטי. את לא יודעת מה קורה בשטח.

כשגיליתי שיוסף נורה על ידי נ׳, כעסתי מאוד ובמשך חודש לא הייתי מוכנה לראות אותו. עברתי תהליך של עיבוד והבנה. במהלך השנים היו כמה מפגשים ושיחות בינינו והיום אני בקשר עם נ׳.

למרות שהגעתי לרמות גבוהות של קבלה, אחד הדברים שאני עדיין עובדת לשחרר אצלי, זה דווקא את הכעס שלי על יוסף.

כשאני מסתכלת על שני הבנים שלי, אני מרגישה שאני לא יכולה לסלוח לו שהוא עזב אותנו. אדם ואמיר גדלים כיתומים ואני לא מהססת להגיד שמי שעובד בעבודות שמסכנות את החיים שלו בכל רגע נתון לא צריך להביא ילדים לעולם.

כל החוסן שהיה לי כשהודיעו לי על המוות של יוסף לא החזיק אחרי השבעה.

חזרתי הביתה, אנשים הפסיקו לבוא, הייתי לבד. והיה לי מאוד קשה.

לא הצלחתי לשתות קפה בלי לשים לו כוס, לא נתתי לילדים לשבת במקום שלו לידי כי הרגשתי את הנוכחות שלו, הוא זה שצריך לשבת לידי. במשך חצי שנה עוד שמנו לו צלחת על השולחן. אני יודעת שזה נשמע טיפשי והזוי אבל לא יכולתי אחרת. הייתי צריכה להרגיש שהוא עדיין איתנו. הילדים אהבו לישון במיטה לידי ואני גם העדפתי ככה, כדי שלא אהיה לבד. הם נתנו לי כוח ובכל פעם שהייתי נופלת לעצבות ובוכה ומרגישה חוסר חשק לחיים, אדם היה מרים אותי.

גם אחרי השבעה באוקטובר כשהמראות הקשים רדפו אותי במשך שבועיים ולא הצלחתי להרים את עצמי, אדם אמר לי, נכון שאמרת שאמא חזקה זה ילדים חזקים? אז את לא חזקה אמא! אמרתי לו שהוא צודק. כל פעם הוא מצליח להרים אותי.

אחרי שבישרו לי על יוסף התחלתי ללבוש שחורים, כמו שעושים בעדה שלנו. כל אלמנה מחליטה מתי היא מורידה את הבגדים השחורים שמסמלים את האבל. אם את מורידה מוקדם מדי, מסתכלים עלייך. אם את מורידה אחרי יותר מדי זמן, מסתכלים עלייך. כל תשובה לא נכונה. אנחנו מאוד שיפוטיים. לבשתי בגדים שחורים במשך שנה וחצי. עד הערב המיוחד שעשו ליוסף ביחידה. שם הרגשתי שאני עוברת חוויה שלא ניתן לתאר במילים, חוויה שמעניקה לי את תחושת השחרור.

הגעתי לאולם ענק, ממש ענק, ועל הקירות היו תמונות של יוסוף ממבצעים בכל רחבי העולם. לא יכולתי לדעת בדיוק מאיפה. עברתי בין התמונות והרגשתי שאני רוצה ללטף אותו ובאותה מידה הבנתי שזה לעולם לא יקרה יותר. במעמד המיסטי הזה, הרגשתי שאני נפרדת ממנו.

כשהייתי צריכה לדבר לפני כל המשתתפים בטקס לא הצלחתי. מישהי אחרת הקריאה במקומי את מה שתכננתי להגיד, בזמן שאני רק בכיתי ובכיתי. כשחזרתי הביתה בהסעה שארגנו לנו, הסתכלתי מהחלון על האורות שחולפים בדרך והרגשתי שאני משחררת אותו, הרגשתי את כל האבל וכל הכאב יוצאים ממני. לא שאין לי כאב גם היום, אבל את הכאב שמעורב בפרידה שחררתי.

ביום למוחרת החלפתי את הבגדים השחורים. הצטלמתי ושלחתי לחברות והן עודדו אותי מאוד כמו שהן תמיד מחזקות אותי. החלטתי שאני מתחילה לחזור לחיים.

אני חושבת שהדת והאמונה עוזרות לי להמשיך. אנחנו מאמינים בגלגול נשמות, כל אדם שמת מתחיל מחדש ואני יודעת שיוסוף חזר ושהוא כאן. הוא התחיל מחדש. אני כן נאחזת באמונה שהמוות הוא לא סוף, המוות הוא התחלה חדשה וזה עושה לי טוב להאמין ומחזק את הילדים שלי שיש המשכיות.

אחרי שיוסוף נהרג ירדתי הרבה במשקל וביחד עם הבגדים השחורים לא נראיתי טוב. אדם אמר לי, אמא, את נראית כמו זקנה. אדם ויוסוף דומים מאוד וקשורים נורא. ילדתי אותו כשיוסוף התחיל לימודים לתואר ראשון. הוא היה שנתיים בבית ושמר על אדם בזמן שאני הייתי בעבודה.

אחרי שיוסוף נהרג הדבר שהכי הפחיד אותי היה שהילדים ישכחו אותו. הייתי אוספת כל תמונה וכל סרטון ועושה כל הזמן גיבויים. יום אחד גיליתי שיוסוף קנה מצלמת וידאו קטנה שבה היה מסריט אותו ואת אדם. זאת המתנה שנשארה לי אחרי שהוא נהרג.

אדם לומד היום בפנימייה צבאית היכן שאבא שלו למד. הוא עושה סגירת מעגל לעצמו. היה לי קשה לשחרר אותו כי רציתי שהוא יגדל פה לידי,

מול העיניים. הוא ילד מדהים. רציתי ליהנות ממנו ועבדתי הרבה עם המטפלת שלי כדי לשחרר אותו באהבה. אני שמחה על ההחלטה שלי כי הוא פורח.

אמיר בכיתה ו׳ ולומד בבית ספר הרחק מהכפר. אנחנו חברה מאוד רגישה, הכול אצלנו רגש. לא רציתי שהוא יגדל באווירה של רחמים שהוא מסכן כי אבא שלו נהרג, אז העברתי אותו לבית ספר באזור אחר.

בעקבות התגובה של אדם, שמחתי להוריד את הבגדים השחורים אבל בשום אופן לא חשבתי להתחתן. הרגשתי שיש לי אומץ וחוזק והרגשתי שאני יודעת איך להתמודד עם התפקיד שלי כאדם וכאמא. זוגיות לא הייתה חסרה לי בשלב הזה. רק כשעיבדתי ועיכלתי את האובדן עצמו, הרגשתי שאני כן רוצה להתחתן ובשלה להמשיך הלאה.

שלוש שנים אחרי שיוסוף נהרג, עזיז נכנס לחיים שלי.

הבת של עזיז הייתה מטופלת אצלי בקליניקה. אני מאמינה שעיקר הטיפול הוא דווקא לא מול הילדים, אלא שצריך לגייס את ההורים לתהליך, וככה עזיז, שהיה גרוש, הכיר אותי.

אחרי שסיימנו את סדרת הטיפולים, הוא התקשר אליי. התחלנו לדבר, אבל הוא לא ידע להגיד שהוא רוצה לצאת איתי, הוא אמר, את מבינה מה אני רוצה להגיד? ואמרתי לו, לא, אני לא מבינה. במבט לאחור זה מצחיק אותי.

בהתחלה אמרתי לו שלא מתאים לי, כי לא חשבתי בכלל בכיוון של זוגיות חדשה בשלב הזה, שלוש שנים אחרי שיוסוף נהרג, אבל אהבתי את האומץ שלו להציע ואת הפשטות היפה שלו וככה נוצר בינינו קשר.

ההורים שלי רצו מאוד שלא אשאר לבד, אבל כשהגיע רגע האמת והקשר עם עזיז עמד על הפרק, הם פחדו שאתחתן.

אצלנו אלמנות מתחתנות בדרך כלל עם אח של הבעל שנהרג, או שלא מתחתנות בכלל. ומכאן התחיל סיפור שלם. אנשי דת אמרו לי שאסור לי להתחתן, כי לי יש בנים ולו יש בת ולא נוכל לגור ביחד. מהצד השני, המשפחה של יוסוף אמרה שאם אתחתן, הילדים יעברו להיות בחזקתם.

האמת היא שככה אמרו תמיד לכל האלמנות הדרוזיות, והן האמינו כי פחדו לאבד את הילדים שלהן, ואני ידעתי שאין אף אחד שיכול להרחיק ממני את הילדים שלי.

כל האלמנות פחדו והעדיפו להישאר לבד, בודדות, אבל ביחד עם הילדים שלהן. גם לי עשו בלגן ואיימו עליי, אבל הזכרתי לעצמי שאנחנו במדינת חוק וזה לא קביל. ואז קיבלתי ביטחון, כי הבנתי את המצב באמת.

למזלי, הייתי בגיל לא צעיר, שבו כבר היה לי ביטחון וידעתי להילחם. גם קיבלתי המון כוח מאלמנות שהיו מעודדות אותי. כל יום הייתה מתקשרת אליי אחת אחרת ואומרת, אל תוותרי, תילחמי, מגיע לך. אבל אם הייתי יודעת שיש סיכוי של אחוז אחד שייקחו לי את הילדים, לא הייתי מתחתנת. הילדים הם החמצן שלי, הם הנשמה שלי. לא הייתי מוכנה להפסיד אותם.

כמובן, בסוף עזיז ואני התחתנו, ועשינו את זה בהתייעצות ובהסכמת אנשי הדת. העדה שלנו ערכית ושמרנית, ומתקשה לקבל משהו חדש וזה בסדר שלוקח זמן לשינויים להפוך להיות משהו מקובל.

הבן שלי שואל אותי הרבה על יוסף ואם אני עדיין אוהבת אותו. אני אומרת לו שיוסף נשאר בלב שלי ושאני אמשיך לאהוב אותו תמיד. הוא הלך כשהלב שלי היה מלא בו, אהבתי אותו מאוד וזה לא ישתנה. הסברתי לו שהנוכחות של עזיז בחיים שלי לא לוקחת מהאהבה שלי ליוסף. שאבא שלו הוא כבר לא אדם פיזי קיים ושלאהוב אדם מת ולאהוב אדם חי אלו שני דברים שונים, ושניהם הולכים ביחד. זה כמו לאהוב את כל הילדים שלך.

כשילדתי לראשונה, אני זוכרת שהסתכלתי על נשים אחרות בבית החולים והיה לי מאוד קשה לראות נשים שילדו בפעם השנייה והשלישית. תהיתי איך הן יכולות לאהוב עוד ילד. רק כשילדתי בפעם השנייה הבנתי שאפשר לאהוב כמה אנשים בו זמנית ושכל אחד מהם יקבל הרבה אהבה.

בשנתיים הראשונות, האתגר הגדול ביותר היה למצוא את המקום הזוגי של עזיז ושלי בין שתי המשפחות. עם עזיז יש לי זוגיות משפחתית. הוא חוזר בכל יום הביתה וזה משפיע על הזוגיות שלנו מאוד. היום אני אוהבת להיות בזוגיות ואוהבת שיש לי שותף לחיים. גיליתי שאני לא יכולה להיות יותר לבד כמו שהייתי רגילה עם יוסף. הבנתי שאני מפחדת מתחושת בדידות, ממש מפחדת. לקח לי זמן לעבוד על זה. כדי לעזור לעצמי, אני נפגשת בכל שבוע עם עובדת סוציאלית קלינית, לא מוותרת על הפגישות האלה.

לאחד שתי משפחות זה עוד אתגר בזוגיות שלנו. אנחנו שתי משפחות שונות. יש לנו תפיסות שונות. אני מגדלת לעצמאות ולקיחת אחריות ועזיז אוהב לפנק. בהתחלה הכול היה ורוד וכיף ונחמד, אבל אחרי חצי שנה התחלנו להרגיש עליות וירידות. זה קורה כי כשמאחדים משפחות, כל המערך המשפחתי המקורי מושפע ומשתנה. במצב החדש, כל ילד מחפש את המקום שלו. אני מרגישה שאנחנו בדרך לשביל הזהב שנכון לכולנו, שאנחנו עדיין חוקרים ומתמודדים עם אתגרים.

ביום של ההלוויה כשעמדתי מעל הקבר קיבלתי החלטה, אמרתי שאני מפסיקה לרוץ, אני רוצה להיות ברוגע, בשקט, לא לרוץ בחיים. כי עם יוסף זה היה לרוץ בטירוף, לעבודה, להישגיות, להצלחות, ללמוד עוד משהו. רצנו על הכול. אחרי שהוא נהרג התחלתי לעבור תהליך שבו אני נכנסת יותר פנימה, למרות שעדיין יש בי את המקום שרץ.

אני עושה עכשיו אימון מנטאלי עסקי לקליניקה שלי כקלינאית תקשורת, ועוברת קורס אונליין של מנטור ממצרים שגר עכשיו בדובאי. אני מרגישה שאני חייבת להיות כל הזמן בהתפתחות ובגדילה. אבל מה שמעסיק אותי הוא לא איך אני מגדילה את מאגר הלקוחות, אלא איך אני מגדילה את מעגל האהבה בלב, איך אני אוהבת את כולם ולא נמצאת בעמדה שיפוטית. זאת ריצה אחרת ממה שהיה לי עם יוסף. זאת ריצה שקרובה הרבה יותר לעולם המשותף שיש לי ולעזיז, שגם הוא אגב עובד בביטחון.

אני שמה לב שלקחתי הרבה דברים מהזוגיות הראשונה שלי לזוגיות השנייה. במחשבה נוספת, לקחתי אותי. הפכתי להיות שונה ממי שהייתי בקשר עם בן הזוג הראשון שלי.

תפיסות החיים של יוסף ושלי הפכו להיות חלק מהאישיות שלי. למשל, לקחתי את השיחות הכנות שהיו ליוסף ולי גם לזוגיות עם עזיז וחשוב לי שנדבר הרבה ונשתף.

חקרתי את עצמי, בדקתי למה הצלחתי לעמוד על הרגליים ולהיות חזקה והבנתי שזה בגלל שהמוות של יוסף לא פגע בתפיסת הערך שלי. למרות שהתרסקתי, גיליתי שיש בתוכי גם חוסן וכוחות מעל הטבע. היום אני לא עולה לקבר. אומנם בהתחלה הלכתי מתוך מחויבות ליוסף, אבל הבנתי שזה פחות מתאים לי. אני לא מתחברת לבית עלמין והוא לא מחבר אותי ליוסף. אני חושבת שזה גם מנוגד לאמונה שלנו, כי לגופה אין ערך והוא המשיך לגלגול הבא שלו.

אני מתחברת ליוסף בטבע, במקומות שטיילנו בהם, באוכל שאני מכינה ואני יודעת שהוא אהב. עזיז מקבל את זה. הוא מדהים. מההתחלה הוא הבין שהוא לא בתחרות ושהוא לא צריך להילחם על המקום שלו אצלי בהשוואה ליוסף. יוסף לא פה ואין לו במה לקנא. הוא גם לא צריך לקנא

באידיאליסטיות שהייתה ליוסוף, כי אני אוהבת את מה שעזיז מביא לקשר. את השקט הזה בדיוק חיפשתי.

אין לי שום מחשבות או שיח שמתנהלים ביני לבין עצמי, על זה שיש שני גברים בחיים שלי, כי הנוכחות של יוסוף בחיים שלי לא מאיימת על הזוגיות שלי. כל הקונפליקטים של עזיז ושלי, ויש לנו, הם על הילדים ועל החיים שעכשיו.

עם עזיז אני מרגישה שוות ערך, שאני והוא באותו המקום. עם יוסוף הרגשתי שאני כל הזמן צריכה להתאמץ לטפס. הוא גדל עם ציפיות גבוהות כלפי החיים, הוא רצה להשיג עוד משהו ועוד משהו בכל רגע נתון והוא שיתף אותי בהכול. עם עזיז אני לא מרגישה שאני צריכה לרוץ ולא צריכה להוכיח את עצמי ושכל מה שאני לומדת הוא כי אני רוצה ולא כי אני צריכה להשתפר. אני חושבת שגם עזיז בהתפתחות. אני אוהבת שאדם לא מוותר לעצמו, בעיניי זה חלק משריטות טובות.

עזיז ואני יצאנו לחופשה עם כמה חברות שלי מעולם הטיפול ועם הבעלים שלהן. כל הזוגות פגשו שם את עזיז בפעם הראשונה ככה מקרוב, והחברות שלי אמרו לי, אתם ממש דומים. אני חושבת שהן צודקות. אני מרגישה שאין לי זוגיות טובה יותר או פחות, אלו פשוט שני דברים שונים וכל אחת מהן נתנה לי איכות אחרת.

לא מזמן נסעתי ברכב עם הבן הקטן שלנו ואמרתי לו, אתה יודע, אני מאמינה שאלוהים שולח לנו מבחנים שאנחנו צריכים לעבור. ואם לא נעבור אותם כאן, נחזור אליהם בגלגול הבא. נגיד אתה, אבא שלך נהרג וכנראה בגלגול הקודם שלך אבא שלך נהרג ולא הגעת להשלמה. עכשיו יש לך את ההזדמנות להגיע לקבלה. והוא אמר לי, הגעתי לקבלה. תראי כמה חברים יש לי בעקבות המוות של אבא. הוא מצליח לראות גם מה הוא קיבל, איזה עוד חלקים הוא הרוויח כחלק מהתמונה הגדולה. וגם אני.

כשאתה אוהב מישהו, אתה רוצה
בשבילו את הכי טוב שאפשר, את מלוא
מימוש הפוטנציאל, שיעוף הכי גבוה
והכי רחוק. ולפעמים מי שמשלם את
החשבון על ההצלחה שלו – זה אתה
בעצמך. אבל כך מתנהלת אהבה. זאת
המהות שלה, לתת ללא גבולות.

// יעל נאמן

לחכות לו שישוב

יעל נאמן

בת 45, אלמנתו של רס"ן איתן נאמן.
אמא ליהונדב (20), נעמה (19), אבינעם (18), אביתר (17),
דוד (14), יהודה (12) וצור (7).

חרבות ברזל

ביום שני בשעה 7:00, יומיים אחרי שפרצה המלחמה בבוקרו של חג שמחת תורה, קראו בבתי הכנסת את פרשת בראשית. באותו זמן בדיוק, נפתחה אש לעבר חיילי גדוד 7008 של עוצבת האש בצומת שער הנגב. איתן שלי נהרג תוך כדי חיפוי על חבריו לגדוד, תוך הצלת חייהם של תושבי הנגב.

באירוסין שלנו, איתן בחר לדבר על פסוק מפרשת בראשית: "על כן יעזוב איש את אביו ואימו ודבק באשתו והיו לבשר אחד". עזיבת בית ההורים והדבקות בזוגיות שלנו ליוו את חיינו המשותפים מראשיתם. איתן היה בן זקונים, שנולד אחרי חמש בנות. כבר לפני שהגעתי לחייו, איתן קרא תיגר על הדרך שבה גדל. חגיגות בר המצווה שלו היו נקודת מפנה, שממנה והלאה החליט שהוא רוצה לבחור בדרך שונה.

בגיל 17 איתן עזב את התיכון היוקרתי שבו למד ועבר לסיים את השמינית בתיכון בדימונה. הוא התאהב בנוף האנושי והמדברי, ושם

נרקם אצלו החלום לגור במדבר. איתן רכש את כל ההשכלה התורנית והמקצועית שלו במדבר. גרנו בבית עם נוף למדבר, ואפילו התאונה הקשה של יהודה התינוק שלנו הייתה על ספר המדבר.

איתן נפל בצומת שער הנגב, במקום סמלי ששומר על צירי הדרכים באזור. הילדים ואני החלטנו לקבור אותו בחלקה אזרחית, במקום שבו הוא מוקף באנשי באר שבע, אנשי המדבר, שכה אהב.

ולצידו רכשתי גם אני חלקת קבר.

מחלונות הבית שלנו נשקף נוף מיוחד. אני מתעוררת עם הזריחה ורואה את העדרים הולכים למרעה במקומות שאליהם תמיד הגענו ביחד כשהיינו יוצאים לטיולי אקסטרים עם הדיפנדר שלנו או לפיקניקים בראשי ההרים. איתן ואני היינו כל הזמן האחד עם השנייה, והרגשנו שאנחנו לא צריכים אף אחד חוץ מאשר את עצמנו. היינו חברים טובים ואהבנו את השקט שלנו, כל כך טובים, שכשאיתן היה מגיע הביתה הוא לא חיפש חברים, לא חיפש אנשים, לא חיפש קהילה, הוא רצה רק להיות איתי בבית, זה הדבר היחיד שעניין אותו.

הכרתי את איתן כקצין נשק על הסטי״ל, ספינת טילים, כשלמדתי באוניברסיטה. הייתי סטודנטית ביישנית וחרוצה, שקועה כולי בלימודים ובעבודה. לא היה לי זמן לחברים ולא עניין אותי להתרועע. הייתי מתחבאת בין הספרייה למעבדה הארכיאולוגית הבוטנית שבה עבדתי, ויוצאת מדי פעם להדרכת טיולים בחברה להגנת הטבע, בחוגי טבע ובסיירות.

בשנה הראשונה ללימודים חברה באה אליי והכריזה: כשתרצי להתחתן, יש לי מישהו בשבילך. חשבתי לעצמי, איך היא תדע מי מתאים לי? לא היינו חברות טובות, הכרנו בקורס קרמיקה במסגרת התואר וזה היה תחום שהייתי טובה בו. בזמן שהראיתי לה את ההבדל בין חרסים מתקופות שונות, סיפרתי לה על בחור שיצאתי איתו באותה תקופה וחשבתי להיפרד ממנו. כשהקשר אכן הסתיים, חזרתי אליה ואמרתי לה שאני מוכנה לשמוע. היא רצתה להכיר לי חבר ילדות שלה מבני עקיבא. הוא ביקש ממנה להכיר לו ״מישהי חכמה, יפה ומדריכת טיולים״. היא חשבה שהתאמתי לרשימה.

כששמעתי על איתן, שאלתי את עצמי מה הקשר ביני לבין הבחור הזה. כבר היה לי רזומה בחיים שאחרי הצבא, הייתי לקראת תואר שני במכון ויצמן וסימנו אותי באקדמיה. מה פתאום חייל בחיל הים עכשיו. הרי מציעים לי לצאת עם דוקטורנטים. ואף על פי שהרגשתי שלצאת איתו פירושו לחזור קצת אחורה, הסכמתי.

כשהחברה המשותפת התקשרה לאיתן, הוא היה באמצע טיול. היא אמרה לו, יש לי מישהי להכיר לך. הוא אמר, אה, מגניב, רשם את המספר שלי וביקש לנתק את השיחה. ואז היא שאלה אותו, אתה לא רוצה לדעת איך קוראים לה?

התחלנו לצאת. זו לא הייתה אהבה ממבט ראשון. איתן נראה לי צעיר מדי, היו לו פנים של נער. לקחתי אותו לבית הבאר בפרדסי רחובות, לא רחוק מהבית שבו גדלתי. השיחה בינינו הייתה סבירה, אבל חשבתי לעצמי שהוא מתלהב מדי מעצמו. הוא אפילו הרגיש לי כמו מתבגר. החלטתי לסיים את הערב והתחלתי לרדת בסולם, אבל איתן לא היה בעקבותיי, הוא נעלם. פתאום שמעתי קפיצה. הוא הפתיע אותי כשגילה סקרנות ושובבות מיוחדת ולא שגרתית. את כל הבחורים שאיתם יצאתי לקחתי לבית הבאר, טיפסנו עליו במעלה הסולם עד לגג ושם ישבנו. אבל רק איתן בחר לקפוץ מהגג במקום לרדת בסולם. הבנתי שאולי לא אתחתן איתו, אבל ברור שיהיה לנו כיף ביחד ושנהיה חברים טובים. וכך היינו תמיד, עד יום מותו.

אני נזכרת איך בתחילת הקשר שלנו איתן הבין שאני לא מתאימה לעולם התורני שאליו שאף. המכנסיים שלבשתי והאישיות המרדנית שלי לא התאימו לסטראוטיפ הרבני. כדוס־דוס, הוא התלבט אם זה אפשרי בינינו, וחשב שאולי כדאי להיפרד. אבל המחשבות האלו חלפו והוא התאהב בי באופן טוטלי. איתן לא יכול היה לעזוב אותי לרגע. אני אפילו זוכרת סיור שהיה לי בחרמון בקורס בוטניקה, הוא נסע ארבע שעות לכל כיוון רק כדי לראות אותי למשך שעה וחצי.

איתן היה אדם מערכתי, שאהב את העולם התורני וההלכתי. כשסיים כיתה י״ב בתיכון בדימונה, הוא נשאר ללמוד בישיבה הגבוהה שם. שנה לאחר מכן, ביקשו ממנו להקים את הישיבה הגבוהה באילת ולהיות אחד מבני המחזור

הראשון בה. איתן התלהב. הוא אהב לסלול דרכים חדשות וללמוד תורה. רבניו האמינו שהוא יתקדם בתחום זה, כי הוא היה רציני ושקדן באופן כמעט בלתי רגיל. את רוב עולם התורה שלו רכש במדבר, במרחב שאהב והתחבר אליו, אבל, למרות זאת, איתן השתוקק לעולם העשייה וחשב שהמקום המתאים ביותר עבורו הוא במסלול ישיר לקצונה. הוא עבר את הגיבוש לקורס חובלים והודיע לחברים מהישיבה על גיוסו לחיל הים. זאת הייתה הפתעה מוחלטת מבחינתם.

איתן השקיע בחייליו את כל כולו ורצה מאוד להגיע לתפקיד שיקדם אותו להיות מפקד סטי״ל. הוא קיווה שבחיל הים יציעו לו תפקיד בתחום הפיקוד שיאפשר לו להתקדם במערכת הצבאית, אך התפקיד בושש לבוא. אני זוכרת כמה נצבט לו הלב. לאט לאט חלחלה אצלו ההבנה שהגיע הזמן לחתור לדרך חדשה. אחרי שש שנים כחובל הוא תכנן לחזור לישיבה ולעבור הסמכה לרבנות, מתוך רצון עמוק להיות רב.

פעם אחת כששאלתי את איתן אם יש עוד אפשרויות להמשך דרכו מלבד להיות רב, הוא סיפר שבאחת ההפלגות בחיל הים הוא פגש רופא ילדים במילואים שהצטרף לפעילות המבצעית. האישיות הטובה שלו הרשימה את איתן והעלתה מחדש חלום ישן מימי התנדבותו במד״א – להיות רופא. ההחלטה הייתה לא פשוטה; איתן עדיין התלבט בין העולם הרבני לעולם הרפואה.

איתן היה מסור לצבא עד כדי כך שהיה לי ברור שאם לא אדחוף אותו לקראת הפרק הבא בחייו, הוא לא יצליח להחליט בקלות. כך מצאתי את עצמי רושמת אותו למבחני מתמטיקה ופסיכומטרי, ומאיצה בו להירשם שוב לאחר ניסיונותיו הכושלים. היינו יחד בלבטים, במסע ובצעידה המתמדת מול המשימות האין־סופיות של תקופת סיום השירות הצבאי, והמאמץ לבניית הקן המשפחתי.

בין תקופת הצבא לבית הספר לרפואה, איתן שילב שוב בחייו את עולם התורה שהיה כל כך מרכזי באישיות שלו. גם שם, לא היה קל. אלה היו ימי סוף האינתיפאדה השנייה, וגרנו ביישוב עלי המבודד. הוא ניסה ללמוד תורה ברצינות ושאף לקבל הסמכה לרבנות, אך אנרגיות העשייה שלו הוציאו אותו להקפצות במד״א ואל צירי הכבישים. איתן היה מעביר פצועים ומסייע.

התקופה הזאת חידדה אצלי את ההבנה שלחיות עם איתן פירושו, פעמים רבות, לחכות לו שישוב.

בשנה זו איתן קיבל סירוב כמעט מכל בתי הספר לרפואה. חיכינו להודעה האחרונה, מאוניברסיטת בן גוריון, שהגיעה שבועיים לפני תחילת הלימודים. עם קבלת ההודעה החיובית, עברנו לשכונה ב׳ בבאר שבע, עם תינוקת בת שבועיים ותינוק בן שנה ושלושה חודשים. איתן, שהיה ילד תמידי בן 28, היה אבא לשני ילדים שמתחיל את דרכו בבית הספר לרפואה. הלימודים היו קשים, המבחנים היו תכופים ואני זוכרת במיוחד את המבחן המפורסם שלו בפיזיקה שהוא הצליח לעבור רק אחרי שלושה מבחנים כושלים.

איתן תמיד צחק שבבית הספר לרפואה, ציון 60 ומעלה הוא ציון עובר, אבל ציון 90 ומעלה פירושו כישלון בחיי המשפחה. אבל בשתי העמודות הוא לא קיבל נכשל. היינו יחד, אני איתו והוא איתי, למרות כל הקשיים בדרך. והיו.

אני חושבת שלקח לי זמן להתחתן כי חיפשתי מישהו רציני וקליל בו־זמנית, מישהו לנהל איתו שיחות אינטלקטואליות אבל גם לעשות המון שטויות ביחד. הוא קרא המון, היה לו ידע כללי מדהים וגאונות מיוחדת. כשהתחתנו, היינו שני ילדים שובבים שיש ביניהם חברות עמוקה. במשך עשרים ואחת השנים שבהן היינו ביחד דיברנו בינינו הרבה, ואף פעם לא נמאס לנו זה מזה. אני כל הזמן חושבת איך איתן היה באר של ידע שהלך לאיבוד ואיך השלמנו זה את זה. היינו עולם ומלואו ולא היינו צריכים אף אחד. הקשבנו ביחד לפודקאסטים על מוזיקה, קראנו ביחד ספרים, היינו מדברים על ספר שאהבנו ואז על כל הספרים של אותו סופר. גם רצנו ביחד. אפשר להגיד שהיינו פשוט שני משוגעים שאוהבים את אותם הדברים. וגם כאשר הוא בחר בקריירה של רופא, למעשה עברנו אותה ביחד. כגוף אחד.

איתן נתן לי אהבה עזה כמו שלא הרבה נשים בעולם מקבלות, וכך גם אני נתתי לו. וזו לא הייתה רק הקריירה שלו, זו הייתה קריירה משותפת ושנינו ידענו זאת. הוא היה מתייעץ איתי על סוגיות קטנות וגדולות. גם

כשעלתה ההתלבטות אם לעשות תורנות היום או מחר, הוא היה צריך אישור שלי, לא כי לא נתתי לו לצאת לתורנות, אלא כי הוא היה צריך ביטחון שאני איתו בדרך, במסע.

להיות רופא טיפול נמרץ זו הקרבה אינסופית ולהיות נשואה לרופא טיפול נמרץ זאת הקרבה לא פחותה. להתעורר איתו בלילה, ללוות אותו בתהליכים שהוא עובר ואפילו במבחנים שהוא עושה. לכל אורך השנים, הייתי מעורבת בקריירה שלו ברמה כזאת שקבעתי יחד איתו ולפעמים לפניו את המהלכים שיקדמו אותו. פעם אחת, כשהתבוננו ביחד על תיבת הדואר האלקטרוני שלו, ראיתי שיש כנס מקצועי חשוב בקנדה. שאלתי אותו, "למה אתה לא מציג את העבודה שלך שם?". האמנתי בו ודחפתי אותו להגיש מאמר לכנס, וכשהוא הגיע לשם הוא התקבל בכבוד רב.

בשנה השלישית ללימודים, בזמן שחיפש אחר מקום התמחות, פגש איתן את ד"ר צחי. באותם הימים הוא התלבט בין פנימית, הרדמה ורפואת ילדים, ועשה אלקטיב, התנסות כדי לבדוק אם המקום מתאים, בטיפול נמרץ ילדים. פעם אחת, כשהגיע לביקור בוקר, נתן לו ד"ר צחי משימה, להעביר מרשם עבור אחד המטופלים. איתן, בתמימותו האופיינית, פנה ישירות למזכירה הרפואית, להעביר לה את המשימה. צחי, מתוך גישתו החינוכית, נזף בו, "לבקש מיהודית גם אני יכולתי, אני רוצה שתטפל בזה בעצמך". באותו היום איתן הרגיש שפגש את נשמתו התאומה.

כשחזר הביתה, ידע בוודאות שיתמחה בטיפול נמרץ ילדים. הוא הוקסם מהמקצוע, מהמורכבות שלו, מהמקרים המאתגרים, ובמיוחד מצחי, שהפך למנטור ולאח הגדול שלו. איתן ראה בו את כל מה שחלם להיות: רופא מסור, מחנך בנשמתו, שאינו מתפשר על מקצועיות, ומעל לכול אדם בעל לב זהב. ככל שהתרבו המחקרים המשותפים, כך נקשרו נפשותיהם.

תקופת ההתמחות בילדים הייתה לא קלה. איתן עשה כל חודש 11 תורנויות קשות של 26 שעות ברצף, בזמן שהמשפחה הפרטית שלנו הולכת וגדלה. איתן לא אכל ולא ישן כמו שצריך. היו תקופות שבהן הוא היה תשוש פיזית וגם נפשית, כי במשמרות הוא נתן את כל כולו למען החיים של הילדים שהיו תלויים בו.

כמתמחה ברפואת ילדים, ניתן לעשות סבב בטיפול נמרץ רק בשנה השלישית. איתן עשה הכול כדי להתחיל בסבב הזה מוקדם ככל האפשר, כבר בתחילת השנה השנייה. והוא הצליח. איתן היה רופא מעולה וחדור מוטיבציה, ממש כמו ילד מתלהב. ואני מאמינה שזה מה שגרם לו להגיע להישגים המרשימים שלו.

ביום ראשון בתחילת חנוכה הוא החל כרופא ילדים, וביום שישי הגיע לטיפול נמרץ כאבא לילד שאושפז שם. זה היה יהודה התינוק שלנו.

האירוע הקשה התרחש יום למוחרת חנוכה, לאחר שחווינו שבוע מאתגר מאוד. במהלך החג, שתי המשפחות שלנו רצו שנגיע אליהן והרגשנו שמופעל עלינו לחץ, שאנחנו חייבים להיענות לבקשות. איתן היה בלי שעות שינה וגם אני הייתי אחרי לילות לבנים כי יהודה הקטן שלנו בן השנה בדיוק צימח שיניים. הייתי צעירה בת 33 שמגדלת שישה ילדים והלחץ היה גדול וחנוכה הזה היה עמוס במיוחד. ברור שעמדנו בכל המטלות, ויום אחרי חנוכה אמרתי לעצמי: אנחנו חייבים רגע טיול של המשפחה שלנו, הגרעינית, לבד בלי אף אחד.

יצאנו לטיול משפחתי בהר עמשא והיה טיול מושלם. טיילנו, שרנו, שיחקנו עם הילדים, ערכנו פיקניק. כשהתקפלנו לעבר הרכב כבר הייתי עייפה מאוד. ביקשתי מאיתן שיכניס את הילדים לאוטו ובינתיים התיישבתי ועצמתי עיניים, עם חיוך מתוק של אושר וסיפוק.

איתן הניח את יהודה לרגע מאחורי הרכב ופנה להכניס את יתר הילדים פנימה. הוא סגר את הדלתות והחל לנסוע. תוך נסיעה לאחור, הרגשתי שאנחנו נוסעים על אבן. אמרתי לו, אני לא זוכרת שהייתה פה אבן. ואז, כשהאוטו התרחק, ראיתי את יהודה מוטל על האדמה. יצאתי מהרכב וצרחתי. צרחתי הצילו. צרחתי כי הייתי בטוחה שהוא עומד למות. מה הסיכוי שתינוק בן שנה יידרס מרכב כזה גדול ויישאר בחיים. הבטתי ביהודה והבנתי שיש לו חבלת ראש וחששתי שהמוח שלו ספג פגיעה בלתי הפיכה. לא האמנתי שניתן לשרוד פגיעה שכזו. יהודה נראה לי על קו התפר שבין חיים למוות. איתן אמר: יעלי, הוא בסדר! עד יום ראשון הוא יוצא מבית החולים. לא האמנתי לו.

רצתי לעבר הבתים בהר עמשא וצעקתי הצילו! איתן ביקש שאתקשר למד״א אבל לא הצלחתי לחייג וביקשתי ממנו להתקשר. התקרבתי ליהודה.

הוא לא בכה, הוא לא היה מסוגל. הוא היה בהכרה מעורפלת. יהודה הביט בעיניים שלי וראיתי שהוא רוצה לחיות אבל בלב שלי אמרתי, אתה לא רוצה לחיות חיים כאלה. אתה לא מבין מה זה לחיות עם נכות. עדיף לך למות. בשלב הזה הבנתי שאעשה למען איתן הכול ובכל מחיר, כי הבנתי שאיתן יצטרך לחזור לעצמו אחרי טראומה שכזו. הילדים ברקע צרחו בהיסטריה. איתן התקשר למד״א ודיווח בקור רוח על מצבו של יהודה. הוא דיבר בקור רוח מצמית, ברוגע, מבלי לתת ללחץ של המוקדנית או לבכי הילדים להפריע לו.

כשהגיע האמבולנס, לקחתי את הילדים ונסעתי הביתה, מרגיעה אותם אחד אחד, וברקע הייתה לי ידיעה ברורה שיהודה, ככל הנראה, לא ישוב אלינו. ידעתי שעלינו להמשיך הלאה, להתמקד במה שיש, להיאחז בחיים. חשבתי שאת השבת הזו אעשה עם איתן בלבד, בבית החולים, ורציתי להיות חזקה עבורו. אמרתי לעצמי, אני לא מוותרת על החזרה לשגרה שלו. אני יודעת שאיתן הוא אדם עם אש. יש לו מה לתת והוא צריך להיות הכי טוב שאפשר. חשבתי על השיקום שהוא יזדקק לו וכל כך רציתי שהוא ימצא את הכוח לחזור לחיים ולעבודה שהוא כל כך ציפה לה והייתה בשבילו כמו בית שני.

נכנסנו בערב שבת לחדר מספר 9. יהודה שכב על מזרן מקורר, מחובר למכונות הנשמה. הוא היה מורדם ומונשם ובזמן שהצוות מבצע את תהליך הקבלה, אנחנו ישבנו על ספסל ההמתנה. איתן התפרק בבכי קורע לב. מהצד התבוננו בנו שוטר שחיכה לגבות עדות על התאונה, עובדת סוציאלית, והורי מטופלים מבולבלים ותוהים איך זה שאיתן שטיפל בהם רק אתמול כמתמחה נמצא במצב כזה. חשבתי לעצמי, שבוע קודם הוא התחיל להגשים את החלום ועכשיו הוא על ספסל המטופלים וגם הנאשמים. הכי נמוך שיכול להיות.

חודש לפני התאונה הקשה, איתן יצא עם ד״ר צחי לכנס בבולוניה. הכנס עסק בחבלות ראש בילדים והיה פלטפורמה למחקר משותף בין איטליה לישראל. השאלה הראשונה ששאלתי את צחי לאחר שיהודה חובר למכונות ההנשמה הייתה אם יהודה ייכנס לסטטיסטיקה של המחקר המשותף שלהם.

כשהייתי איתו במחלקה נזכרתי בשבת שעשינו פעם אצל חברים. הייתי צריכה להעסיק את הילדים הרבים עד שבעלת הבית תצליח להשתלט על הכאוס. פתחתי את דלת הבית בניסיון למתוח זמן והראיתי להם את

הירח המלא והיפה. היה כל כך קר, שטרקתי את הדלת, אבל לא שמתי לב שאביתר בן השנה נמצא ממש על סף הדלת. חלק קטן מהזרת שלו נגדע. הוא היה בדיוק בגיל של יהודה בזמן התאונה. בזמנו תחושת האשמה והתסכול שליוותה אותי הייתה כל כך חזקה, הרגשתי כישלון כהורה. פגעתי בילד שלי.

כשהסתכלתי על יהודה שוכב במיטה בטיפול נמרץ אמרתי לעצמי, אם ככה הרגשתי בגלל זרת קטנה, אז מה איתן מרגיש בגלל חבלת הראש של יהודה? מה גם שאנחנו אפילו עדיין לא יודעים מה יעלה בגורלו.

מהר מאוד יהודה חזר לעצמו קוגניטיבית ומוטורית. מה עברנו באותה תקופה? חוסר ודאות, שיקום, ניתוחי חירום, ניתוחים מתוכננים וארוכים, שיקום נוסף ואשפוזים מייגעים. זו הייתה תקופה קשה ומאתגרת, אבל בזכותה למדתי להכיר מקרוב את עולמו של איתן בבית החולים. את טיפול נמרץ ילדים, מחלקת ילדים ב׳, את הצוות הקסום על גווניו וסוגיו. הכרתי את חבריו לעבודה שהפכו למשפחה, את המסירות ואת טוב הלב של כל אחד ואחד מהם, שעמדו לצידנו ולצד יהודה. איתן גם למד משהו. הוא למד את השיעור החשוב שכל רופא צריך ללמוד והוא המשמעות של להיות מטופל.

אני חושבת שהדבר המשמעותי ביותר שאיתן עבר עד יום מותו הוא ללמוד לחיות עם ייסורי המצפון. כי הוא ראה בכל יום מול העיניים שלו את יהודה ואת הפגיעה. מצד שני, התאונה הפכה אותו להיות רופא לא שיפוטי כלפי ההורים, ואחרי מה שעברנו הוא גם ידע איך ללוות אנשים לקראת המוות. הוא היה שם. מי כמוהו הבין.

עם הזמן יהודה שלנו השתקם, למעט פגיעות בעצב השמיעה ובעצב בפנים, שנקרעו בזמן התאונה, מה שגרם לכך שהוא לא יכול לחייך במאה אחוז בצד ימין. אבל זה לא היה סוף הסיפור בין איתן ויהודה.

בתקופת התאונה והשיקום למדתי לתואר שני. תכננו לטוס יחד לאוניברסיטת ייל, אני לדוקטורט, ואיתן לתת־התמחות בטיפול נמרץ ילדים. הגשתי את התזה כשאני מבינה שאני בהיריון. מבט בלוח השנה גילה שאני אמורה ללדת בדיוק בתאריך שבו איתן צפוי להתחיל לעבוד בייל, באחד ביולי, כמו כל הרופאים בארה״ב. אין דבר כזה לבקש שחרור מהיום הראשון לעבודה, אי אפשר להגיד ״אשתי יולדת ואני צריך להיות איתה״. זאת

אמריקה. במקביל, עמדנו לפני ניתוח מורכב של יהודה, השתלת שריר מהירך בלחי. לצד זאת, התקרבו בר המצווה של יהונדב ובת המצווה של נעמה, הילדים הגדולים שלנו, ואבא של איתן חלה ומצבו הידרדר עד שנפטר. מייד לאחר השלושים לפטירתו, איתן יצא למילואים בתרגיל גדול ללא מכשיר סלולרי, כשברקע יהודה שהיה כבר בן ארבע וחצי, מתלונן על כאבי אוזניים. הוא היה חולה מעל עשרה ימים. לא היה לו חום, אבל הרגשתי שמשהו לא בסדר איתו. יהודה התחיל לאבד שיווי משקל ולהקיא לעיתים קרובות. הוא איבד גם חיוניות, מה שהביא לכך שנדלקו לי נורות אדומות. בגלל שלמדתי עם איתן למבחנים, הכרתי גם מחלות נדירות. אמרתי לעצמי, יש לו פגיעה נוירולוגית. למוחרת לקחתי אותו להיבדק. הגעתי לבית החולים עם בטן הריונית וילד שכבר לא היה לו כוח ללכת בעצמו. שם גיליתי שצדקתי באבחנה שלי והגענו בשנייה האחרונה, כשדלקת מפושטת הגיעה כמעט עד לגזע המוח. אם הדלקת הייתה מתפשטת לגזע המוח של יהודה, זה היה עלול להוביל למוות מוחי.

כשהייתי ליד מיטתו של יהודה בבית החולים, הצלחתי ליצור קשר עם החפ"ק של המילואים של איתן וביקשתי שיקרא לו. הוא שאל אותי, את בטוחה שצריך לקרוא לו? אמרתי לו, כן, אנחנו נכנסים עכשיו לבדיקת MRI.

בדרך לא דרך איתן הגיע לבית החולים, התיישב על הרצפה ליד יהודה ובכה. הוא אמר, די. זה בלתי נסלח. פעמיים הוא ליווה את הילד שלנו למצב של כמעט מוות בתחושה שהוא אשם.

יהודה עבר ניתוח להוצאת אבצס מוחי מפושט והחלים.

כשיהודה התעורר בטיפול נמרץ אחרי התאונה, הבנו שעיקר הבעיה שלו תהיה החיוך, וזה מאוד מטאפורי כי הבנו דבר נוסף. הבנו שהקשר הזוגי שלנו בסכנה. היינו צריכים לשקם אותנו ולהחזיר את החיוך גם לזוגיות שלנו.

התחלנו לעשות הליכות ובהן דיברנו על הכול. ההליכות הפכו לריצות והפכנו להיות אצני על. איתן ואני היינו המטפלים האחד של השנייה, וגם הטיפול הזוגי. אחרי שהילדים היו הולכים לישון היינו יוצאים לרוץ ולא הפסקנו עם הריצות האלו עד שאיתן נהרג.

היום אני יודעת להגיד שכל אחד מגיב אחרת לטראומה. אחרי התאונה, כתוצאה מהטראומה, תחושות התסכול וחוסר האונים של איתן תורגמו לכעס כלפיי וזה מה שדחף אותו ליזום את ההליכות המשותפות ולדאוג שבזוגיות שלנו תהיה תקשורת, כי תקשורת היא הדבר הכי חשוב לריפוי. השיחות היו קשות. דיברנו על הכול. שנינו פרקנו מילים קשות ואז המשכנו. וכשהייתי רצה לאט, הוא היה רץ סביבי במעגלים והיינו ממשיכים לדבר תוך כדי.

מה שהחזיק אותנו בכל המסע המורכב הזה היה ההבנה שאנחנו צוות שפועל יחד. שנינו הגענו מבתים שונים, ושנינו הבנו שאנחנו רוצים לייצר מודל שונה מהמקום שממנו באנו.

איתן גדל בבית שבו שני ההורים קרייריסטים ולא נוכחים במשך רוב שעות היום. מה שהביא אותו להבנה שילדים צריכים הורים מעורבים. הוא קרא את הספר "הילדים על הגבעה" והתלהב משיטת החינוך שהספר מציג, שיטה ששמה את הילד במרכז. זהו ספר המספר על חוויות של משפחה שמגדלת את ילדיה בחינוך ביתי. כשהתלבטתי לגבי מסלול ישיר לדוקטורט, הבנתי גם שאני רוצה להיות אמא נוכחת. איתן ואני הגענו למסקנות שונות מזוויות שונות, אבל הסכמנו שאנחנו לא רוצים לגדל את הילדים שלנו כמו שאנחנו גדלנו. רציתי לשבת עם הילדים שלי לארוחת צוהריים, לדבר איתם. ידעתי שאפספס את השנים הכי יפות שלהם אם אבחר בקריירה שלי. בחרתי להישאר איתם בבית וגם שילמתי את המחיר של ההחלטה הזאת. החברה שלנו לא מקבלת דבר כזה, שאימהות נשארות עם הילדים בבית עד גן חובה, אבל איתן תמך בי בהחלטה הזו ובכלל בכל מה שהיה נראה אולי מוזר. הנקתי עד גיל מאוחר, ישנו עם הילדים באותה המיטה, ויתרתי על פריטים בורגניים לא רלוונטיים כמו עגלה ונשאתי אותם עליי במנשא. לאט לאט החום והקרבה שהיו לי עם הילדים דבקו גם באיתן.

בשבעה הגיעו אליי מטופלים של איתן שסיפרו שהוא היה מלטף את הילדים שלהם גם כשהם כבר היו בשלב של מוות מוחי. הוא דיבר אליהם בחיבה, קרא בשמם ואמר, אני מצטער אם אני מכאיב. את היכולת להביע רגשות ולגעת הוא למד ממני, השלמתי אותו בזה. כל אחד מאיתנו פיתח

את השני בקשר. איתן נתן לי ביטחון עצמי, האמין בי, וחשב שכל מה שאעשה אצליח בו, הוא לימד אותי לאהוב את עצמי, כי לאורך החיים שלי יש שחשבו ושידרו לי שאני לא חכמה ושלא יצא ממני כלום. הייתה בינינו כזאת אהבה ברמה שקשה להאמין. הוא הסתכל עליי במבט מאוהב. כל הזמן. במשך עשרים ואחת שנה. עד היום אני שואלת את עצמי מה הוא מצא בי, איך הוא אהב אותי ככה.

אני חוזרת מדי פעם לפלאפון שלו ומסתכלת בהודעות ובתמונות. בחמישה באוקטובר שאלתי אותו אם יש לו תמונה של שנינו. שלוש דקות אחר כך הוא שלח לי אלף תמונות שלנו ביחד. בקובצי התמונות שלנו ראו שהוא צילם אותי המון, לפעמים יותר משהוא צילם את הילדים.

כל כך אהבנו זה את זה. זאת הייתה אהבה אחרת. היו בינינו המון חום וחיבה, ואחרי כל השנים הוא פשוט עדיין היה מאוהב בי.

אני לא מעכלת שהוא באמת הלך. אדם כל כך חי לא יכול פשוט ללכת. כשאתה אוהב ככה, אי אפשר. כל כך הרבה ממנו נשאר איתי שקשה להאמין שהוא לא כאן. סגנון החשיבה שלו, למשל. אני יודעת איך הוא יגיב לכל סיטואציה, אבל זה הרבה יותר עמוק מזה. אני מרגישה שאני ממשיכה אותו, שהאהבה לא יכולה למות. שאהבה, בטח כמו שלנו, היא פשוט לא משהו שיכול למות. ולא כי היא פסטורלית. עברנו חוויות קשות שמפרקות זוגות, אבל כשאתה עובר דברים קשים ביחד עם בן הזוג שלך, אתה הופך להיות הוא. איתן הוא חלק ממני. אני לא אותה יעל שהייתה לפני שהכרנו, כמו שהוא לא אותו איתן שהיה לפני שהכיר אותי. התערבבנו כל כך עד שאנחנו בריאה חדשה. אז לאן כל זה יכול ללכת? אני לא צריכה לחכות לו שהוא יחזור, כי הוא פשוט נמצא פה כל הזמן. איתי. גם בפרק החדש הזה.

זה כמו גל בים. אתה רואה את הגל, את הגובה, את המרקם ואז הוא פתאום מתנפץ והוא כבר לא אותו גל. אבל הוא לא נעלם, הוא פשוט שינה את הצורה, את האנרגיה. וגם מי שיכיר אותי יהיה חייב להיות עם איתן, כי אני זה איתן ואיתן זאת אני.

בשנה האחרונה לחיינו החלה תפנית. הרגשתי שנתתי לאיתן המון ולמרות שקיבלתי ממנו המון, הגעתי למיצוי. הוא לא עשה ויתורים עבורי ואילו

אני עשיתי ויתורים גדולים למענו. כבר כשהוא היה סטודנט, עודדתי אותו להיבחן במבחנים האמריקאיים כדי שיוכל לעשות תת־התמחות בארה"ב.

איתן לא חשב כל כך רחוק, אבל לי נראה חשוב שהוא יעשה את תת ההתמחות שלו באוניברסיטת ייל ויתמקצע, כדי שיוכל לממש את הפוטנציאל שלו. ולכן דחפתי אותו לשם שבע שנים לפני הזמן ואפילו טסתי איתו לחו"ל לקראת המיונים. מדובר בתהליך קבלה ארוך, אבל ידעתי שהוא יהיה שווה את המאמץ, כי איתן יועד להיות ראש מחלקה. איתן, ששנא לעשות את המבחנים, המשיך ואמר שהתמחות בייל לא מעניינת אותו. שמעניינת אותו העשייה. שהוא בסך הכול רוצה להציל חיים ולא חשוב לו הסטטוס. אבל אני התעקשתי שכדי להשפיע אתה צריך מעמד. לא בשביל הכותרת, אלא כדי שאנשים יקשיבו לך, ויהיה לך קול שיוכל להישמע.

בזמן השיקום של יהודה עשיתי תואר שני באוצְרות, שזה חלק מלימודי אמנות. באקדמיה ראו שיש לי פוטנציאל, סימנו אותי, ובנו עליי למחקר. הייתי באמצע שנות השלושים שלי ובגלל שנחשבתי צעירה ידעתי שיש לי סיכוי לקבל בארץ תקן אקדמי. כפי שסיפרתי מקודם, תכננו לטוס ביחד לחו"ל. אני כדי לעשות דוקטורט באוניברסיטת ייל והוא כדי לעשות תת־התמחות.

יהודה, שהיה בחינוך ביתי, היה כבר בן ארבע והיה אמור להתחיל גן חובה. אמרתי לעצמי, אני אכניס את הילד שם לגן ואעשה דוקטורט. הגשתי את התזה, תכננו את המעבר לחו"ל, ואז גיליתי שאני בהיריון. הרגשתי שהחלום לקריירה אקדמית הולך ונגוז כי היה ברור לאיתן ולי שלא נוותר על צור.

בשנה ההיא עברנו יותר מדי. לוויה של אבא של איתן, לידה, שני ניתוחים של יהודה, אחד חירום ואחד מתוכנן, בר מצווה ובת מצווה, וטיסה לארץ זרה. ארזנו מזוודות עם שישה ילדים ותינוק בן עשרה ימים ויצאנו אל הבלתי נודע. בתקופה הזו הייתי בודדה. היינו שנינו בדיכאון תמידי; האפור שמסביב, יערות קונטיקט שסגרו עלינו והתרבות האמריקאית הקרה דיכאו אותנו מאוד. אך בעיקר, המרחק מהיהדות הישראלית השורשית גרם לנו להרגיש בודדים בארץ זרה.

והייתה גם הבדידות שלי אל מול החלומות שלי. כמהתי להצליח בעצמי ולהתפתח מקצועית. הרי רציתי את האקדמיה כבר בתואר הראשון,

כשהייתי בתפר שבין מדעי החיים לארכיאולוגיה. בתואר השני למדתי אוצרות במטרה להקים תערוכות ולשלב את כל תחומי הידע שלי, ביולוגיה, ארכיאולוגיה, ארץ ישראל ואמנות, לסיפור אחד שקורה במוזיאון. ורציתי את הדוקטורט שלי בארה"ב כדי שיפתח לי דלתות ואוכל להתקדם כאוצרת נחשבת. אבל ויתרתי עליו כדי שאיתן יעשה את תת ההתמחות כי ידעתי שבלי תת־התמחות בחו"ל איתן היה מסיים כרופא בקהילה וככה שנינו היינו מסיימים בינוניים ואף אחד מאיתנו לא היה מגיע לשמיים. רציתי שלפחות אחד מאיתנו ייגע בשמיים.

כשגיליתי שאני בהיריון איתן הציע שנוותר על הטיסה לארה"ב. הוא לא מאוד רצה לעזוב את הארץ, וחשב שזאת תהיה הזדמנות לנטוש את החלום הזה, שהיה יותר שלי משלו. אבל עבדנו על החלום הזה כל כך הרבה שנים, שכללו מבחני רישוי אמריקאיים סיזיפיים וטיסות לארה"ב. זאת הייתה שאיפה שלי הרבה יותר משאיפה שלו, כי אני הבאתי בזוגיות את המקום של הקידום המקצועי שלו, דחפתי אותו לכתוב מאמרים אפילו שהוא שנא את זה. להתקדם ולעשות הכי טוב. ומעבר לכך, כשאתה אוהב מישהו, אתה רוצה בשבילו את הכי טוב שאפשר, את מלוא מימוש הפוטנציאל, שיעוף הכי גבוה והכי רחוק. ולפעמים מי שמשלם את החשבון על ההצלחה שלו – זה אתה בעצמך. אבל כך מתנהלת אהבה. זאת המהות שלה, לתת ללא גבולות.

את העובדה שהוא אהב אותי באופן הזה, לא פחות מאשר אני אותו, זיהיתי רק אחרי שנהרג.

חיינו בארה"ב שלוש שנים וחזרנו מעט לפני הקורונה. אני חזרתי עם הילדים ואיתן עוד היה על הקו, טס וחוזר. באחת הפעמים כשהוא הגיע לארץ לבר מצווה של הבן שלנו, יצאנו להופעה של שי צברי ושם נדלקנו על השיר "לווי אותי", שבו הדמות כל הזמן מלווה אותו לשדה התעופה. הרגשנו שהוא נכתב עלינו, בגלל שזאת הייתה תקופת הקורונה ואף פעם לא ידענו אם איתן יוכל להיכנס לארץ או לא.

אהבו אותו בארה"ב. סמכו עליו. המטופלים אהבו אותו, הצוות אהב. הוא החזיר לחיים את יחידת הטיפול הנמרץ וערך להם תרגולי החייאה שהרשימו אותם מאוד. זה דבר חריג שאדם מפרובינציה כמו ישראל מכניס

נהלים חדשים ליחידה. אבל לאיתן היו קוצים בישבן והוא כל הזמן חיפש מה עוד אפשר לעשות. בסופו של דבר, הוא השאיר אחריו מקום טוב יותר. אחרי שהוא נהרג הספידו אותו במחלקה, והיום הם נותנים מענק לרופאים מצטיינים באנושיות על שמו.

בזמן שאיתן סיים את הקריירה שלו בשיא, אני הבנתי שאם ויתרתי על הדוקטורט, כבר לא יהיה לי תקן באקדמיה, וחיפשתי מה לעשות. עברתי לתחום טכנולוגי ולמדתי פיתוח משחקי מחשב בשנקר. היה לי קשה למצוא עבודה בתחום ובכל מקום שהגעתי אליו לא הצלחתי לממש את עצמי. זאת הייתה תקופה קשה עבורי, בעוד איתן חווה פריחה מטורפת. אפילו במילואים הוא התקדם, כאשר התקבל ל־669, היחידה הטקטית לחילוץ מיוחד, והתחיל לעשות דאבל מילואים, גם בחטיבה 551 וגם כלוחם ביחידת החילוץ, שם הוא הקים קורסים, לימד פרמדיקים ואחיות, עשה תרגולי החייאה והיה אהוב על כולם. ואני? המשכתי לדשדש במקום. הייתי אמורה להגיש מכתב פיטורין אחרי סוכות, לעבודה שלא מצאתי בה את עצמי. אבל אז פרצה המלחמה, בהצלחה המטאורית של איתן ובכישלון המטאורי שלי.

אנחנו גרים בטנא עומרים, על גבעה המשקיפה על כל אזור הנגב. בשבעה באוקטובר התעוררנו מוקדם בבוקר לקול נפץ של יירוטי רקטות. הבית כולו רעד. איתן היה אמור להיות כונן בבית החולים. הוא הבין מייד שפרצה מלחמה, תפס את מדי הצבא והציוד, והתקשר לד"ר צחי מנהל המחלקה, להודיע שאם יצטרכו אותו בצבא, הוא יהיה זה שיחליף אותו.

כשאיתן הגיע לבית החולים, כבר החלו לזרום אליו מאות פצועים. הוא העניק להם טיפול ראשוני ובינתיים הגיעו עוד ועוד רופאים, ואיתן הוקפץ למילואים. הוא רצה לשרת ב־669 כרופא, אך ביחידת המילואים הוותיקה שלו ב־551 היה חסר רופא, והוא הצטרף לחוליה הרפואית עד הגעת הרופא שהיה בדרכו לארץ מחו"ל.

בשיחה אחרונה שלי עם איתן, ביום ראשון בבוקר, הוא סיפר שהוא רואה מראות קשים. ביקשתי שישמור על עצמו והוא לא ענה. שמעתי את החיוך שלו מבעד לקו הטלפון וידעתי שהוא אומר לי, התפקיד שלי הוא לא לשמור על עצמי, התפקיד שלי הוא לשמור על אחרים.

בין יום שבת לראשון, הפלוגה של איתן ערכה סריקות בחיפוש אחר מחבלים בעוטף. בשעה ארבע לפנות בוקר, בתשעה באוקטובר, איתן וחבריו ערכו סריקה באזור הרכבת בשדרות. התעוררתי בחוסר שקט לא אופייני והרגשתי שהוא ממש ממלא את אוויר הבית. יצאתי לגינה לעבר הפרגולה החדשה שאיתן בנה והתיישבתי על הנדנדה שהוא תלה רק שבוע לפני.

הכוחות התקדמו לעבר צומת מרכזי שמחבר בין צפון למרכז ובין דרום לבאר שבע. בשעה 7:00 נורה לעברם צרור יריות מקלצ'ניקוב. א' חבר הצוות שלו נפל. ל' צעק, נפצעתי. ס' הוריד את התיק הרפואי וצעק לאיתן, אני מתקדם לעבר הפצועים! איתן הבין שהוא צריך לחפות על ס'. הוא בטוח הבין בחושים המחודדים שלו שהם בשדה השמדה. א' הסמ"פ קרא לצמצם עמדות ואיתן החל לירות לעבר המקום שממנו נפתחה האש ואִפשר לשאר הלוחמים להימלט מהמקום ולהציל את עצמם. המחסניות התרוקנו. רימון הושלך לעברו והוא נפגע מכדור שחדר לו לבטן וקרס. הכדור חצה את הלב ונעצר בכתף. ס' צעק במסוק ואחרי זה בבית חולים, "הדוקטור, הדוקטוֹר". י' המ"פ סחב אותו משם והעלו אותו על אמבולנס, אבל הוא כבר לא היה בין החיים.

ואני מול הנוף, על הנדנדה שאיתן בנה, מרגישה שהתחושה הרעה שלי מתגברת. התבוננתי במרחבי הנגב וידעתי שאיתן סובל. פתאום הרגשתי כאב חד ועוצמתי כאילו מנסרים אותי. עזבתי את הנדנדה ונכנסתי במהירות הביתה. חיפשתי את הנייד וכתבתי לו מייד, "איתן".

לאחר שטנק הגיע והרס את עמדת המחבלים, נחשפה אסטרטגיה מבעיתה. החוליה חדרה לישראל באותה שבת מצוידת באספקת מזון, אמצעי לחימה ואפילו טנדר מוסווה, במטרה לבצע סבבי תקיפה נוספים לאחר שהגל הראשון יירגע. בזכות הטרגדיה של איתן וחבריו, נחשפו עוד עמדות שהייה ונמנע הרג נוסף. בחייו ובמותו איתן שמר על ילדי הנגב.

בשנה האחרונה לחייו איתן אמר כמה פעמים שהוא הגשים את כל חלומותיו, שהוא העביר את המשנה החינוכית שלו לילדים, ועכשיו, כך הוא אמר גם לי וגם לחבריו, אני יכול ללכת. הייתי מתעצבנת עליו, כי הוא עשה כל כך הרבה מחוץ לבית. אתה בכלל לא בבית, אתה תורן, אתה במילואים כפולים,

אתה רופא, אתה עושה הכשרות. אתה לא בבית! מאיפה הבאת את התפיסה שהעברת את המשנה החינוכית שלך לילדים?

והיום אני יודעת שהוא צדק. יש משהו באישה שהוא רחם, גבול פיזי ומוחשי. הגבר זורק רעיון ודברים פשוט קורים, הוא שולח זרע ונרקם ילד. איתן באמת העביר את הרעיונות שלו לילדים. אני לא יודעת איך. כל אחד קיבל ממנו משהו אחר, פיסה מאיתן. כולנו נושאים את הרעיונות והערכים שלו.

היום השאיפות שלי קטנו בצורה משמעותית. אני באבל. הכול חדש לי ואני עדיין לא מבינה לאן אני הולכת. הידע שצברתי מהחיים המשותפים שלנו איבד את ערכו. המחלקה לטיפול נמרץ הייתה חלק מהחיים שלנו, חייתי איתו את המקרים שהוא טיפל בהם ועכשיו הכול מת. פשוט התנדף מהחיים.

כבר בלוויה הרגשתי שנולדתי לחיים חדשים ושאני שוב צריכה ללמוד ללכת. נכון שאיתן חסר עכשיו פיזית, אבל הוא הרבה יותר נוכח רוחנית. כנראה עכשיו החיים משתנים, החלומות משתנים. הכרתי את עצמי כאדם שאפתן ויצירתי, ועכשיו אני לא. אני כבר לא חולמת. אין לי שאיפות מקצועיות כמו פעם, כמו ללמוד לבנות סוגי אפליקציות חדשות או שפת קוד חדשה. אין לי תיאבון, אני לא ישנה. אני חולמת חלומות של סתם, חוץ מהפעמים שאני חולמת על איתן ותמיד יש בחלומות האלה משמעות עבורי ועבור הבית.

אחרי שאיתן נהרג, עברתי תאונת דרכים. גם היא הייתה מסר עבורי, שכן היא התרחשה באותו תאריך ובאותו יום שבו יהודה עבר את התאונה. זה גם התאריך שבו אבא של איתן נפטר. התאונה התרחשה בדרך לאזכרה שלו וכמעט איבדתי בה את חיי. הייתה לנו מכונית טסלה והתקלקלו לה הבלמים בדיוק כשנסעתי אחרי אוטובוס ועמדתי להתנגש בו. הזזתי את ההילוכים ונסעתי ברוורס, אבל הרכב לא עצר. העפתי שתי מכוניות אחורה והצלחתי להעביר להילוך קדמי אבל אז טסתי קדימה והבנתי שאין לי שליטה על הרכב שהאיץ בזמן שהאוטובוס היה לפניי. הבנתי שאין לי ברירה והסטתי את הרכב לכיוון עץ שהיה מלפניי כי העדפתי להיכנס בו ולא בהולכי רגל. הרכב נעצר שנייה לפני שהוא עף למדרגה שמובילה לחצר בית של משפחה. יצאתי עם פנסים בעין וגוף כואב, אבל מתפקדת.

כשהתאוששתי מעט, הבנתי שאני במקום לא טוב ושאני חייבת עזרה. התקשרתי לאלמנה ותיקה והיא אמרה לי דברים שעזרו לה בשנת האבל, והדבר שהיה המשמעותי ביותר עבורי היה שצריך זמן, לא צריך להאיץ בתהליכים. אני רוצה להמשיך הלאה. האם אצליח? אני לא יודעת להגיד את זה. אני בערפל. אבל ברור לי שתהיה לי עוד אהבה, מי שיודע מה טעם האהבה רוצה לטעום ממנה עוד ועוד.

אחרי שאיתן נפל, קראתי מכתבים שהוא כתב לי. אמרתי לעצמי, וואו, מה זה? הוא ממש היה מאוהב בי. איך לא ראיתי. איך לא שמתי לב למשפטים שהוא אמר לי. מתברר שלעובדת סוציאלית שעבדה איתו בסורוקה הוא אמר שהכיר אותי בגיל מאוחר מדי, הוא התכוון לומר לה שהוא רוצה עוד ממני, שמה שהספקנו זה לא מספיק. הוא היה אומר לי, יש לי אישה מושלמת. הבעיה היחידה שלך היא שאת לא ישנה בנסיעות. והוא התכוון לזה, שהוא הכי היה רוצה שיהיה לי הכי טוב שאפשר. איתן רצה את השקט שלי, שאצליח לנוח. ולא ראיתי את זה לעומק כשהוא היה בחיים.

איתן היה מתלהב מכל דבר שהייתי אומרת, מכל רעיון שלי. הייתי איתו במקום הכי חשוף ופגיע ואינטימי וידעתי שאני יכולה לסמוך עליו שישמור עליי, שיעשה לי טוב. זאת אהבה בסדר גודל ענקי, אני מבינה את הדברים האלו היום בדיעבד. במהלך החיים את לא חושבת על הפרטים הקטנים, הם כמו נשימה. את לא יודעת עד כמה האוויר הזה מחיה אותך. רק כשטובעים מבינים כמה צריך את האוויר הזה של אהבה.

הייתה לי אהבה אינסופית שלא הרגשתי, כי היא הייתה כל הזמן נוכחת ועוטפת. קולגה של איתן מסורוקה כתב לי שהדבר שהוא הכי מתגעגע אליו באיתן זה לשמוע אותו אומר בכל בוקר בטלפון "יעלוש" באהבה, ברכות, בלי כעס. בסוף, מה שאנשים מחפשים בזוגיות זה מישהו שיראה אותם, שישמע את קולם.

לפני שאיתן נפל, הוא הצליח, בשיתוף בית הספר להנדסה באוניברסיטה ובית החולים סורוקה, להשיג מימון ראשוני למיזם של יצירת טובוס (צנתר) אוטומטי שייכנס לקנה הנשימה ויאפשר לאוויר לחדור לריאות בקלות ויוכל למנוע סבל וסיבוכים. הוא גם התחיל לקדם מיזם טכנולוגי שיקשר בין הטיפול בשטח על ידי מד"א לבין בית החולים. איתן קידם עשרות פרויקטים טכנולוגיים במטרה לייעל את המערכת הרפואית ולשמור על

זכויות המטופלים; כמו דאגה למקום לינה הולם, חיסיון רפואי ועוד. מאז שהוא יצא לשדה הקרב, הפרויקטים שקידם נותרו יתומים. איתן רק רצה להספיק לעשות, ואני כבר התחלתי להתעייף מהמרוץ הזה.

ביום שישי האחרון לחייו, ערב שמחת תורה, בזמן שהיינו בבית והתכוננו לחג, התנגן ברקע השיר "על קו הזינוק". איתן אמר, וואו, כמה זמן לא שמעתי את השיר הזה. אמרתי לו, איתן, אני מתפלאת עליך. זה שיר שנכתב עלינו.

הקפה אחרונה, יש לי קשיי נשימה, אני מפסיקה לרוץ, עומדת בפינה ורואה את חלומך מתגשם... ואתה הולך.

ואני עדיין מחכה. מחכה לפגוש אותו שוב.

אני לא חושבת שעם גבריאל הייתה לי אהבה. לא ידעתי איך אוהבים, ולאהוב צריך לדעת. אהבה דורשת ביטוי, צריך להבין איך להעביר אותה הלאה.

// תמר יפרח, שם בדוי

עד ארנון חנקתי הרבה פנטזיות

תמר יפרח

בת 91, בת הזוג של ארנון יפרח ואלמנתו של רב"ט גבריאל יעקב.
אמא לנדב (67) ואפרים (66).

מלחמת ששת הימים

אני זוכרת שכשהייתי בת 16 בערך אמרתי לאמא שלי שאבא לא אוהב אותי. היא אמרה, זה לא נכון. הוא דווקא חושב שאת מאוד חכמה. אמרתי לה שלא שאלתי על זה, אלא על אהבה. היא לא ענתה לי יותר אז אמרתי לעצמי, טוב, נתקדם הלאה.

הזוגיות שלי עם גבריאל, האיש הראשון שלי, הייתה קשה. ועדיין אני לא מתחרטת עליה. עשיתי כמיטב יכולתי ומיטב ידיעתי. הייתי ישרה עם עצמי. אני חושבת שצריך לחיות עם המציאות הקיימת ולא עם פנטזיות. את לא יכולה להחזיר מה שהלך לאיבוד. כשהרגשתי למשל שאני כל כך רוצה עוד ילד, הבנתי שזה לא מציאותי, שזה פנטזיות כי גבריאל מת. אני גם יודעת לחנוק את הרצונות שלי אם אני חושבת שהם לא במקום. עד שפגשתי את ארנון, האיש השני שלי, חנקתי הרבה פנטזיות, אבל ארנון הוא פשוט מתנה. אין אנשים כאלה. עם ארנון למדתי הרבה הקשבה, הרבה סבלנות, למדתי גם לבקש סליחה ולהבין שאני לא תמיד צודקת. עם ארנון האהבה שלנו פתוחה. לא אהבתי ככה בחיים שלי! יש לי איש שקט ומלא באהבה. הוא לא יקום מהשולחן בלי שיגיד לי תודה רבה, זה מאוד טעים, וייתן לי

נשיקה במצח. אין אצלו סתם לקום מהשולחן. זה דבר גדול, כי אני התאמצתי ללמוד מה הוא אוהב והכנתי לו ונתתי תשומת לב. כן, אפשר לתת תשומת לב גם בתפוחי אדמה מבושלים. אני יודעת שהוא אוהב את הקטנים, אז אני תמיד שומרת לו אותם, וגם דואגת שיהיו עגבניות במקרר, כי זה מה שהוא אוהב.

אבא שלי היה יקה, יקה אמיתי. היה מצליף בי מכות עם החגורה. קשה נורא. בזמנו, כולם חינכו ככה בזמנו, בשנות החמישים של המאה העשרים. הוא היה אומר לי באיזו שעה לחזור, ולא רק זה, אלא שגם היה עומד מאחורי הדלת ומחכה לי. איחרתי, כמובן, והוא החטיף לי ואז אמרתי לו, כלומר אמרתי לעצמי, שאני אלמד אותו לקח בחזרה.

כשהוא אמר לי שאני צריכה לחזור הביתה בשמונה, חזרתי בשמונה ורבע; כשהוא אמר לי לחזור בשמונה ורבע, חזרתי בשמונה וחצי. כשהייתי בת עשרים הרגשתי שזה כבר לא מתאים לי. הוא בא לתת לי מכה, ואני הרמתי רגל כדי להתגונן מפניו ופגעתי לו בטעות בבטן.

אחרי זה לקחתי מזוודה ועזבתי את הבית. ירדתי לבאר שבע ועבדתי שם כמורה. אמא שלי הלבישה עליי את אחותי בת ה־15 שהייתה אסתמטית וביקשה שאדאג לה, כי בבית שלנו בתל אביב היה קשה לנשום בגלל האוויר הלח. בבאר שבע, היא אמרה, טוב יותר.

לקחתי את אחותי וגרנו ביחד בחדר. איזה חדר? זה היה דומה יותר לשירותים. מהקיר יצא הברז אבל כיור לא היה, אז תליתי במקומו גיגית. במטבח היו שני משטחים של שיש. על האחד הייתה פתילייה ועליה בישלתי, וחייתי ככה טוב מאוד.

אני הייתי חייבת לצאת לעבודה, אבל לא ידעתי מה אעשה עם אחותי. הלכתי לתיכון בבאר שבע ודיברתי עם המורה. הסברתי לה את הסיטואציה וביקשתי שתעשה לי טובה ותיתן לאחותי להשתתף בלימודים בלי שום מחויבויות, רק כדי שתהיה במסגרת של נוער בני גילה ולא תסתובב ברחובות.

הסידור עבד מצוין, עד שהחלטתי לשנות שוב כיוון וללכת להכשרה בקיבוץ בצפון, הכשרה שהכינה אותנו להתיישבות בארץ על בסיס אידיאולוגי סוציאליסטי ולשירות בצבא.

שאלתי את עצמי, מה אעשה עם אחותי? מצאתי קיבוץ אחר שבו גם התארגנה הכשרה, הגעתי לשם, פניתי למארגן ושמתי את אחותי עליהם. בקיצור, סידרתי לה הכשרה, רק מה? כשהם סיימו את ההכשרה הם התגייסו והיא, שלא יכלה להתגייס בגלל האסתמה, נשארה לעבוד בקיבוץ במתפרה ואחר כך התחתנה עם חבר קיבוץ.

אני הלכתי כמתוכנן להכשרה בקיבוץ בצפון. לא רציתי לעבוד בבית התינוקות או בפעוטון, אז הלכתי לעבוד בדיר. אבל הבחורים שעבדו שם לא רצו אותי. לא הייתי חזקה כמותם והם פחדו שהעבודה תיפול עליהם. הם ניסו לעשות לי כל מיני תרגילים, שלחו אותי להאכיל תיישים שהשתוללו ונגחו בשער, כך שלא יכולתי להיכנס לדיר. החלטתי לא לוותר ולהתחכם להם. זרקתי לתיישים אוכל לצד המרוחק וניצלתי את ההזדמנות כדי לחדור פנימה. והחבר'ה? הם הציצו לראות איך אני מצליחה להאכיל אותם.

פעם אחת ראיתי שהכבשים הולכות בעיגול, אלה שבפנים יוצאות, ואלה שבחוץ נכנסות. לא הבנתי למה, עד שנכנסתי פנימה וראיתי כבשה שהאליה שלה, שאמורה להיות בצבע לבן כמותה, שונה משל שאר הכבשים. היא בצבע שחור. ממש אליה וקוץ בה. ובכל פעם נכנסה למרכז המעגל כבשה אחרת ונתנה לה ביס באליה ובסוף היא שתתה דם ומתה. מכאן למדתי שיעור חשוב על האחר. איך אנחנו לפעמים הולכים כעדר ומוקיעים מאיתנו את השונה. השיעור הזה הלך איתי לאורך השנים. אני חושבת שאני בסוף כאלמנה הייתי השונה, האחרת. אחרי שבעלי נפל אני זאת שנאלצתי להיפרד באופן מסוים מהחברה, כי זיהיתי למשל על חברות שלי שכאשר אני נפגשת איתן ועם הבעלים שלהן, הן חוששות. לא רציתי שיחשדו בי. וגם כשהגיעו אליי גברים הביתה וניסו לפתח קשר, לא הייתי מוכנה. לא ככה.

כשהחבר'ה התגייסו לצבא, לא המשכתי איתם כי היה לי פטור, וכך ביליתי יותר עם חברי הקיבוץ וגם הכרתי את גבריאל שהיה מדריך בהכשרה. הוא היה בחור רציני מאוד שהתעסק עם דברים מלומדים. חשבתי לעצמי, זה לא סתם איזה פרחח.

יום אחד, כשכל החבר'ה הסתלקו וברחו הביתה, אמרתי לו שאני רוצה להישאר בקיבוץ ורוצה לטייל בנחל עמוד, לא רחוק מאיתנו. אבל לא רציתי

ללכת לבד ושיגעתי לו את השכל שייקח אותי לנחל. לא הייתה לי שום בעיה להתחנן אליו כי היה לי ראש נקי לגביו וביקשתי בתמימות. אמרתי לו, תשמע, אם אתה לוקח את החניכים שלך לטיול שם תכלול גם אותי. הוא אמר לי, אם את רוצה, מחר בבוקר אנחנו הולכים לוואדי עמוד. אמרתי יופי ולא שאלתי שאלות.

למוחרת גיליתי שזה לא טיול של חבר'ה אלא רק של שנינו. הלכתי איתו כי לא היה לי כלום בראש, למרות שהייתי כמעט בת 21.

הלכנו לוואדי עמוד והדרך הייתה לא פשוטה, עם קוצים גבוהים לכל אורכה. כשהגענו כבר היה חשוך, אז איפה נישן? כשהגענו למרכזו של כפר ערבי נתקלנו במזרקה עם מים ונרגענו. יהיה לנו מה לשתות. את שקי השינה שלנו פרשנו שם וכל אחד מאיתנו סידר את מקומו. בבוקר גילינו שישנו בחצר של בית.

בעל הבית העיר אותנו ומיהרנו להתנצל. יצאנו משם בחזרה לקיבוץ, זה היה יום שישי, וגבריאל רצה לקחת אותי לחדר האוכל של הקיבוץ. אמרתי לו, אני לא הולכת איתך לחדר אוכל, ללכת איתך זאת הצהרה ואין לי שום הצהרות. אני יודעת איך אנשים יסתכלו עלינו אם יראו אותנו מגיעים ביחד. בטיול היינו מאוד קורקטיים, לא עשינו כל מיני ביחבושים ולא התכוונתי עכשיו להתחיל להיראות איתו בקיבוץ, שלא יחתנו אותנו בראש שלהם. אבל זהו, הקשר נמשך ומהר מאוד מצאנו את עצמנו ביחד.

מצא חן בעיניי שגבריאל היה חכם ומלומד ואהב פילוסופיה, תחום שגם אני אוהבת. אהבנו לדבר הרבה, דיברנו על הכול והיה לנו קשר טוב. היינו מטיילים הרבה ביחד, הרגשנו שאנחנו בראש אחד ושנינו אהבנו את הטבע. גדלתי במושב בן שמן ומגרש המשחקים שלי היה היער. כל החיים טיילתי. לאבא שלי היה אופנוע והוא היה לוקח אותי לטיולים, וגם קנה במיוחד בשבילי סירה לאופנוע. גם אבא אהב לטייל, והיום אני רק שואלת את עצמי למה אמא לא נסעה איתו. לא יודעת. ההורים שלי דווקא היו בסדר גמור, למרות שאמא שלי לא העזה לפתוח את הפה, היא הייתה פולניה כנועה מאוד. הזוגיות שלי לא הייתה דומה לשלהם בכלל.

גבריאל ואני התחתנו עם מניין אנשים על הדשא בקיבוץ. לבשתי שמלה ורודה, כי זה מה שהיה לי בארון. לא היה לי איזה חלום ללבוש שמלת כלה לבנה ומפוארת וגם ההורים שלי לא ניסו לשכנע אותי. זאת הייתה המציאות

באותם זמנים. לא היה כסף, הכול היה צנוע. עמדנו תחת החופה, התותחים לא רעמו ולא הייתה איזו ארוחה מפוארת לאחר מכן. התחתנו והלכנו לביתנו.

אבא של גבריאל גר בגן שומרון. היה לו שם בית ומשק ובשלב מסוים גבריאל החליט שנעזוב את הקיבוץ, כי יש משק שמחכה לו. באנו לגור עם אבא שלו, וגבריאל התחיל לפתח את המשק. היו עופות לרבייה, היה צריך לחלוב את הזרע מהתרנגול ולשאוב אותו עם מזרק ואחר כך מישהו מחזיק את התרנגולת ואת מזריעה אותה. ככה עשינו פעם בשבוע. אלו היו החיים.

גבריאל היה בן 42 כשפרצה מלחמת ששת הימים. הצבא עשה גיוס נרחב שבועיים־שלושה לפני שהמלחמה פרצה והחיילים יצאו לקרבות. אני זוכרת שישבתי בחצר והוא אמר לי, תשמעי, אני הולך להתגייס. שאלתי אותו, אתה השתגעת? כל כך הרבה בחורים צעירים מתגייסים, למה אתה צריך ללכת? הוא אמר לי, את תעשי את מה שמוטל עלייך ואני אעשה את מה שמוטל עליי. ומה הוטל עליי? הוא השאיר אותי עם אבא שלו, המבוגר, עם שני ילדים בני שמונה ותשע. ועם כל העבודה במשק.

גידלנו משמש והיה לנו מטע של שסק. בזמנים ההם, זה היה פרי חדש שלא הכירו בארץ. העבודה במשק הייתה קשה בגלל ההשקיה. זה לא כמו היום שפותחים ברז. בזמנו היה צריך להעתיק את מערכת ההשקיה מאזור לאזור, ממש לפרק אותה ולהרכיב מחדש כדי שכל השטח יקבל את המים. הגעתי יום בשבוע לעבוד בזה בפרך. הייתי סוגרת את ברז המים, מפרקת את צינורות ההשקיה, מנקה אותם מהעפר ומתחילה להרכיב אותם בשטח הבא שזקוק להשקיה. וכן הלאה על כל השטחים.

אני לא מגזימה, הייתה באמת עבודה קשה.

הייתי הראשונה בכפר שעשתה רישיון נהיגה. אין מה לעשות, הייתי מוכרחה לשרת את עצמי. זה היה בסמוך למלחמה והוא היה עסוק בשלו, במילואים, ואני הייתי מוכרחה רכב. גם כי אחרי כל עבודת הקטיף אני עשיתי את ההובלה לשוק. לקח לי זמן למצוא איך להיכנס לשוק הכרמל, רחובות השוק היו תמיד מלאי אנשים והייתי צריכה להגיע דרך סמטאות שעוקפות את ההמון.

אני זוכרת שבעל בסטה אחד ביקש ממני לא ללכת מהדוכן גם אחרי שפרקתי. הוא אמר לי, כשאת עומדת פה, המון אנשים באים לקנות. בהתחלה לא הפניתי לכך תשומת לב, אבל בהמשך ראיתי שהוא צודק. איפה שיש קונה אחד, יש עשרה ואם אין אף קונה אז אין אף אחד. שם נזכרתי בשיעור שלמדתי כבר בעבר, בני האדם מתנהגים כמו עדר.

גבריאל ממש שתל אותי במקום כשאמר לי, תעשי מה שאת צריכה לעשות, אבל אני לא יכולתי לעשות רק את העבודה המפרכת הזאת, הייתי מוכרחה גם לראות אנשים. הייתי יוצאת בלילה, כל לילה נסעתי לחברים וידעתי שאני צריכה לחזור לפני שיעלה הבוקר. ככה יצאתי לדרך ונסעתי על הכביש למרחקים, אבל דאגתי שבכל בוקר, כשהילדים מתעוררים, הם ימצאו אותי במיטה, אין כזה דבר שהם יהיו בבית בלעדיי בבוקר.

מדי פעם הייתי נוסעת לעפולה ופוגשת שם את גבריאל בבית קפה. הוא לא יכול היה לחזור הביתה בגלל המרחק הגדול, וככה מצאנו לנו זמנים שבהם יכולנו לדבר ולשתף מה עובר על שנינו במהלך היום. הביתה הוא כבר לא חזר.

בבוקר היום השני למלחמה התעוררתי בשעה חמש בבוקר, ומשהו עשה לי אי שקט.

יצאתי החוצה והתחלתי להסתובב בשביל. פתאום ראיתי מטוס והרגשתי שהוא של האויב. אמרתי לעצמי, זה לא שלנו, ממתי אנחנו טסים עם מטוס אחד? המטוס טס לכיוון נתניה, רוקן שם שתיים־שלוש פצצות שלא התפוצצו ואז טס צפונה בכוונה להפציץ את בסיס חיל האוויר ברמת דוד. הוא יורט מעל שדות עמק יזרעאל ונפל והתרסק על שטח מחנה עמוס.

גבריאל היה במחנה עמוס. ארבעה עשר חבר'ה נהרגו שם. תשעה מהם לא זוהו ונקברו בקבר אחים בחיפה. הצבא קבר, הצבא סידר ואחר כך הגיעו להודיע לנו.

בכלל לא חשבתי על הכיוון הזה שהוא ימות במלחמה, רק חשבתי על זה שאני אצטרך לעשות את כל העבודה במשק.

איך הודיעו לי זה סיפור. ההודעה על מותו הייתה מגעילה, מגעילה! בגן שומרון, בבית הצמוד אלינו, הייתה מכולת. בעל המכולת היה גם יושב ראש ועד המושב.

קצין הנפגעים הודיע לראש הוועד ונתן לו פתק או טופס עם פרטים על המקום שבו קברו את גבריאל. הוא היה היחידי במושב שנהרג. מה עשה ראש ועד המושב? הדלתות של הבית שלי היו פתוחות תמיד, אז הוא נכנס, שם את הפתק על השולחן והלך. התפקיד שלו היה להודיע, אבל שכל לא היה לו, הוא היה יקה פוץ ומבוגר.

באותו זמן הייתי בחיפה, נסעתי לנחם חברה שבעלה נהרג וההורים שלה גרו מולי. כשחזרתי הביתה, ראיתי את כל המושב עומד מול הדלת שלי. הבנתי ולא הבנתי. נכנסתי. ראיתי את הפתק על השולחן. התחילו להקיף אותי ולהיכנס הביתה בלי הפסקה. אמרתי לעצמי שאין לי כוח לזה והחלטתי שאני הולכת לשבת שבעה במטעים. השארתי מודעה על הדלת: "אני מבקשת להימנע מניחום אבלים", והלכתי למטע ועשיתי את כל עבודת הפרך של ההשקיה. שם הרגשתי שאני עם גבריאל. את המקום הזה הוא בנה, הוא עשה, זה הפרויקט שלו ואני ביחד איתו. ככה הרגשתי.

התגובה הראשונית שלי להודעה הייתה שזה מה שקרה, זה מה שיש ועם זה צריכים לחיות. זו הייתה הגישה שלי. אולי בכיתי קצת. השכנים לקחו את הילדים שהיו אז בני פחות מעשר, כדי שלא יראו מה הולך בתוך הבית.

בערב הבכור שלי אמר, אמא, מה נעשה, הרי אני כל כך צריך אבא. שאלתי את עצמי, מה לענות לו? הוא צודק. הוא צריך אבא. אמרתי לו שאני לא יודעת מה בדיוק עושים, אבל שאני מאוד אשתדל שיהיה לו טוב. אז את מרשה לי לישון איתך בלילה? הוא שאל. רק פעם אחת, עניתי לו, והוא חיבק אותי ונרדם.

אחרי שגבריאל נהרג, במשך תקופה מסוימת, הוא היה מגיע אליי בחלומות אבל בקושי דיבר. הרגשתי בנוכחות שלו, עד שהיא נעלמה. הייתי עולה לקבר שלו ביום הזיכרון במשך הרבה שנים ורק בשנתיים האחרונות הפסקתי.

אמרתי לעצמי, בשביל מה ההצטופפות הזאת שם ביום הזיכרון, אני מדליקה לו נר בבית.

אני לא מאלה שיושבות ומיללות, לקחתי מייד את החיים בידיים והתחלתי לעשות מה שצריך היה להיעשות והייתה לי שם חיות. היו שואלים אותי "למה זה מגיע לך?" ועניתי שאני לא עושה הנהלת חשבונות. מה שצריך היה לקרות קרה וזהו, עכשיו צריך להתמודד עם זה. והייתי צריכה לטפל באבא, בשני ילדים ובמשק. לא התכוונתי לעזוב אף אחד מהם. טיפלתי בחמי שהיה כבר מבוגר ועמדתי על כך שהילדים ירחצו אותו, כי כמובן אני לא יכולתי. סידרתי לו טוש וכיסא והילדים היו עוזרים לו לסבן את הגב והוא שטף את עצמו. והיה צריך גם לנקות את הבית, הרי עוזרת לא הייתה, והיה צריך לבשל ולעשות קניות. נו שוין, ככה היה נגמר היום.

גם כשהבן השני אמר שהוא צריך אבא, לא העזתי לפתח איתו שיחה בנושא. מה לעשות, לגרד להם את הפצעים? ידעתי שחשוב לדבר על מה שהיה ומה שקרה עם גבריאל גם אם אי אפשר לשנות את המציאות, אבל הרגשתי שאני לא יכולה לדבר איתם על הנושא הזה מרוב הריגוש הפנימי שלי. לקח לי כמה שנים. אבל כשעברו השנים וקיבלתי יותר שכל וחשבתי שכן אפשר לדבר, מצידם כבר היה מאוחר מדי. הפצע כנראה נחסם.

אחרי שנשארתי בלעדיו, מילאתי את עצמי באינפורמציות חדשות, העיקר להתעסק בדברים אחרים ולא להרגיש לבד.

אבא של גבריאל תמיד היה בבית ושמר על הילדים, ולמרות שהוא לא ידע עברית והם לא ידעו גרמנית, הם הסתדרו.

התחלתי ללמוד פילוסופיה באוניברסיטה, פגשתי אנשים, דאגתי לצאת עם חברות וסידרתי לעצמי מינוי לתיאטרון ולקונצרטים שאליהם הלכתי לבד.

אני חושבת שרק אחרי חמש שנים השתחררתי מהכבלים של האבל והצלחתי להתחיל לדבר. מה שעזר לי היה דווקא לחיות את החיים. לא סגרתי את עצמי. אולי התנהגתי בהתחלה לא כמו שמקובל בחברה, יצאתי החוצה, שכנים ריכלו עליי שהלכתי להסתפר אחרי שהוא מת, או שאני לובשת שמלה יפה. הם אמרו, תראו, ככה מתנהגת אישה באבל? אבל אני עשיתי מה שהבנתי.

יום אחד התקשר אליי מנהל בית הספר של הילדים והזמין אותי לשיחה. כשהגעתי הוא אמר לי, אל תיבהלי, לא קראתי לך כי הבן שלך לא

בסדר, אלא כי אני חושב שעברתם חוויה קשה במשפחה, מאוד קשה, ואני מציע לך ליצור חוויה טובה. שיחוו גם חוויות טובות.

הקשבתי והבנתי שאולי דאגתי רק לרווחה שלי, ומה איתם? חשבתי שהעצה שלו מאוד הגיונית, ואז שאלתי את עצמי, מה, אני אטוס לחו"ל עם שני ילדים ומזוודה בכל יד? אז העליתי את הרעיון לצאת לשיט בחופי הים התיכון. יצאנו לשבועיים והילדים פגשו על האונייה ילדים אחרים ושיחקו כל כך יפה ביחד וצחקו. כעבור שבועיים על הים חזרנו ומצב הרוח היה טוב. לא שזה ביטל את כל העצב, אבל היה גם וגם.

מאז השתדלתי לקחת את הילדים לטיולים, כי עם גבריאל טיילנו הרבה.

אחרי המלחמה, כשפתחו את הדרכים, לקחתי אותם לרמת הגולן, עברנו ליד הכנרת ולמרות שלא היו כבישים סלולים, עשיתי את הדרך המסובכת הזאת, כדי שהם יראו אותה.

כשהרגשתי שבכפר מביטים בי ומבקרים אותי, לקחתי את הילדים ועברתי לגור במקום אחר. באותה תקופה חמי מצא חברת ילדות והם היו ביחד, היא גם עברה לגור איתנו קצת לפני שעזבתי. כשעזבתי את המושב, חמי וחברתו הלכו ביחד לבית אבות. אבל זה לא הלך ביניהם והיא קמה ועזבה.

טיפלתי באבא שלו גם אחרי שעבר לבית האבות. לקחתי אותו לקונצרטים והופעות ולא עזבתי אותו. אבא של גבריאל נפטר לפני שהתחתנתי מחדש. האמת שעבר הרבה זמן בין לבין, הייתי עשרים ושלוש שנה לבד לגמרי ומעולם לא הלכתי לקבוצות תמיכה של אלמנות. לא רציתי שירחמו עליי. אני מתמודדת עם הבעיות שלי לבד, אני אוהבת לעצור ולחשוב. בתקופת הקורונה זה מה שעשיתי רוב היום. ימים שלמים. הייתי יושבת, בוהה וחושבת, מעבדת תהליכים, מביטה לאחור על החיים שלי ומבינה מה אני.

מה הבנתי? שאני אדם פשוט, שאפילו את קצבת האלמנות שאני מקבלת מדי חודש לבנק, אני לא מסוגלת להוציא. לא קניתי לעצמי שמלה חדשה כבר כמה שנים, זה פשוט לא מעניין אותי. לפני שבוע היה יומולדת שנה לנינה שלי. חשבתי, מה אני אלבש? פתחתי את הארון ומצאתי מכנסיים וחולצה. כשנכנסתי למסיבה כולם אמרו וואו! איך את לבושה! מה אני אשמה שאני יודעת להתאים דבר עם דבר.

לאורך השנים לא מצאתי זוגיות. יום אחד ישבתי עם החבר'ה שלי בקפה כסית המפורסם בתל אביב, זה היה בית הקפה של אנשי הבוהמה. ישבתי בשקט ואמרתי לעצמי, זה לא אורח חיים בשבילי, אם ככה הם מדברים אני קמה והולכת. אלו לא החיים שאני מבקשת לעצמי. אבל שאלתי את עצמי, מה אני עושה עכשיו?

בתקופה ההיא למדתי באוניברסיטה והחלטתי לגשת למורה שלי. סיפרתי לה את הסיפור והיא כיוונה אותי ואמרה לי שיש בירושלים אישה שקוראים לה חנה ספראי ושהיא מלמדת נשים תורה.

כשהגעתי אל חנה מצאתי אישה חכמה. בהמשך הפכתי לחברה שלה, עד שהיינו כמו אחיות. כשהיא שכבה על ערש דווי באתי לבקר אותה הרבה בבית חולים.

היינו חברות טובות מאוד, היא אפילו נתנה לי את הדירה שלה, כדי שאכנס ללון שם בכל פעם שאני רוצה. מאז החיים שלי פנו לכיוון אחר, עם רוח ומשמעות, אבל זוגיות עדיין לא מצאתי.

הקושי הגדול היה בחגים. הייתי פנויה כבר עשרים ושלוש שנה ונמאס לי לעשות ליל הסדר כמלחך פנכה, ככה קראתי לזה.

הייתי מחפשת בכל פעם מקום אחר להיות בו, עולה על הרכב ודוהרת.

הבן הגדול שלי אמר, אם תגידי שאת נוסעת מחר לירח, אני אאמין לך. תמיד הייתי טורבו. יום אחד הלכתי למכולת בחדרה, היו לי שם חברות ונפגשתי בין המדפים עם אחת מהן. היא שאלה אותי, למה את כזאת רצינית? קרה משהו? אמרתי לה, נמאס לי מליל הסדר. אני לא מוכנה להיות יותר כל פעם בשולחן של מישהו אחר, בצלחת של מישהו אחר. אני רוצה אצלי בבית, ואני לא יודעת איך עושים את זה. דיברנו עוד קצת ונפרדנו לשלום. באותו יום היא הסתובבה בחדרה ופגשה חבר שלה מימי בני עקיבא בארה"ב. היא שאלה אותו, ארנון, מה קורה איתך והוא אמר לה, תשמעי, הבית כל כך ריק, אין לי כוח לזה יותר. הוא היה אלמן, פחות משנה, וגם לו היה קשה.

היא נתנה לו את המספר שלי והוא פשוט התקשר. הפגישה הראשונה שלנו הייתה בדירה השכורה שלי בחדרה. ישבנו ודיברנו ודיברנו. אני הדברנית הגדולה מבין שנינו, ופתאום הוא אומר לי, תקשיבי אני צריך ללכת. שאלתי אותו, באמת? לאן אתה צריך ללכת? והוא אמר, זה לא מכובד שגבר זר ייצא כל כך מאוחר בלילה מבית של אישה שגרה לבד. אמרתי לו, אני

צריכה לסדר את הארונות. הייתי בטוחה שהוא לא מבין מה אני רוצה, אבל הוא הבין יפה מאוד שאני מכינה לו מקום. חשבתי לעצמי, הוא לא מכיר אותי וכבר מכבד אותי עד כדי כך? זה יהיה האיש שלי. אבל לא הייתי ישירה, רק אמרתי בדיחה קטנה ולא הוספתי.

החתונה שלי ושל ארנון הייתה בחצר הבית שגרתי בו. בית בן שתי קומות עם שכנים טובים מאוד. בחתונה נהניתי מאוד ולא ערבבתי, כלומר לא חשבתי על החתונה הראשונה שלי. כל דבר בזמן שלו. זה מה שלמדתי מאחד המנהלים בבתי הספר של הילדים. הוא אמר לי, אם יש אירוע שעברת ואת רוצה לחשוב עליו, תעלי אותו למחשבה ותחשבי רק עליו. סיימת? תחזירי לקופסה. את רוצה שוב לגעת בו? הוציאי מהקופסה, טפלי בו כמה שאת רוצה ורק אל תשכחי להחזיר אותו בסוף, שלא יצא מצב שאת מערבבת עניין שאינו קשור לעניין אחר. כמה חכם.

כשארנון ואני התחתנו, הילדים שלי כבר היו גדולים ולא גרו בבית. הבנות שלו היו כבר נשואות וכל הזמן חשבתי איך אצליח להתחבר אליהן. עם שתיים באמת הצלחתי ועם השלישית היה פספוס. היא לא הייתה מוכנה לקבל שאבא שלה התחתן לפני שעברה אפילו שנת האבל על אמא שלה.

כשראיתי שהניסיונות שלי לא עזרו והיא ממשיכה להתעקש, עזבתי אותה וקיוויתי שהזמן יעשה את שלו. והוא באמת עשה. לא מזמן היה לנו אירוע משפחתי ונשארנו שתינו לבד בבית במשך יום שלם ודיברנו הרבה. אנחנו לא חיבוקי, אבל מאוד בסדר.

חשבתי על המצב הזה המון, כי אצלי אם מתעוררת בעיה אני יושבת וחושבת וחושבת עד שאני מוצאת פתרון. ורציתי לענות לבת שלו. אמרתי לה, את יודעת? מי שממשיך הלאה מהר זה רק מי שחי כל כך טוב עם אשתו שהוא לא יכול אחרת. הוא הולך לחפש מישהי אחרת שתהיה דומה לאשתו. ובאמת לא היה לה מה לענות לזה.

ארנון הוא אדם שאי אפשר לריב איתו. אי אפשר. אחרי כמעט שנה יזמתי מריבה. מריבה על שטויות. אמרתי לעצמי, אני רוצה לראות אם אפשר לריב איתו ולגלות איפה נקודת הקצה שלו.

בקומה העליונה של הבית שלנו יש משרד. אחרי שרבתי איתו הוא עלה למשרד שלו, ישב שם קרוב לשעה, ואז ירד למטה כאילו לא קרה כלום. זה האיש.

היום, ממרחק הזמן, אני יכולה להגיד, אם לסכם במילה אחת, שהזוגיות הראשונה שלי הייתה קשה. קשה אבל מעניינת. היה לנו טוב ביחד, אבל לפעמים היה גם לא טוב. היינו צפופים בוויכוחים וריבים, כל אחד מאיתנו היה מאוד דעתן. לעומתה, הזוגיות שלי היום מפצה על הכול. אני לא שומעת חצי מילה רעה ולא מדברים אליי בטון מורם.

ארנון ואני נשואים היום שלושים ושבע שנה ויש לי איש שאין דבר כזה. אני לא אחליף אותו בשום דבר, כי הוא הדבר הכי טוב שקרה לי בחיים.

ארנון וגבריאל שונים. ממש למדתי לעשות את ההפרדה ביניהם. אני לא חושבת שעם גבריאל הייתה לי אהבה. לא ידעתי איך אוהבים, ולאהוב צריך לדעת. אהבה דורשת ביטוי, צריך להבין איך להעביר אותה הלאה. גבריאל נתן לי אהבה, אבל גם היה עם האף למעלה, מאוד דעתן, מאוד עקשן. לא היה איש קל. האהבה שלי איתו הייתה קומסי קומסה. גם הייתי צעירה, גם צריך לדעת איך להיות אשת איש, גם להתאמץ ולרקום ביחד שני אנשים שהגיעו מבתים שונים, לפעמים מתרבות שונה, משפות שונות, כל אחד מביא איתו את החבילה שלו ועכשיו חיים עם זה. את הולכת לישון איתו ואת יושבת לאכול איתו, ואתם ביחד באותם ארבעה קירות.

לפעמים זה עובר בסדר ולפעמים קשה.

גבריאל היה מאוד דעתן ומאוד עקשן, ופתאום היה מסוגל לשחק איתי ברוגז עד שהייתי יושבת על הברכיים ומתחננת לסליחה על משהו שאני לא יודעת בכלל שעשיתי. גם כשהתחתנו אני לא יודעת אם זו הייתה אהבה, או שהוא מצא חן בעיניי. אני רק יודעת שהוא התאים לי; הוא היה קורא ספרים, הוא היה אינטלקטואל, התאים לי לחיות עם איש כזה. ככה אני חושבת שהתייחסתי לזה.

ארנון היום בן 87 או 88 או משהו כזה והוא עדיין עובד. הוא לא עובד עם מגרפה, הוא עובד עם הראש. הפרויקט האחרון שלו עוסק בפיתוח עצם שיספוג הדף של רימון בזמן שהוא נזרק לעבר כוחותינו. בדרך כלל, כשרימון נזרק לעבר כוחותינו מישהו נשכב עליו כדי לספוג את הנפץ, ארנון אמר שהוא רוצה להמציא משהו שיזרקו על הרימון במקום גוף אנושי. הוא

על זה עכשיו, עושה חישובים של התיאוריה וניסויים בשטח וזאת תרומתו למלחמה. יש לו ראש גדול.

כלתי רצתה שאחדש את הדרכון שלי. אמרתי לה, אין לי סיבה. שבעתי. הייתי בשבע יבשות, אין יותר יבשות. אני לא רוצה יותר. טסתי עם האיש שלי, אפילו פינגווינים הלכתי לחפש.

אני בת 91, יש לי את ארנון, יש לי כל מה שאני צריכה.

הגעתי למחנה שורה כשאני לובשת את הסווטשרט שהוא הלך איתו בדייט הראשון שלנו. סווטשרט קרוע, מכוער מאוד. אני לא יודעת איך הוא העז להגיע איתו לדייט.

// זוהרה סלע, שם בדוי

רציתי שמישהו יקום בבוקר ויסתכל עליי

זוהרה סלע

בת 40, אלמנתו של רס"ן יניב סלע.
אמא למיטל (10), ורד (7) וגילת (7).

חרבות ברזל

אני לא אוהבת שאומרים לי טוב לו עכשיו. ובטח מנחם אותך שהוא גיבור ישראל. לא מנחם אותי שהוא גיבור ישראל, מספיק עם השטויות. לא מנחם אותי. היה מנחם אותי אם הוא היה יושב פה מול הטלוויזיה ולא עושה כלים. זה מה שהיה מנחם אותי. וגם אם טוב שם למעלה, הוא בטח מעדיף להיות פה, אז אני לא קונה את המשפטים האלה.

בשבת האחרונה של יניב בבית רצינו ללכת לפאב של הקיבוץ. כשהתחלנו ללכת לכיוון, הוא אמר, זוהרי, אני לא רוצה לשבת עם עוד אנשים. אני רוצה להיות איתך. ואז חזרנו הביתה וישבנו על הספה אחד מול השנייה ומזגנו וויסקי לכוסות. היה לו וויסקי ספציפי שהוא אהב, וויסקי כשר. תמיד הייתי קונה לו אותו בדיוטי פרי. למדתי שזאת מתנה שאני יכולה להביא לו מחו"ל וכולנו מרוצים מהאירוע. בערב הזה הוא אמר לי, אני כבר מרגיש בבית, והתרגשתי, כי בפעמים הספורות שהיה בבית הוא אמר לי, אל תשאירי אותי פה לבד. אני לא יודע אפילו איפה הקפה. הוא בקושי הספיק להיות בבית החדש שלנו בגלל המלחמה. אבל בערב האחרון שלנו יחד הוא הרגיש בבית. הוא הספיק ליהנות משולחן האוכל שתכננו שייפתח לאורחים

שנארח, ומהמיטה החדשה והנוחה שלנו ומהמקלחת שתכננו עם שני ראשים של מקלחת. הוא לא אהב מקלחות משותפות כי הוא לא אהב שאני נדחפת לו לזרם ומחממת יותר מדי את המים וככה מצאנו פתרון ששנינו מרוצים ממנו. איך יניב הלך בדיוק בשלב הזה.

שבועיים אחרי שפרצה המלחמה הבית החדש שלנו היה מוכן. בנינו בית בקיבוץ במרכז הארץ. מכיוון שעד אז גרנו בדרום והיו אזעקות ויניב גויס למילואים, העדפתי לא לדחות את המעבר ולעבור בכוחותיי לבית החדש עם שלוש הבנות. יניב חשב שיהיה קשה מדי לעבור לבד, אבל החלטנו להיעזר באורזות מקצועיות, ועשינו את זה. אחרי שהוא נפל חבר סיפר לי שהוא ממש חשש מכל המעבר ושמח כשזה קרה לבסוף. יניב שנא את החלק של עיצוב הבית ואחרי שהוא גויס אמרתי לו, זכית, קיבלת שחרור מכל מה שקשור לבית.

יניב חשש גם מהמעבר למגורים בקהילה. הוא אמר, אני איש של בית, את תהיי בחוץ. אני לא צריך מלא חברים, את החברה הכי טובה שלי. והוא באמת איש של בית, אולי זה קשור לעובדה שהיה פעם דתי, שהעביר שבתות באורח חיים דתי ולא היה צריך בכל סופשבוע להמציא את עצמו.

היו לו חברים מהצבא ומהלימודים, אבל בסופו של יום הוא בחר לשתף בדברים רק אותי ובשבתות אהב לשבת בבית ולנוח, פשוט ליהנות מהשקט. לא לעשות כלום. ואני? קצת הפוכה. מאוד חברותית, אחת כזאת שמשתפת, רק תנו לי לצאת! עם השנים למדתי קצת לאהוב בית. וגם הבנות שלנו אוהבות. עכשיו כשאין מי שיווסת אותי, הן אומרות: אמא, אפשר שהשבת לא נעשה כלום ורק ננוח ונשב בבית?

אני חושבת שהבחירה לעבור לקיבוץ הייתה די טבעית לנו. יניב נולד בקיבוץ דתי שבו נולד גם אבא שלו ושם הוא הכיר את אמא שלו שהגיעה כמתנדבת מארה״ב. היא בכלל התאהבה בסבתא של יניב ונראה לי ששם התחיל להירקם החלום שלה לעלות לארץ. אחריה עלו גם ההורים שלה. היא התחתנה עם אבא של יניב והם נשארו בקיבוץ. בשלב מסוים המשפחה עברה לעיר ויניב, כמו כל האחים שלו, התחנך במוסדות דתיים. לפני הצבא הוא הלך למכינה קדם־צבאית, דתית מאוד. את הכיפה נדמה לי שהוא הוריד תוך כדי הצבא או מייד אחריו.

יניב ואני הכרנו כשלמדנו באוניברסיטת בן גוריון בבאר שבע. אני התחלתי שם לימודי תואר שני במדעי הרפואה והוא היה בשנה האחרונה של התואר הראשון בהנדסת תעשייה וניהול. הייתי חודש בבאר שבע ולא מצאתי את עצמי. הייתי כבר בת 25 והרגשתי זקנה ליד כל מי שהתחיל את התואר הראשון. אח של חברה שלי הכיר את יניב ועם קצת מזל וקסם הוא שמע שגם אני רוצה להכיר וככה שידכו בינינו.

הדייט הראשון היה נהדר אבל גם קצת לא אמיתי. יניב שאוכל כשר בחר בטעות מקום לא כשר, ואני שבכלל לא אוהבת בשר, אכלתי דווקא מנה בשרית. אם שואלים אותי, הוא התאהב בי בדייט הראשון. אם שואלים אותו, זה דווקא היה כמה דייטים אחרי. אבל ברור לי שאני צודקת. אגב, קצת אחרי הדייט הפכתי להיות צמחונית, אבל מאז המלחמה זנחתי את הצמחונות. נהיה לי רעב לבשר. וייב של חיים. ואולי זה פשוט יניב בתוכי. איך אני מצטערת שהוא לא יודע שאני אוכלת בשר.

נולדתי למשפחה חילונית מהקריות, אבל היינו קרובים ליהדות. להורים שלי היה חשוב שנדע את כל התאריכים העבריים, גם של ימי ההולדת שלנו. תמיד חגגנו את החגים, צמנו בכיפור ולמרות שלא הלכנו לבית הכנסת מעבר לתפילות בודדות, ההורים לא הסכימו שנרכב על אופניים. בתור ילדה תמיד אמרתי שגם אני לא ארשה לילדים שלי, אבל בסוף יצא שזה היה חשוב דווקא ליניב.

גם את פסח שמרנו, אבל בלי כל הטרללת שהוא הביא לבית המשותף שלנו. כזו שבגללה במשך הרבה שנים הרגשתי בליל הסדר שבא לי לפתוח שקית של פירורי לחם ולפזר על הרצפה. והכול בגלל שגעת הניקיונות שלו. הוא היה שם נייר כסף על הכיריים ובתוך המקרר, התעקש לסיים את החמץ לפני פסח, ובלילה שלפני ליל הסדר הוא ניקה והכשיר את כל המטבח. כשהייתי נכנסת הביתה אחרי שהוא ניקה, הוא היה שואל בחרדה, הכנסת חמץ? שאלתי, איזה חמץ? מה, אני מסתובבת עם פירורים? והמושגים. כל מיני מושגים שאני לא מכירה כמו "סוף זמן אכילת חמץ".

מה שעוד הקשה עליי להתחבר לרוטינה הזאת בכל שנה, זו העובדה שאני לא אוהבת לזרוק אוכל, ואני לא חושבת שזאת הייתה כוונת המשורר,

כלומר אלוהים. ובאמת שבמקום כל הניקיונות האלה, העדפתי שיניב ישב לראות איתי טלוויזיה. הייתי אומרת לו: אבל אתה לא דתי. ואנחנו לא דתיים. אז מה אתה רוצה מהחיים שלי?

המשפט הזה, "אתה לא דתי", תמיד שם אותו במקום לא נעים. לפעמים הוא היה אומר, זה אני. ובשיחות עומק שעשינו בזמן שבו לא היינו עצבנים, הוא אמר, אני יודע שאני לא דתי, אבל עוד לא מצאתי את המקום שלי. הוא כל הזמן היה צריך לעשות את הבחירות שלו והייתי מוכנה להיות איתו בזה. בתוך תוכי ידעתי שלאט לאט נבנה את המסורת המשפחתית שלנו סביב המנהגים של כל אחד מאיתנו.

פעם היינו עושים על האש בשבת, אבל בשלב מסוים יניב החליט שפחות מתאים לו. אז גם כשהיינו יוצאים לטיולים, לא היינו מביאים פק"ל קפה, אלא תרמוס עם תה. הוא כל הזמן חיפש מה מתאים לו. במה הוא מאמין ומה חשוב לו. הוא גם לא שמר שבת, אבל כשעלתה לפעמים המחשבה על אם יהיה נורא אם נשמור שבת, אני חששתי מזה. מבחינתי שבת זה הזמן לפגוש משפחה וחברים ולצאת לטיולים. חשבתי לעצמי, איך נסתדר ככה עד סוף חיינו? אני לא באמת חושבת שהדת הייתה מפרידה בינינו. תמיד מצאנו פתרונות. דרך משלנו. נגיד, למדנו לקחת חופש מהעבודה ולהכשיר את המטבח שבוע לפני פסח וכשהייתי עם הפלאפון ביום כיפור זה לא היה מול הבנות.

בתחילת הדרך שלנו ביחד אמרתי ליניב שאני מוכנה לעשות בשבילו כל מיני דברים שפחות קשורים אליי מבחינה דתית. היה לו קשה להכיל את זה שאני עושה בשבילו, כאילו שאם אני לא עושה בשבילי זה לא נחשב. אמרתי לו, רגע, תן לי שנייה להתחבר. זה גם שלי.

לפני שהכרתי את יניב דווקא נרתעתי מדתל"שים כי הם נראו לי לא יציבים. כאילו, מה אתה פתאום משנה את החיים שלך? אבל כשפגשתי את יניב, פגשתי את האדם הכי יציב בעולם. מחפש את דרכו, אבל מאוד שקול. פעם תיארתי אותו לחברה כאדם שאין לו מנעד רגשות רחב מאוד. הוא שמח באופן מסוים ועצוב באופן מסוים ויש בו איזו נינוחות ורוגע, הוא לא סוער. אני למשל שמחה עד הסוף ועצובה עד הסוף ולחוצה עד הסוף. ויניב הרגיע אותי. הוא היה בית בשבילי ולמרות שהאנרגיה שלו הייתה שונה משלי, החיבור היה נעים ונוח ולא משעמם בכלל.

כשחיפשנו את בית חלומותינו הוא נלחץ מגודל המשכנתא. הוא לא אהב שינויים גדולים. אמרתי לו, אני רוצה שתבחר איתי, שתתרגש איתי! הוא אמר לי, זוהרי, איפה שתבחרי אני אבוא. אבל תני לי להיות אני. כלומר, אל תדרשי ממני לשמוח ממש, כי זה מלחיץ אותי וכי זאת לא הבחירה האינטואיטיבית שלי, אז שחררי. תפסיקי לדרוש שאני אהיה אותו הדבר כמוך במאה אחוז, כי אני לא.

בהתחלה היה לי קשה. התגובה שלו הכעיסה אותי והעליבה אותי. הרצונות השונים שלנו שהתנגשו הכעיסו אותי לפעמים. הוא למשל רצה לגור במדבר ואני רציתי קרוב למשפחה. אני רציתי שנעשה רילוקיישן, שהוא יעבוד בהייטק בחו״ל ואני אנצל את הזמן כדי להיות בבית עם הילדים, אבל הוא לא רצה לעבור מהארץ. זה לא היה בשבילו. גם בעיצוב ובתכנון של הבית בשלב כלשהו באמת שחררתי, הרגשתי שכל התחום של הבנייה באמת לא מעניין אותו. הוא סומך עליי. ובסוף? בסוף התבטלה המשכנתא בגלל שהוא נהרג. כמה לחץ הוא בזבז על המשכנתא הזאת.

כשיניב נפל, גיליתי שהמשפחה שלו לא ידעה עד כמה הוא לוחם אמיץ. הם ידעו עליו הרבה דברים, אבל לא את זה. יניב היה האדם שיודע לעזור כשנתקע משהו במחשב וכשצריך לתפעל את הטלפון. אני למשל אף פעם לא קראתי את ההודעות שהמחשב שולח מפעם לפעם. תמיד לחצתי על ״אישור״ כי לא היה לי כוח להתעסקות הזאת ואז מערכת ההפעלה הייתה נתקעת ויניב היה משתלט על המחשב מרחוק ומתקן. זה היה התחום שלו. בכלל אפשר להגיד שתפסנו בזוגיות תפקידים די סטנדרטיים, שהיה לנו נעים בהם. יניב היה אחראי על התחום הכלכלי, שעכשיו אני מנסה להתאפס עליו, ומצד שני הוא לא היה עצלן בכל הנוגע לפנים הבית וכן היה חשוב גם לו שכל הבית יהיה מסודר לפני שמתיישבים. עכשיו פתאום אני אחראית גם על החלקים שלו.

יניב ידע הכול. הוא היה אדם של ויקיפדיה. הוא היה קורא הרבה ספרים וערכים בוויקיפדיה על מלחמות ישראל ודברים שקשורים לצבא ולהיסטוריה. הוא כל הזמן אסף מידע נורא משעמם לכאורה גם על טכנולוגיות חדשות ועוד.

היה לנו הסכם כזה שאם יש התחממות צבאית, וכל הזמן יש, מותר לי לחטט בקבוצת המילואים שלו בטלפון. וכשהייתי עולה על המחשב שלו לצורך כך, הייתי רואה את החלונות פתוחים על מיליון ערכים בוויקיפדיה שהוא קרא במקביל כי גלש מערך לערך.

ביני לבין יניב הייתה הבנה כזאת: הוא עושה מילואים, וההתאווררות שלי זה לטוס לכנסים בחו"ל או לערב עם חברות במלון. הוא היה עושה כמה ימי מילואים מדי חודש וזה היה מטריד ומעצבן אותי. אי אפשר לעשות חודש אחד רצוף בשנה וזהו? תמיד התבאסתי מזה, מה שהוביל אותנו לוויכוחים בנושא. והאמת, גם תמיד פחדתי שידפקו לי בדלת. תמיד. פחדתי שתהיה תאונת אימונים או תאונת דרכים בדרך חזרה, כי הם לא ישנים כמו שצריך. לפני שהוא היה יוצא למילואים הייתי משתדלת לא להתקטנן איתו על כל מיני דברים של זוגיות רגילה, וככה בדיוק התנהלתי במלחמה הזאת, כאילו רק כדי שלא ידפקו לי בדלת.

יומיים לפני שיניב נפל, דיברתי לראשונה עם אשתו של נהג הטנק בצוות שלו. היינו בלחץ כי במשך שבוע הגברים לא ענו לנו והרגענו האחת את השנייה עם תוכניות להיפגש אחרי המלחמה ולעשות פיקניק ביחד. שעתיים אחרי שיניב נפל ושעתיים לפני שהקצינים דפקו בדלת היא שלחה לי הודעה והבנתי ממנה שקרה משהו. בעצם אף אחד לא דפק לנו בדלת. אני חיכיתי להם כבר בחוץ.

אחרי שקיבלתי ממנה הודעה שקרה משהו צלצלתי אליה לברר. כבר הייתה לי הרגשה נוראית. היא לא ענתה לי. אחר כך היא אמרה שבעלה הודיע לה שהוא נפגע ושהיא בדרך לבית החולים לפגוש אותו. שאלתי מה עם יניב והיא ענתה שבעלה היה בלעדיו וגם שיניב בלי טלפון. ואז נעמדתי מול החלון. וחשבתי שהוא בטח מת.

אם הוא היה פצוע, הוא היה מתקשר אליי.

עבר לי רעד בגוף שלא יכולתי להשתלט עליו. עד היום יש לי חולשה ברגליים כשאני נזכרת ברגעים האלו. צלצלתי לאח שלי ולגיסתי, שגרים ברחוב ליד, אמרתי להם, בואו אליי. קרה משהו בטנק. כשהם באו צלצלתי לחבר שלו מהפלוגה, והוא ניתק ישר. התקשרתי למ"פ והוא ענה לי בטעות ואמר, אני בפינויים, אדבר איתך. והזמן עובר, והוא לא מדבר איתי. התקשרתי לאחים ולאחיינים של יניב, כולם היו מגויסים, התקשרתי לכל מי שיכולתי

ואף אחד לא השיג לי מידע. התקשרתי לגיסתי שעובדת במשטרה והיא אמרה לי, זוהרה, עברו שעתיים, הם היו מגיעים כבר. אז אל תדאגי לו. הוא בטח עדיין נלחם. אמרתי לה שאין לי טיפה של אופטימיות. פחדתי נורא מהאינטואיציה שלי, שהנורא מכול קרה. אחי הציע שנעשה סיבוב בקיבוץ ואמרתי לו שאני לא אהיה אישה בורחת מבשורה. אני לא. אני שומרת על הדלת. אף אחד לא ייכנס אליי הביתה.

חיכיתי ליד גדר האבן בחזית הבית, מנסה לזהות את המבשרים. אבל לא זיהיתי אותם. הם עברו את הבית ואז נסעו ברוורס כדי למצוא אותי. אחי ראה אותם ואמר, זוהרה, הם הגיעו. כשהקצין נעמד מולי דיברתי ראשונה. אמרתי, זהו? זה מה שאתה הולך להגיד לי?

יניב אהובי נהרג מטיל שפגע בטנק, הוא נפצע מרסיסים בראש ונהרג במקום.

אחרי שהודיעו לי אמרתי לחבר שלו וגם לקציני נפגעים שאני רוצה להיפרד ממנו. הם לא היו בטוחים שאפשר ואני התעקשתי מאוד. הם הבטיחו שינסו.

הגעתי למחנה שורה כשאני לובשת את הסווטשרט שהוא הלך איתו בדייט הראשון שלנו. סווטשרט קרוע, מכוער מאוד. אני לא יודעת איך הוא העז להגיע איתו לדייט.

אח שלו ראה אותו ראשון והוא אמר שהוא חושב שאני צריכה לזכור אותו יפה, כשהוא שלם ולא עם רסיסים. פחדתי שהוא יבוא לי פצוע בחלומות ולכן החלטתי לא לראות את הפנים, אבל כן להחזיק את היד. באותו זמן אף אחד לא נשאר איתי בחדר, או שלפחות ככה הרגשתי. התקרבתי ליניב, להיפרד ממנו. לרגע הסתובבתי וראיתי את האחים שלו וכאילו אף אחד לא נשם שם. ביקשתי מאחותו לצלם תמונה שלי מחזיקה לו את היד, הרגשתי צורך שיהיה לי את הרגע הזה לשנים הבאות. מישהו משורה אמר, בטח יניב לא היה רוצה שיצלמו לו את היד. ואני אמרתי: לא נראה לי שהיה אכפת לו.

פרק החיים הזה נגמר שם, בשורה, גם אני מתתי שם. זה נגמר כאילו בנשיקה, יד ביד.

ידעתי על יניב הכול, אבל במשך החודשיים וחצי הראשונים למלחמה הוא חי

חיים אחרים. לא ידעתי את הסיפורים משדה הקרב שסיפרו לי עליו החברים שלו אחרי שנהרג.

בגיל 39 הוא היה מפקד טנק ומתחתיו היו לוחמים צעירים ממנו משמעותית. בדרך כלל אין מפקדים בגיל הזה בטנקים. גם כי יותר קשה להם וגם כי צפוף בטנק ובדרך כלל כולם משמינים עם השנים. אבל יניב גם לא השמין וגם התעקש להיות בתוך הטנק. בסתר ליבו הוא פשוט אהב טנקים.

החברים שלו סיפרו עליו שהיה מפחיד לתת לו טנק שמישהו אחר השתמש בו, כי הוא אף פעם לא היה מספיק מדוגם כמו שיניב היה מדגם. ככה זה היה גם בדברים אחרים בחיים שלו. הם סיפרו איך הוא פעל בקור רוח והציל חיי אדם.

אני זוכרת שהם סיפרו שמתישהו הצטרף לצוות חתן. יניב אמר, אני לא רוצה חייל לפני חתונה בצוות שלי. שילך הביתה. הוא לא רצה לראות אותו בכותרות הטראגיות בעיתון, לוחם נהרג שבוע לפני החתונה שלו.

וכשהיה חייל שהגיע לצוות בלי ציוד, אפילו לא שק שינה, יניב נתן לו את שק השינה שלו והוא ישן בטנק בקור של דצמבר. והוא לא התלונן. יניב לא היה אדם שמתלונן בחיים, וזה אפילו היה קצת מעצבן. יניב היה מוותר, תמיד, גם בזוגיות. לא אהבתי שהוא מוותר על דברים שהוא רצה. אני לא חושבת שנכון לוותר על עצמנו בזוגיות באופן תמידי. הייתה לנו זוגיות מורכבת, עגולה. אבל בחודשיים וחצי שבהם הוא היה בלחימה, היינו רק לאבי דאבי, למרות שגם שם היו לנו התמודדויות. נגיד, יניב לא אוהב שאוספים אותו. הוא אוהב להגיע לבד. ואני לעומתו, רק מחכה להתפנק. אני אוהבת שאוספים אותי מהרכבת הביתה. וככה אני מפנקת גם את מי שאיתי. כשהוא היה יוצא מעזה, רציתי לבוא לקחת אותו. הייתה פעם שהייתי בעבודה שלי בפקולטה לחקלאות ברחובות, אני פוסט דוקטורנטית במדעי התזונה, חוקרת את הקשר בין תזונה ומדדי בריאות, וגם בזמן המלחמה המשכתי קצת לעבוד. רציתי לאסוף אותו ובהתחלה הוא לא הבין בשביל מה אבל ויתר לי. בכל הפעמים שחזר אספתי אותו. את זה לא הצלחתי לשחרר.

באחת מהפעמים כשהוא חזר מעזה ביקשתי שנרד בחנות לאבזור הבית בתל אביב, כדי לקנות ידיות לארונות שהתקינו אצלנו. מאוד חשוב. נסענו בשיא הפקקים.

אם הוא לא היה כזה עקשן, כשנפגשנו אצל ההורים שלו בדרום, הוא היה מתקלח וחולץ נעליים, נכנס לרכב ויושב בכיף. אבל הוא התעקש לא להתקלח כשאין לו בגדי החלפה משלו ונעליים שלו, והוא נשאר עם המדים. וכששאלתי אותו אם אכפת לו שניסע לחנות הוא אמר, מה שאת רוצה, במקום להגיד, אני מת לחזור הביתה. ורק כשהגענו לחניה ליד החנות, אחרי כל הפקקים, הוא אמר, אני מת להגיע הביתה. אני עם הנעליים של הצבא. ואני התחלתי לבכות והוא אמר, אני לא מצליח להכיל את הסיטואציה. זה נורא מוזר. ופתאום היו לנו עשר דקות באוטו של התפרקות.

הסיטואציה הזאת קירבה אותנו אחרי כל המתח שהיינו נתונים בו. לא ישנתי חודשיים וחצי מדאגה. בשבוע האחרון לחייו בכלל לא דיברנו. כלום. הוא היה עמוק בלחימה ואני חיכיתי כל כך לשמוע שהוא בסדר. אני חושבת שהבנתי את רמת המתח שהייתי בה רק בשבעה, כשישנתי שלוש שעות רצוף הודות לעובדה שאין לי יותר למי לדאוג.

בשבעה ביקשתי שיכתבו עליו גם דברים מעצבנים, לא רק כמה הוא טוב. רציתי להגיד לבנות מתישהו, אתן עושות את זה מעצבן כמו אבא. כי יניב היה בן אדם טוב באמת, אבל היו לו הקטעים שלו. הוא היה גם וגם. כמו כולנו.

עכשיו אני בוחנת את הקווים האדומים שיניב הציב, אלו שהם לא דרמטיים מבחינתי. כדי לראות למה להיענות ומה לשחרר. תהליך האובדן הוא כמו לידה מחודשת של משפחה. אנחנו לעולם כבר לא נהיה כפי שהיינו וזה נוכח גם באווירה הכללית בבית, אבל גם ואולי בעיקר בדברים הקטנים, היומיומיים.

מכאן אני צריכה להחליט איך המשפחה שלנו ממשיכה. להחליט אם אני ממשיכה את יניב או את עצמי. יש דברים שקיימנו, כי הם היו חשובים ליניב, אבל בעיניי הם מעולם לא היו המהות וזה בעיקר תלוי בסיטואציה. למשל, ביום כיפור, עשרה חודשים כמעט אחרי שיניב נפל, לא ראינו טלוויזיה, בדיוק כמו שנהגנו בבית כל השנים. אבל אני כן הייתי עם הפלאפון. ופתאום הבת שלי שאלה, למה את יכולה ואני לא? ועניתי לה, כי לאבא שלך

זה מפריע ולאבא שלי לא. והאמת היא שאני לא יודעת מה יהיה בשנה הבאה. כל ההחלטות מתאימות למה שעכשיו. הכול עדיין מאוד בהווה.

בפעם אחרת, כשאחת הבנות רצתה ללבוש חולצת בטן, שאלתי את עצמי אם אני משחררת את הקו האדום של יניב. לי לא אכפת מחולצות בטן ויניב ממש התנגד להן בצורה לא סבירה. היא אמרה לי, אבל אמא, אבא לא פה. ואחי אמר לי, את לא חייבת להמשיך מסורות אם הן לא מתאימות לך. אז אמרתי לה, את צודקת, לכי עם חולצת בטן.

הבנתי שאני חייבת להיות קשובה לעצמי כל הזמן. לדוגמה, לא משנה מה היה, יניב היה מפסיק לעבוד כששבת נכנסה והוא לא אהב שאני עובדת בשבת, או שהבנות מכינות שיעורי בית בשבת, אבל אלו החיים. גם היום אני מתמודדת עם השאלה מה לעשות. כי הוא נוכח וזה לא ישתנה אם נוסיף מסורת או נשנה אותה.

משהו ששמרתי מהמורשת של יניב זה להדליק נרות שבת בזמן. בבית שגדלתי בו הדליקו רק לפעמים נרות שבת, וגם אז, בכל שעה שבחרנו בלי תלות בשעה שבה שבת נכנסה. ליניב היה כלל, אם לא מדליקים נרות שבת בזמן, לא מדליקים בכלל. מצד אחד, זה היה יפה בעיניי. התחברתי לבן אדם טוב, עם עקרונות, וזה מה שרציתי בבן זוג. מצד שני, היו לנו כמה ויכוחים בנושא הזה. אמרתי לו, מה כבר קורה אחרי הדלקת נרות? אנחנו יושבים ורואים טלוויזיה! אז מה הלחץ שלך שנסיים את כל ההכנות לשבת עד להדלקת הנרות?

זו הייתה נקודת קושי אצלנו בבית. למשל, הרבה פעמים בימי שישי חוגגים ימי הולדת לחברים בכיתה. בשעון חורף תמיד היינו צריכים להוציא את הבנות באמצע יום ההולדת, כדי להדליק את נרות השבת בזמן, ואם היינו בטיול, היינו דואגים להגיע הביתה בזמן לצורך המשימה, או כשהגענו לסבא וסבתא שלי ועבר זמן ההדלקה, היה דיון, אם מדליקים או לא.

פעם אחת אמרתי לו, לא רוצה להכניס את השבת ככה בלחץ ועצבים! ולא הדלקתי נרות. הוא לא דיבר איתי יומיים אחר כך, מה שאף פעם לא קרה. מאז לא עשיתי לו דווקא בתחום הזה. השתדלנו שהשבת תיכנס בנועם ולא בלחץ. ומייד אחרי הדלקת נרות המשכנו לעשות הכול כרגיל. זו הייתה המשפחה שלנו.

במחשבה מעמיקה, אין פה דיון דתי באמת, אלא דיון זוגי. ליניב היה חשוב מאוד משהו ואני רציתי להיות שם למענו, אבל לפעמים זה בא על

חשבוני. כששאלו אותי, "איך את עם זה?" עניתי שתמיד יש שוני בין בני זוג. זה היה הקו האדום שלו והשתדלתי לכבד אותו. הוא למשל פחות אהב להגיע לאירועים משפחתיים רועשים, אבל הוא הבין כמה זה חשוב לי. לקניון למשל הוא לא הגיע איתי ואני הרי מתה על שופינג. קיבלתי את זה.

הכי קשה לי עכשיו להחליט לבד. כשהיו לנו התלבטויות ולא הצלחנו לגבש דעה משותפת, הוא היה אומר לי, אני סומך על האינטואיציה שלך. אני הולכת עם האמירה הזאת עכשיו. כל האחריות בגידול הבנות נמצאת עליי. כל ההחלטות עליי ואני צריכה לשמוע את יניב מתוכי וסומכת על האינטואיציה שלי.

התמודדנו עם כל ההבדלים שהיו בינינו. והיו. אולי לא דרמטיים, אבל מאוד נוכחים ביום־יום. למשל, תמיד ציפיתי שיניב יפתיע אותי בימי הולדת, שיגיד, ארזתי לנו מזוודות, אנחנו טסים לשלושה ימים. אני מגיעה ממשפחה שחוגגת ימי הולדת במשך שבוע או חודש שלם. אבל איפה אני ואיפה המציאות, יניב לא הפיק לי וגם לא חגג לעצמו.

בשלב מסוים ויתרתי על השאיפה הזאת שהוא יראה ביום ההולדת שלי משהו שצריך להתאמץ עבורו. הבנתי שזה לא הוא. הוא נלחץ מהציפייה שלי ובסוף תמיד היה יוצא לו יום ספא כזה. בכל השנים האחרונות פשוט היינו נוסעים ליום כיף בים המלח. אבל עד אז, כל פעם התאכזבתי. הייתי אומרת לו תתייעץ עם אחותך, עם חברה שלי, משהו! יניב לא היה הבעל הזה שאפשר לקרוע איתו את הרחבה בחתונות, השלמתי עם זה למרות שלפעמים הרצון הזה עוד עקצץ לי. היו לנו גם פערי סגנון לבוש. כשיצאנו אני הייתי מתלבשת יפה והוא תמיד נעל את סנדלי השורש שלו ולבש מכנסיים קצרים. שונויות קטנות ומעצבנות בחיים וקטנות ושלוות אחרי המוות.

והיו גם הבדלים מהותיים יותר, הבדלים נפשיים.

למשל, בכל מקום שיניב עבד הוא היה מחויב מאוד לעבודה. אין מצב שהוא יעזוב עבודה בלי שיש מקום אחר, גם כשהוא מאוד סבל. אני בדיוק להיפך. הסיכוי שאני אישאר במקום עבודה שאני סובלת בו הוא אפסי. גם אם נניח שדבר כזה יקרה בעתיד, כשאספר לאמא שלי, היא תגיד, למה את סובלת? תעזבי! כמה את מרוויחה? אני אשלם לך את החודשים. קיבלתי שדר מהבית של אל תישארי במקום שלא טוב לך בו. ולעומתי, יניב נשא את דגל האחריות, הוא היה יציב.

אני מתגעגעת להתווכח איתו, כי ככה החיים. היינו מתווכחים אם לעשות את הגינה או לא לעשות את הגינה, כן להוציא על זה כסף או לא להוציא על זה כסף, כן לטייל, או לא לטייל.

אם הוא היה כאן, היינו מתווכחים בוודאות ולא רק מתווכחים אלא גם רבים. יכול להיות שהיינו מוצאים דרך להגיד "זה כן וזה לא", הרי בסוף תמיד מצאנו את הדרך החוצה מהמריבה.

בשנה לפני שיניב נפל, עשיתי דוקטורט והוא החזיק את הבית. הוא הוציא את הבנות מהצהרונים ודאג להן עד לפרטים הקטנים. הייתה לו משמעת ברזל בבית בדיוק כמו שהייתה לו בטנק. כמו שסיפרו עליו.

הוא היה מגיע, עושה ניקיונות, דופק על הזחל, בחיים לא משאיר טנק לא מוכן ולא משנה מה היה מזג האוויר. בחום, בקור ובבוץ, לא משנה מה! בשנה הזאת הרגשתי מוחזקת, שהבית מתפקד ולמרות שחרקתי שיניים על הדוקטורט, הרגשתי שטוב לי.

אני זוכרת פעם ספציפית שהיה קשה לבנות עם ההיעדרות שלי מהבית ואמרתי לו, הנה, עוד מעט אני מסיימת ואני אבוא ואעשה כביסות, אכין אוכל ואחזור מוקדם יותר מהעבודה. והוא אמר לי, הבית צריך אותך. זה לא טכני. הבית צריך אותך! זה לא היה בקטע של "תזדרזי" אלא בקטע של, אנחנו מחזיקים פה אבל אנחנו מתגעגעים אליך.

מה שהיה חזק אצל יניב הוא הפירגון שלו כלפיי. יכולתי לטוס לחו"ל ולצאת לנופש עם חברות ולקנות גבינות שמנות יקרות. הוא אף פעם לא אמר לי, לא, זה יקר מדי.

הוא תמיד ויתר על הספורט שלו בשביל הספורט שלי וחזר מהעבודה כדי לשמור על הילדות כשיצאתי להתאמן. הוא שם לב להבדל הדק, שהוא אוהב להתאמן אבל אצלי זאת ממש חובה. אז הוא ויתר כשהיה צריך, גם כשרציתי אני לוותר לו. כל הוויתורים הקטנים האלו התרחשו בשנים האינטנסיביות של גידול הבנות, חיים של: הוא בא, אני הולכת. אני באה, הוא הולך. וכשהיינו רק שנינו, באמת שלא היינו צריכים איזו יציאה חגיגית בשביל להתרגש מעצמנו. אהבתי להיות איתו בבית גם בלי לעשות שום דבר מיוחד, רק להתקלח ביחד וללכת לישון ביחד.

אהבנו גם ללכת לטיולים. פתחנו את אפליקציית עמוד ענן, כלומר יניב פתח, והיינו מחליטים אם לנסוע למעיין או לתצפית. היינו מביאים פק״ל קפה ומצטלמים איתו בכל מקום שהיינו בו. הדפסתי לנו אלבום עם כל התמונות האלו. אהבנו נורא טיולי אופניים ואני זוכרת במיוחד טיול אופניים ספונטני שעשינו בבארי, ביחד עם הבנות, במרץ 2023. בסוף המסלול הלכנו למקום של בירה וגלידה. כשנתקלנו בבירה שהוא אהב, ישר הוא הכניס את זה לרשימה בטלפון. ״בירות שאני אוהב ובירות שאני לא אוהב״. כשקיבלתי את הטלפון שלו, אחרי, מצאתי אותה יחד עם עוד פתקים ורשימות רבות שהיו לו. יניב אהב בירה ואני אהבתי יין. הרבה פעמים זאת הייתה הדרך שלנו לסיים ריב. אני הייתי מעדיפה לדבר על הדברים ויניב היה אומר, בואי נשב עם כוס יין בסלון. דרך נפלאה לברוח מעימותים, אבל גם להגיד, אני כאן וזה מה שאני מסוגל.

כשאני פישלתי, הדרך שלי לפנק אותו ולפצות ולהראות אהבה הייתה להכין לו אוכל שהוא אוהב. אני לא אשכח שעל אחת מהפעמים שלא הדלקתי נרות שבת בזמן, פיציתי בארוחת שבת מפנקת. הוא אהב במיוחד ארוחות של שבת בבוקר עם חלות שאני הכנתי. הייתי מכינה חביתה עם בצל ושום ואז טובלת את החלה בשמן של החביתה, מטגנת אותה קצת וליד זה הייתי עושה שום קונפי ושמן זית. הייתי מוסיפה לו עגבניות שרי ואת הקפה כמו שהוא אהב, בכוס שלו. והוא הרגיש שהכי פינקתי בעולם.

יניב לא היה מפונק באוכל, לא היה אכפת לו לאכול כל יום אורז ושניצלים, אבל אם נגיד שמתי לו אורז ושניצל בקופסה קטנה יחד עם רוטב שהכנתי או כמה שיני שום, הוא היה אומר לי: איך פינקת אותי!

יחד עם כל הרגעים הטובים שאני אוספת, כשאני מביטה לאחור אני נזכרת שמחשבה על גירושין עלתה במהלך חיינו. בעיקר בשנים הראשונות. זה קרה כשהיו לנו קונפליקטים על הדת ועל ההתנהלות בבית, וכשטסנו לחו״ל ואני רציתי להתפנק והוא הגיע עם המנות חמות הבלתי נסבלות שלו כדי לאכול כשר גם שם. יניב היה אומר, זה אני. גם אני הייתי אומרת, זאת אני. ולא היה קל להרים גשר מעל הדבר הזה. אבל ככל שגדלנו בזוגיות שלנו, אמרנו, וואלה, אנחנו אוהבים וטוב לנו, אנחנו לא הולכים להתגרש. אנחנו רוצים להיות ביחד. זאת הייתה סתם אפיזודה, שליפה מתוך כעס, בלי שום ביסוס. הרי לא באמת התכוונתי כשאמרתי לו, לא טוב לך איתי? בבקשה, יש נשים אחרות שיהיו מוכנות להכשיר איתך בפסח!

לא מזמן היה לי חלום שבו הוא היה עם מישהי אחרת. זאת הייתה הפעם הראשונה שבה חלמתי עליו, כשטסתי עם הבנות לטיול של חודש וחצי בארה"ב. חלמתי שהוא אומר לי שהוא בא להיפגש איתי ואני נמצאת בבית שהוא לא שלי ואני נורא מתרגשת. לא ידעתי בחלום שהוא מת, אולי סתם נפרדנו. הוא היה ממש ממש חי. ואני מתלבשת ואומרת לעצמי, זה הצ'אנס שלך! עכשיו את מחזירה אותו!

והוא התיישב לידי, מגולח, בלי הזקן הפרוע שלו שרק אני אהבתי. לבש טי שירט לבנה ושם עליי יד. אותה יד שהחזקתי לו במחנה שורה. בחלום לא היו רסיסים בתוך היד. היא הייתה נקייה והוא אמר לי, הכרתי מישהי וממש טוב לי. אמרתי לעצמי, בואנ'ה. איזה חצוף. ואז התעוררתי. זה היה נעים. היה לי נעים לראות שהוא לא פצוע ומסתכל עליי מחייך. חברה אמרה לי, אולי הוא בשמיים יוצא עם צעירונת מהנובה. אם זה המצב, אני מפרגנת, אבל לא פייר להשאיר אותי עם שלוש בנות וגם להיכנס לפניי לפרק ב'.

כבר בשבעה ידעתי שאתאהב שוב. אני בת ארבעים ואני בת זוג טובה למרות שלפעמים אני קרציה ונעלבת וכל השטויות שלי. ומגיע לי לאהוב שוב.

יש את הרגעים האלה של שבת בבוקר, שבהם אני באמת לבד, בלי יניב ובלי בן זוג אחר, ואני כבר כמהה לקשר. בשבת בבוקר יניב היה מכין לי את הקפה הכי טעים בכוס שאני הכי אוהבת. היום אני לא רוצה להזמין חברה לקפה בשבת בבוקר, בא לי שמי שישן איתי במיטה יקום ויכין לי.

יש לי דמיון כזה שאני יושבת בחו"ל, במסעדה לא כשרה, ואומרת ליניב, אתה רואה בובי? הצלחתי בסוף להגיע למקומות ולמסעדות שרציתי. או להיפך, שאני יושבת במסעדה כשרה ואומרת לו, נתת לי הזדמנות שנייה ועדיין תקעת אותי. לא הצלחתי למצוא מישהו שאוכל לא כשר, כנראה שזה הגורל. אלו פשוט נקודות לעצמי, כשהן יקרו אני יודעת שתהיה השקה למה שהיה לי עם יניב, ובאותה הנשימה, אין מושג מה יהיה הלאה וכמה מתוך הזוגיות איתו אני לוקחת לזוגיות השנייה.

אני חושבת שאקח איתי לזוגיות הבאה את התחושה הזאת שאני הכי טובה כמו שאני. לא צריכה להשתנות. זה הדבר החזק ביותר שהרגשתי עם

יניב. היו לי מערכות יחסים שבהן ניסו לשנות אותי וגם אני כנראה ניסיתי לשנות אחרים.

אני אחת כזאת שרוצה שהכול יהיה מושלם והרבה פעמים יניב אמר לי, זה לא ריאלי שהכול יהיה מושלם. לא ריאלי שהכול יהיה גם וגם וגם וכולם יהיו שמחים ומרוצים. לשם הוא כיוון כשהוא אמר, אל תכריחי אותי להרגיש בדיוק כמוך ואל תשני אותי. ובסוף קיבלתי את הדברים שלו. התווכחנו אבל ידענו שאנחנו בוחרים לחיות ביחד ושלא חייבים לשנות האחד את השנייה כדי שזה יתאים בול. בסוף הבנו שדווקא ההתכווננות הזאת אחד לשנייה היא מה שמאפשר לנו להצליח.

את התובנה הבוגרת הזו הפנמתי בזוגיות הראשונה שלי ואני לוקחת אותה לזוגיות הבאה. את הידיעה שיש גם אותי. ועכשיו יש גם אותי וגם את יניב. ויהיה גם מישהו נוסף. ונהיה שלושה. וכדי שהדבר הזה יעבוד, צריך להאמין שאפשר לחיות בזוגיות עם תנודות שהחיים עושים לנו, כי יש בסיס חזק. יניב ואני הקמנו בית שמצליח גם עכשיו, למרות התנודה הנוראית הזאת, להיות בית שמח.

מי אני עכשיו? אני כבר לא אותה זוהרה שהייתה לפני יניב. אני זוהרה שאחרי. ואני רוצה להתחיל מחדש. זה לא "להמשיך הלאה", זה ממש להתחיל מחדש, כי אני אחרת.

פעם פחדתי פחד מוות לישון לבדי, וכשיניב היה במילואים ההורים שלי היו מגיעים לישון איתי. ועכשיו אני ישנה לבדי ולא מפחדת מחושך. אני אפילו הולכת לבית הקברות בחושך. מה יקרה, יבואו אליי מתים? וולקאם. ואני גם לא פוחדת לאהוב שוב. אני מהרהרת בזה המון.

אחרי ליל הסדר הראשון בלעדיו הרגשתי נורא נורא בודדה. הייתי אצל בני משפחה וראיתי אותו בדמיון יושב בכיסא שלידי. זה היה סיוט. הלכתי לחדר ואמרתי לעצמי, אני צריכה לפתוח אפליקציה. ואז פתחתי. מחקתי. פתחתי. מחקתי. עד שחברה טובה סיפרה לי איך זה נראה מבפנים. בעלה גם נפל במלחמה והיא כבר בזוגיות.

לפני יום הזיכרון הראשון של יניב, יצאתי עם בחור שהכרתי באפליקציה. התרגשתי לקראת הפגישה ובמהלכה דיברתי רק על יניב. אני באמת לא חושבת שדיברתי על משהו אחר. והבחור היה מאוד רגיש וחמוד, אבל הוא לא היה מי שחיפשתי. אחריו, בכל פעם שהיה לי וייב של חיים, יצאתי שוב.

החיפוש היום כל כך שונה מהאופן שבו מצאתי את יניב.

לפני שיצאתי עם יניב, היה לי קצת ייאוש, אולי בעצם אפשר לקרוא לזה לחץ להקים משפחה. חששתי שלא אמצא את בן הזוג שלי. חוסר ודאות תמיד מפחיד אותי. אבל עכשיו כבר יש לי בית ויש לי ילדות והזוגיות היא נטו לעשות למעני. ואני בעד לעשות למעני. חסר לי מישהו להישען עליו.

אני לא יודעת איפה בבית אני אניח את בן הזוג הבא שלי. האם הוא יהיה מספיק גמיש? והמשפחה שלו? ושלי? איך עושים גם מקום ליניב וגם מקום לחיים החדשים?

ברור לי למשל שהוא יגיע איתי לאזכרות, אני ארצה להישען עליו שם. ואין לי מושג מה נעשה אם המשיח יבוא. יש שאלה כזאת בקבוצת אלמנים, "מה קורה אם הז"ל חוזר?", אבל בעיניי זה שטויות. שאלה שאין בכלל מה להתעסק בה. זה רק הראש שלי מתעסק בה לפעמים.

אני מרגישה את יניב בלב. חלק ממנו נמצא אצלי, העיניים הטובות שלו מסתכלות עליי. זה מה שרציתי בזוגיות, שמישהו יקום בבוקר ויסתכל עליי ויגיד "איזה מזל שהיא בחרה בי". כשאמרתי את זה ליניב כשעוד היה בחיים, הוא אמר לי: "זה לא ריאלי לבקש את זה בכל יום". אולי הוא צודק, אבל חלמתי שזאת תהיה התודעה הכללית שלנו. וזה מה שאני מאחלת לעצמי לזוגיות הבאה.

בכל פעם שאמרו לי, איזו זוגיות הייתה לכם! התעקשתי להגיד, אבל גם רבנו! כי אולי בראש שלי זוגיות מושלמת היא זוגיות שלא רבים בה, ואם רבים, אז רק ברגוע ולא מושכים את הריב כמה ימים ולא צועקים. אבל אז גיליתי שכולם רבים. וגם גיליתי שלמרות שהייתה לי זוגיות מדהימה, אני רוצה להמשיך הלאה.

ואולי בעצם בגלל שאני יודעת כמה זה טוב לחיות עם מישהו אהוב כל כך. וכמוני גם הרבה מהאלמנות של המלחמה הזאת, שרוצות לחיות ולבלות ולא רק להישאר בעצבות וללבוש בגדים שחורים. אולי רק לפעמים, סתם כי זה מרזה.

יש בתוכי קול שאומר שאנחנו נגדל חיים כי האובדן לא מצטמק עם הזמן, אלו פשוט החיים שלנו שגדלים סביבו. אני מנסה לגדל חיים סביב האובדן, סביב הלב ואני מאמינה שיהיה לי גם הרבה טוב, שהזוגיות הבאה שלי תתממש כמו ציור קטן בצבעי מים. הכול יתערבב ויתמזג, ויהיה כל כך יפה.

אני לא זוכרת שאי פעם ישבתי איתו
בבית קפה או במסעדה. זה לא היה
בכלל בסדר היום שלנו, גם לא היו לנו
אמצעים. כולנו היינו צריכים לשלם
חובות.

// מאירה דניאל, שם בדוי

הלכתי לצידו ואמרתי: אני מרגישה שאני הולכת על גג ההיסטוריה

מאירה דניאל

בת 85, אלמנתו של רב"ט אמציה נייהוז.

אמא לצדוק (65), שפרה (61), נחום (59) וזהבית (49).

מלחמת ההתשה

לעולם לא אשכח את חג השבועות שאחרי מלחמת ששת הימים. צעדנו, אמציה ואני, מהבית לכותל עם כל תושבי ירושלים והייתה הרגשה של התרוממות רוח והתרגשות עצומה. אנחנו, היהודים, צעדנו בעיר העתיקה והלכנו לכותל! הכותל שלא היה ניתן להגיע אליו למעלה מתשע עשרה שנה ולכן אני בוכה גם עכשיו כשאני נזכרת בכך, כי מעולם לא הרגשתי שוב כפי שהרגשתי אז. אני זוכרת שהלכתי לצידו ואמרתי לו, אני מרגישה שאני הולכת על גג ההיסטוריה. כל ההיסטוריה של עם ישראל מתחתינו. הפעם האחרונה שבה יכולתי ללכת לכותל הייתה לפני מלחמת השחרור, אז הייתי עדיין ילדה קטנה שלא מבינה את גודל המשמעות. עם אמציה הייתי בפעם הראשונה בכותל כבוגרת. כל הדרך בכיתי ולא יכולתי להירגע. זאת הייתה חוויה בלתי נשכחת, לעולמים.

אמציה בעלי נפל לפני חמישים ושבע שנה, בשנת תשכ"ח, 1968, שנה אחרי מלחמת ששת הימים. אלו היו שנים של מלחמות.

בתקופת מלחמת השחרור הייתי בת שמונה, תלמידת כיתה ב׳. למדתי בבית ספר חורב בירושלים, בגן העיר הישן ברחוב המלך ג׳ורג׳, ליד רחוב המעלות, מול בית הכנסת ישורון.

הפסקנו ללמוד שם כשפרצה המלחמה והתחילו לירות מהעיר העתיקה ישירות על בית הספר. במשך חצי שנה לא הלכנו ללימודים. המורים שלימדו בבית הספר וגרו בשכונה שבה גדלתי, לימדו אותנו בבתים שלהם, פעמיים או שלוש בשבוע. היינו, ילדים מכל הגילים, ביחד, וזה היה מאוד נחמד.

בגלל המיקום של בית הספר, אחרי מלחמת השחרור לא נתנו לנו לחזור ללמוד במבנה. עדיין חששו שהערבים יירו עלינו, אבל ברחובות כבר הסתובבנו בחופשיות, מלבד באזור שקרוב לעיר העתיקה. אף אחד לא התקרב אליו, כי על חומות העיר העתיקה עמדו לגיונרים ירדנים שלפעמים היו יורים. כל האזור של רחוב המלך ג׳ורג׳ שנכנס למושבה הגרמנית היה חשוף לירִיות שלהם, ואנשים היו ממעטים ללכת לשם. זו גם הסיבה שבתוך הכבישים בנו אז חומות, שכבר לא קיימות היום, אבל הן אפשרו לנו לחיות בתוך העיר החדשה.

אמציה חווה את מלחמת השחרור באופן מטלטל הרבה יותר ממני. אבא שלו, שמחה, נפל במלחמה כשהוא היה בן שמונה בלבד. עשרה חודשים לאחר מכן, נפטרה גם אמא שלו שחלתה במחלה קשה. אמציה התייתם משני הוריו עוד לפני שמלאו לו תשע שנים.

הקרב שבו נפל אבא של אמציה התרחש בבית תורג׳מן, שהיום משמש את מוזיאון על התפר, מוזיאון חברתי־פוליטי לאומנות עכשווית. במקום הזה עבר קו הגבול בין ישראל לירדן עד מלחמת ששת הימים. זאת הייתה העמדה הקיצונית ביותר שהייתה קרובה לחומות העיר העתיקה. שמחה היה מוצב שם. בזמן אחת מההפוגות במלחמה, הערבים ירו לעבר העמדה שבה הוא שמר וכך הוא נהרג. הוא נקבר בבית קברות זמני והועבר לאחר מכן לבית הקברות הצבאי בהר הרצל.

במשך שנים אמציה לא ידע איך בדיוק אבא שלו נפל. לא הרבה זמן אחרי שאמציה בעצמו נפל, אחים שלו פגשו אדם שלחם יחד עם אבא שלהם בעמדה. הוא סיפר ששמחה הניח תפילין בזמן שירו בו. הוא נהרג במקום.

אמא של אמציה נשארה לגדל אותו ואת שלושת אחיו הקטנים. ומי עזר לה? דודתו של אמציה, שרה גיסתה שהייתה נשואה לאחיה. שרה הייתה אישה מדהימה. לא רגילה. כל נסיעה מהקיבוץ לירושלים לקחה לה שלושה ימים והיא הייתה שם למען אמא של אמציה והילדים ונסעה בחפץ לב. שרה ידעה להנהיג את המשפחה. היא ניהלה את הבית כמו שבחיים לא ראיתי מישהי מנהלת, בזמן שהיא עבדה כמורה בבית ספר יסודי וגידלה בעצמה בסך הכול תשעה ילדים. שמונה בנים ובת.

אני אומרת שהיא גידלה, משום שבעלה, דודו של אמציה, לא היה אז בארץ בשביל לתמוך בה או באמא של אמציה. הוא נשלח לחו"ל על ידי המוסדות של גואלי האדמות עקב איומים על חייו. לא הייתה לו ברירה.

הוא גר בקיבוץ טירת צבי וגאל את האדמות של עמק בית שאן ומשום כך מנהיג ערבי מסוריה הכריז פרס על ראשו. הוא נאלץ להימלט לחו"ל כדי לשמור על חייו. הוא השאיר פה את אשתו שרה בהיריון יחד עם עוד שלושה בנים. במשך שנתיים הוא הסתובב באירופה וכשהמצב בארץ היה רגוע יותר הוא חזר ופגש לראשונה את התינוקת שנולדה לו וכבר הייתה בת כמעט שנתיים.

בפרק הזמן הזה, שרה תמכה באימו של אמציה שנשארה לגדל לבד את ילדיה והתמודדה עם מחלת הסרטן. בזמנו לא ידעו לטפל היטב בסרטן השחלות, וכשהיא התאשפזה בבית החולים שרה עשתה את כל הדרך מטירת צבי לירושלים כדי לוודא שמטפלים בה כמו שצריך ושדואגים לארבעת הילדים. שניים מהם כבר היו בבית הספר, אמציה שהיה בן שמונה ואחיו הצעיר ממנו בשנה, ושניים היו קטנים יותר, בני חמש וארבע. בתקופה ההיא גרו בדירה אחת שתי משפחות לפחות, וכך היה גם בביתו של אמציה. הם החליטו ששני הילדים הגדולים יישארו בבית ויטופלו על ידי המשפחה שגרה יחד איתם בדירתם וכך יוכלו גם ללכת לבית הספר וגם לבקר את אימם בבית החולים ואילו שני הקטנים יחזרו איתה לקיבוץ ושם היא תדאג להם.

המשפחה מירושלים המשיכה לשלוח אותם לבית הספר ולקחה אותם לבקר את האמא בבית החולים בזמן שהקטנים התאקלמו בקיבוץ. אבל אמא שלהם לא יצאה שוב מבית החולים. היא נפטרה יום לפני יום הזיכרון לחללי מערכות ישראל, פחות משנה אחרי שבעלה נהרג.

שרה לקחה את אמציה ואחיו לטירת צבי להתאחד עם האחים שלהם, וכשבעלה חזר לארץ, הם החליטו לעזוב את הקיבוץ למען הילדים שלא היו

רגילים לאורח החיים הקיבוצי. הילדים היו צריכים בית, לא בית ילדים והם עזבו את הקיבוץ בחוסר כול ועברו לגור בשכירות בדירה גדולה בשכונת אבו תור בירושלים, שם נולד להם ילד נוסף. הם ניהלו בית למופת. אין לי מילה אחרת להגיד את זה. בבית הזה גדל אמציה בעלי, כשהדודים שלו היו בעצם ההורים שלו, ובני הדודים היו האחים שלו.

אני גדלתי בשכונה אחרת בירושלים, והכרתי את אמציה בבני עקיבא. בכל שבת הלכתי ארבעה וחצי קילומטרים ברגל כדי להגיע לסניף של התנועה. היינו משאירים שם כסף במזכירות כדי שבמוצאי שבת נוכל לחזור באוטובוס הביתה. כשהכרתי את אמציה, הייתי בת 17. כשהיינו בכיתה י"ב שובצנו להדריך ביחד שבט שחסרו לו מדריכים. אומנם לא היינו כל כך פנויים בגלל הלימודים, אבל הצלחנו להיות שם למענם. בהתחלה היינו בהנהלת הסניף ביחד ואחר כך הדרכנו ביחד ובהמשך הפכנו להיות חברים. הקשר שלנו התפתח עם הזמן והתחתנו רק אחרי שהוא סיים את הצבא.

אחרי שסיימתי לימודים הלכתי ללמוד באוניברסיטה כי לא היה אז שירות לאומי. למדתי ביולוגיה, בהמשך עשיתי דוקטורט ועסקתי בתחום כל חיי. כשהייתי בלימודים, אמציה התגייס לטירונות בצנחנים ומשם הצטרף לגרעין בקיבוץ לביא. הם היו עובדים בקיבוץ ומדי פעם היו לוקחים אותם לאימונים ולקורסים חקלאיים בצבא.

בכל יום אמציה היה כותב לי מכתב ובכל יומיים-שלושה היה שולח את המכתבים. עד היום יש לי קלסר עם כל המכתבים שלו. אני זוכרת שהוא היה שולח לי פרחים כשהם היו בהיאחזות וגידלו פרחים. הוא לא קנה לי מתנות בחנות כי לאף אחד לא היה אז כסף, אבל הוא היה מוצא סיבות להביא לי פרחים, דבר שלא היה מקובל אז בכלל. התחתנו רק אחרי שהוא סיים את הצבא.

עד שהתחתנו, ניהלנו קשר מרחוק, במכתבים ששלחנו בדואר ובמעט פגישות בחופשות. בטלפונים לא השתמשו כל כך באותה תקופה. כשהוא התגייס בסוף שנות החמישים עוד לא היה לנו טלפון בבית. אנשים היו מחכים שנים עד שחיברו אותם. וגם כשהיית מחובר, לא היה לך עם מי לדבר, כי לאף אחד כמעט לא היה טלפון. כשבאתי לגור עם בעלי השני במרכז הארץ גם

לא היה לנו טלפון, אפילו כמה שנים טובות, כי היה תור לטלפון! ולאנשים לא היה משעמם בחיים. הסתדרנו.

כשהייתי מגיעה לבקר אותו בקיבוץ היו לנו הרבה דיונים על חיי הקיבוץ. היינו אמורים להתחתן והוא היה אמור לחזור לשם אחרי הצבא, אבל אמרתי לו שאני לא רוצה לגדל ילדים בקיבוץ. לא הייתי מוכנה שמישהו אחר יגדל את הילדים שלי החל מגיל חודש, ולא הייתי מוכנה שהם יישנו בבית אחר. כמובן שבהתחלה התלהבתי מרעיון הקיבוץ, הרי גדלתי בבני עקיבא, אבל כשהתחלתי להבין מה המשמעות של הקיבוץ למשפחה שלי, לא קיבלתי את זה. אמרתי לו, זה נשמע פסיכי. שאני אגיע לבית הילדים כדי להניק, שאני לא אראה את התינוק שלי כשהוא בוכה באמצע הלילה? בקיבוץ הזה עוד הרשו להשאיר את התינוקות עם החורים בחודשים הראשונים, אבל בשאר הקיבוצים תינוקות כבר מגיל לידה עברו לבית התינוקות, כדי לאפשר לאימהות לנוח ולעבוד היטב למוחרת. הם חשבו שזה אקט חינוכי, שבמקום שהילדים יבלבלו להורים את השכל בלילה, יחנכו אותם לישון. יש קיבוצים שאפשרו להשאיר את הילדים בבית עד גיל שנה אחרי שהבינו את הטעות האיומה שבמהלך הזה.

לאמציה היה קשה לשמוע את דעותיי. הוא היה פעיל מרכזי ואידיאליסט ורצה להוות דוגמה. יש לי קלסר שלם עם מכתבים שהחלפנו בנושא הזה. לא התקוטטנו, אלא ניסינו להבין זה את זה ולראות מה אפשר לעשות ומה אי אפשר. זאת הייתה חברות כל כך ארוכה שלא היו בה מהפכות ורגעים מסעירים. פשוט גדלנו עם הקשר הזה.

אמציה עבד כחקלאי במטעים בקיבוץ. הוא מאוד אהב את העבודה וגם אהב את הקיבוץ ואת האנשים. הוא אהב מאוד את השבט שלו ואת גרעין הנח"ל שלהם, אבל התעקשתי שלא נחיה בקיבוץ ולכן כשהוא השתחרר מהצבא, בצער רב הוא עזב את הקיבוץ. אמציה חזר לירושלים והלך לאוניברסיטה העברית ללמוד כלכלה. חיכינו קצת עם החתונה כי רצינו לראות איך זה כשאנחנו מבלים יותר זמן ביחד. אחרי שלוש שנים שבהן נפגשנו בערך אחת לחודש, התחלנו לפתח חברות יותר קרובה ונמרצת והבנו מה אנחנו רוצים.

התחתנו בגיל 22 במועדון התיירים שבטלביה בירושלים. עד היום המועדון זכור לי כמקום מאוד יפה עם גינה פשוט נפלאה. החתונות אז לא

היו עם תפריט עשיר ואחרי החופה לא ישבו ליד שולחנות ולא אכלו רבע עוף, אלא עשו שמח. החופה הייתה בחוץ ואחריה נכנסו לאולם להתכבד בפירות, עוגות ועוגיות. זה מה שהיה. באו המוני חברים ואחרי החופה רקדנו עד צאת הנשמה. את הארוחה למאה קרובים וחברים ערכנו בבית של הדודים של אמציה שגידלו אותו, וכבר עברו לקטמון. דודה שרה בישלה לבד את כל הסעודה לכל האורחים, וישבנו במרפסת הגדולה שלהם על הגג. פשוט אי אפשר להאמין כמה מסירות הייתה לאישה הזאת.

אחרי החתונה הרגשתי שאנחנו רק ממשיכים את החלום הזה שיש בין שנינו, שאין פער בין תקופת החברות לתקופת ראשית הנישואין. היינו ילדים טובים כל הזמן, כל הדרך, ולא הרגשתי שיש בינינו קשיים. אמציה התחיל לעבוד ככלכלן ואני סיימתי את התואר וכבר הייתי בהיריון. לתינוקת הבכורה שלנו קראנו שפרה.

אהבנו לבלות ביחד והבילויים שלנו היו רק עם חברים בני גילנו. אני לא זוכרת שאי פעם ישבתי איתו בבית קפה או במסעדה. זה לא היה בכלל בסדר היום שלנו, גם לא היו לנו אמצעים. כולנו היינו צריכים לשלם חובות ולא היה לנו אפילו כסף לקנות רכב. השתמשנו בקטנוע מסוג וספה. טלוויזיה עוד לא הייתה בימים ההם, והיינו הולכים מדי פעם להצגות ולסרטים, זה היה בילוי זול. לפני הסרטים הקרינו את "יומן כרמל" – חדשות מצולמות מהארץ והעולם, והאמת היא שבזמנו רוב האנשים הלכו לסרטים בעיקר כדי לצפות בשידורי היומן ולהתעדכן בחדשות.

כשהיו לנו שני ילדים פרצה מלחמת ששת הימים. אני לא אשכח היכן הייתי בבוקר שבו פרצה המלחמה. השארתי את הבן שלי בבית עם המטפלת, שמתי את הבת שלי בגן והלכתי לעבודה כמורה לביולוגיה בבית הספר התיכון. בדרך שמעתי אזעקה וידענו שצריך ללכת למקלט. הייתה הכנה טובה מאוד של האזרחים לקראת המלחמה הזאת, שלושה שבועות לפני שהיא פרצה כבר ידענו שעומד להיות אירוע מלחמתי, ההנחיות חולקו מראש וכל הגברים גויסו והתאמנו. מובן שגם הכנו את המקלט בבניין המגורים. בבית הספר לא היה לנו מקלט וכשהגעתי לשם היו בלגן והתרגשות גדולה כאשר בזמן האזעקות שנשמעו שוב ושוב, יצאו כל התלמידים למסדרונות. המעבדה שלי לא הייתה

במבנה בית הספר, אלא במרתף של בית הספר היסודי הסמוך, ולכן השהות בה הייתה בטוחה מאוד. באותו בוקר, אפילו המפקדה של ירושלים עזבה את המקום שלה שהיה מטווח ונכנסה למעבדה שלי. חצר בית הספר התמלאה באנשי צבא ולא יכולתי יותר להיכנס לשם. האזעקות נשמעו שוב ושוב כאשר היו שני סוגי אזעקות: אחת התריעה על אזעקה והשנייה התריעה על הרגעה וסימנה שאפשר לצאת. מראש הכנו בבית הספר אספקה של ביסקוויטים, קרקרים ומים למקרה של שהות ארוכה.

בשלב כלשהו ההורים התחילו להגיע לקחת את הילדים הביתה, ונזכרתי שגם אני צריכה ללכת לילדים שלי ולשחרר את המטפלת כדי שתיקח את הילדים שלה. רכב לא היה לי, והיה מסוכן מדי ללכת ברגל, כי מהעיר העתיקה הצליחו לירות על כל מי שהיה ברחובות. תפסתי טרמפ עם אבא מהשכונה שבא לקחת את הבנות שלו ולא נתתי לו לקחת אותי עד הבית שלי, שהיה חשוף לכיוון העיר העתיקה, כי לא רציתי לסכן אותו.

ראיתי איך כדורים עפים בין הבתים ונכנסתי למקלט בבניין סמוך. התחבאתי קצת ושוב יצאתי החוצה, אמרתי "על החיים ועל המוות" ורצתי בין הכדורים, השתדלתי לרוץ אחרי הירייה ולא לפניה. כשהגעתי הביתה, המטפלת של התינוק נחום סיפרה לי שכשהייתה אזעקה, הוא נעמד בלול שנמצא במרפסת הקומה השלישית, מול העיר העתיקה. היא הבינה שהיא חייבת להגיע לגן ולהביא משם את הבת שלי ושאין לה יכולת לקחת איתה את הילד הקטן. בהחלטה מושכלת היא רצה מהר ולקחה את שפרה מהגן. אבל לא רק אותה. היא אספה משם את כל הילדים הנוספים שהתגוררו בבניין והביאה את כולם למקלט. רק אז היא עלתה שוב למרפסת להביא את הקטנצ'יק ביחד עם הלול. איזו מספרית!

במשך יומיים היינו במקלט הזה שש משפחות בלי שירותים. מה יכולנו לעשות? שמנו דליים מאחורי וילון. למרות שאסרו עלינו לצאת, מדי פעם עליתי הביתה והבאתי מצרכים. בלילה הראשון כששמעתי יריות ללא הפסקה רק חשבתי מה יקרה אם הם יכבשו אותנו. מה יקרה אם אקום בבוקר ואגלה שהליגיון הירדני נמצא ברחוב?

היריות לא פסקו והן פגעו בגג הבניין ובדוד המים של דירתנו. פגז פגע גם בקיר המזרחי של הדירה, שהייתה ממש מול העיר העתיקה. הוא לא התפוצץ, הוא רק נפל והיה מונח על שקי החול שבחלון המקלט. גיליתי את

זה כשאחי, סמג"ד בחטיבת ירושלים, הגיע לבקר אותי, ראה את הפגז וקרא לחבלנים של החטיבה שסילקו אותו.

במשך כל הזמן הזה אמציה כמובן היה מגויס ולא ידעתי מה קורה איתו. מאוד דאגתי לו וחששתי לחייו, אבל לעצמי אמרתי תפסיקי לחשוב. כולם ככה. תדאגי לילדים ואל תדאגי לדברים אחרים. אחרת אי אפשר לתפקד. הלחץ היה עצום.

ביום רביעי, כ"ח באייר, שוחררה ירושלים. עליתי מהמקלט הביתה ומכיוון שהייתה הפסקת חשמל רוקנתי את המקרר. רציתי להוריד את האוכל למקלט כדי שהילדים יאכלו, ופתאום נשמע צלצול טלפון. על הקו היה בן משפחה ששירת בצנחנים ואמר: פגשתי עכשיו מישהו שאמר לי שהוא היה בכותל! אני לא יכולה לתאר את ההרגשה שהייתה לי בלב באותו הרגע. צבא ישראל מסתובב בכותל? הייתי בהלם. ירדתי למטה בזריזות וסיפרתי לכולם. פתחנו מייד את הרדיו והתחילו לדבר על שחרור ירושלים. עד היום אני זוכרת את השידור הזה, את הכתב שאמר, "אינני אדם דתי. מעולם לא הייתי. אבל זהו הכותל, ואני נוגע באבני הכותל המערבי!". גם היום אני בוכה כשאני שומעת את ההקלטה הזאת. רק כששמעתי אותה הפסקתי לפחד שהליגיונרים יכבשו אותנו.

אמציה חזר שבוע לאחר מכן. בזמן הזה לא ידעתי עליו כלום, הוא לא צלצל ודאגתי לו מאוד אבל אמרתי לעצמי אין שום דבר, חכי והוא יבוא. לא נתתי לעצמי לקרוס. אמציה נלחם בגולן כצנחן. הוא היה חלק מכיתה של עשרה לוחמים שצנחו בצומת בוטמיה וכבשו אותה. מה אני אגיד, זו הייתה מלחמת בודדים, דבר לא היה מאורגן שם, אבל הם עשו את מלאכתם. חבר אחד נפצע קשה ואז הגיעו עם רכבים וחילצו אותם. כשהם עשו את הדרך מהגולן לירושלים הם נסעו דרך הגדה המערבית. אמציה היה מזועזע מהריחות שהיו לכל אורך הדרך. ריחות של גופות.

כשהוא הגיע הביתה היה ערב חג שבועות והיה לו מאוד קשה. הוא היה עצוב מהמראות, מהריחות ומהאובדן. ריחמתי עליו והבנתי אותו. חברים טובים שלנו נפלו. חלק בירושלים וחלק בגולן, חברים טובים מהגרעין. הוא הלך להלוויות ודיבר הרבה על התחושות שלו. עברו כמה ימים טובים עד שהוא חזר לעצמו.

שנה לאחר מכן, את יום הנישואין השביעי שלנו לא יכולנו לחגוג ביחד. אמציה לא היה בבית, הוא שוב היה מגויס למילואים. אחרי מלחמת ששת הימים, היינו שיכורים מכוח ומגאווה שנמתחה עד השמיים, התחושה הייתה שיש מדינה של יהודים וגמרנו. אבל אז התחילו הסתננויות של הפדאיון בבקעת הירדן ועוד מחבלים שהגיעו ממקומות לא צפויים ונכנסנו לעוד שלוש שנים מתישות של לחימה. התקופה הזאת נקראת מלחמת ההתשה, והיא התנהלה לאורך החזית המצרית, הירדנית והסורית בין השנים 1967 ועד 1970. אני לא יכולה להגיד שחששנו מעוד מלחמה, אבל היה מתח. היו כל הזמן הרוגים. גם בגולן וגם בבקעת הירדן. הזדעזענו מכל אחד ואחד שנפל.

בגלל המצב, אמציה ואני לא היינו אמורים להיפגש בשנה הזו ביום הנישואין שלנו, אבל ליחידה שלו היה אימון והם עברו דרך ירושלים. אני הייתי במקרה בעיר ופתאום פגשתי אותו באמצע הרחוב! ראיתי אותו במדים, יושב על המדרכה. שאלתי אותו, אתה לא מתבייש? למה אתה יושב על המדרכה? והוא אמר, עכשיו אני חייל, זה בסדר. הייתי בהלם לראות אותו ככה בהפתעה, ואומנם לא היה לנו זמן לחגוג, אבל יכולנו לשמוח לרגע. התחבקנו והחלפנו חוויות מהשבוע החולף.

היינו מאוד קשורים זה לזו. מאוד. הוא היה איש מקסים וכובש כל לב. אמרתי לו כל יום: איזה מזל שמצאנו זה את זו. ידעתי שאנחנו בני מזל. הוא הרגיש את עצמו אחראי לכל דבר בחיי ועשה כל דבר כדי להקל עליי. הוא היה איש נדיר. מנהיג. הוא הנהיג לא רק את הבית שלנו אלא גם את החברים שלו, הוא פשוט היה מספר אחד בכל מקום שאליו הוא הגיע. לא רק מפני שהיה מצחיק, אלא מכיוון שהיה מוערך מאוד.

המפגש בינינו היה קצר. למוחרת הוא כבר היה בבקעה והמפקדים הזהירו אותם, זה לילה ראשון שלנו כאן, והאויב יודע כשאתם מחליפים משמרת. תשימו לב ואם אתם מזהים תנועה חשודה, תירו. זאת הייתה ההוראה. אמציה סיים את המשמרת והלך לכיוון המגורים כשחבר לנשק ירה עליו מהמוצב.

הוא נהרג במקום.

חמישים שנה אחרי, באירוע של הצבא, פגשתי את המ"מ שלו מאותה תקרית. הוא סיפר לי שהוא ניגש אליו אחרי הפגיעה וחשב שהוא נושם. הוא הזניק מסוק לפנות אותו לבית החולים, אבל זה היה כבר מאוחר מדי. חבר

טוב שלנו, היום פרופסור באוניברסיטה העברית, שירת איתו והיה עד להכול. הוא כאב מאוד שאמציה נהרג, אין מילים. הוא לא ידע מה לעשות עם עצמו ורק חיפש דרך לצאת מהבסיס כדי להגיע אליי לבשר לי לפני המודיעים. הוא נסע בטרמפים כדי להגיע אליי ואומנם הגיע רק במוצאי השבת, אבל הרבה לפני הקצינים. כשפתחתי לו את הדלת לא הבנתי מה קורה. שאלתי, אמציה פצוע קשה?

ואז קיבלתי את הבשורה.

לא צרחתי.

לא צרחתי, אבל אכלתי את עצמי מבפנים. אני אף פעם לא צורחת, גם לא בלידות. אבל לא יכולתי להשלים עם העובדה שגם אבא שלו נפל בקרב וגם הוא. הרגשתי שהעולם התהפך עליי, אבל באותה הנשימה מייד אמרתי לעצמי שהתפקיד שלי הוא לשמור על הילדים. אמרתי לעצמי כל הזמן, מזל שיש לך ילדים. ויש לי באמת ילדים נפלאים. כשאמציה נפל הם היו בני חמש ושלוש. באותם רגעים הם היו ערים במיטות ולא רציתי לספר להם מייד. הקראתי להם סיפור כדי שיחשבו שהכול כרגיל ובבוקר סיפרתי להם.

הדבר הראשון שחשבתי עליו הוא שצריך לספר גם לשרה, דודה של אמציה שגידלה אותו כאם. הבת שלהם הייתה צריכה להתחתן באותו השבוע! העולם נפל, הם כמו ההורים שלו! מה עושים עם החתונה הזאת? שלחתי בני משפחה לבשר להם. ואבא שלי שהוא רב, בא ואמר להם: לא מבטלים את החתונה. אין דבר כזה בעולם! אבל אם אתם רוצים שזה לא יהיה באולם כמו שתכננתם, בואו נחשוב על פתרון אחר. מצאו דירה לערוך בה את החתונה, אבל לא הייתה דרך להודיע לאורחים, כי באותה התקופה ההזמנות לחתונה היו דרך מודעה בעיתון עם כל הפרטים. דודה שלי התנדבה לעמוד בכניסה לאולם ולשלוח את האורחים לביתם.

לאמציה ולי היו חיים נפלאים, באמת. נפלאים. והיינו בתקופה הכי טובה שאפשר לדמיין. היו לנו שני ילדים חמודים מאוד, אמציה עבד במקום מסודר, כל אחד מאיתנו עשה חיים בדרכו. ופתאום המוות שלו. זה היה מה־זה לא במקום. אי אפשר להבין את זה. אני טיפוס שלא מתלונן, אני לא רבה עם החיים, ופתאום זה מה שקרה. הרגשתי שכמעט איבדתי את הטעם

לחיי, אבל כל הזמן שיננתי לעצמי, תעזבי, את צריכה לגדל את הילדים. זה הגורל. צריכים להתמודד עם זה. את לא נשברת. אני לא חושבת שזה היה מנגנון הגנה מפני הכאב כי כן הרגשתי אותו, הייתי נורא מבוהלת, אבל אני חושבת שזה היה שיקול הגיוני קר. אמרתי לעצמי, אם אני נשברת עכשיו, הרסתי לילדים את החיים. אמרתי לעצמי, את לא יכולה להישבר, את תעשי מה שצריך.

ביני לביני אני זוכרת את יום ההולדת השלושים שלי, שנה לאחר מכן. נסעתי לאח הצעיר של אמציה ואמרתי לעצמי, את יכולה למות עוד מעט. הלך לך הבעל ונגמרו לך החיים. הייתי נורא עצובה, אבל חייתי בשביל הילדים. שגם אמא שלהם תמות? אמרתי לעצמי, אני אחיה כדי שהם לא ירגישו את הבדידות. ואני יכולה להגיד היום שהם אף פעם לא היו מסכנים.

אני אף פעם לא מאבדת שליטה, אני טיפוס כזה. לא נתתי לעצמי לעצור, אני חייבת להמשיך קדימה. הרגשתי אחריות לילדים והרגשתי אחריות כלפי מקום העבודה שלי. הייתי הולכת ברגל לבית הספר וחווה התקפות של הקאות בדרך. הייתי נכנסת לחצרות, מקיאה, וממשיכה ללכת.

הילדים לאט לאט התחילו להבין את המשמעות של החיים בלי אבא. אמרתי להם שאבא לא יחזור, הוא מת בצבא אבל הוא חייל גיבור. הם לא בכו כי הם לא ידעו מהי צורת התגובה המתאימה, הרי הם לא ידעו שום דבר על מוות, אבל הם נורא הצטערו מהידיעה שהוא לא יחזור. הם לא הבינו שזה לנצח והם הסתכלו הרבה בתמונות.

אחרי השבעה הייתי בטרנס כזה של להציל את הילדים, לשמור עליהם. לא חיפשתי שום דבר שייטיב איתי. שמרתי על היחסים בתוך המשפחה עם האחים שלו, עם הדודים, עם המשפחה שלי. הייתי אוכלת אצלם בשבתות ולא נתתי לעצמי לשקוע לתוך הכאב.

הזיכרונות בכל אופן עלו מדי פעם. מצחיק להיזכר היום בפעם ההיא שניסינו לזכות באיזה מכרז לרכב. היה לנו קטנוע וספה, אבל אמציה אמר שאי אפשר להמשיך ככה כשיש לנו ילדים והוא הלך להוציא רישיון נהיגה. איך שהוא הוציא, הוא אמר לי, תעשי רישיון. אני לא אהיה הנהג שלך. תנהגי לבד! לא בגלל שאני לא רוצה לעזור לך, אלא לטובתך. הוא הצמיח אותי, מאוד התאים לו להגיד כזה דבר. הוא היה בעדי, לא היה משתלט, לא מצווה, לא מחליט לאחרים.

אמציה היה פשוט איש טוב עם לב טוב. כמעט ולא היו לו זיכרונות מבית ילדותו, אבל הוא לקח דוגמה מהבית של הדודים שגידלו אותו ואת אחיו במסירות והוא כל הזמן אמר, בהקשר של אנשים שאיבדו את יקיריהם במלחמת ששת הימים, אנחנו אלה שנשארו בחיים ואנחנו מחויבים לדאוג למי שנותר בלי יקיריו. כיתום, הייתה לו רגישות גדולה. הוא אמר, זאת חובתנו.

אחרי שאמציה נפל זה כאילו נגמר בבת אחת. לא הייתי חולמת עליו הרבה ולא הייתי מתייעצת איתו כביכול, הבעיה שלי היא שאני מקורקעת. אבל הכאב עצמו לגמרי צף בתוכי. ולמרות שהוא צף, לא הרגשתי שאני שבויה באבל וחושבת רק עליו. חייתי את היום־יום ולקחתי את האחריות על הילדים, יש לי את התכונה הזאת, אני מכירה אותה, ובעיקר לא נתתי לעצמי ליפול. אני לא זוכרת שהייתי מתפרצת בבכי, אבל הלב שלי כן היה נאכל לפעמים. כן.

הייתי הולכת לנסות להציל חברות שלי שהתאלמנו באותה תקופה. הייתי אומרת לכל אחת מהן, את עושה לעצמך נזק. את עושה נזק לילדים. אל תיתני לעצמך ליפול! לי זה היה ברור והמשכתי להגיד לעצמי, אל תיתני לעצמך להישאר במיטה! זה לא יועיל לאף אחד. את לא תחזירי אותו, את רק תשלמי מחיר והילדים שלך עוד יותר. אין להישאר במיטה. אין. אני מאוד מציאותית.

אני זוכרת שהלכתי לנחם את התלמידות שלי שהתאלמנו במלחמת יום כיפור. אני לא יודעת איך החזקתי את הסיטואציה אבל אמרתי להן, "אין ברירה". היה לי מאוד קשה לראות את הילדות האלה, שישבו אצלי בבית הספר ועכשיו הן אלמנות צעירות. נורא. זה הרג אותי. ואנחנו חיים פה וצריכים להשלים עם מה שיש. זהו.

מההתחלה היו כאלה שניסו להתחיל איתי. אמרתי להם, תעזבו אותי. יותר מאוחר ניסו להגיע אליי בכל מיני דרכים עקיפות ולא יכולתי אפילו לשמוע על זה. אחד הדברים שעזרו לי להשתקם היה דווקא הכיוון המקצועי שתפסתי.

מי שעמד בראש בית הספר לחינוך באוניברסיטה העברית רצה שאכשיר מורים אצלו בחוג. כל המהלך הזה נתן לי איזו דחיפה, שדה חדש של התעסקות ותחומים חדשים שהתחלתי ללמוד.

למרות שהייתי בת 29 לא דמיינתי בכלל שאתחתן מחדש. בסופו של דבר זה קרה אחרי ארבע שנים וחצי, אבל לא בגללי אלא בגללו. מי שהתחתנתי איתו התעקש וזה היה מאוד חמוד.

יורם, בעלי השני, פעל בחוכמה יותר מכל הבחורים שניסו להגיע אליי. הוא גר באותה שכונה שבה גרו ההורים שלי וגם אחותי גרה לידו. הוא הלך אליה ואמר לה, תשמעי, אני רוצה לנסות קשר עם אחותך. תני לי עצה, איך לא אהיה פיל בחנות חרסינה? הוא היה גרוש עם ילד בן 13, הוא התגרש הרבה שנים קודם לכן והילד גדל אצלו. הוא באמת פעל בחוכמה, וכך זה לא היה מאיים עבורי. הוא התקשר והציע להיפגש איתי בבית שלי. כשהוא הגיע, הוא קודם כול התנהג יפה לילדים. הוא כבר היה אבא אז הוא הבין מה זה ילדים והוא הגיע עם ספר לכל אחד מהם.

הילדים היו כבר בני תשע ושבע והם התעניינו מאוד בספרים. אחר כך הוא לקח אותנו לסיבוב ברכב שלו, היה לו אוטו משהו־משהו, לבן שלי זאת הייתה אטרקציה. יורם ניהל עסקים של אדם שהייתה לו סוכנות רכב והוא שלח לו את הרכב שהיה הכי חדש ומהראשונים מסוגו בארץ כדי שייתן עליו חוות דעת. אז נו, הבן שלי אהב את זה.

בשבילי ההחלטה להמשיך קדימה לא הייתה קשורה אליי, כמו שהיא הייתה קשורה לילדים. חשבתי עליהם. כשהוא היה מגיע היינו מטיילים ויוצאים קצת למסעדה, ובילינו עם הילדים. היה לי נעים איתו כי הוא היה פשוט איש חכם. לא חשבתי ישר להתחתן איתו, רציתי לבחון איך אנחנו ביחד. כעבור שנה הרגשנו שהגיע הזמן. המשכנו להיפגש במשך כל השנה הזאת, אבל לא באופן אינטנסיבי מדי. היה באמצע גם פסח והייתי צריכה לארח את המשפחה מחו״ל, היה איזה בלגן קטן והייתי עסוקה בו, אז יצא שלא נפגשנו חודשיים סביב פסח. הצטערתי על זה קצת, אבל לא נורא. ידעתי שיש לי משימה אחרת שאני צריכה למלא והוא שיתף פעולה. זה היתרון.

בהמשך השנה שנינו הרגשנו שהקשר בינינו מבשיל לחתונה, בלי שטויות או דיבורים, פשוט הרגשנו. באמצע הייתה מלחמת יום כיפור ואחיו, שאיתו הייתי מיודדת, נהרג במלחמה. הוא היה נשוי והיו לו ילדים והוא נהרג בסיני בחג הראשון של סוכות. יורם גם היה מגויס ואח נוסף שלו גם. הצבא ניסה לאתר אותם בסיני כדי להודיע להם. מצאו את אחיו של יורם ואמרו

לו, "אח שלך נהרג", אבל לא אמרו לו איזה אח! רק כשהוא הגיע לסוכה של המשפחה הוא הבין מי נהרג.

הסיפור הזה של גיסי שנפל מאוד ציער אותי ואשתו, בת גילי, לא התחתנה עד היום. היא אישה טובה אבל היא לא נתנה לאף אחד לעזור לה. היו לה חיים קשים והיא הייתה עסוקה כל כולה בילדים.

יורם הגיע למשפחתו האבלה אחרי השבעה ואז הוא כבר לא היה יכול לשבת שבעה עם המשפחה שלו. אז הוא ישב שבעה בבית שלו, לבד, ואני הגעתי אליו לנחם אותו.

כעבור חמישה חודשים יורם ואני כבר היינו נשואים והמשפחה של אמציה קיבלה את החתונה במלוא הזוהר וההערכה וכמובן הגיעה לטקס. הם העריכו את יורם מאוד. הוא היה כלכלן ועורך דין. בהמשך הוא הגיש תביעה שיכירו בהורים המאמצים של אמציה כהורים שכולים. משום שלא היה להם מעמד, הם לא קיבלו שום זכויות שמקבלים הורים שכולים. זה לא הצליח, אבל השופט שהכיר את הסיפור מקרוב בכה בעת שנתן את פסק הדין והציע שימצאו דרך לשנות את החוק. הוא אמר "אין לזה סעיף בחוק" ובהינתן פסק הדין, יורם הלך ליועץ המשפטי של משרד הביטחון ואמר לו, זה עוול. האנשים האלה גידלו את הילדים שנשארו לבד, הם גידלו אותם שלושים שנה ולא מכירים בהם? ואז שינו את החוק בחקיקה בכנסת והכירו בהם.

יורם היה בן אדם מסוג אחר. והוא היה איש מדהים. הוא גם הכיר את אמציה, הם נפגשו יחד בענייני עסקים והעריכו מאוד זה את זה.

צריך להיזהר מלעשות השוואות. אף פעם לא עשיתי השוואות, מעולם לא עשיתי דירוג את מי אהבתי יותר, את אמציה או את יורם. לעולם גם לא אעשה. זה מה שזה. לכל אהבה יש את המקום שלה. זה גם אף פעם לא אותו הדבר. אלו אנשים שונים. ולכל אחד יש את הערך שלו. לי יש מילים אחרות להגיד, תובנות אחרות.

עד היום אני לא יודעת למה יורם התגרש. אני לא חיפשתי ולא שאלתי יותר מדי ולא תקעתי את עצמי במקום שהוא לא שלי. הוא נשאר עם הילד כי הוא התעקש שהילד יישאר אצלו והמסירות הזו מצאה חן בעיניי. לגדל ילד לבד זה ממש לא פשוט.

אם הוא היה רוצה להגיד לי משהו על נישואיו הראשונים, הוא היה אומר. אם הוא לא אמר אז זה לא ענייני, זה לא נוגע אליי.

בנו של יורם מנישואיו הראשונים הצטרף למשפחה החדשה שיצרנו, גר בביתנו וגדל עם כל הילדים שגידלנו יחד כאחים לכל דבר ועניין והוא מציג גם אותי וגם את אמא שלו כאימהות שלו.

בערך שנתיים אחרי שהתחתנו נולדה לנו בת משותפת ושמחתי שיש לי בת בריאה ומתוקה. יורם ליווה אותי לכל האזכרות והחזיק בגישה כמו שלי, שאלו החיים, הכול מעורבב ביחד.

הילדים שלנו כולם נישאו וילדו ילדים משלהם, כולם נכדינו וכך גם הנינים. וכולם מרגישים שייכים לכולם.

זכיתי לחיות עם יורם כמעט חמישים שנה. הוא נפטר לפני שנתיים בגיל 85. כשאני שואלת את עצמי מי מנחם אותי היום, אני מודה שיש לי ילדים, חתנים וכלות. יש לי נכדים מדהימים ונינים כובשי כל לב. זה מה שמחזיק אותי בחיים. אי אפשר לתאר איזה מתוקים יש לי. אני עושה כל מאמץ כדי לפגוש אותם. הם מגיעים אליי ואני באה אליהם ופעם בשנה אנחנו הולכים לבית מלון ביחד.

הם החברים שלי ליום־יום, איתם אני מתנחמת. הם ממלאים אותי. בשביל זה אני חיה עכשיו.

ניסיתי להסביר לו שככה נראית אהבה. שהוא מתנהג אהבה וחווה אהבה ושהוא מטומטם שפוחד להרגיש. אמרתי לו: איך זה הגיוני שאתה מתנהג כמו בחור מאוהב, אבל אומר שאתה רוצה משהו שמתפוצץ באוויר?

// יערה שם טוב, שם בדוי

רק שאדע אם לחכות לך או לא

יערה שם טוב

בת 31, אלמנתו של רס"ן יהונתן שם טוב, לוחם בסיירת מטכ"ל.

אמא לנטע (2).

חרבות ברזל

אני "אשתו של יהונתן". קשה לי להגיד "אלמנתו". זאת לא מילה סבבה. לפני רגע הוא היה פה איתי ועשה איתי הכול. הכול. ועכשיו יצאו לי מלא חצ'קונים. מי יפוצץ לי אותם? זאת הייתה האהבה של יהונתן. אם הייתי מפוצצת אותם בלעדיו הוא היה מתעצבן עליי. הוא היה חושב שהוא יוליה הקוסמטיקאית והיה עושה לי כל היום טיפולי פנים. יהונתן ידע לעשות הכול. אמיתי. אם הייתי צריכה שיעשה לי פרנץ' ברגליים הוא גם היה עושה לי, כי הוא אדם מדויק כזה. מה הבעיה, תביאי.

יהונתן ואני עברנו דרך ארוכה ומורכבת ביחד. רובה הייתה לפני החתונה והרגע הזה שהגענו אליו כשהחלטנו להתחתן היה התגשמות החלום.

לא לכל מי שנהרג במלחמה הייתה זוגיות מדהימה, ברור לי, אבל החברות הקרובות שלי, האלמנות הצעירות שהתאספו לצידי, הייתה לנו זוגיות מדהימה. זוגיות שאומרים עליה כל יום תודה. זוגיות שהיא התגשמות חלום.

נכון שבחיים אין כזה דבר "מושלם", אבל אם יש דבר שדומה לזה, אז הייתה לי זוגיות כזאת. וגם כשאני מציירת לעצמי את הדמות של יהונתן, אני יודעת שאין דבר כזה מושלם, אבל אני גם יודעת שאני לא מגזימה במה שאני אומרת.

אני מודעת לכך שהיינו בתחילת הזוגיות שלנו והיינו ביחד בסך הכול שלוש שנים, אבל אני רוצה להאמין שגם אחרי עשרים שנה היה ממשיך להיות לנו טוב. בעצם, היה לי ביטחון מלא שנהיה זוג מעולה גם חמישים שנה קדימה.

כן, היו לנו גם נסיעות של שתיקות רועמות ברכב, היו ריבים סוערים, אבל הם היו חלק מהאהבה שלנו.

קיבלתי המון תגובות על ההספד שאמרתי על הקבר של יהונתן, אפילו יועץ זוגיות חרדי אמר לי שהוא משתמש בטקסט שלי בטיפולים שהוא עושה. יש אנשים שאמרו לי "ההספד שלך שינה לנו את הזוגיות". הייתי בהלם. לא צפיתי את התגובה הזאת. אמרתי בהספד שהייתה לי הזכות להיות נשואה לאיש שאין כמותו בעולם, שהיה בעל מושלם ואבא שלא ניתן לתאר במילים. שהיה גבר שבגברים, רגיש כל כך ומתוק וחייכן כל כך, וכל כך אוהב אדם, וגיבור ואמיץ. האדם שאי אפשר בכלל להתחיל לתמצת אותו במילים. אמרתי שחיפשתי אותו כל כך הרבה שנים ונלחמתי עליו ועלינו עד שזכיתי בלב הטהור שלו.

שבוע לפני שהוא נהרג, באחת משיחות הרכב שלנו, דיברנו על זוגיות ויהונתן הזכיר לי שכשיצאנו תמיד אמרתי לו שזוגיות זאת עבודה. באותה נסיעה הוא אמר לי: אני לא מרגיש בכלל שאני צריך לעבוד בשביל הזוגיות שלנו.

והוא צדק. היא הייתה כל כך טהורה, שנתיים של ירח דבש מתמשך, של נחת ושמחה כל כך גדולה, של ביטחון, של מנוחה ונחלה, של בית. גם ברגעים שהיינו מתווכחים, גם ברגעים של חוסר הסכמות, תמיד ידעתי וחשבתי שאנחנו מושלמים ביחד, שזכיתי בהכי טוב שקיים בעולם. כשהיינו הולכים לישון בלילה, יהונתן היה מחזיק לי את היד, מחייך, כל כך שלו ושלם ואומר לי כמה שהוא אוהב אותי, כמה שהוא שמח בי ובנטע. כמה טבעי הרגשתי כשהוא אמר את זה, כאילו לא נאמר כל מה שנאמר בזמן שיצאנו לדייטים, כאילו לא הייתה תקופה שבה הוא היה מבולבל ופחד להרגיש כמה הוא אוהב אותי. כאילו לא כמעט פספסנו האחד את השנייה.

הגעתי לקשר עם יהונתן אחרי הרבה דייטים, בגיל 27, אחרי שכבר בא לי למות מעולם הדייטים. רציתי להתחתן. עשיתי את כל הסגולות כדי למצוא חתן. כל היום פנטזתי על החתונה שלי. אבל אף פעם לא היה לי קשר רציני, אף פעם לא היה לי אפילו חבר, למרות שתמיד רציתי. הקשרים שלי היו מסתיימים לרוב אחרי דייט אחד או שניים. היו כמה שיצאתי איתם במשך חודש, חודש וחצי, אבל לא היה קשר שהבשיל למשהו שהוא מעבר לדייטים. תמיד הרגשתי שאני מנסה לייצר זוגיות עם הבן אדם הלא נכון. ועדיין ניסיתי והתאמצתי ולא רציתי לפספס את האיש שלי. ואז הכרתי את יהונתן והוא באמת היה הכול. לא חזרתי מהדייט הראשון איתו ואמרתי "זה יהיה בעלי", אבל מהר מאוד הייתי בהרגשה אחרת. יהונתן היה רשימת המכולת הזוהרת. כל מה שאפשר לבקש. ציוני ובוגר סיירת מטכ"ל, חכם, רגיש, חייכן ואוהב אדם. שלמות.

בדייט הראשון נפגשנו בפארק ענבה. היה דייט ראשון טוב. יום אחרי זה הוא שלח לי הודעה ונפגשנו שוב, ואחרי שבת נפגשנו שוב. ויהונתן היה אחלה גבר, מהגברים שיודעים לעשות הכול מדויק בדייטים. הוא אסף אותי מהבית והביא פק"ל קפה, הוא ידע מתי להתקשר ומתי לשלוח הודעה. הרגשתי פרפרים, מהר מאוד הבנתי שאני נמצאת באירוע אחר.

ואז התחלנו לעלות על רכבת הרים. יהונתן פתח איתי שיחה שליוותה אותנו לאורך כל הקשר. הוא אמר, את עונה על כל מה שאני רוצה במהות ובפשטות ואת כל מה שחיפשתי בבת זוג, אבל אני לא מצליח להרגיש מה שאני אמור להרגיש בשלב הזה. שאלתי אותו למה הוא מתכוון, והוא אמר שאחרי הדייטים שלנו הוא רוצה להרגיש את הוודאות שהוא יהיה שמח לחזור הביתה לאישה שלו. וכל הזמן היה בו פחד שזה לא יקרה איתי. עכשיו בוא, כפרה עליך, אנחנו יוצאים שבועיים ואתה עסוק בכמה אתה רוצה להיות מאוהב. חכה!

כשהוא הכיר אותי, יהונתן היה חסום רגשית אחרי כמה קשרים, ביניהם קשר רציני מאוד שהיה בדיוק ההיפך מהקשר שלנו. הם הכירו בטבעיות והוא התאהב חזק ומהר, אבל אז הוא הבין שיש דברים שממש חסרים לו וסיים את הקשר.

איתנו קרה בדיוק הדבר ההפוך. עניתי על כל הדרישות הנסתרות והגלויות שלו, אבל הוא לא הצליח להתאהב בי. והוא כל הזמן היה עסוק

בזה שהוא לא מרגיש. חשבתי לעצמי שזה כל כך הגיוני, שאתה יוצא לבליינד דייט הכי יבש בעולם אחרי שהלב שלך הרגיש התאהבות מטורפת ופרפרים ואז אתה רוצה להרגיש את זה שוב ומייד. משם נוצר מצב שמאוד קשה לצאת ממנו כי אתה כל הזמן עסוק בזה שאתה לא מרגיש מה שאתה אמור, אז אתה לא נותן לעצמך להרגיש.

השיחה הזאת ליוותה אותנו כל הזמן. כמה טוב ומדהים לנו ואיך אני מרגישה שהוא אוהב אותי הכי בעולם, אני ממש יכולה לראות את זה באופן שבו הוא מסתכל עליי, אבל הוא לא קורא לזה אהבה. היינו מנהלים את השיחות האלו ובוכים. יהונתן היה מתוסכל. הוא הרגיש שיש לו בידיים את הבחורה המושלמת ושאל, אז מה דפוק בי, ובכה.

כמה עברנו, כמה עברנו. בכל פעם בכינו ולבסוף אחרי ארבעה חודשים ביחד החלטנו להיפרד. לפני כן עוד הספקנו ללכת ביחד לטיפול זוגי והפרידה הגיעה אחרי שתי פגישות.

ואז התחילה תקופה קשה. מאוד. הייתי שבורת לב. נכנסתי למיטה עם ארבעים מעלות חום ודלקת גרון חריפה. הייתי מפורקת. אחר כך יצאתי לדייטים עם בחורים אחרים, וזהו.

ארבעה חודשים בנפרד הספיקו לנו כדי להחליט לחזור. הוא התקשר ראשון, אבל לא מרצונו. זה היה בערב פורים וזה קצת סיפור של בני 16. ישבתי בדירה שלי ובכיתי ופתאום הוא התקשר וניתק. בעצם זה היה חבר שלו שהתקשר מהטלפון שלו, בצחוק. הוא מייד שלח לי הודעה שזה לא הוא, וקצת פלירטטנו. למוחרת בבוקר שלחתי לו הודעה שלא מתאים לי שנשאר ככה פתוח בינינו, כאילו מה אתה מפלרטט איתי מחדש אם אתה לא רוצה? ואז הוא התקשר ולא עניתי. אחרי כמה ימים התקשרתי אליו, דיברנו ואמרנו שבערב ניפגש.

הערב שבו חזרנו היה מושלם. היו פרפרים באוויר, גם אצלי וגם אצלו. אבל חלפו שבועיים והוא חזר לאותו לופ. הוא שוב התחיל להסתבך עם עצמו על החתונה ולא נתן לחיים לקרות. יותר מדי רציונאליות. קשה לי להיזכר בתקופה הזאת כי היא לא קשורה לזוגיות שהייתה לנו בהמשך. מצד שני, כנראה בזכות זה הזוגיות שלנו התגבשה, כי לפני החתונה עברנו דרך שדרשה מאיתנו להתאמץ ומהרגע שהתחתנו הכול נרגע. הכול היה טוב, פשוט.

חברות שלי אמרו לי, שחררי אותו, הוא לא שווה אותך, אבל אני ידעתי שהוא עובר משהו עם עצמו ושזה לא קשור אליי. ידעתי שהוא אוהב אותי ושהוא משקר לעצמו כי הוא חסום רגשית.

הוא רווק בן 29, זה גיל מבוגר בחברה הדתית, וידעתי שהוא מתוסבך בקטע הזה. שהפחד הכי גדול שלו הוא להישאר רווק, הרי הוא אמר לי בדייט הראשון שהחלום הכי גדול שלו הוא להתחתן. ומצד שני, הוא פשוט לא הצליח להחליט שאני האישה שלו. הכול היה גלוי, הכול היה על השולחן. רק שבאיזשהו שלב קרה נס. באמת היה לנו נס.

כמה חודשים אחרי שחזרנו, יהונתן טס לחו״ל במסגרת אימונים עם צבא ארה״ב, למילואימניקים יוצאי יחידות מיוחדות. האימונים נמשכו שלושה שבועות וזמן קצר אחרי שחזר, הוא טס שוב לשבועיים בזמביה, לפרויקט שקשור בעבודה. במהלך השהות שלו בזמביה, הייתה לנו שיחה טעונה מאוד כי הוא היה שוב מלא בפחדים ולא הצליח להחליט לגבינו. ניסיתי להסביר לו שככה נראית אהבה. שהוא מתנהג אהבה וחווה אהבה ושהוא מטומטם שפוחד להרגיש. אמרתי לו: איך זה הגיוני שאתה מתנהג כמו בחור מאוהב, אבל אומר שאתה רוצה משהו שמתפוצץ באוויר?

מוזר שיהונתן נתקע דווקא שם ולא הצליח לצאת מהבור הזה. הרי הוא היה אגדה והדבר שבלט ביותר אצלו היה הפשטות. הוא לא הסתבך ולא היה בלוף עם שום נושא, חוץ מהטענה שלו על האהבה שהוא לא הרגיש כלפיי.

לפני שהוא חזר לארץ הוא שאל אותי, מה את אומרת, נלך להורים שלי בשבת הבאה? אמרתי, סבבה. אורית, אחותו של יהונתן, וגם בעלה ליוו אותנו בקשר וכל הזמן אמרו לו שהוא מטומטם, הם ממש ניסו לעזור לנו.

עשינו שבת אצל ההורים שלו בשומרון ושם קרה הסוויץ׳ בסיפור שלנו. הוא ראה אותי בבית של ההורים שלו, עם האחיות שלו. ראה איך כולם עפו עליי וזה עשה לו משהו.

אפשר להגיד שמשם התחיל סיפור האהבה שלנו. כל מה שהוא חלם להרגיש – קרה. התפוצץ לו באוויר מה שהוא רצה שיעיף אותו. משהו בשבת הזאת שינה לו את נקודת המבט וזמן קצר אחרי זה הוא הציע לי נישואין.

אני לא יכולה לשכוח את הרגע הזה. ישבנו על הספסל במצפה קידה וזה היה היום הכי מאושר בחיים שלי, באמת התגשמות חלום, אני זוכרת שהוא אמר לי, נכון שיהיה לנו ממש טוב? אמרתי לו שברור שיהיה לנו ממש ממש טוב. התחתנו חודשיים אחר כך.

אני לא חושבת שצריך להילחם בכל מחיר כשהצד השני אומר שהוא לא רוצה. אבל אני פשוט ידעתי שזה לא כיוון שהוא לא רוצה אותי או לא אוהב אותי. נלחמתי והתעקשתי על הזוגיות הזאת כי ידעתי שהוא אוהב אותי ורוצה אותי והוא פשוט צריך לפתור דברים עם עצמו.

כשאני אומרת לאנשים שהיה לנו סיפור אהבה מהאגדות אני תמיד אומרת שלא ככה התחלנו. שעברנו רכבת הרים רגשית במשך שנה שלמה ואז בבת אחת הכול קרה. יהונתן נהיה מאוהב ומאושר וזה לא הפסיק. אפילו חודש לפני שהוא נהרג הוא עדיין היה עם אותו חיוך מרוח על הפנים, מבסוט על החיים שלו, חושב שיש לו את האישה הכי מושלמת ואת הילד הכי מושלם. זוגיות פשוטה כמו שחלמנו, שכיף לחזור אליה הביתה. כן, היה לו כיף לחזור הביתה. הייתה בינינו פתיחות מלאה בכל המישורים, הייתה שם אהבה. אמרתי לו, אין סיכוי שלזוגות אחרים יש את מה שיש לנו. כלומר, ברור שיש עוד רבים שחווים אהבה כזאת, אבל באמת הרגשתי שיש לנו משהו מיוחד ואנחנו מכירים בו.

זה קרה בסוף. זה פשוט קרה. היה לנו נס. וכמו שהנס קרה, באותה המידה הוא יכול היה לא לקרות. אין הסבר לדבר הזה. החסימה הרגשית שלו לא נפתרה בטיפול, הוא הרי לא היה מלווה בתקופה הזאת. נס.

אני חושבת שיהונתן רצה להרגיש מההתחלה אם אנחנו לחתונה או לא. הוא היה ילד טוב מהשומרון, ואני אמרתי לו, עזוב רגע חתונה, תהיה במה שיש לנו פה ביחד. בוא נהנה. תשחרר. אבל היה לו קשה ליהנות סתם מזה שיש לו חברה והוא לא הצליח לשחרר את המחשבה על חתונה או לא חתונה. אבל אני לא מטומטמת, ראיתי שהכול שם, במהלך כל השיחות שלנו רציתי לדפוק את הראש בקיר, כי מה אתה רוצה, אתה לא רואה מה יש בינינו? מה עוד אתה רוצה? מזל שהוא הבין כי כנראה לא הייתי מחכה לנצח עד שייפול לו האסימון.

אנשים אמרו לנו, חכו, השנה הראשונה הכי קשה, או – חכו שיהיה לכם ילד. והייתה לנו שנה ראשונה מדהימה וכשנטע נולד הכול הלך והשתבח.

אני מרגישה שהלכנו והשתבחנו עם הזמן. אבל אין כללים באהבה. ראינו מסביבנו הרבה זוגות שהתחתנו מהר אחרי שהיו מאוהבים בטירוף כחברים, והמשבר שלהם הגיע אחרי החתונה והייתה להם זוגיות לא פשוטה. אנחנו עברנו את המסע שלנו לפני החתונה והגענו לנישואים כל כך בשלים ומוכנים.

אני אוהבת להיות מוכנה תמיד. זאת הגישה שלי בחיים.

אחרי החתונה אמרתי לעצמי, יערה, זה עניין של בחירה, את יכולה לחיות את החיים האלה עם בן זוג וזה ייראה כמו סיפור מהאגדות, ואת יכולה לריב ולהתעכב על דברים וחבל. בסוף רוב העבודה שלנו היא עם עצמנו. לקחתי קורסים בזוגיות, רציתי לדעת איך לריב כמו שצריך. בא לי לדעת לנהל את זה כמו שצריך. עם הזמן סגרנו בינינו פערים שהביאו אותנו לוויכוחים בתחילת הדרך ובחצי השנה האחרונה הייתה לנו תחושה שהפערים התמסמסו.

היום אני מרגישה אדם שונה כי הרבה דברים מיהונתן עברו אליי. הרי לא הייתי דומה לו כל כך, הוא היה מתנחל מהשומרון שהפנטזיה שלו הייתה להתחתן עם מדריכת טיולים, מישהי שתעשה איתו טרקים מטורפים. אבל זאת לא אני. אני מפונקת. לא זורם לי לישון בכל חור. שבוע לפני שהוא נהרג היינו אצל ההורים שלו והיה צפוף מאוד כי הרבה ילדים ונכדים נשארו לישון אצלם. קצת התבאסתי כי קיבלנו את החדר הדפוק ורציתי לחזור להורים שלי. יהונתן אמר לי, בא לי שתדעי לצאת מאזור הנוחות שלך.

הוא אמר לי את זה גם לגבי הצורך שלי להיות כל הזמן לידו. היה לי מאוד קשה להיות בלעדיו בכל פעם שהוא טס לחו״ל. היה לי סיפור קשה עם זה ומועקה בלב. הרגשתי כמה אני תלותית, תלות רגשית. הוא היה אומר לי כמה קשה לו עם זה שקשה לי. הוא אמר לי, רציתי להתחתן עם מישהי שלא עושה עניין מזה שאני נמצא או לא נמצא בבית, שאני אוכל לטוס לחמישה ימים לחו״ל והיא תקבל את זה בטוב. אני חושבת שהגבתי באופן קיצוני כשהוא היה טס לחו״ל, אני טוענת שהנשמה שלי הרגישה שהזמן שלנו יחד קצוב. הייתה לי חרדה לשחרר אותו. אבל גם במקום מסוים הרגשתי שזה אתגר שילווה אותנו כל החיים, כי מה שהיה מונח מתחת לסיפור הנסיעות עם החברים לחו״ל היה קשור לצורך שלו בחופש ובעצמאות. הפריע לו שאני לא עפה איתו על החלומות שלו. פעם דיברנו על האפשרות שנצטרך

לטוס לחו"ל לכמה שנים כדי להגשים את חלום ההתפתחות המקצועית שלו ואני אמרתי שזה לא יתאים לי. יכול להיות שהוא בעצמו לא היה רוצה את זה, אבל הדיון היה על עצם הרעיון. הפריע לו מאוד שאני ישר שוללת את החלומות שלו לעוף קדימה.

יהונתן היה אדם של בית. הוא לא היה רק אדם של חוץ. היינו יכולים להיות כל הזמן ביחד, בבית. כשהוא היה חוזר מהעבודה היינו מכינים קפה ואת הסלט הקבוע שלנו, חסה, מלפפון, עגבניות שרי, פטריות וקרוטונים.

בכל יום שחיינו ביחד הייתי אומרת, אלוהים, תודה. רק תשמור לי עליו, תודה. היו כמה פעמים שגם הדלקתי נרות בזמן שהתפללתי וכשיהונתן חזר הביתה וראה את הנרות הוא התפוצץ מצחוק, כי זה פחות מתאים לדמות שלי. הייתי מסתובבת בבית הקטן שלנו בירושלים, ארבעים מטר מרובע, ואומרת, תודה. אמאל'ה, יערה, את בבית שלך. הייתי צובטת את עצמי וחושבת, החלום שלך התגשם.

היום, כשאני מדברת עם אלוהים, אני דופקת את הראש בקיר. לא יכול להיות שגרמת לי לעבור את כל המסע הזה, כל הסיפור הזה עם יהונתן עד שהגענו למנוחה ולנחלה ועכשיו לקחת אותו, אני אומרת לו. איך זה יכול להיות שזה סוף הסיפור שלנו? זה לא הגיוני. אפילו מזעזע.

בשנה הראשונה אחרי שיהונתן נפל תליתי תקוות במשיח. פשוט חיכיתי לו ולתחיית המתים שתחזיר לי את יהונתן והאמנתי בזה בכל ליבי. המשיח היה מה שהחזיק אותי ברמה היומית. באופן טבעי לאט לאט זה התאזן. האמונה שלי לא השתנתה, אבל אני לא חיה יותר במתח הזה של מחר יהונתן חוזר כי המשיח מגיע. אני מבינה שאני צריכה להיות עסוקה יותר בחיים שלי ולא בעולם שאין לי יכולת להבין. יש לי שיחות עם אלוהים, שיחות בעל פה ולא מהסידור. אני כועסת, אני שואלת, אני מטיחה בו את חוסר ההבנה שלי של החיים האלה ואני מתפללת שיעזור לי וישלח לי עוד גבר מהמם שילך איתי את המסע הזה.

אני עוד לא מסוגלת לעכל את האובדן. אובדן של החיים, של הבית, של הביטחון. הלב שלי מלא במגננות, אני לא מסוגלת לעכל. מדי פעם יש

לי רגעים של הבנה, אני חוזרת וקוראת מכתבים שכתבתי לו וזה מרגיש כאילו הורידו לי מחומרי ההרדמה.

ליום הולדתו ה־31, כתבתי לו מכתב שאני לא יכולה לראות את החיים שלי בלי הנוכחות שלו ומי היה מאמין לפני שנתיים שנשב בבית שלנו עם הילד שלנו ואיזה מזל שהחיים חזקים יותר מכל דמיון. מילים שהלכו עכשיו לאיבוד.

אני זוכרת איזו פעם ששכבתי במיטה לפני השינה ואמרתי לו שאני מתה לשטוף את הרגליים, אבל אין לי כוח לזוז. פתאום הוא הופיע בחדר עם דלי וסבון ושטף לי את הרגליים במיטה. כמה צחקנו. הוא ידע לאהוב במגע ובמילים. אני עדיין זוכרת את הרגעים האלה של ללכת לישון כל לילה מחובקים ולהגיד "תודה". ולהגיד, "וואי, איך התחתנו בסוף". זה משפט שהיינו אומרים כל הזמן.

יהונתן לא היה רומנטיקן מהסוג שמשאיר פתקים ומתנות, אבל היו לו הבלחות. הוא ידע לשלוח לי סושי פעם כשהוא היה במילואים ואמרתי לו שלא הספקתי לאכול, והוא היה האדם שהייתי צריכה שיהיה לידי בלידה של נטע. לא רציתי שאף אחד יעזור לי חוץ ממנו. אמא שלי תמיד אמרה לי כשהייתי בחיפושים אחר הגבר שלי, תחשבי את מי היית רוצה לידך בחדר הלידה. יהונתן היה בול. המטכ"ליסט, הגבר־גבר, האדם שאת רוצה לידך בחדר לידה. רציתי אותו לידי בכל סיטואציה.

היו לנו חלומות שחלמנו ביחד. חודשיים לפני שהוא נפל חתמנו חוזה על בית שקנינו יחד בפרויקט במקום שאהבנו מאוד, ביחד עם עוד חברים טובים. בטח היו לנו חמישה ילדים, היינו מתפתחים בעבודה, ועושים מלא כוסות קפה וטיולים. היינו קונים ג'יפ או טרקטורון ומטיילים איתו בימי שישי במדבר. סטייקים בערב, חברים שקופצים. חלומות שכבר לא יקרו.

לפעמים אני מרגישה שבלתי נסבל להרגיש את הנוכחות של יהונתן, אני שואלת את עצמי איך יכול להיות שאיבדתי אותו, איך יכול להיות שהוא לא פה ואני מדברת ונושמת ואיך אני מצליחה בכלל לצאת מהמיטה, הרי זה לא יכול להיות ואין סיכוי.

אבל אני לא האלמנה במיטה, אני יוצאת ופועלת, פתאום אני כל מה שיהונתן היה. לפעמים אני אומרת לעצמי שאם יהונתן היה חוזר עכשיו אז בכלל הייתה לו האישה המושלמת.

שלושה חודשים אחרי שיהונתן נהרג, אבא שלו, משה, נפטר משברון לב ומסרטן הלבלב שהתפרץ אצלו. יהונתן אהב והעריך את ההורים שלו מאוד. הוא אמר שהוא רוצה למות לפניהם. יהונתן שלא פחד מכלום, מבטיחה שהוא לא פחד מכלום, פחד לאבד את ההורים שלו.

יהונתן קיבל אותי כמו שאני ואהב אותי מאוד, למרות שהיו דברים שהפריעו לו. דברים שהוא דמיין אחרת, אישה יותר קרבית למשל. אני חושבת שעם ההחלטה להתחתן הגיעה גם ההבנה והקבלה שאין מושלם בדיוק־בדיוק כמו שאנחנו רוצים. ולכן יהונתן שמח בחלקו. והוא היה גם אידיאליסט שלא פחד מכלום. הוא ידע שיש דברים חשובים יותר ממני וממנו. הוא שם לב לכל דבר שהתרחש סביבו, הוריד את הזבל גם כשהיה סמנכ"ל בחברת נדל"ן, כל מי שהיה סביבו היה אומר שכשיהונתן בשטח יש לסובבים אותו תחושת ביטחון, כי הוא יודע לעשות הכול, ומה שלא – הוא לומד ואין מכשול שעומד בפניו.

לפעמים האומץ שלו גרם לי אפילו לפחד. אני זוכרת רגעים שהלכנו בהם ברחוב והוא התערב באיזושהי התרחשות נפיצה. אני הייתי מבוהלת ופחדתי שיוציאו עליו סכין. אמרתי לו, מאמי די, מאמי די.

הייתה פעם שהיינו בחניה של הסחנה בצפון. יהונתן פתח את החלון ואמר לאיזה ערס, אחי אל תשכח פה את השקית של הזבל שהנחת, ואז התחיל ביניהם שיח שעלה לפסים לא נעימים, לפחות ככה אני חוויתי את הסיטואציה, כי אני פחדנית. התחננתי שיפסיק. לא בשבילי הדברים האלו. רבנו בעקבות סיטואציות כאלו. הוא היה אומר, מה נסגר איתך, איך את יכולה להיות אדישה למה שקורה סביבך?

סביב הרפורמה המשפטית הוא ניהל הרבה שיחות עם חברים שלו לצוות ועשה הידברות עם מפגינים בגן סאקר. היה לו אכפת מאוד ממה שהולך במדינה. היו כבישים שפחדתי לנסוע בהם בתקופות חמות ונפיצות, כביש 60 למשל. ודווקא אז הוא רצה לנסוע בדרכים האלו. הוא התעצבן עליי, והיה אומר, נראה לך שאני לא אסע בכביש בארץ ישראל? הוא לא הצליח לקבל את זה. עכשיו אני כבר לא מפחדת לנסוע בשום מקום. איבדתי את הפחד לגמרי אחרי שהבנתי שאין לי שליטה על החיים שלי. חבל על האנרגיות.

לפעמים אני קוראת לו מכאן בכעס, מה נדפק איתך שהשארת אותי פה לבד עם ילד אחרי כל מה שעברנו. תראה איזה חיים בנינו ואתה רצת להציל אנשים שאתה לא מכיר ועוד קפצת בחוד והסתערת. לא יכולת לשבת בשקט בבית? לא יכולת להישאר בסוף הכוח, למה לרוץ? אבל אלו רק רגעים.

בסוף, אני יודעת שאין לנו שליטה על הדברים ושהכול מלמעלה ושזה מה שהיה צריך לקרות. כי אם לסיים את החיים, אז רק ככה. זה הכי יהונתן לסיים את החיים בשיא של השיא, אין הרואי מזה. אני מלאת גאווה שהייתי נשואה לאדם הזה שעושה מה שהוא מאמין בו בלי לחשוב פעמיים.

אחד הדברים ששוברים אותי זה לחזור לאותו בוקר, השבעה באוקטובר. לא התעוררנו מוקדם כמו תמיד, אלא בעשר וחצי בבוקר ומשיחת טלפון שדווקא אני קיבלתי. עבדתי כקצינה במשטרת ישראל והתקשרה אליי הקצינה שלי להתייעצות לאור המצב. יהונתן הבין שיש התרחשות ופתח את הטלפון שלו. הוא הבין שניסו להשיג אותו מוקדם יותר בבוקר ותוך חמש דקות התארגן ויצא מהבית. היה משהו באופן שבו הוא התנהג שלא נתן מקום לפחדים ולספקות שלי, ואי אפשר היה לעצור אותו. רצו שאני אגיע לעבודה ובגלל שיהונתן גויס אמרתי להם שאני לא בתפקוד ולא אוכל להתייצב.

יהונתן ירד לבארי ונלחם שם. הוא נורה עם עוד חבר ויחד הם זחלו מתחת למבנה הספרייה שבו הסתתרו המחבלים שירו עליהם. הם שכבו שם כארבעים דקות עד שחברים שלהם חילצו אותם תחת אש כבדה. החברים נפצעו בחילוץ.

ליהונתן היה חוסן נפשי ופיזי מטורף. חברים שלו אמרו לי שהוא היה בפער הלוחם הכי חזק בצוות. אבל בקרב הזה הוא נפצע פציעה בלתי אפשרית, כניסות ירי בגפיים, מהחזה לחלל הבטן. על פי הפרוטוקול הרפואי, זו פציעה שאי אפשר לשאת אותה למשך יותר מארבע דקות, אבל יהונתן נשאר בהכרה במשך שעה ורק כשהוא הגיע לש״ג וטיפלו בו, הוא איבד את ההכרה. הוא נאחז בחיים עד השנייה האחרונה. הוא כל כך רצה לחיות, הוא אהב את החיים האלה בקטע אחר. כשהוא שכב שם, גוסס, הוא אמר כמה מילים אחרונות. הוא אמר לחבר שלו, תמסור לאשתי שאני אוהב אותה ואת הילד שלנו, ושאני מצטער.

את זה קשה לי לשאת. יותר מהסבל הפיזי, אני לא יכולה לשאת את המחשבה על הסבל הנפשי שהוא חווה שם, לדעת שהוא עוזב אותנו ככה.

אנשים כל הזמן אומרים לי, יהונתן ידע עם מי הוא התחתן, הוא ידע שאת תצליחי להתמודד עם החיסרון שלו, ואני אומרת שנכון, הוא ידע עם מי הוא התחתן, הוא היה מודע ליתרונות ולחסרונות שלי, אבל אני גם יודעת בוודאות שכשהוא שכב שם מתחת למבנה, הוא בטח אמר לעצמו, יערה לא תצליח להתמודד עם הדבר הזה. למה? כי לא נתתי לו סיבות להאמין שאני יכולה להתמודד. הייתי בוכה כשהוא היה טס לשלושה ימים ליוון. הייתי אומרת לו, מאמי, אתה לא תעזוב אותי, נכון?

באותו יום שיהונתן נהרג שלחתי לו הודעות. כתבתי לו, מאמי אני מתה, אני לא נושמת. וזה בלי שידעתי בכלל איפה הוא ועד כמה אני כן צריכה לדאוג.

הוא ענה לי, מאמי, תשתי מים, תיקחי נשימות עמוקות ותשמרי על נטע. רק לקראת הערב אמרתי לעצמי, די תתאפסי על עצמך, ושלחתי לו הודעות מחזקות שמתברר שהוא כבר לא קרא.

אומרים שאת מתאהבת בבן הזוג שמבטא תכונות שיש לך, אבל הן מושתקות. אז גם אני אומרת לעצמי, ונורא להגיד את זה, שאני יודעת שיש בי את הכוחות האלה, שמתגלים עכשיו וכנראה לא היו מתגלים בדרך אחרת.

כשאני שואלת את עצמי מה יהונתן השאיר לי, אני מגלה שהוא השאיר לי הרבה דברים. למשל את הידיעה שאפשר למצוא זוגיות ולחוות אהבה כמו באגדות. וכן, עברו אליי תכונות אופי שלו, כמו הסתכלות פשוטה על החיים והיצמדות לאידיאלים, וגם הרבה חברים טובים.

הוא השאיר לי גם את המשפחה המדהימה שלו. אני גרה אצל אחותו, לילד השישי שלה היא קראה יהונתן על שמו. אנחנו מדברות המון, וביחד, יותר לא מעכלות מאשר מעכלות. אי אפשר לעכל את הכאב הזה. אי אפשר לעכל שיהונתן לא כאן. אז אנחנו מחכות למשיח, פשוט ככה.

המשיח הוא הרבה מעבר לאובדן שלי, הוא מגיע אחרי סוף העולם, ומה שיש לי כרגע זה סוף העולם שאני מכירה. אז מה זה אם לא גאולה?

אני מרגישה שנסיבות ההתאלמנות שלי נתנו לי כוחות. אני מקבלת את הכוחות שלי מהתמיכה של עם ישראל, מעמותות וארגונים ואנשים פרטיים שמגיעים לעזור לי ואני מבינה שמה שקורה פה גדול מאיתנו.

אני מוצאת שהאמונה מחזקת אותי ואני אומרת לעצמי קלישאות שבחיים לא חשבתי שאגיד. שכנראה אלוהים עושה הכול לטובה ושיום אחד אני אבין למה, כי כרגע אין לי את הכלים להבין.

אני אומרת לעצמי שהחיים חזקים מהכול, שאני בת 31 ואני חייבת להתחתן שוב כי אני לא מוכנה לחיות את החיים האלה לבד. אבל אין לי מושג איך זה אמור לקרות. אין לי מושג וזאת בעיה של הקדוש ברוך הוא ולא שלי. הוא צריך לפתור את הבלגן שהוא עשה.

בשבעה באוקטובר הגעתי להרבה הבנות. התחלתי להסתכל רחב, להבין שאני חלק ממשהו גדול, מרצף של עם שיש לו סיפור גדול ומטרה.

הזום אאוט הזה על המציאות עשה לי משהו טוב. יהונתן היה אדם רציונאלי ומעשי מאוד, לא שמעת ממנו דיבורים על תיקון עולם, אבל הוא היה כזה בעומק ובמהות. הוא לא דיבר ככה, הוא פשוט היה ככה. הוא אפילו שר כל הזמן שירים של ארץ ישראל הישנה וידע את כל המילים. קראתי לו ביונסה בכל פעם שהוא פתח את הפה. הוא ידע לשיר ולא הייתה לו בושה מכלום.

אני חולמת עליו הרבה, חלומות שלא אומרים שום דבר. חלומות שיש בהם מוטיב שהוא חוזר. מאמי, אני עוד חמש דקות בבית.

בזמן האחרון, דרך החלומות, אני גם מתחילה לעכל שהוא מת. שהוא לא חוזר. אני חושבת שהוא מבסוט עליי רצח. שהוא עף עליי ואומר, בואנה איזה כוחות. איך היא מגדלת את הילד שלי. איך היא מסתכלת לכאב בעיניים וממשיכה לחיות. אם הייתה לי הזדמנות לשאול אותו שאלה אחת, היא בטח הייתה "מתי אתה חוזר". רק שאדע אם לחכות לך או לא.

צברתי ממנו אינסוף אהבה בגוף,
אהבה בלב, מכתבים וגם מעשים.
כתבנו מלא הודעות של אהבה באמצע
היום ודיברתי עליו כל הזמן.

// מיכל הרשקוביץ, שם בדוי

אני אומרת לו: תודה שהתחתנת איתי

מיכל הרשקוביץ

בת 41, אלמנתו של רס"ר נריה הרשקוביץ.

אמא לבניה (12), אוהד (11), כרמל (9), שרה (7), ידידיה (4) וברכה (1.5).

חרבות ברזל

בכל לילה אני מבקשת מנריה שיבוא לי בחלום. בכל לילה אני אומרת לו: תודה שהתחתנת איתי. אני אוהבת אותך, בבקשה תבוא לי בחלום. בכל לילה.

לא מזמן, סוף סוף, הוא הגיע. הוא הגיע לאירוע שהשתתפתי בו, שהיה מיועד לאלמנות, ונורא הצטערתי לפגוש אותו שם. קודם כול, כיוון שהוא נראה כמו גופה. וגם בעבור אלמנות אחרות הצטערתי, כי הבעלים שלהן לא יבואו. למה? כי הגוף שלהם התפוצץ לגמרי. נריה ואני, כלומר הגופה של נריה ואני, ישבנו זה ליד זו והוא הניח את היד על משענת הכיסא שלי. ישבתי שם לידו והרגשתי את התחושה הפשוטה הזאת של להיות שייכת, שיש לי בעל. ולמרות שעוד רגע הוא ילך, טוב לי עכשיו ברגע הזה. אם אני מנסה להבין למה דווקא באותו יום הוא הגיע בחלום, אני חושבת שזה בגלל שיום קודם הזזתי לו את הבגדים. במשך שנה לא נגעתי בשום חפץ שלו, הכול נשאר במקומו למקרה שהוא יחזור, רק את מברשת השיניים העברתי למגירה. אבל לאחרונה הייתי זקוקה למדף שלו בארון, ובהחלטה של רגע הזזתי את האנדר שירטס שלו, לא חלילה את בגדי העבודה המכובדים, אלא את

חולצות הטי, הגופיות והמכנסיים. העברתי את כל אלה למדף למעלה ושמתי במקומם את הבגדים שלי. נראה לי שבגלל זה הוא הגיע.

בכל פעם שנריה היה חוזר מהמלחמה הוא היה אומר לי, אם יקרה לי משהו, תתחתני כמה שיותר מהר. הייתי אומרת לו, מה זאת אומרת, כמה שיותר מהר? לפתוח את החלון ולראות את הראשון שמגיע? מה זה כמה שיותר מהר? אמרתי לו, אתה לא תעשה לי את זה! די. אתה יודע שאין כמוך וגם סבלתי מספיק. אתה לא מדרדר אותי עוד פעם לשלב של הדייטים.

נריה היה תותחן בטנק, החייל הכי פשוט שיש. וגם זקן. בשבעה באוקטובר אמרתי לו, או שאתה מתגייס או שאני מתגייסת. וכשהוא התגייס, אמרתי: ביום שאתה חוזר מהמילואים, אני יוצאת למילואים. אבל הוא לא חזר.

ביום שבו פרצה המלחמה הוא הספיק לפרק את הסוכה, והוקפץ באמצע הלילה למילואים. ליוויתי אותו לדלת ואמרתי לו, רגע לפני שהוא הלך, תסתכל על הספרייה. תראה את הספרים. כל חכמי היהדות שכתבו אותם מקנאים בך. אתה זוכה להגשים חלום של דורות. תלך ותציל את האנשים שלנו.

חודש שלם הוא לא חזר הביתה. הילדים לא היו במסגרות והייתי גאה בעצמי שאני מאוד חזקה. כשהוא הגיע לאפטר והיינו יוצאים לדייט, הייתי אומרת לו, תביא לי את הראש של סינוואר. בכל פעם שהוא יצא מהבית כדי לחזור לצבא, היינו יוצאים אחריו עם דגלי ישראל ושרים לו. ביקשנו מאנשים ברחוב להצטרף אלינו לריקודים ונריה גם רקד. הוא רקד לגמרי.

בשבת האחרונה שלו הוריו הגיעו אלינו. הוא התקשר לפני שבת ואמר שיש להם תקלה בטנק. דיברנו מעט. במוצאי השבת הם עדיין לא הצליחו לתקן את התקלה אז הייתה לי עוד דקה לדבר איתו וציטטתי לו מהכתובים של חכמי ישראל שבשעת מלחמה לא יחשוב עליי ועל הילדים אלא יהיה פנוי למלחמה בכל ליבו ואמרתי לו, אני אוהבת אותך, תשמור על עצמך אבל אל תחשוב עליי, ותילחם בלי לעצור, ותביא לנו את החטופים. הייתי ברוממות והוא היה ברוממות.

היה חנוכה. חנוכה בלי נריה. המשפחה שלי הגיעה אליי להדלקת נר שביעי של חנוכה. השולחן היה פתוח והיה עליו שפע של אוכל, מרק,

לחמניות, סופגניות, גבינה צהובה. מלא אוכל ובני משפחה והכול היה שמח, שרנו בקולי קולות ופתאום דפקו חיילים בדלת.

טיל נ"ט פגע בטנק של נריה. הוא נהרג במקום.

קצין הנפגעים עד היום בטראומה ממני כי ברגע הראשון שפגשתי אותו, עוד לפני שהוא פתח את הפה, אמרתי לו בתקיפות, אל תדבר אליי בטון של אלמנות! והוא אמר לי, אבל זה הטון שלי. ככה אני מדבר. הוא היה כל כך עדין ואני התעקשתי, אל תדבר אליי בטון של אלמנות.

ידעתי שאני לא מחביאה את הילדים מהבשורה ולא מחביאה את הבשורה מהילדים. שמעתי מאלמנות שהקצינים מבקשים שייקחו את הילדים לחדר אחר בזמן הבשורה. אני לא הייתי מוכנה. ידעתי שהילדים צריכים להיות איתי ושאני גם לא מוכנה שישמעו צרחות בתגובה. היה לי חשוב שרק אני אתווך להם את האירוע ושאף אחד לא יכניס להם לראש שזה אסון וטראומה.

גם היה לי מאוד חשוב לכבד את חמי וחמותי. כששאלו אותי היכן אני רוצה לקבור אותו ידעתי שזאת שאלה להורים של נריה, וחיכינו להם. הם היו בינתיים בדרכים והיה קשה לאתר אותם כדי להודיע להם. אנשים התאספו מתחת לבניין שלי ונכנסו אליי הביתה. צעקתי עליהם, עופו מפה! חמותי עדיין לא יודעת! קיוויתי שהבשורה תישמר בינתיים בסוד ושאף אחד לא ישלח לה הודעה חסרת טקט, והתפללתי, ריבונו של עולם. תשמור על הגיסים שלי שאף אחד לא יודיע להם לפנינו! והמודיעים מחכים לתשובה היכן נקבור אותו ואני מחכה לחמותי ויש לחץ והם אומרים לי, תחשבי על עצמך, תחשבי מה טוב לך, ופתאום נזכרתי שצריך ללכת להודיע לראש הישיבה של נריה. הוא החלל השביעי ולרב שלו יש לב רגיש־רגיש. אם יש בוגר אולטימטיבי של הישיבה, זה נריה. למרות שהוא כבר לא למד שם, היינו מגיעים לשם בראש השנה, בפורים, בשבתות. מישהו היה צריך ללכת להודיע לו. והאירוע! ארגנתי למוחרת אירוע ענק לזכר הרב שליווה אותי כשחזרתי בתשובה, עם הפקה והגברה וצילום ויוטיוב לייב והייתי אמורה להנחות את האירוע. זה מה שחשבתי עליו באותם רגעים.

כשהודיעו לי היה בבית הרבה בלגן וכל אחד אמר מה שהוא חושב, אבל אני פעלתי בחדות. הראש שלי רץ במקביל על אלף דברים והמודיעים רק אומרים, מיכל, תפסיקי, עכשיו את מפנה הכול וחושבת על עצמך, עד

שאבא שלי אמר להם, אם היא תחשוב על עצמה היא לא תהיה מיכל. כאילו, תיתנו לה להתמודד בדרך שלה. כפרה על אבא שלי באמת, חיים שלי בתוך הלב. הוא אומר להם, זאת מיכל. כאילו, זאת היא.

עד גיל 24 הייתי מיכל החילונית שיודעת שיש לה מלא כוחות. הייתי סרן בצבא, שירתי כקצינה במודיעין ב־8200, וחשבתי שזה המקום לממש את היכולות שלי. עשיתי הרבה דברים בצבא. מיינתי לחיל המודיעין, הוצאתי לקצונה, הייתי רכזת הדרכה, הדרכתי בקורס קצינים והכול היה בעיניי מעניין. בסך הכול שירתי שש שנים ועשרה חודשים. ואז, חזרתי בתשובה.

זה בא לי מתוך הרבה טוב. הרבה הרבה טוב, בלי משברים. אני לא בן אדם שנבנה ממשבר. השינוי התחיל שנה לפני ההתנתקות מגוש קטיף.

שירת איתי בבסיס קצין שגר בעצמונה שבגוש קטיף. הוא היה נשוי עם שני ילדים ואשתו הייתה בהיריון. הייתה בינינו מערכת יחסים אפלטונית לחלוטין. הבחור לא הטעם שלי, לא הטיפוס שלי, שום זיק של רומנטיקה. רק נטו קרב מוחות. אני הייתי מנוער העבודה, ומבחינתי כל הדתיים רצחו את רבין. מה יכול להיות משותף בינינו? כלום. והיו בינינו ויכוחים אידיאולוגיים רציניים. הייתי בטוחה שאני אוכל לבוא עם כל העוצמות שלי ולדרוס את הדעות שלו. זה מה שידעתי לעשות. אבל כשהתווכחנו, קלטתי שגם לו יש חתיכת אידיאולוגיה, שהוא מאמין בצדקת הדרך ושהוא לא נדרס.

במהלך השנה עד להתנתקות היו לנו המון שיחות. התווכחנו והתווכחנו ולאט לאט בתוך תוכי התחיל להתעורר הספק שאולי הוא צודק. אבל לא יכולתי להגיד לו את זה, כי אם הוא צודק, אני טועה. ואני הרי לא יכולה לטעות. למה? כי אם אני טועה, סימן שגם ההורים שלי טעו בדרך.

תמיד הייתה לי הרגשה שנולדתי בדור הלא נכון, כי בעוד אנחנו יושבים בארומה ועושים כלום, סבא וסבתא שלי ובני הדור שלהם עשו דברים משמעותיים, הקימו כאן מדינה, השרישו ציונות והתיישבות וחקלאות, הרי בשביל זה סבא וסבתא שלי עלו מפולניה.

בעקבות השיחות שלנו, התחלתי לחשוב מחדש על כל הסיפור הזה של גוש קטיף. למשל, חשבתי על זה שכשנתנו לערבים את גוש קטיף, היה מדובר במהלך חד צדדי שלא לווה בהסכם או במשא ומתן מול הפלסטינים,

לעומת אוסלו ששם לפחות הייתה הנחה שיש פרטנר בצד השני, ושמדובר בתהליך הדדי. כלומר פתאום הבנתי שכשעזבנו את גוש קטיף פשוט התנדבנו לקפל יישובים שלמים ולצאת מעזה בלי לדרוש שום דבר בתמורה.

כשהבנתי את זה, התעורר אצלי ספק לגבי העולם שגדלתי בו. תמיד היה לי ברור מאוד מי צודק ומי טועה, אבל פתאום בגיל 22 הרגשתי כמו ביצה שמתחיל להיסדק בה סדק קטנטן שהופך להתפוצצות אדירה.

עדיין, בוויכוחים האידיאולוגיים מול שותפי להתנגחויות המדיניות, הגנתי על העולם שגדלתי בו עד כדי כך שלפעמים היה בא לי לתת לו סטירה. הוא היה אומר לי: "בראשית ברא אלוקים את השמיים ואת הארץ" ואני התעצבנתי, מה? מה הקשר? תענה לעניין! והוא ענה: אי אפשר לענות לעניין. יש אקסיומות שאם את לא מכירה בהן, אז אין לנו על מה לדבר. אלוקים ברא את העולם, הוא בחר את עם ישראל ואת ארץ ישראל. אני לא הבנתי מה אלוהים קשור. כמו ההורים שלי, גם אני האמנתי שיש הכוונה מלמעלה, אבל שהיא מינורית, ולא סבלתי את הדתיים שלקחו את ההכוונה הזאת ואמרו שאכפת לה, כלומר לאלוהים, אם אני שומרת שבת או לא. לפי תפיסת העולם שלי, לא יכול להיות שאלוהים מסתכל בשבת לתוך השירותים שלי ורואה אם אני תולשת נייר טואלט או לא.

עם הזמן, עברתי עם עצמי תהליך שרק לאחריו הרגשתי שאני יכולה בכלל לצאת מהארון עם הסיפור הזה של הדת. במקביל, חבר טוב שלי יצא מהארון כהומו ועברנו את זה ביחד. זה היה מאוד דומה. מאוד.

בהתחלה, ההורים שלי לא היו מודעים לשינוי שאני עוברת. הייתי קצינה בבסיס סגור, הם ראו שאני עובדת כמו חמור וכשאני חוזרת הביתה אני ישנה מחמישי עד ראשון. אבל בשלב מסוים, החזרה בתשובה לא הייתה רק במחשבות שלי, התחילו להיות לה מאפיינים חיצוניים. פתאום רציתי לשמור שבת ולאכול כשר. אבל עשיתי הכול מחוץ לבית כי לא רציתי לפגוע בהורים שלי. כל הזמן אמרתי לקדוש ברוך הוא, זאת השקעה לטווח ארוך, יהיה לך שווה להמתין עד שאשמור הכול.

בשלב מסוים כבר סיפרתי להם והם קיבלו את הכול רע. רע מאוד. אני הייתי הגאווה שלהם והם קיוו שאני בסך הכול עוברת משהו חולף. אמא שלי שאלה אותי, זה מרד נגדנו? אם את רוצה למרוד, תהיי לסבית כמו הבת של רבקה. אמרתי לה, אמא, אני לא יכולה לבחור להיות לסבית. זה לא עובד

ככה. מגיע הגיל שכל ילד בוחר. אחד נוסע להודו, אחד מתאסלם, אחד מתנצר, בזמנו שאלתי את אמא שלי, לחזור בתשובה אפשר? והיא אמרה: לא. זה לא! גם בתוך זה יש גבולות. אבא שלי אמר: מזל שסבא לא בחיים, אחרת הוא היה מת. אנחנו משפחה מאוד קרובה ואוהבת שבה אפשר להכיל את כל הקצוות, יורדים עליי ומתים עליי. ביחד. ולכן אף פעם לא היה רגע שבו אמרתי: זה או אלוהים או הבית שלי.

נריה נכנס לחיים שלי אחרי תקופה משמעותית במדרשה ללימודי יהדות לבנות, שבה התחלתי להבין לעומק לאן אני נכנסת. לקחתי חל״ת מהצבא כדי ללמוד. המפקדים שלי קיוו שההפוגה זמנית ואמרתי להם זה לא זמני, אבל אני מכבדת אתכם. לא אשתחרר בינתיים, ובאמת בחופשים הגעתי לצבא ועשיתי מילואים בתנאי קבע.

כשהגעתי למדרשה הגעתי בתחפושת. קניתי חצאית וחוץ מזה לא ידעתי כלום. אפס. הייתי שם שלוש שנים ועשיתי תואר במקביל. למדתי בפה פעור ושתיתי בצמא כל מה שלימדו אותי. הפכתי להיות יציבה מאוד בעולם הרוחני שלי עד שהרב אמר לי, הגיע הזמן להפסיק לקנות ספרים ולהתחיל לקנות בגדים. והוא ידע על מה הוא מדבר. עד אז היו לי שתי חצאיות, אחת שחורה ואחת ג׳ינס. שלוש חולצות. וסנדלים שנעלתי עם גרביים. איך מחתנים אירוע כזה?

ולמרות זאת הציעו לי את הקצפת של הבחורים. הרי לא עשיתי את כל הדרך הזאת בשביל להתחתן עם מישהו בינוני. לא.

אחרי לא מעט דייטים כושלים, הגיע שלב שבו כבר נמאס לי והרגשתי שהקדוש ברוך הוא חייב לפרגן לי בעל מושלם שמתאים לי בדיוק. אין מצב אחר. להורים שלי יש זוגיות מושלמת, לאחותי יש זוגיות מושלמת ואלו היו המודלים שלי. נזכרתי בשיחה מצחיקה שהייתה לי עם אבא שלי חמש שנים קודם לכן. אבא של חברה שלי מת. הלכתי לנחם אותה וכשיצאתי מהשבעה, התקשרתי לאבא שלי ואמרתי לו: אתה חייב להבטיח לי שלא תמות. ואמא שלי הייתה לידו ואמרה, הוא לא יכול להבטיח דבר כזה. איך הוא יכול? כולם מתים! ואבא שלי אמר לי: מיכלי, אני מבטיח! בדיוק באותו ביטחון הוא אמר לי בתקופה שבה יצאתי לדייטים, מיכלי, אל תדאגי, אני אתחתן

איתך. את לא תישארי לבד. הוא רצה להגיד לי, את לא אבודה בחלל הזה. יהיה בסדר. והאמנתי לו.

יום אחד התקשרה אליי שדכנית ואמרה, יש לי מישהו להציע לך, אמרתי לה, טוב, קדימה. היא שאלה אותי, את לא רוצה לשמוע עליו קודם?. אמרתי לה שלא. רק רציתי לצאת מהבוץ של הדייטים. היא אמרה שקוראים לו נריה ואפילו על שם המשפחה שלו לא שאלתי ולא ידעתי עליו כלום. כל הדייט הראשון רק הייתי מופתעת. הוא היה אמריקאי. מה היא חשבה לעצמה? מה אני קשורה לאמריקאי? אני דור תשיעי בארץ. והייתי גדולה ממנו בשנתיים. השדכנית אמרה לו שאני גדולה ממנו בכמה חודשים. אלו היו 22 חודשים ליתר דיוק. היא אמרה לו שחזרתי בתשובה בצבא והוא חשב שבגיל 19, לא בגיל 24. זה חתיכת הבדל. היו בינינו כל כך הרבה פערים. כל הפגישה היינו בהלם, בהלם, וישבנו על הספסל מחוץ לבית של הרב שלי.

היה ברור לי מהר מאוד שזה זה, אבל הוא היה צריך עוד חודש. נריה תמיד היה איטי ולקח לו זמן להתבשל. נריה היה יציבות ואני הייתי עפיפון ושנינו ידענו שאנחנו נתחתן. אני חושבת שנקודת המפנה הייתה בדייט החמישי. הבנתי שיש פה בחור עם לב טוב ותכונות שאולי שונות מאלה שלי, אבל שהן בדיוק מה שאני צריכה. אבל למרות שהבנתי את זה בשכל, עוד לא הבנתי בלב. אז כדי לקדם את העניינים, אמרתי לעצמי, אם רק הייתי מאוהבת בו, זה היה מאוד עוזר לי. ולמוחרת קמתי מאוהבת.

איך זה ייתכן? כי השכל שלי הוא לא שכל קר. אני עושה עבודה פנימית ויש לי מוח ששולט על הלב בקטע טוב. אחרי שעשיתי עם עצמי את הבירור השכלי, הרגשתי שעכשיו אני משוחררת להתאהב. והתאהבתי.

אני לא בן אדם רגוע וסולידי, אני אש לוהטת. ועם זאת, יש לי תכונה כזאת שאני רוצה את מה שיש, זה הסופר פאוור שלי. אם למשל רציתי להתקבל לתפקיד מסוים אבל התקבלתי לתפקיד אחר, אני עושה סוויץ' במחשבה ואומרת, אה, בכלל רציתי את התפקיד הזה. אם נגמר בסופר מה שרציתי, אני אומרת, אה רגע, בכלל רציתי את מה שנשאר. מלכתחילה רציתי אותו. וככה היה לי טבעי לרצות את נריה.

הוא היה עדין, עדין, עדין. ממש עדין. לפעמים זה היה מביא לי את העצבים כי רציתי גבר שהוא גבר. נריה מחובר לשכל שלו יותר ממני

ולפעמים פשוט היה בא לי שהוא יתפרץ. רציתי שנשתגע, שנעשה משהו לא הגיוני, מטורף, משוגע, אבל זה לא נריה.

ההורים שלי היו שותפים בחיפוש שלי. ידעתי כל הזמן שאני לא אביא להם מישהו שלא יורד להם בגרון וכשפגשתי את נריה, ידעתי שהוא יכבוש אותם. ובאמת כשהוא בא לפגוש אותם, הוא לא היה נראה כמו רב. הוא הגיע בטי שירט וג׳ינס וכובע בייסבול. אחרי חודשיים, בראש השנה, הוא הציע לי נישואין ובראש השנה שלאחר מכן כבר ילדתי.

לאורך החיים המשותפים שלנו, לפעמים התרגזתי על העדינות שלו. בשנים הראשונות היו לנו הרבה חיכוכים סביב זה. חייתי באקסטרים, מלא עשייה. חינכתי במשך שנתיים בנות כיתה י״א־י״ב. זה שאב את ימיי ולילותיי. הייתי מסורה מאוד ונריה כל הזמן אמר לי שזה לא טוב. אבל הוא דיבר ברכות ולא הבנתי מה הוא אומר, עד שעברתי את הגבול. כשהייתי אומרת לו, נריה, בוא נעשה ככה וככה וככה, הוא היה אומר, אני מעדיף שלא.

מעדיף? אני הבנתי שהתשובה חיובית. מה שהוא בעצם אמר זה ביג ביג נו. אבל כשאני אומרת לא, זה: תמות, בחיים אני לא עושה את זה. זאת דוגמה לפער שהיה בינינו.

בתחילת דרכו נריה היה מורה. והוא היה נוראי. התלמידים לא נשמעו לו ואני אמרתי לו, תעזוב! הוא התעקש להמשיך ואני התעצבנתי שהוא נשאר במקום שלא טוב לו בו. בכלל, הוא עבר בין עבודות, הלך לייעוץ תעסוקתי והכול בא לו קשה עד שהוא מצא את עצמו בהייטק. אני הפוכה, הכול בא לי בקלות. ככה אני חווה את העולם. כשאני יוצאת מהבית אני מרגישה שהמתנות נופלות עליי בלי הפסקה. נריה חי בחוויית חיים אחרת, כאילו שצריך לחפור בשביל להיות מאושר.

היפוך הגישות הזה לא קל ומתבטא בתחומים רבים. למשל, בתחום הכספי, אני מרגישה שאני רק צריכה לפתוח את הידיים וייפול עליי הכסף, אבל נריה חווה כסף בתור דבר שצריך להיכנס באקסל. גם בחינוך ילדים היינו שונים בגישות שלנו. אני חווה פעילויות כבואו נזרום כולנו בזרימה אינסופית ובטוח יהיה טוב, ונריה אומר: לא, בואי נציב יעדים ונתקדם.

השוני בינינו הוליד אינסוף מתחים. ופתרנו אותם כי הערצתי את נריה והרגשתי שהוא הרבה יותר חכם ממני ולכן שמתי את כל ההחלטות בידיים שלו. אפילו כשהציעו לי משהו בעבודה, אמרתי, רגע, אני צריכה להתייעץ עם בעלי.

אי אפשר היה להגיע לפיצוץ אמיתי עם נריה. אני זוכרת פעמים ספורות שהוא הרים עליי את הקול, אולי פעמיים במהלך שלוש עשרה השנים שבהן היינו ביחד. אבל הוא היה הרבה יותר חותך וקשוח ממני עם הילדים. אני לא קשוחה איתם בכלל והוא למשל היה משתגע כשהם שיחקו בטלפון שלי. הוא אמר לי, זה הטלפון שלך והם לא אמורים לגעת בו! מבחינתו הילדים גם לא נכנסים לחדר השינה של אבא ואמא, ומבחינתי ברור שישנים עם אמא. מה יותר חלום משבת בבוקר כשכולם במיטה של אמא? אז כן, היו לנו הרבה קונפליקטים, אבל ידענו להמשיך לחיות לצידם. החלטנו שבזמן הטיפול בילדים, כל אחד נוקט פעולות לפי דרכו. הוא למשל נהג להעיר אותם עם מוזיקה חזקה בשבע בבוקר ולשים להם בכריך את מה שנראה לו. אני לעומתו מעירה אותם כמה פעמים ובודקת איתם מה כל אחד רוצה בכריך.

לפעמים אני אומרת לעצמי, אם נריה חוזר, מה אנחנו עושים עכשיו עם כל הדברים הלא פתורים? הרי אחרי שהוא נהרג לקחתי את הבית לכיוון מסוים ואני יודעת שאם הוא יחזור עכשיו הוא לא ינזוף בי, אבל הוא בהחלט יגיד, עשית את הכי טוב שאת יכולה בכלים שלך ועכשיו בואי נדבר על מה שהולך כאן ונראה איך אפשר ביחד.

בסופו של דבר, היו מקרים שבהם החלטתי שיותר אקולוגי לי ללכת על הדרך שלו, גם כשאני חושבת שהוא טועה. רק שהיו שני דברים שבהם הלכתי איתו והתגלו כטעות ואני לא אשכח לו אותם. האחד, כשהוצאנו את אחד הילדים שלנו מהמסגרת החינוכית שלו למקום אחר, והשני, שלא קנינו את הפנטהאוז שנמצא שלוש קומות מעלינו. אמרתי לו, אני מרגישה בלב שלי שצריך ללכת על הדירה הזאת, אבל זה היה הלב שלי מול האקסל שלו, ולכן לא קנינו אותה. בשני הדברים האלו הוא טעה אבל במיליארד אלפים אחרים הוא צדק.

נריה לימד אותי להתנצל. אני לא ידעתי איך מתנצלים, והוא לא הסכים לוותר לי. נגיד היינו רבים ואז הייתי מנסה להתפייס. הוא היה אומר לי, לא, את צריכה להגיד שאת מתנצלת. ואז הייתי שואלת, אבל אי אפשר פשוט להחליק? והוא היה אומר, לא. את צריכה להגיד שאת מצטערת. בשלבים מאוחרים יותר של הנישואים היה ממש תענוג לגלות שפיתחתי את היכולת הזאת.

לא היה לנו שום רגע ביחסים שאני יכולה להגיד שעליו אני לא יכולה לסלוח, אבל כן היו כמה פעמים שהרגשתי ריחוק. זה היה קשור גם לקצב, כי באופן תמידי אני הייתי הארנב והוא היה הצב, ולא הייתה לי סבלנות לזה.

נריה היה יורד לנמוכים. אני לא יורדת לנמוכים אף פעם. מצב הרוח שלי תמיד היה ברמה של תשע-עשר, תמיד הייתי מוארת. ובימים קשים: שבע-שמונה. נריה תמיד היה על רמה חמש ובימים הקשים היה יורד לשתיים. איך אפשר לחיות ככה ביחד? פשוט החלטתי שאני מעריצה אותו, מכילה את כל מה שקשה לי, סופגת את הדברים שפחות עברו לי בגרון, ומפרשת לטובה כל דבר שהוא עושה. ובאמת הייתה לנו זוגיות טובה. כולם ראו שאנחנו זוג אוהב ואני תמיד אמרתי: נריה הוא הבעל המושלם. אמרתי לגיסות שלי, התחתנתי עם האח הכי טוב שלכן. עוד בחייו מיתגתי אותו כטוב ביותר.

הוא היה מפרגן, מעריץ, תמיד לטובתי. הוא היה מוכן למכור גם את השיניים שלו עבורי. תמיד דאג לצרכים שלי לפני הצרכים שלו. למשל, לתת לי לישון בשבת בצוהריים, שבת אחרי שבת במשך שנים, זה כאילו סך כל המידות הטובות של הבן אדם בדבר הכי קטן ומפגר.

הוא תמיד אמר, תקני לך ותעשי לך. כשהייתי אומרת לו שקניתי שלוש שמלות, הוא אמר, מדהים. תקני עוד! הוא היה אומר לי שאני הכי יפה וכשהייתי אומרת שאני עייפה, הוא אמר, לא. את יפה. יפה! אמרתי לו, לא. אני עייפה גמורה והוא אמר, לא. את הכי יפה. צברתי ממנו אינסוף אהבה בגוף, אהבה בלב, מכתבים וגם מעשים. כתבנו מלא הודעות של אהבה באמצע היום ודיברתי עליו כל הזמן.

הייתה לנו החלטה שלא משנה מה, אנחנו הדבר הכי טוב בעולם. יש לי אלף מכתבים שהחלפנו בינינו. מיליארד. כל חודש, לפני שהייתי הולכת למקווה כתבנו מכתבים. כל ראש חודש הוא היה קונה לי מתנה וכותב לי פתק. בשלב מסוים אמרתי לו, תקשיב, כפרה עליך. הטעם שלנו לא דומה.

אני אקנה, אני אעטוף, אני אביא לך ואתה תעניק לי את המתנה. וכשהוא הביא לי את המתנה שהכנתי לעצמי הייתי עושה מזה טקס שלם. זה בדיוק מה שרציתי! אין עליך. אתה הבעל הכי מושלם בעולם. הייתי אומרת לחמותי, תראי איזה עגילים יפים הבן שלך קנה לי! והיא הייתה אומרת, את קנית לעצמך. ואני התעקשתי, הוא זה שקנה לי. איזו ענווה הייתה לו, שהוא היה מוכן שאני אביא לו מה שאני רוצה.

הרבה היה עליי בניהול הבית ברמה הטכנית, הוא כמעט מעולם לא כיבס, לא תלה, לא קיפל ולא בישל, בחיים. אבל הרגשתי את השותפות שלו בלב בלי תלות באחוזים שהוא השקיע בעשייה שלו בבית. אני עשיתי את המאה אחוז בתוך הבית והוא עבד כל הזמן, גם באוגוסט. אבל זאת הייתה זוגיות כזאת שבה כל אחד נותן את עצמו הכי שהוא יכול ולא מתחשבנים איתך על מה שאתה לא יכול. ועפנו אחד על השני. לפעמים אני רואה זוגות שנמצאים במערכת יחסים של תן וקח. אני אחליף עכשיו טיטול ואתה תחליף אחר כך. אני רואה שהם רבים אבל צוחקים מזה, וזה מכווץ אותי. ואני אומרת, ריבונו של עולם, אני אחליף את הטיטול! כמה אפשר להתחשבן על זה?

ברטרוספקטיבה אני יכולה להגיד שהרבה דברים בחיים שלי הכינו אותי לרגע הזה שבו בישרו לי שנריה נפל בעזה. ושידעתי בדיוק מי אני רוצה להיות מול השכול. לא ידעתי שאני מתכוננת לרגע שבו בעלי ימות, אבל כן התכוננתי למגוון תסריטים אחרים.

כשהודיעו לי שנריה מת, יצאה ממני התורה שהרב שלי לימד אותי כשחזרתי בתשובה. שארץ ישראל נקנית בייסורים. התורות שלו ניחמו אותי וחיזקו אותי. התחושה הייתה שמישהו נתן לי בוקס ושאני מתנדנדת, מתנדנדת, מתנדנדת, אבל לא נופלת אלא מתייצבת.

הרבה אנשים אמרו לי, את חזקה מדי, את אסופה מדי, את מדי. זה לא טוב, זה יתפוצץ לך בפנים. לא יכול להיות שאת עוברת כזה משבר ואת לא מתפרקת. כל כך הלחיצו אותי שכבר הלכתי לעובדת סוציאלית שיש לה ניסיון של שנים ושאלתי אותה, תגידי, זה יתפוצץ לי בפנים? הרי אני שומעת בתוכי קול ברור ומחובר, במשך שנים עבדתי על עצמי ועל הרווחה

הנפשית שלי ולמרות שאני מודעת ליכולות שלי, עדיין הצליחו להכניס בי את הספק הזה שאולי אני לא בסדר.

אני דור שלישי לשואה. כל החיים אמרתי לעצמי, די עם ההעברה הבין־דורית הזאת. את סתם חיה טראומות שהן לא שלך בכלל. את לא חווית את השואה. שואה לא יכולה לקרות. אבל אחרי השבעה באוקטובר כולנו יודעים ששואה יכולה לקרות ואני ידעתי שאהיה מוכנה. שזה לא לחינם כל החרדות האלה, שניסיתי להרדים בטיפולים הרגשיים, שזה לא סתם, שזה אמיתי! הרי כל החיים שלי הסתכלתי באיזה ארון אני יכולה להחביא ילדים במקרה הצורך. כל החיים וכל הזמן יש לי מחשבות של שורדת. נגיד, הילד הזה נולד עם עיניים כחולות, אז יהיה לו קל יותר לעבור סלקציה.

נריה כמובן ידע על המחשבות האלה והוא חשב שאני מפגרת. אבל כשהוא נפל, המחשבה הראשונה שלי הייתה, הוא נפל – ואנחנו עדיין כאן. הבית עומד, הילדים בחיים. יש מכולת ויש לנו אוכל. בראש שלי כולם אמורים למות, אבל אני חושבת: לקחו רק את נריה. אני מרגישה שיש לי סיפור יחסית פשוט כי זה לא כמו הסיפורים הקשים באמת.

זה לא שנריה נפל בשבעה באוקטובר בשבילים של הקיבוץ תוך כדי שאני מתחבאת עם הילדים בממ״ד ואחרי זה צריכה להתמודד עם האבל והטראומה כשאני מפונה בבית מלון. לא. הטראומה שלי יחסית קטנה. לא ראיתי שום דבר מהקרב, הכול היה מאוד סטרילי, הגופה שלו חזרה לארץ. אני מנסה להגיד לעצמי שזה לא אושוויץ.

בטוח פסיכולוגים יגידו שאני לא נורמלית, אבל התייעצתי כבר עם כמה אנשי טיפול והם אמרו לי: מיכל, אם זה עובד לך אז זה עובד. וזה טוב. את מצליחה לשלוח את הילדים למסגרות, את יוצאת ופועלת וזה מצוין.

אני בן אדם סופר סאחי, אקמול אני לא לוקחת. אני לא בורחת מהכאב בכלל. זאת פשוט הדרך שלי. ויש עוד דבר, סבא שלי. כבר פגשתי את המוות מקרוב. סיטואציות מורכבות לא חדשות לי.

סבא שלי נפטר כשהייתי בת שמונה. אני זאת שמצאתי אותו ללא רוח חיים והתקשרתי לאמבולנס ולהורים שלי וניהלתי את כל הסיטואציה. כשההורים שלי הגיעו הם לקחו אותי לחדר אחר ושאלתי אותם, למה? הרי הייתי פה עד עכשיו. אני זוכרת את הרגע הזה כי לאורך החיים אמרתי

לעצמי, שבשעת הצורך, אני לא אוציא את הילדים שלי לחדר אחר כי הם ממילא יודעים ורואים.

אמא שלי, כפרה עליה, איבדה שני אחים בתוך שנתיים. אחיה הקטן נהרג בתאונת דרכים כשהייתי בת 13. שנתיים אחר כך אחותה נפטרה מסרטן. ליוויתי הרבה שכול, אני יודעת איך זה נראה. ראיתי את דודה שלי האלמנה עם שלושה ילדים קטנטנים, התינוקת שלה הייתה בת חצי שנה כשדוד שלי נהרג בתאונת דרכים. ראיתי, ראיתי, ראיתי ולמדתי: ככה טוב להתנהג, ככה לא טוב. זה לא משהו מודע, זה לא שהייתה לי מחברת שנשאה את השם "מיכל והשכול". אלו תובנות שאספתי והיום אני מודעת אליהן כי כשאנשים שאלו אותי מאיפה יש לי כוח להתמודד, התבוננתי וניתחתי את מהלך חיי. וחוץ מזה באמת יש לי בריאות נפשית.

אני מקבלת אותה ממורים טובים ומההורים הטובים שלי. כולם נתנו לי תחושת מסוגלות מאוד גבוהה. אני יודעת שאני יכולה להתמודד עם דברים. ההורים שלי תמיד אמרו לי את זה ואני מרגישה שזאת נבואה שהגשימה את עצמה. אני יודעת שיש לי כוח בפה, אני מודעת ליתרונות שלי, אני שמחה להשתמש בהם ויש לי אפס גאווה, כי זה משהו שאני צריכה להביא לעולם.

כמה שעות אחרי שבישרו לי שנריה נפל התחלתי להתראיין וגם למוחרת עוד לפני ההלוויה כל הערוצים היו כאן בסלון שלי. המודיעים היו בלחץ ממני, אבל אני פשוט ידעתי שהגיע הזמן שלי לדבר. יש לי תפקיד ובזכות השליחות הזאת אני כל כך בהירה ומוחזקת ויש לי כוח ואם אני אתכחש לשליחות הזאת יכול להיות שהכוח הזה יילקח ממני כי זה לא כוח שלי וזה לא כוח בשבילי.

חלק מזה זה גם לדעת איפה אין לי כוח. כבר בשבעה אמרתי לחברות שלי, אני רוצה לשלם כסף על ניקיון אצלי בבית. תמצאו לי מישהי לא דוברת עברית ומבוגרת שתהיה פה שש פעמים בשבוע אחר הצוהריים. הרגשתי שאני צריכה פרטיות ושאני יודעת מה טוב לי ומי אני צריכה לידי ומתי.

יש לי גם חברות שלא יכולתי שיתמכו בי בתקופה הזאת. זה כמו חדר לידה, יש אנשים שאת לא יכולה שייכנסו איתך לחדר הלידה למרות שאת

מאוד אוהבת אותם. תליתי שלט על הדלת של הבית, "בשום פנים ואופן לא לדפוק ולא להיכנס". ותשעים אחוז מהאנשים קיבלו את זה. זה המון.

אני מרגישה שכל החוסן שיש לי היום והעיניים שלי שרואות שמגיעים אליי דברים טובים, זה מנריה. הוודאות הפנימית שיש לי בתפקיד שלי, היא גם ממנו. יש לי תפקיד ואני הולכת עליו ולוקחת אותו בשתי ידיים. אני מחזיקה משהו בשביל עם ישראל וכל עוד אני אמשיך את התפקיד שלי יהיה לי עוד כוח לעשות טוב ועוד כסף ועוד חסד ויופי. הכול יהיה טוב כי אני מחזיקה את זה.

אני מרצה, מתראיינת, מלמדת ומשקיעה במשפחה שלי הרבה. קוראים לי לדבר בהרבה מקומות לפני הרבה אנשים ואני מודעת לכך שאני אדם שיש לו המון מה לתת, אבל בשעה שלוש בצוהריים אני הופכת להיות סינדרלה, הדלת נסגרת ואני של הילדים שלי. אני לא יוצאת להרצאות בערבים, ואפילו לא לוקחת הרצאות בזום, כי כל אמא יודעת שבשביל להיות מוכנה להרצאה בשעה תשע בערב, את על קוצים כבר משעה שבע כי את חייבת שהתינוקת תירדם בשעה שמונה. אני לא מוכנה לחיות ככה כי לילדים שלי יש רק אמא אחת.

אבל לא תמיד הייתי ככה. עוד מאז שהייתי ילדה, הפכתי את המציאות כדי שתהיה מה שאני רוצה. הייתה לי אפס גמישות. אחרי אחת הלידות עברתי גמילה מהפרפקציוניזם הזה. זה קרה אחרי שהרגשתי דכדוך על גבול הדיכאון. הייתי קמה בבוקר ואומרת, אוי לא! עוד בוקר. בדרך כלל אני האדם שמתעורר בבוקר ואומר, יש! עוד בוקר! כשהלכתי לישון אמרתי, כל כך קשה לי. אני האדם שהולך לישון ואומר, תודה על היום הזה! והיו לי גם כאבים. אמרו לי, יש לך פיברומיאלגיה. אבל אני חשבתי שלא יכול להיות. אני בכלל לא בן אדם כרוני, לא יכול להיות שתהיה לי מחלה כרונית כי אני אדם משתנה.

בתקופה הזאת, במשך ארבעה חודשים, נריה לקח על עצמו את כל הבית, ואני נחתי וטיפלתי בכאבים הפנימיים שלי. בפרפקציוניזם. הבנתי מה זה רע, שחור, ומה זה התקף חרדה. הרגשתי שאני נפגשת עם קושי כדי שיהיה לי מגע עם אנשים ואני לא אהיה דמות מנותקת. ואז הפכתי להיות מיכל שמבחינתה שמונים אחוז זה פצצה. ככה הגעתי לעולם הנפלא שבו אני שמחה במציאות. אני מרגישה שכל זה היה הכנה למה שנפל עליי. הכול

הכין אותי לרגע הזה. כאילו בדקה הראשונה שהקדוש ברוך הוא ידע שאני מסוגלת, הוא הביא את זה. הוא ידע שלפני שלוש שנים זה היה שובר אותי, אבל עכשיו אני יכולה לזה. אני יודעת שזה נשמע מוזר, אבל אפילו העובדת הסוציאלית שלי ממשרד הביטחון אמרה לי לפני חודש: אני מתחילה להאמין לך שאת באמת את.

אני יודעת שאני אמשיך בחיים שלי.

מייד אחרי השבעה היו פה כמה הצעות רומנטיות צורמניות, הזויות, פוגעות וחסרות טקט, ואמרתי לעצמי, נריה, אמרתי לך שזה לא מתאים. זה כל כך האופי של נריה לשלוח לי מישהו. אמרתי לו, נריה, חיים שלי בלב, לא ככה. חכה שאני אגיד לך מתי אני פנויה לזוגיות חדשה.

תהיה זוגיות. תהיה זוגיות והיא תהיה מדהימה ומיטיבה ומוארת, אבל כרגע זה לא רלוונטי. צריך קודם כול לייצב את הילדים. בערב שבת אחד הבן שלי אמר: אמא, לא כדאי לך להתחתן מחדש כי הוא בטוח לא יהיה כמו אבא ואת סתם תתחרטי על זה. אמרתי לו שאני בטוחה שיהיה מישהו מדהים ושאלתי, אתה חושב שלא תוכל לאהוב אותו כמו שאהבת את אבא או שאני לא אוכל לאהוב אותו כמו שאהבתי את אבא? הוא ענה, אני לא, אין סיכוי. ואז נתתי לו דוגמה של כמה גברים לא רלוונטיים לחתונה, אבל גברים שהוא מאוד אוהב, ואמרתי לו: תדמיין איזה כיף היה אם אחד מהם היה איתנו בשבת, והוא אמר כן, ואמרתי לו, תחשוב שהוא יהיה איתנו שבת ועוד הרבה מעבר, כל הזמן, כל יום. הילדים יודעים שאתחתן, זה ברור. פשוט ייקח לי זמן. אני צריכה להרגיש שהם יציבים.

אני לא יודעת להגיד מה אני צריכה. אני צריכה מישהו יציב. אבל יציב כמו חול, לא כמו בטון. מישהו יציב ורך, שאני יכולה להטביע בו את כף הרגל שלי וזה יהיה בסדר. מישהו שאפשר ללכת איתו בדרך ברכות. אני אדם מאוד אהוב ואני אצטרך שהוא יהיה מוליך לכל האהבה הזאת. הוא צריך לדעת שאני של עם ישראל, אבל שבסוף היום אני באמת שלו.

נריה ידע שיש לו אישה שהיא שלו, אבל מאז עברתי דרך. נכון שאף פעם לא הייתי אישה קטנה של בית, זה מעולם לא היה האופי שלי להיות רק האמא, אבל לפני שהוא נפל לא העזתי להיות מי שאני היום.

היום אני מגויסת למען העם הזה. אני לא אדם קטן. האופי שלי הוא להיות על במות ומי שיהיה איתי יצטרך לקבל את זה, ולא להיות מאוים מזה שאני אישה של אנשים, לא להרגיש שצריך לתפוס אותי בכוח. אני תמיד אהיה קשורה אליו, אבל אני צריכה את המקומות האלו ואי אפשר לכבות אותי ואי אפשר להקטין אותי. אי אפשר. אני לא מגיבה טוב כשמקטינים אותי ולכן הוא צריך להיות גבר עם אינסוף ביטחון עצמי ותחושת ערך שהוא מוכן להיות הבעל של מי שאני היום.

אצל נריה זה נבנה לאט לאט. היום אני מגיעה אישה מוכנה, ברורה, עם שישה ילדים ועם הורים חילונים שהם חלק מהעולם שלי. הוא יצטרך לנשום עמוק ולהיות גבר גבר.

אין לי צל של ספק שאני אמצא אותו. נריה ידאג לי ברגע שאני אסכים להושיט את היד באמת.

דיברתי לא מזמן עם רווקה ואמרתי לה שאני מרגישה מאה אחוז של בן אדם. אדם שלם. קשה לי לבד, אבל אני לא מרגישה שאם אין לי בן זוג אז אין לי הגדרה עצמית. הייתי בן אדם לפני שהתחתנתי והייתי בן אדם בזוגיות. אני לא חצי בן אדם.

נריה היה אהבת חיי. אבל לצד זה שהוא היה אדם משמעותי מאוד בחיים שלי, גם אני בן אדם. אני רק יודעת להגיד שלפעמים אני לא יכולה לחשוב בלעדיו. לא מעט פעמים אני מדברת אל נריה ואומרת, נריה, פליז פליז אני אפילו לא אגע בך. רק תבוא ותיתן לי עצה!

אחרי שנריה נפל הגיעו אליי תלמידות שביקשו לעשות עבודה על אמונה בשעת משבר. הן שאלו אותי איך התמודדתי עם המשבר, מתי קמתי ממנו, מה נתן לי כוחות לצלוח אותו. ניסיתי לענות להן, אבל בשלב מסוים אמרתי, אני מצטערת. אני לא הבן אדם. אתן צריכות ללכת למישהו שעבר משבר ולשאול איך הוא קם ממנו. אני לא עברתי משבר. אני רק עולה, עולה, עולה.

קשה להאמין שזה אמיתי. אני יודעת שקשה.

כשנריה היה בחיים לא היה לי אומץ לעשות את מה שאני עושה היום, ועכשיו אני מרגישה שהוא העביר אותי לשלב הבא. בשביל הדבר הזה חזרתי בתשובה, בשביל שיהיה לי כוח להיות אני ולהביא את הטוב שלי לאחרים.

החיבור בינינו נהיה נורא עמוק, אבל עוד לא ידעתי אם יש משיכה. זה לא שנפלתי מהרגליים ישר כשראיתי אותו. אבל ככל שראיתי אותו מבפנים, הרגיש לי שאני רוצה להכיר אותו.

// יהלי ביטון, שם בדוי

אני לא חולמת היום את החלומות שחלמתי אז

יהלי ביטון

בת 38, אלמנתו של רס"ן יאיר ביטון.
אמא לאחינועם (12) ואביאל (11).

מבצע צוק איתן

היום הכול כל כך מיידי. אני מורידה אפליקציית היכרויות, מתכתבת עם מישהו ואז הוא שואל, איפה את גרה? וכשהוא מגלה שאני במרחק שלושים ק"מ ממנו הוא אומר, וואי רחוק לי, ביי. שיהיה בהצלחה. ואז אני נזכרת: זאת הסיבה שמחקתי את האפליקציה בפעם האחרונה! ואחרי תקופה אני נכנסת אליה שוב ומבינה את הדינמיקה שוב ומתייאשת.

אני לא יודעת להגיד אם אני מאמינה באהבה היום. זאת שאלה מאוד גדולה ויפה. בעיניי, אהבה היא הגילוי הזה של יאיר ושלי כשהיינו יושבים על הספה ומגלים את הליבה של מי שאנחנו. הגענו כל אחד עם העולם הערכי שלו ובנינו משהו משולב של שנינו ומאז כל דבר שרציתי לעשות – רציתי לעשות איתו. כשיאיר נפל איבדתי את החבר שלי, הכתובת שלי בכל פעם שהיה לי קשה או כואב. וכשהוא הלך הייתי צריכה כתף, את הכתף שלו ולא של אף אדם אחר. ונשארתי לבד.

אחינועם הבכורה שלנו הייתה בת שנה כשמדינת ישראל יצאה למבצע צוק איתן ואני הייתי בהיריון בחודש השישי עם אביאל.

לפני שפרצה המלחמה, תכננו לרדת לאילת לחופשה, אבל הייתה התחממות בגִזרה. חטפו את שלושת הנערים ואמרתי ליאיר, טוב, אני אבטל את אילת. אבל הוא אמר לי, לא, חכי, בואי נראה. אמרתי לו, טוב. וביטלתי את החופשה.

לא באמת הייתי בלחץ מהמבצע כי הוא הרגיש לי כמו מבצע עמוד ענן שהיה שנתיים קודם, שבו תקפנו מהאוויר ולא נכנסנו למבצע קרקעי. וחוץ מזה, במשך כמה ימים יאיר אמר לי בעקביות, "מחר נכנסים" אבל הם לא נכנסו. ואז הגיע מוצאי שבת ה־19 ביולי. ראיתי טלוויזיה והתחלתי לבכות. לא כי חשבתי שיקרה משהו, ולא כי הייתה לי הרגשה רעה. פשוט כי ראיתי לנגד עיניי את החיילים שלנו נכנסים רגלית לעזה. ובתוכם היה יאיר שלי.

בשום תרחיש לא חשבתי שהוא לא יחזור מהמלחמה הזאת. שלחתי לו תיק עם עוגיות וגרביים ועוד דברים שהוא ביקש, הרגשתי שאני בשליטה ויש לי איזו ידיעה של איך מתנהלת מלחמה בצבא. ולמרות שהיה לי קשה לא לתקשר איתו ולא לדעת מה עובר עליו, הצלחתי להיות סוג של מורת דרך עבור הנשים החמודות האלה שהיו נשואות למפקדים ששירתו יחד עם יאיר. הן לא ידעו שאי אפשר להשיג אותם בטלפון בזמן שכזה. אמרתי לכל אחת מהן, "הוא צריך להיות מרוכז עכשיו ולכן אל תשדרי לו שאת בלחץ, במקום לחפש אותו, תתקשרי אליי ונדבר".

ברור שהיו סיבות ללחץ. גם היו שמועות שרצו ללא הפסקה, כל הזמן הייתי מקבלת הודעות לא רשמיות עם רשימות של חיילים שנפגעו. זה היה נורא, לאנשים לא היו גבולות.

יום אחרי שהחלה הכניסה הקרקעית, ב־20 ביולי, יאיר נהרג.

הוא נהרג בשעה חמש וחצי בבוקר ועד השעה עשר כולם כבר ידעו.

כולם חוץ ממני.

באותו הבוקר שמתי לב שיש בלגן בקבוצות הווטסאפ. כתבו שהמח"ט נפצע, אבל זה לא היה הגדוד של יאיר. דאגתי, אבל הבנתי את הסיטואציה והבנתי שיאיר לא שם. ואז קיבלתי הודעה אחרת שבה היה כתוב שהמג"ד

נפצע אנוש. המג"ד היה החבר הכי טוב של יאיר בצבא והעד שלנו בחתונה. בשלב הזה הבנתי שיש אירוע ביחידה של יאיר. רציתי ללכת להיות עם דנה, אשתו של המג"ד, חשבתי לעזור לה עם הבנות שלה, אבל אז קיבלתי הודעה מאשתו של אחד הקצינים בחטיבה ובה נכתב: יש מג"ד וסמג"ד הרוגים. מייד הבנתי שמדובר ביאיר.

נשענתי על הקיר והתכווצתי כאילו קיבלתי בוקס בבטן. בבטן ההרה שלי שבתוכה העובר של יאיר ושלי. שאלתי את עצמי, ומה אני עושה עכשיו?

באותם הרגעים שאני קוראת את המילים האלה, אמא שלי, שהייתה חולת סרטן, טיפלה באחינועם אצלי בבית. חשבתי לעצמי, להגיד לה? מה להגיד? אני לא באמת יודעת. אולי הוא רק פצוע? הזוי להתפלל שבעלך "רק" פצוע, אבל בתרחיש הזה את מעדיפה כל פציעה. אולי אפילו פצוע אנוש, כי ידעתי שאנוש יכול לעבור בהודעות כהרוג, וזה שמר עליי מפני המחשבה שהוא באמת נהרג.

נשארתי בחדר והתקשרתי לחברות שלי מהצבא. רציתי לבקש שיתקשרו מהטלפון האדום ויעלו על התדר של הגדוד, שישמעו את הקול שלו ויביאו לי אות חיים. אבל אף אחת מהן לא ענתה לי. ובמקביל, כל מיני אנשים שלא ממש קשורים לחיים שלי התקשרו אליי.

חבר ילדות של יאיר שלא מדבר איתי ביומיום התקשר וניהל איתי שיחה בלי תכלית. רק רצה לשמוע איך אני. אבל אני לא עד כדי כך סתומה, הבנתי שקורה משהו. בנוסף, קיבלתי עוד שיחות והודעות מוזרות אבל אף אחד שיכול היה לעזור לי לא ענה לי לטלפון.

אני לא טיפוס היסטרי, אבל היו לי מחשבות לא טובות, כמו אוגר הסתובבתי סביב עצמי ולא היה לי מידע. ובינתיים אנשים התחילו להתאסף מתחת לבית שלנו. אבל לא ידעתי. כל השמועות רצו וכל האנשים קיבלו הודעה מפורטת בווטסאפ, חוץ ממני: מישהו שלח הקלטה כשהוא מונה את ההרוגים בשם או בתפקיד.

הם דפקו בדלת. ראיתי מדים. רק רציתי לשמוע שיאיר פצוע וחוץ מזה שום דבר לא עניין אותי. חשבתי, פציעה ושיקום, פציעה ושיקום ויאללה. והלוואי שהוא לא נפצע בראש, רק גפיים או משהו כזה פתיר.

כשפתחתי את הדלת ראיתי רס"ן עם מדי אלף ירוקים. אבל אני חיה בצבא כבר שנים ואני יודעת שמדי אלף ירוקים הם עד לדרגת סגן, ושלדרגת סרן ומעלה יש מדים אחרים, חולצה בהירה ומכנס כהה. והנה מול העיניים שלי עמד קצין בדרגת רס"ן, הדרגה של יאיר, אבל המדים שלו היו מדי א' ירוקים שלא תואמים לדרגה שלו. בעיניים שלי, זה לא עובר, לא היה בזה שום היגיון. שאלתי את עצמי, מה לא בסדר בו? הוא היה נראה כמו ליצן. בראש שלי שאלתי אותו, למה אתה מסתובב עם המדים האלה? זה ממש לא מבסס אמינות! בפועל התיישבתי ושאלתי אותו: נו? ואז הוא אמר לי: בעלך, המג"ד, הוא נהרג. נאחזתי בטעות שלו ואמרתי לו, בעלי הוא לא המג"ד, בעלי הוא הסמג"ד, וחשבתי שהנה, יאיר לא נהרג. המודיע טועה. אבל הוא התעקש עד שהאמנתי לו. יאיר נהרג.

לא התפרקתי, זה לא האופי שלי. אני תפקדתי. אמרתי, אתם צריכים להודיע להורים שלו. הם בדרך לאילת. אחותו בהיריון, אמא שלו עם לחץ דם גבוה. הייתי צריכה להתעסק במשהו והמודיע הסתכל עליי כאילו שאני דג באקווריום, איזו יצורה אני שאני בכלל מדברת רגיל.

אמרתי לו, תקשיב, זאת אני, זה מה יש. בוא ננצל את המצב ותביא את כל הטפסים ואת כל הדרעק שאתה צריך ממני, ועכשיו. מה אתה צריך?

ואז התחילו השאלות: איפה את רוצה לקבור אותו? אמרתי מייד שאני לא רוצה לקבור אותו. ואיזה יום זה היה, באמצע חודש יולי ואני בהיריון וסובלת מחום. לא חשבתי שאני אנהל את כל אירועי האבל, אבל אחרי ששמעתי דרך הטלפון את ההורים של יאיר, הבנתי שרק אני אהיה מי שתוביל את האירוע הזה.

אמרתי לקצין שהשבעה לא יכולה להיות בבית, כי יגיעו הרבה אנשים, ושיסדר למטה אוהל ממוזג. הוא אמר, נביא צילייה. אמרתי לו, אתה מסתלבט עליי? להביא לך כרטיס אשראי? אני לא אשרוד ככה שבוע. אני בהיריון.

הבית היה עמוס. הייתי צריכה לקבל החלטות מהר, ורק אחרי שהלילה ירד, כולם הלכו ונהיה שקט יותר, קלטתי שאני מחכה ליאיר שיחזור.

אז סיפרתי לעצמי שלא הפנמתי את האובדן ושבגלל זה אני לא מפורקת. חשבתי, אני בת 27 ואני לא מבינה כלום. אני חייבת לראות אותו כדי להאמין להם. פניתי לקצין ושאלתי אם אני יכולה לראות אותו אבל לא ידעתי אם נשאר משהו לראות, הרי אף אחד מהיחידה לא הגיע לספר לי איך

התנהל הקרב כי כולם עוד נלחמו. הכול היה נשמע לי כאותי וידעתי שאני אאמין רק אחרי שאראה את הגופה שלו.

בינתיים שני חברים שלו מהצבא כבר זיהו אותו, אז ידעתי שזה באמת הוא, אבל רציתי להיפרד ממנו בעצמי ונסעתי לצריפין בלי שאני יודעת למה לצפות.

נכנסתי לחדר המתים והרב או מי שמטפל בגופות אמר לי, טוב, כשאת מוכנה... עמדתי שם ואמרתי לעצמי, אני בחיים לא אהיה מוכנה, אף פעם לא ראיתי אדם מת לפני כן.

ואז ראיתי אותו. האיש שלי, יאיר. הוא היה מולי והוא לא היה שם בשום אופן. נגעתי בו, ניסיתי להרגיש אותו, אבל הוא היה כל כך קר.

במשך כל הימים הייתי אסופה מאוד ובלילות פחות. אבל אף פעם לא הרגשתי שאני מתרסקת, הרגשתי שאני פורקת. הייתה לי מחברת, וכתבתי בה בשביל להוציא. ישבתי לבד עם תינוקת וחצי, בתוך שברים של כל מה שחלמתי שיהיו החיים שלי. לא תכננתי את כל זה. לא תכננתי להישאר לבד עם שני ילדים, זה לא מה שרצינו. חלמנו על צחוק של ילדים, תכננו חמישה, רצינו משפחה גדולה ולכן התחלנו כל כך מוקדם. בדיוק עברנו לדירה החדשה שקנינו והתכוונו להישאר בה עד שיהיו לנו שלושה ילדים.

לפני המלחמה הספקנו לחגוג ביחד יום הולדת שנה לאחינועם. כשאני נזכרת ברגע המתוק הזה אני זוכרת גם את הוויכוח שהיה לי עם יאיר. היא ילדה ראשונה והיה לי חשוב שהיא תאכל בריא. למה היא צריכה להכיר ממתקים בגיל שנה? אז כשחגגנו לה, הכנתי בעצמי את כל הכיבוד מאפס, ורציתי שכולם יעופו על זה, אבל יאיר לא הבין. הוא אמר, אז נקנה, אז נזמין, יאללה, שחררי, בואי שיהיה כיף. למה את בלחץ? אני לא אוהב את הלחץ הזה.

היום אני כמו שהוא רצה. היום אני קלילה, אבל זה רק כי הבנתי כמה דברים במהלך השנים ועשיתי דרך.

כשהתחלנו להיות זוג היה לא קל לבנות את התקשורת בינינו. יאיר הגיע מבית שלא כל כך מדברים בו על רגשות. אני זוכרת היטב את אחד הריבים שלנו,

או ליתר דיוק את הנתק שהיה לנו פעם אחת. נסענו ברכב ואמרתי לו משהו על הרושם הראשוני שהוא השאיר עליי כשפגשתי אותו בפעם הראשונה.

זה היה כשלמדנו ביחד במרכז הבינתחומי בהרצליה במסלול של ממשל, דיפלומטיה ואסטרטגיה. חבר מהלימודים אמר לי, יש כאן עוד מישהו מגולני. והגבתי בפליאה, מי זה? חשבתי שאני חייבת להכיר אותו כי גם אני שירתי בגולני, ולא הגיוני שלא זיהיתי מישהו מהחטיבה. ואז נפגשנו שנינו בקפיטריה ויאיר אמר משהו על זה שנשים לא צריכות לשרת במילואים. זה הביא לי את הסעיף. עד לאותו רגע הוא היה נראה לי בחור טוב ופתאום הוא הביא את האמירה השוביניסטית הזאת. אחר כך הבנתי שהוא בכלל דיבר על משהו אחר, על חוסר יעילות שיש במערך המילואים, והוא אמר, אפשר לפתור את חוסר היעילות במתן פטור למגזרים מסוימים, נגיד נשים.

ואז כשכבר היינו זוג ונסענו ברכב, ודיברנו על החשיבות של הרושם הראשוני בהעברת מסרים, אמרתי לו, בפעם הראשונה שהכרתי אותך קיבלתי ממך רושם של שוביניסט הזיה. ואחר כך הבנתי שזה לא כמו שחשבתי. באותו רגע יאיר נעלב עד עמקי נשמתו אבל הוא לא אמר שום דבר. הוא פשוט התכנס. שאלתי אותו, מה קרה? הוא אמר, כלום. הכול בסדר? כן. הרגשתי שהתהפכנו במגדרים, כי הוא הגיב כמו בחורה. היינו ביחד בבית שלו והוא שיחק עם עצמו פלייסטיישן ואז הלך לישון. לא הבנתי מה קרה ולא ידעתי מה לעשות עם עצמי. הייתי ערה עד חמש לפנות בוקר. מי הולך לישון באווירה הזאת? בבוקר לחצתי עליו עד שהוא דיבר ושיתף שהוא נעלב ממני. שאלתי אותו, בגלל הנושא הזה לא דיברת איתי? מה הבעיה לפתוח ולהגיד? הרי לא תכננתי להעליב אותו. השיחה בינינו יצאה בסוף קצת צבאית אבל עשינו יישור קו. אמרתי לו: כשיש משהו לא נעים, אתה יכול לקחת כמה דקות להירגע, לא לילה, ואז אתה אומר: גרמת לי להרגיש לא נעים, ואז אני אסביר ונלבן את זה. עם הזמן לימדתי אותו פשוט לתקשר את הרגשות שלו וראיתי שזה משחרר אותו, שהוא לא שומר בבטן. התקשורת הזאת נבנתה עם השנים.

מההתחלה, עוד לפני שהתחלנו לבנות את האהבה בינינו, הייתה לי הבנה שהעולם הערכי שלנו נורא מחובר. היינו מדברים מלא כשהיינו נפגשים יחד עם החבורה שלנו מהלימודים, ללמוד אצלו בדירה. הוא פשוט היה היחיד שגר לבד וליד האוניברסיטה. הרבה פעמים הייתי נשארת לדבר

איתו והיו לנו שיחות עומק שבהן ראינו עין בעין הרבה דברים. אחרי קשרים קודמים שהיו לי, היה לי חדש לשבת ליד גבר שיש בו כל כך הרבה עומק. החיבור בינינו נהיה נורא עמוק, אבל עוד לא ידעתי אם יש משיכה. זה לא שנפלתי מהרגליים ישר כשראיתי אותו. אבל ככל שראיתי אותו מבפנים, הרגיש לי שאני רוצה להכיר אותו. וחשבתי, איזו אכזבה זו תהיה אם משהו שם לא יעבוד בינינו.

אחרי תקופה של חודש־חודשיים רציתי לקדם את הקשר שלנו למשהו זוגי אבל לא ידעתי אם הוא מעוניין. ישבתי אצלו בבית על הספה והוא אפילו לא שם עליי יד! הוא היה מאוד ג'נטלמן. הייתי קרובה להתייאש כי הכול היה מונח והוא לא עשה שום מהלך ואז התייעצתי עם בת דודה שלי והיא אמרה, הוא צריך לשתות כמה צ'ייסרים ואז תדעי אם הוא בעניין.

הגיע פורים, הלכנו למסיבה וזה מה שקרה. שתינו קצת ואז הוא קיבל אומץ ונישק אותי! אחרי שעברנו את המשוכה הזאת כבר קבענו לצאת לדייט.

את הדייט הראשון קבענו באופן רשמי והוא היה ממש חמוד. בגלל שהיינו חברים טובים וכבר התנשקנו בפורים, לא ציפיתי שהדייט הראשון יהיה מושקע, אבל יאיר הזמין לנו מקום במסעדה איטלקית במרינה והתלבש יפה. והוא היה סופר ג'נטלמן. זה היה מצחיק. הרי אנחנו לומדים ביחד במהלך היום ועושים שטויות ומסתלבטים על המרצה לסטטיסטיקה ואיפה היא ואיפה הכיתה ואז מגיעים לערב והוא רוצה לכבד אותי ולהשקיע בי, מתלבש יפה ומזמין לנו מקום.

יש לי מנהג שבדייט ראשון אני מזמינה צנוע כי ברור לי שהוא משלם, אז אני לא מזמינה אלכוהול או משהו כזה, אני נותנת לו להוביל. בדייט כל אחד מאיתנו הזמין מנה של פסטה ואז המלצר פנה אליי ושאל, את רוצה בקבוק יין? ואמרתי, לא תודה, מספיק לי עם הסודה שלי. ואז יאיר שאל, את לא רוצה כוס יין? אז אמרתי לו, מה שבא לך, לא אכפת לי. ואז הוא הזמין שתי כוסות יין. הוא הוביל אותנו, אבל לא היה משתלט. זה היה נורא גברי בעיניי, רגע שבו ראיתי עוד משהו שלא ראיתי קודם כי הגבריות היא לא הדבר הראשון שיצא מיאיר ופתאום בדייט ראיתי אותו ככזה ונורא אהבתי שמאחורי האדם הסופר צנוע ושטותניק יש גבר גבר.

היה צריך לעשות את המעבר הזה מחברות לדייט ולא היה לי מושג איך זה יקרה, אבל יאיר הוביל אותנו וזה קרה. הלכנו במרינה יד ביד והתחבקנו. זה היה מאוד עדין ומכבד. משהו היה מאוד מדויק שם וזה היה חדש לי. בקשרים קודמים היו לי גברים שלא ידעו איך להתנהג, או שרצו ללכת על הקטע הפיזי מאוד. ויאיר הפתיע אותי. פחדתי שאני אצטרך לסחוב את כל הדייטים כי עד עכשיו הוא היה כזה ביישן, ולקח זמן וחששתי שזה ימשיך ככה ובדייט נרגעתי, זאת הייתה רק משוכה של לעבור מידידות לוויב דייט.

כשאני חושבת על זה, הוא היה טוב לא רק בדייטים לפני החתונה. אלא גם אחרי. כשאחינועם נולדה הייתי אמא מאוד מאוד מסורה. וכשיאיר היה חוזר מהצבא הוא היה אומר לי, בואי נצא לדייט ואמרתי לו, עזוב, אחינועם הולכת לישון, בוא נשב פה. והוא היה מתקשר להורים ומבקש שיבואו לשמור עליה וקובע עובדה, בואי, יוצאים. זה היה כל כך חכם לצאת מהסיטואציה של ההורים הצעירים והמותשים ופשוט לחזור לדייט. ממש הודיתי לו שלקח אותי.

התחתנו כשהייתי בת 25. לא היה לי לחוץ להביא ילדים, הרי הייתי מאוד צעירה ורציתי קריירה. רציתי לעבוד בעולם הביטחוני וליאיר הייתה קריירה צבאית. חשבתי שאי אפשר להביא ילדים לבית כזה עם שני ביטחוניסטים. לפני החתונה היו לי תסמינים של היריון וככה מצאתי את עצמי הולכת לקנות בדיקת היריון ומרוב לחץ פשוט עשיתי אותה בשירותים של הקניון. התוצאה הייתה שלילית והצטערתי. פתאום חשבתי לעצמי, רגע אז אולי אני כן רוצה כבר ילדים?

כשהתחתנו הפסקתי לקחת גלולות וחשבתי שייקח לנו זמן להיכנס להיריון. אבל נקלטתי אחרי שבוע. יאיר היה אז בקו צפון ולמזלי הלידה התרחשה במוצאי השבת ככה שהוא היה בבית כשהיא התחילה. אם לא, הוא בחיים לא היה מגיע ללידה כי ילדתי תוך שעה וחצי. ההיריון השני כבר היה מתוכנן לפי הפו״מ, קורס פיקוד ומטה לקצינים בכירים, כדי שיאיר יהיה איתי בלידה וגם לאחר מכן בבית ויעזור לי.

יאיר היה משפחתי מאוד. בכל יום ראשון כשהוא היה צריך לחזור לצבא הוא היה גמור מזה. ובכל פעם שהוא חזר וראה את הילדה שלנו גדלה

בשבוע או שבועיים הוא היה בהלם, איך היא גדלה לו. כשהוא היה חוזר הייתי צריכה לחנוך אותו מחדש, איך לטפל בה. ניסיתי למצוא את האיזון איך לא להגיד לו יותר מדי מה לעשות כמו אישה נודניקית שיוצרת הרגשה לא נעימה ומצד שני איך כן להגיד לו. למשל, כשהוא היה מגיע לאפטר אחרי שאחינועם כבר נרדמה הוא אהב לנשק אותה, אבל אז היא הייתה מתעוררת. אמרתי לו, אם אתה מעיר, אתה מרדים.

המחיר של לא להיות בבית כאב לו מאוד.

בתחילת חיי הנישואים שלנו כשיאיר היה חוזר הביתה פעם בשבועיים הוא רצה להביא לי כלב כדי שלא אהיה בודדה, אבל אמרתי לו שאני לא צריכה כלב! לא פחדתי לישון לבד בבית וכל מיני שטויות כאלה. אני עצמאית מאוד והנפרדות שלנו הייתה חלק מהביחד. יש זוגות שנמצאים כל יום ביחד ומגיעים לספה בשמונה בערב, רואים טלוויזיה ביחד אפילו מבלי לשוחח. בילוי פחות אטרקטיבי בעיניי משיחה שיאיר ואני יכולנו לנהל מרחוק בשעת ערב. לפעמים יכולנו לדבר בכל ערב ולפעמים רק פעם אחת בשבוע. בזמנים כאלו הייתי יוצאת גם באמצע פגישת עבודה כדי לדבר איתו את השיחה האחת הזאת. הרגשתי שיש לי אחריות לייצר את התקשורת בינינו. יותר מזה, אחריות שהוא ידע איך אני מרגישה ואיך עובר עליי השבוע. הרגשתי שידעתי איך להתנהג לצידו של איש צבא.

חייתי את העולם הצבאי כששירתי בצבא בתפקיד של קצינה זוטרה בחטיבה של יאיר. אומנם לא הייתי לוחמת, אבל חייתי את השגרה של החטיבה. אני יודעת מה התנאים בגדוד בקו צפון, אני יודעת מתי יאיר יכול לבוא הביתה ומתי אני יכולה לבוא לגדוד לעשות איתו שבת. למשל, היה לי ברור ששבת לפני תרגילי יחידה אני לא מגיעה לגדוד כי הוא בהכנות לתרגיל ולא פנוי אליי. יאיר לא היה צריך להתנצל כל הזמן על חוסר זמינות או היעדרות ולהסביר לי מה מתרחש בגדוד ולמה זה בא על חשבוני. הוא לא היה צריך להאכיל אותי בכפית, כי הייתה לי הבנה.

כשהוא שירת בתפקיד סמג"ד מצאתי את עצמי לפעמים מרגיעה נשים של מפקדים שעשו שירות לאומי ולא שירות צבאי. היה צריך לתווך להן את העולם הצבאי כשהן נכנסו להיסטריה בגלל חוסר זמינות של האיש שלהן.

הצד השני של ההיכרות הקרובה שלי עם היחידה היה שיכולתי לדעת מתי יאיר יכול להיות יותר בבית והייתי אומרת את דעתי כשהיה נראה לי

שהצבא בא על חשבון הבית והזוגיות. לדוגמה, יאיר היה צריך לעשות בוחן קצין בווינגייט. הוא החליט לעשות אותו ביום שישי בבוקר לפני שהוא חוזר הביתה. אמרתי לו, אבל יכולת לעשות אותו באמצע שבוע ולא על חשבון הבית! הזמן שלנו ביחד היה יקר. לא הייתה לי בעיה לבקש מיאיר שיתקשר למג״ד שלו לבקש שיטפל בכל עניין שעלה, לשביעות רצוני. הכרתי אנשים מהחטיבה, הרגשתי שם בבית. באירועים או בשבתות ביחידה הרגשתי חלק.

אחינועם הייתה קוראת אבא לכל גבר שהגיע לשבעה במדים או שנכנס אלינו אחר כך הביתה. והם לא ידעו מה לעשות עם עצמם. ניסיתי שיהיה להם כמה שיותר קליל אצלנו, שלא יהיה בית שאתה יוצא ממנו סחוט. רציתי שהחברים שלו מהצבא ואני נישאר קרובים כמו לפני שיאיר נהרג ולא אכביד עליהם, הרי כשהייתי מגיעה לגדוד הרגשתי מאוד שייכת, חלק מהגדוד. אז מה, ברגע שהוא נהרג אני כבר לא חלק? אבל זה מה שקרה. כבר לא הייתי חלק, וזה היה לי קשה, כי אותם אנשים שהייתי יושבת איתם על תה וצחוקים ושטויות, כבר לא הרגישו נוח במחיצתי, הקלילות נעלמה ופתאום היה דיסטנס, מרחק של מבוכה. כשהם הסתכלו עליי, זו הייתה התבוננות מבחוץ שגרמה לי להרגיש מאוד בודדה.

חשבתי לעצמי, לא מספיק לי כל הלבד בלי יאיר, אז עכשיו הרחקתם אותי ואני לא חלק מכם?

היה ליאיר חבר ילדות, והחבר הזה היה מגיע אלינו הרבה כשיאיר היה יוצא לאפטרים. אני בעצמי הזמנתי אותו כדי שהם ישמרו על החברות למרות הלו״ז האינטנסיבי של יאיר. אבל מאז שיאיר נפל הוא תפס מרחק כאילו מחשש שקשר בינינו כבר לא ייראה טוב. חשבתי לעצמי, די, נשמה, אני לא אצא איתך גם אם תתחנן. למה הקשר עם הילדים שלי ושל יאיר לא חשוב לך? לקח לי זמן להחליט שאני לא שופטת אותו. אולי קשה לו מדי? והרי לי יש מספיק צרות על הראש גם מבלי לדון בזה. החלטתי שמי שרוצה להיות קרוב אליי, ימצא את הדרך.

יאיר סיים תפקיד מ״פ בסיירת גולני ובסוף התפקיד הוא היה צריך לחתום

עוד קבע בתנאי שהוא ילך ללימודים. הוא למד שלוש שנים בבינתחומי בהרצליה ובכל חופשת סמסטר הוא חזר למשימות בצבא. בסוף הלימודים הוא חזר לצבא והיה סמג"ד במשך שנתיים.

הבחירה להישאר בצבא הייתה בחירה של יאיר. אבל הבחירה לקשור את חיי איתו הפכה את הבחירה הזו למשותפת. כל הזמן אמרתי לו: אני אסתדר, אין לי בעיה, אבל הוא זה שהיה צריך לרצות ולבחור כי בסוף להיות רחוק מהילדים זה משהו שהיה לו מאוד קשה.

יאיר לא היה אדם של אגו. הוא היה סופר מקצועי עם סטנדרט בלתי מתפשר ויחד עם זה גם סופר אנושי. יש סוג כזה של מפקדים או מנהיגים או מנהלים שיודעים להוביל אותך ממרחק של מילימטר. הם לא צריכים להיות רחוקים או גדולים ממך, מה שנקרא דיסטנס. יאיר היה מהמפקדים האלו, שהפקודים שלהם מרגישים שהם רתומים במאתיים אחוז ולכן הם לא רוצים לאכזב אותם.

ברור שיאיר היה גם אנושי מאוד, לכן בחרתי בו. הוא היה שטותניק ולפעמים גם סופר עצבני כלפי מי שעצבן אותו. הוא היה אותנטי ולא היה נכנס להיות איזו דמות מול החיילים.

אחד הדברים הראשונים ששמתי לב אליהם עוד לפני שהיינו זוג, זה שיש לו עיניים מאוד טובות! ראו עליו שיש לו תשוקה למה שהוא עושה למרות שהוא עשה את אותם הדברים במשך ארבע עשרה שנה.

אני חושבת שזה מה שגרם לו לסחוף אחריו אנשים, וגם אותי. הוא אהב את כל האנשים שהוא עבד איתם, מהמפקדים עד לנהג שלו. הוא התעניין בחיים שלהם, במשפחות שלהם, בחוויות שלהם. הוא ייעץ להם וגם הסתלבט עליהם. יאיר צחק כל הזמן. הוא היה כל כך חי ולא הייתה לו פוזה, לא היה את יאיר של הצבא ויאיר של הבית, כי הוא היה אמיתי.

גם כשהוא ניהל איתי שיחות מהצבא ליד האנשים שלו, הוא לא הקשיח את הקול שלו ולא ניסה להשאיר רושם על מי שסביבו, הוא היה רך ואוהב כמו תמיד.

אני זוכרת שהיה ליאיר תרגיל גדודי באזור הזמן של פורים. הייתה לו איזה פאה של אפרו בבגאז', אני אפילו לא יודעת למה. הוא חבש אותה ונעמד מאחורי המג"ד שעמד ליד האוטובוס וצעק על החיילים שיעלו. יאיר התחיל גם לצעוק ואז כשהמג"ד הסתובב, הוא ראה אותו עם הפאה והתפוצץ מצחוק.

יאיר לא רצה להדאיג אותי ולא שיתף בכל דבר שקורה לו בצבא ויש סיפורים ששמעתי עליו רק אחרי שהוא נהרג. אחד מהם היה בתקופה שבה היו הרבה מבצעים בעזה, הם היו נכנסים ויוצאים הרבה. באחת מהפעמים הם היו מוסווים ליד בית ונחשפו אחרי שעזתי עלה על אחד הגגות וקלט אותם. ואז שלחו אליהם נער שהיה עטוף מדי. היה ברור שיש עליו חגורת נפץ. יאיר קיבל רשות לירות עליו כי הוא סיכן את האנשים שלנו, אבל יאיר חשב, זה ילד בן ארבע עשרה.

הוא הפשיט אותו מרחוק, דאג שהוא יישאר עם בוקסר ולקח אותו לחקירה אבל לא ירה בו. יאיר היה מאוד חד על האנשים שלו, אבל גם על הערכים שלו. הוא לא היה מסכן את החיילים שלו בשביל הערכים, אבל הוא מצא את הדרך להרוויח הכול.

ליאיר היו הרבה מעלות שהוא היה בחוסר מודעות אליהן. הנכונות שלו לעזור היתה נון אישיו, אבל ביומיום לא הרגשתי שהוא אדם גדול ובלתי מושג. הוא היה עושה הכול בבית, חוץ מכביסה. היה הולך לסופר ומביא כמובן דברים לא נכונים, ואז חוזר להביא מה שביקשתי. אדם אנושי ופשוט. אני לא מכירה את יאיר כמפקד ובאמת בהתחלה כשהסתכלתי על הדמות שלו לא הסתדר לי שהוא כזה גיבור. מצד שני, הוא התקדם בתפקידים והיה ברור שיש כאן מפקד עוצמתי שאין לו אגו.

בשבעה הגיע חייל וסיפר שיאיר היה נותן לו את כרטיס האשראי שלו יחד עם רשימה של כתובות וקניות ושולח אותו לקנות לחיילים שלו ציוד שהם היו צריכים בבית, כמו תנור חימום למשל. יאיר לא סיפר לי את זה אף פעם. פשוט לא היה דחוף לו להחצין. לפעמים במעלה הדרך הצבאית שלו, אמרתי לו, אתה צריך קצת להחצין. אני לא מתכוונת שתיקח קרדיט על משהו שלא עשית, אבל זה בסדר שידעו מי אתה ומה אתה שווה כדי שיבינו שצריך לקדם דווקא אותך בתפקיד שאתה מתמודד עליו. הייתה לו איזו צניעות אקסטרה. הוא לא רצה להיתפס כמתלהב או משוויץ או מתרברב.

יאיר סומן על ידי המפקדים שלו לתפקיד מג"ד ונשלח לקורס פיקוד ומטה (פו"מ), לסדרה של כמעט שנה שבה לומדים הרבה חומר עיוני ומעשי, עושים חניכות וגם הרבה תרגילים. אבל אז, חודש לפני, התחיל צוק איתן והוא כבר לא הגיע לפו"מ.

וגם לא ללידה השנייה שלנו.

יאיר נהרג.

איך אישה שבעלה מת הולכת ללידה בלעדיו? השתדלתי לא לחשוב אלא לעשות מה שאני יודעת לעשות הכי טוב, לפעול באופן טכני.

בלידה של אחינועם לא הספקתי לקחת אפידורל. למרות שזאת הייתה לידה ראשונה היא נמשכה רק שעה וחצי. מרגע לרגע היא הסלימה בכזאת קיצוניות שהיה לי ברור שלא הייתי יכולה לעבור את הלידה בלעדי יאיר.

ובלידה של אביאל עשיתי הכול כדי שיהיה אפידורל. והיה. וילדתי תוך ארבע שעות.

ארבע שעות אחרי חודשים שבהם כל הזמן הטריד אותי שאני הולכת ללדת בלי הקול הזה של יאיר שירים אותי ויעודד אותי ומה אני אעשה. ולא חיה לי מה לעשות עם סימני השאלה חוץ מלהתכונן באופן מעשי. חשבתי מי יבוא להיות עם הילדים ומי לא יעצבן אותי בנוכחות שלו בלידה. פתחתי קבוצת ווטסאפ עם בני דודים שלי וגיסתי וקראתי לה "לישון עם נעליים", כי פחדתי שאלד בלידת בזק כמו בלידה הראשונה. ולקחתי איתי ללידה מה שנשאר לי מיאיר. לקחתי איתי בתיק תמונות שלו ותמונות משותפות שלנו, תמונות שרואים בהן את העיניים שלו. כמה הייתי צריכה את המבט המרגיע שלו.

הנהג של יאיר הגיע לחדר הלידה. ראיתי אותו עומד בדלת החדר עם דמעות בעיניים ולא מסוגל לעבור את המפתן. הרגשתי שבדמעות שלו הוא מביא לחדר את התחושה של החוסר שאני לא הייתי פנויה לתת לה מקום. הרי ניסיתי לשמור על עצמי. והייתי בטוחה שברגע שהתינוק ייוולד יהיה נורא עצוב והחוסר ישטוף אותי אבל בפועל, כמו כל אמא ששמים את התינוק שלה בחיקה, האהבה הציפה אותי. ואז הראיתי לו תמונה של יאיר, כאילו שהוא יכול לראות משהו. ושמתי לו גם בעריסה, שיראה את אבא שלו.

החגים עם יאיר היו כיפיים, אבל מאז שהוא נהרג החגים הם לא אירוע שאני מתלהבת ממנו. הנשיקה הראשונה שלנו הייתה בפורים וזה מה שהפך את החג לכל כך מיוחד עבורנו. הוא היה סופר בעניין של פורים, היו לנו תחפושות זוגיות מוצלחות. שנה אחת התחפשנו ביחד לפרד ווילמה מהפלינסטונס וכשהייתי בהיריון הוא היה יוליוס קיסר ואני הייתי קליאופטרה. עכשיו אני

לא בוכה את חיי ומצד שני אני כבר לא מתחפשת בפורים. יותר קל לי לא לקחת חלק בדבר הזה.

בהתחלה הייתי סובלת מאוד בחגים, כולם סביבי היו חגיגיים ומשפחתיים והיה לי קשה להיות בלעדיו. פיתחתי איזו שגרה של הישרדות במצבים האלו. הייתי מרדימה את התינוקות, מתנתקת מכל החגיגה והולכת לעשות כלים וכולם אמרו לי תודה על העזרה. תמיד היה לי נוח להסתתר מאחורי התינוקות שלי שכל הזמן היו צריכים איזה משהו ולצאת רגע מהסיטואציה כי למה? למה אני צריכה לשבת שם עצובה באמצע החג? הרגשתי שהדברים השמחים לא שמחים כבר ושאני צריכה הרבה מאמץ כדי להיות שמחה באמת במועדים. אני לא יכולה להגיד שחג פסח למשל מעניין אותי עכשיו. לא, הוא לא מעניין אותי אבל אני לא סובלת בו.

יאיר הכי חסר לי דווקא באירועים השמחים כמו ימי הולדת, כי אני רוצה לחלוק איתו את השמחה. וכשעצוב, אז עצוב. פעם כשהיה לי עצוב הייתי הולכת עם חברה לשתות בירה מול הים, להתנתק ולנשום. הייתי חסרת סבלנות ופחדתי להוציא את העצבים החשופים שלי על הילדים, וכשהם גדלו כבר התרגלתי. נהיה לי עצוב אחר. עצוב שהוא לא חונק, שהוא בעיקר במחשבות.

איך ממשיכים הלאה?

הכרתי את אהבת חיי בגיל 22 וחצי. הוא היה החבר הכי טוב שלי והיה לנו כל הזמן כיף וזורם ביחד. אף פעם לא הרגשתי שבא לי לקחת אוויר או צעד אחורה ממנו. אני נזכרת שיאיר רצה שנכניס לחדר השינה טלוויזיה ואני סירבתי. אמרתי לו, מצטערת נשמה. זה לא. הוא התעקש, מה הבעיה? נראה סרט ביחד ונירדם. אמרתי לו, אם תהיה בחדר השינה שלנו טלוויזיה, אנחנו לא נדבר, ולא בא לי. אהבתי שאנחנו נכנסים למיטה ומקשקשים קצת ביחד. ואז הוא היה מתחיל את הטוק שואו. היינו עושים פתיח כמו של התוכניות של פעם וצוחקים מלא.

אני לא יודעת אם אפשר לקבל את החיבור הזה פעמיים בחיים. נשמע לי חמדני.

אני מאמינה שיכולה להיות אהבה למי שמאבד, אבל אני גם יודעת איזה רף יאיר הציב. רף של קשר עמוק מאוד. לא שהיה מושלם בינינו, אין מושלם, אבל היה את הכי טוב שיכולנו לייצר.

יש משהו בדינמיקה שלנו שאני מבינה רק היום. אני מבינה שעשינו את המקסימום כדי לתקשר, לשתף ולהגשים. שנינו היינו במקום שאם אני יכול לעשות משהו נחמד שיעלה לך חיוך, אני אעשה. אם אני יכולה להשאיר לך פתקים, שטויות ועוגיות, אני אביע ככה אהבה. היינו צעירים כאלה, זאת הייתה השפה. לא התקטננו על מה שהשני לא עשה, אבל לא יודעת, יכול להיות שזה גם היה מגיע בהמשך.

היינו צעירים, עוד לא בני שלושים, חמש שנים ביחד, ברוטו. הרבה דברים בקשר שלנו היו בוסריים, לא היו לנו ריבים משמעותיים. יש המון דברים שעוד אפשר היה להעמיק כי לא חווינו אותם בעומק המלא שלהם. למשל, לא באמת התמודדנו עם הורות. אחינועם הייתה בת שנה ויאיר ראה אותה פעם בשבועיים, ולמרות זאת היא לא הייתה צריכה זמן להפשיר כשהוא היה חוזר הביתה, היא הייתה רק מריחה אותו וכבר זוחלת אליו במרץ.

יאיר ריפד את הזוגיות שלנו בעין טובה. הוא היה מעריך כל דבר. יואו, איזה יופי סידרת את הבית שלנו! ארגנת את זה כל כך יפה, תכננת, עיצבת. היינו שוכבים על הספה מחובקים ורואים טלוויזיה ואז הוא היה אומר לי, את יודעת? זה מה זה לא ברור שכל כך טוב לנו ביחד. יאיר ידע לעצור ולהעריך ולהתלהב כמו ילד קטן מכל מיני דברים. כשהייתי מכינה לו עוגיות, הוא היה אומר לי: אוי! אני כל כך מעריך את ההשקעה שלך! מי מתנהג ככה?

בהתחלה לא חיפשתי אהבה חדשה כי היו לי שני תינוקות, טיטולים וכביסה לקפל. ישנתי יום כן, יום לא. מה בדיוק היה אטרקטיבי בי? לא הרגשתי שיש לי משהו להציע, אבל בסוף היום רק רציתי להניח את הראש על כתף של איזה גבר, ורציתי את הגבר שהיה לי. אבל הפרדוקס הוא שהגבר הזה הוא בדיוק הסיבה שהייתי צריכה לחפש כתף אחרת.

אומנם לא חיפשתי אהבה, אבל הרגשתי בחסרונו ממקום של בדידות פיזית, כי היינו זוג מאוד מחבק וקרוב. היו לנו חיבוקים של הכרת הטוב, של זה־לא־מובן־מאליו שיש לנו אחד את השנייה.

ההתמודדות שלי בשנים הראשונות הייתה לייצר תחושת מסוגלות, שאני מסוגלת להחזיק את הבית ואת הילדים ולגדל אותם ולתפעל אותם בלי תלות באף אחד. לא הסכמתי לקבל כל עזרה שהייתה נראית לי אקראית או זמנית כי לא רציתי לאבד את תחושת המסוגלות. הייתי צריכה את השליטה והמסוגלות להרגיש שאני יכולה לעשות את זה לבד.

היו לי כל מיני חלומות, חלקם נגנזו. חלמתי על משפחה גדולה עם יאיר ובית של צחוקים וכיף. היה לי גם חלום על קריירה ביטחוניסטית. וביוני 2015, פחות משנה אחרי שיאיר נהרג, התחלתי לעבוד במשרד ראש הממשלה. וגם חלמתי, בשלב מסוים, על אהבה חדשה.

פתאום בגיל 27 לא כל כך ידעתי איך לגשת לדייטים, הרי לא רציתי ילדים שהם לא מיאיר. הרגשתי שאני נורא מחויבת לילדים שיש לי ואני לא רוצה שייווצר מצב של מעמדות בבית וחלוקה בין הילדים שלי לילדים של בן הזוג שלי. כל מה שיכולתי לחשוב עליו הוא שאני צריכה להגן עליהם, כי מי יכול להבטיח להם שיאהבו אותם כמו שאני אוהבת?

היו גברים שרצו בקשר איתי, במיוחד אלו עם תסמונת "בואי, אני אציל אותך". גיבורים כאלו. לא התחברתי לסוג הזה, אפילו קצת נגעלתי כי הרגשתי שהם עסוקים בעצמם. מי שהזהיר אותי לגביהם היה דווקא יאיר לפיד. הכרתי אותו בשבעה והיו לנו שיחות טובות. הוא אמר לי, תיזהרי מהגיבורים, אלה שיבואו להציל אותך. את לא צריכה שיצילו אותך. והוא צדק.

יצאתי פעם עם מישהו שעבד איתי בתקופה אחרי שיאיר נהרג. הוא היה נשוי בזמנו ולא דיברנו, אבל אחרי שהוא התגרש הוא אמר לי, התגרשתי לפני שנה ואני מתחיל לחשוב עכשיו מחדש על זוגיות. אני כל פעם חוזר לחשוב עלייך, אני יכול לקחת אותך לדייט? זה היה נורא אמיתי והחלטתי ללכת על זה. יצאנו ביחד חודשיים והיה נורא נחמד, אבל הרגשתי שמשהו בתקשורת איתו לא עובד. אני צריכה תקשורת ושיתוף ושיקוף של רגשות והוא לא היה שם. הוא היה יכול להקשיב, אבל לא היה משתף. אמרתי לו שזה חייב להיות הדדי, הקשר לא יכול להפוך להיות אינטימי אם אתה לא פגיע וחשוף. הוא אמר לי, אני לא יודע לתת לך את מה שאת מבקשת. הכול טוב, נפרדנו כידידים.

חוץ מהקשר הזה, לא ממש היה לי קשר אחר בעשר השנים האחרונות מאז שיאיר נפל. לא היה מישהו שהוא גם פנוי, גם מתחבר לי וגם זורם לי. חברות הציעו לי להירשם לאפליקציות, אבל אני לא אוהבת את הקונספט. ולמרות זאת ניסיתי, נרשמתי ונפגשתי לאיזה דייט ראשוני עם כמה בחורים עד שקלטתי שכבר אחרי מפגש אחד אני מזהה שזה לא בשבילי. יצאתי מהאפליקציות. הפלטפורמה הזאת גורמת לי סבל. אני לא יכולה לראות יותר סלפי של גבר מחדר הכושר. ראיתי גם אחד שרוקד על עמוד. מה נסגר?

אני יודעת שקשר יבוא בהכרח על חשבון הילדים ואני לוקחת את זה בחשבון. מצד שני, הילדים שלי אומרים לפעמים, אמא, לא בא לנו שתהיי לבד.

אני חושבת שהם זקוקים לדמות משמעותית בחיים ואני לוקחת בחשבון שיכול להיות שלא יהיה אחד כזה, לא כי אני לא ראויה לאהבה או שהלב שלי לא פנוי או איזה קשקוש כזה. אני פנויה ואני רוצה וזה לא על חשבון יאיר, אבל אהבה חדשה צריכה להיות ממש טובה וכיפית, כזאת שאני ממש ארצה להיות בה, כי הרי יש לי דברים אחרים לעשות.

היום האהבה חסרה לי, אבל אני לא מאוהבת באהבה, אני רוצה להתאהב בבן אדם. אני בת 38, אני ממש פתוחה ורוצה להכיר מישהו נורמלי ואני חושבת שלפני האפליקציות אנשים מצאו את הדרך להתחתן. אבל לחברות שלי אין הצעות בשבילי. ויש גם כל מיני תופעות, כמו למשל גרושים שמחפשים מישהי שתטפל בהם ותכבס להם. חלקם גרים ביחידת דיור בעוד שלך יש כבר בית. אני רוצה שהמוטיבציה להכיר אותי תהיה אמיתית. הרי אין באמת סיפור סינדרלה ואין אהבה ממבט ראשון, די. זה לא קורה. כל אדם מגיע עם אג'נדה ומטען.

אין לי שאיפה לגור עם בן אדם, לא דחוף לי לכבס למישהו. אני לא צריכה מישהו שיעשה לי ילדים. אני לא צריכה עזרה כלכלית ואני לא צריכה מישהו שיגדל לי את הילדים. אני לא צריכה שום פונקציה וחשוב לי לא להיות הפונקציה! אני רוצה אהבה נקייה, אמיתית, חברות, שותפות, מישהו שאני ארצה לטייל איתו בעולם וארצה להיות איתו מתחת לשמיכה בבית.

כשחיפשתי את האיש שלי בפעם הראשונה, מה שהיה חשוב לי זה איזה אבא הוא יהיה ומה הערכים שלו. חשבתי בעיקר משפחתית והיום אני לא מחפשת מישהו לעשות איתו ילדים. היום אני לא מחפשת בהכרח מישהו לגור איתו. אלא מישהו שיש איתו רגעים פשוטים של ביחד, עולם שהוא רק שלנו, עם אדם שיש לי הערכה כלפיו. מישהו שמתקשרים אליו ראשון על משהו עצוב ומשהו שמח. מישהו להביט איתו על העולם במבט זוגי, אבל גם לשמור על נפרדות.

אני לא חולמת היום את החלומות שחלמתי אז. אני גם כנראה לא אותו בן אדם. מה שאנחנו עוברים בחיים הוא מה שהופך אותנו למי שאנחנו.

אני יודעת שאני אהסס לפתח תלות כי העצמאות שלי והנפרדות שלי מאוד חשובות לי. מצד אחד, אני מאמינה שאהבה יכולה להגיע, מצד שני אני יותר מעשר שנים לא בזוגיות ואני שואלת את עצמי, יכול להיות שאפשר גם בלי? זה לא אידיאלי והייתי שמחה שתהיה לי זוגיות, אבל יכול להיות לי טוב גם בלעדיה.

אני לא יודעת למה כל כך מסובך למצוא לי את האיש הזה. אני לא מבינה למה גברים נרתעים מהאתוס, מהגבר הגיבור שהיה לי. זה היה כשהיינו צעירים, הוא היה ילד, אני כבר לא שם. יש הרבה נישואי רעות ומגיע השלב שאתה מחליט אם אתה רוצה נישואי רעות או אהבה. אני לא רואה את עצמי בנישואי רעות. אני מחפשת אהבה. אז איזו אהבה אני מחפשת? אני לא יודעת. קשה לי להשוות כי עם יאיר הכול היה נקי.

היום אם אמצא בן זוג, אצטרך לפנות מקום בלב ובלו"ז כדי לגלות את הדרך המשותפת שאנחנו רוצים לבנות. צריך לראות שיש לנו בסיס לשיח משותף ושהוא אדם שיכולה להיות לי הערכה כלפיו. אני רוצה לראות ניצנים של זה כדי לרצות להשקיע ולגלות אותו.

אין לי מניירות, אני מגיעה לדייט בג׳ינס וטי שירט ואני רוצה לראות את האדם עצמו. כשאת צעירה ויוצאת עם מישהו, את יכולה רק לדמיין איך הוא יהיה כאבא וכשהוא יזדקן. היום אני אחפש את הגבר שאני יכולה לראות איפה נשבר לו הלב ויש לזה פוטנציאל להיות יותר יפה. היום אני יכולה לראות כבר אדם בשל שיש לו ילדים ואיך הוא מתמודד עם שברון לב. יש ממד שזה אפילו יפה יותר.

השמחה שלי מאוד השתנתה. זה בגלל שאנחנו מזדקנים והכול משתנה או שזה קשור למוות של יאיר? אני לא נהנית לטוס לחו"ל, הייתי מעדיפה לטוס עם בן זוג ולא למשל כנספחת לזוג חברים שמהווים ביחד משפחה שלמה. ואני נהנית לצאת לסופשבוע יחד עם חברה ולעשות מסאז׳ ולשתות יין בג׳קוזי אבל זה לא זה. זה לא רומנטי. אני מחכה לזוגיות שיש בה חיבור. הוא לא צריך להיות חיבור כמו שהיה לי עם יאיר כי אני כבר לא אותה יהלי. אני מחפשת זוגיות שלמה אחרת שמתאימה למי שאני היום ולמקום הנוכחי בחיים. מישהו שאשמח שהוא עם הילדים שלי וארצה להכיר את

הילדים שלו. מישהו שאני יכולה לחלוק איתו, להיות חשופה, לחוות, לשתף, להקשיב, להרגיש משמעותית בשבילו. מישהו לרוץ איתו.

אני לא יודעת אם אני מאמינה שזה יקרה לי. עבר הרבה זמן. אולי קצת התרגלתי ללבד ולנהל את הכול. אני לא יכולה להגיד שאני קמה בבוקר עם אמונה שלמה שמשהו ינחת עליי מהשמיים. לא. אני גם מכירה בנות שלא פגשו את אהבת חייהן ולא בנו משפחה. אפשר להגיד תודה על מה שכן היה.

אני לא נותנת לעצמי להיות כל כך פגיעה היום, להיות מטולטלת. אני לא נהיית מאוהבת אחרי דייט אחד, זה לא מאפס למאה. אולי אני פוגשת מישהו שמעניין אותי ואני רוצה לפגוש אותו שוב וזה יהיה לי בסדר. אני לא חווה את הרגשות בעוצמה וזה בסדר. די, אני לא בגיל הזה.

הבן שלי נמצא עכשיו בגיל כזה שדמות גברית יכולה לעזור לו. אני רואה אותו מחפש את זה אצל אחי ואבא שלי ואני חושבת שבא לי שלילדים שלי יהיה מודל זוגי. אני ידעתי איך בן זוג צריך להתנהל כי ההורים שלי היו אחלה מודל ובא לי שגם לילדים שלי יהיה.

אני כבר לא יודעת אם יהיה להם.

להיות רק מאורסת זה לחיות בתחושת החמצה על מה שלא היינו. והתחושה הזאת מתקיימת כל הזמן. בכל חג או שבת או אירוע משפחתי לכאוב את זה שאני מגיעה לבד כי הייתי אמורה כבר להיות משפחה.

// עדנה סרוסי נגה

מה אתה יודע על געגוע?

עדנה סרוסי נגה

בת 34, ארוסתו של סגן הדר גולדין שנפל במבצע צוק איתן,
נחטף לעזה ונשאר חלל שבוי.
נשואה ואמא.

מבצע צוק איתן

לפעמים אני מקנאה באלמנות שהיו נשואות עם ילדים והיה להן הרבה בשר של חיים ביחד עם הבעלים שלהן. להדר ולי היה הרבה בשר של פנטזיה. וזה משאיר אותי בודדה בלי אף קבוצה שאני מרגישה שייכות אליה. החוויה שלי היא של רגע לפני שיא שלא התממש, רגע לפני שהכול קורה, הכול נשאר תלוי באוויר. זאת הרגשה שאני חיה איתה חיים שלמים.

כיוון שהיינו "רק" מאורסים, אין מה שקושר אותי אליו, כי להיות ארוסה זה להיות חסרת מעמד. אפילו בבחירה להשאיר את שם המשפחה של הנעורים שלי, יש מן הרצון להשאיר את החותם שהיה לי כשהכרנו, שמזוהה עם הדר. כשהדר הלך, בעל כורחו הוא הביא אותי לעמוד באתגרים חדשים. היום משהו בי הרבה יותר מקורקע. גדלתי, כאבתי, התפתחתי. אבל אף על פי שהדר הלך, גם היום, כשאני נשואה ואמא, הדר נוכח בדברים הקטנים בחיים שלי. זה בלתי נמנע לחשוב על איזה בית היינו מקימים ביחד, על הילדים שהיו יכולים להיות לנו, ואיך החיים היו מגלגלים אותנו. אני יודעת שהיינו יכולים

לבנות בית מדהים. הגעגוע להדר הוא גדול והוא נוכח, יש רגעים ספציפיים בחיים שאני מרגישה שהוא ממש חסר לי. למשל בהחלטות מסוימות שהייתי רוצה לשמוע לגביהן את הקול שלו ואת מה שיש לו להגיד. ובתוך כל זה יש גם געגוע אליי, לעדנה של הדר, שגם היא הלכה מהעולם ביחד איתו. אומנם התבגרתי והתפתחתי מאוד, אבל חלק ממני, חלק אהוב ויקר לי, כבר לא חי.

הדר יצא לרגילה ביום שבו קברו את שלושת הנערים החטופים, גיל־עד שער, נפתלי פרנקל ואיל יפרח. אמרתי לו שאני הולכת להלוויה והוא הגיע גם. נפגשנו שם, כמו עוד הרבה אנשים שהרגישו צורך להגיע ללוות אותם.

הרצח שלהם, וכמובן מסע הלוויה, היו אירועים מטלטלים ברמה הלאומית.

הדר ואני הלכנו עם ההמון, אבל לא הצלחנו להשתתף במעמד הקבורה. אי אפשר היה להתקרב לסביבת הקבר מרוב שהיו הרבה אנשים. בשלב מסוים חתכנו, חזרנו לאחור והתלבטנו מה לעשות.

רצינו להודיע שאנחנו מתארסים, אבל זה היה יום מאוד עצוב.

בסוף החלטנו שהולכים על זה. שמודיעים. התקשרנו להורים ולאחים, וסיפרנו, והכול היה מאוד מרגש. אף על פי שעד לאותו רגע היה בי קצת פחד לקפוץ למים, עם ההודעה הזאת עברנו ברגע אחד למקום של קבלה ווּדאות. ברגע אחד כל הפחד נעלם והייתי מאושרת מזה שאנחנו ביחד ושאנחנו הולכים על זה. ביום למוחרת ההורים שלנו נפגשו והדר הפתיע אותי עם הצעת נישואין. לא האמנתי שהוא עשה את זה. הוא לקח אותי לחורשה ליד משואות יצחק וחבר שלו ארגן הפקה יפה עם מדורה ומרשמלו ושלט. הדר שלף טבעת והכול היה כל כך מרגש.

בשבוע של הרגילה עוד הספקנו לבדוק ביחד להקה לחתונה ובאמצע האירוע התחילו לירות טילים מעזה, היו אזעקות וכולנו חיפשנו את המרחב המוגן. כל הגזרה התחממה, היה פחד מפני הבאות וידעתי שהדר ייקח חלק בכל פעילות שתתחיל.

שבוע אחרי שהדר חזר לצבא אני המשכתי לתכנן את החתונה שהייתה אמורה להיות בסוף הקיץ. בינתיים התחיל מבצע צוק איתן. הדר ירד ישר

לדרום. הכניסה הקרקעית התחילה ביום ההולדת שלי ואני זוכרת שהרגשתי נורא. ידעתי שהדר נכנס, ידעתי שהוא בלי תקשורת והייתי בלחץ. פחדתי עליו והייתי עסוקה תוך כדי בארגון החתונה. כשהוא הצליח להתקשר, הייתי מעדכנת אותו בקצרה על ההתקדמות שלי והוא, בזמן המועט שהיה לנו לדבר, היה משתדל כמה שיותר לבקש שלא אדאג. בין לבין בשטחי הכינוס הוא צייר סקיצות להזמנה שלנו לחתונה, שם הוא הכניס קטע משירו של הרב קוק "ודור יקום וחי, ישיר ליופי ולחיים" מעוטר ביונים וברימונים. הוא שלח את הסקיצות לי ולאחיו, התלבט על הצורה, שינה ושיפר.

תכננו להתחתן ליד בית הכנסת במושב שלי, גני טל, שפונה מגוש קטיף ובנה את עצמו מחדש במועצה אזורית נחל שורק. כבר סגרנו להקה והשמלה שלי הייתה בתפירה. ורק חיכיתי שהדר יחזור.

לא התכוננתי לשום תרחיש שבו הוא מת. פחדתי עליו ולא הייתי בטוחה מה בדיוק קורה בשטח, אבל לא חשבתי שהוא ייפצע או שיקרה משהו גרוע מכך. רק רציתי שהוא יחזור בשלום.

סימנתי לעצמי משימות שאני צריכה לבצע עד שהוא יחזור בהכנות האחרונות לחתונה, כדי לסיים את החלק שלי ולהיות פנויה עבורו. והתפללתי בלי סוף, עליו ועל כולם.

השיחה האחרונה שלנו הייתה יום לפני שהוא נפל. זה היה בחמישי בצוהריים. הטלפון צלצל ממספר לא מזוהה שכבר הכרתי, הוא חייג ממנו לא מעט פעמים במהלך המבצע. התרגשתי. הוא היה במצב רוח ממש טוב, או שזה לפחות מה שהוא שידר לי. הוא אמר שזהו, המבצע כבר נגמר, הפסקת האש נכנסה לתוקפה והם נכנסים לעשות רק איזו משימה קטנה. הוא אמר לי, "לחשוב שאני אחזור בשבת זה אופטימי מדי, אבל נשמע לי שיום ראשון או שני זה זמן הגיוני שבו נוכל להיפגש".

הייתי בתחושה מרוממת, הוא כל כך הרגיע אותי. הייתה לי רווחה ברגע הזה, הרי כבר יש הפסקת אש שבאמת מעידה על סוף הלחימה.

אני זוכרת שרציתי להגיד לו כל כך הרבה דברים, ולפרוק כל כך הרבה רגשות ומתח ואהבה, אבל אמרתי לו רק אני מחכה לך, אני מחכה שתחזור, תשמור על עצמך! ואז מישהו קרא לו והוא היה צריך לסגור. הרגשתי שהוא

אוהב אותי, הרגשתי את זה בשיחה והוא מאוד התרגש שעוד מעט ניפגש. ואז הוא ניתק. ולא דיברנו עוד.

כשסגרנו את השיחה, הייתה לי תחושה של החמצה, אבל היא נעלמה מהר מאוד בגלל שהייתי באופוריה מכך שהוא עומד לחזור. הרגשתי שניצחנו ושהחתונה עם הדר שכל כך חיכיתי לה הפכה לקרובה מתמיד.

למוחרת קמתי חדורת מטרה לסיים את העבודה הסמינריונית שלי לפני שהוא חוזר. בתקופה ההיא למדתי מדעי ההתנהגות באריאל. הדר היה ההשראה שלי לעבודה שכתבתי על הקשר שבין הומור ויצירתיות. הדר התאפיין בדיוק בשתי התכונות האלו.

בשלב מסוים עברתי במטבח ליד הטלוויזיה שהייתה דלוקה ואני זוכרת שראו את עזה עם הרבה עשן והיה כתוב "תקרית קשה ברצועה". שמעו יריות ברקע ובאותו הרגע הלב שלי צנח. הפסקת האש הופרה. פתאום הרגשתי אגרוף בבטן והייתי טיפה מסוחררת, אבל רק לרגע. התעשתי והחלטתי ביני לבין עצמי שאני לא נכנסת לדמיונות של תרחישי אימה. אמרתי לעצמי, הרצועה זה מקום גדול. אפילו לא התעמקתי היכן הייתה התקרית, רק רציתי להימלט בחזרה לחדר שלי. החלטתי שעכשיו אני נכנסת לחדר, סוגרת את הדלת ומסיימת את העבודה הזאת כי הדר צריך לחזור ואני צריכה לסיים אותה כמה שיותר מהר. סגרתי את הדלת וישבתי וכתבתי ולא ידעתי כמה זמן עובר.

אמא שלי פתחה את הדלת ונכנסה לחדר. ראיתי את הפנים שלה והבנתי שמשהו קרה.

ואז היא אמרה שהדר נחטף.

וזה היה נראה לי כמו הדבר הכי לא הגיוני בעולם.

אין שום קשר בין מה שהיא אומרת, לבין מה שיכול לקרות במציאות. זה לא תרחיש סביר. לאמא שלי הייתה הבעה שאף פעם לא ראיתי עליה. הבעה מאוד נסערת. רגע לפני, ראיתי עליה שהיא הולכת להגיד משהו נורא.

ופתאום היינו ברגע שאחרי.

רצתי ברחבי הבית, אספתי חפצים וקראתי לכל עבר, אנחנו נוסעים לכפר סבא, לבית של הדר. לא משנה לי מה. אני מתארגנת. אבא שלי בא אליי וחיבק אותי, הבטתי בו ואמרתי, אנחנו צריכים לרוץ!

ההורים שלי לקחו אותי לכפר סבא. לא הצלחתי לחשוב בהיגיון. אמרתי לעצמי, ממש לא אופייני להדר להיחטף, זה לא הגיוני. ישבתי במושב האחורי

ולא הצלחתי לנשום, הייתי בטוחה שאני עומדת למות, אבל אמרתי לעצמי שאסור לי למות כי הדר חי, וזה יהיה נורא בשבילו אם אני אמות. הייתי חייבת לצלוח את הרגע הזה, בתקווה שאחריו תהיה מציאות שפויה יותר.

כשהגענו לכפר סבא נכנסנו לבית של הדר ומצאנו שם את ההורים שלו, אח שלו ואשתו וגם הקצינים. הם ישבו על הספה, בהלם. הבית התמלא באנשים, את רובם לא הכרתי, את חלקם הקטן כן, והיו גם כמה שראיתי ממש לא מזמן באירוסין שלנו. השבת עמדה להיכנס. אמרתי להורים שלי שאני נשארת לשבת וגם הם החליטו להישאר. סידרו להם לינה, מישהו הביא לי בגדים מהבית וזהו. נכנסה השבת.

מצאתי את עצמי ליד השולחן יחד עם בני המשפחה. אני לא זוכרת דבר מלבד העובדה שישבנו ליד השולחן, עשינו קידוש והרגשתי שהדר בטוח חי ותיכף נדע מה קורה.

בקומה העליונה של הבית ישב צוות של משא ומתן מהצבא. הם הקימו לעצמם עמדת תקשורת כדי שיוכלו לעדכן אותנו בכל מידע חדש שיעלה במהלך השבת. בהתחלה פשוט היינו במתח ובלחץ וחיכינו לאיזשהו אות מהעמדה שלמעלה עד שבשבת בבוקר הם פשוט נעלמו. לקראת הצוהריים קיבלנו הודעה שצה"ל יוצא מעזה. באותו רגע הוצאנו את השבת והבנו שאנחנו חייבים להילחם על הדר בכל דרך אפשרית כדי שלא יפקירו אותו שם.

כשיצאה השבת באמת כינסנו מסיבת עיתונאים כדי להפעיל לחץ ציבורי והד לאמירה שלא יוצאים מעזה בלי הדר. זו הייתה סיטואציה הזויה, אני לא חובבת במות ומצלמות והנה אני עומדת ומדברת במסיבת עיתונאים על הארוס שלי. כשסיימתי לדבר, המשפחה של הדר נשארה למטה לענות על שאלות ואני עליתי במהירות למעלה. פתחתי את הדלת וראיתי את התמונה של הדר ושלי מהאירוסין מרוחה על מסך הטלוויזיה. רציתי לצעוק שאני בן אדם פרטי! ושאני רוצה לחיות את החיים שלי! שלא תכננתי את כל הקרנבל שמסביב. שהסיטואציה הזאת לא קשורה אליי. אבל הרגשתי שאני לא מצליחה להרכיב משפט אחד שלם. ובן רגע הפכתי להיות הבחורה הזאת שכולם מזהים.

בשעת לילה מאוחרת הגיעה משלחת של אנשי צבא ואנשי מקצוע לבשר לנו שעל פי כל הממצאים הדר נהרג וגופתו נחטפה למנהרה.

לפי מה שסיפרו לנו, בזמן הפסקת האש, כשהכוח עדיין נמצא בתוך הרצועה, המ"פ הבחין במחבל שמתצפת על הכוח. חפ"ק המ"פ, שהדר בתוכו, ניגש להביא את התצפיתן. בדרך החפ"ק התפצל לשניים, שלושה איגפו מימין ושלושה משמאל. ליאל גדעוני הקשר, בניה שראל המ"פ והדר, שהיה קצין שהתלווה לכוח, נהרגו לאחר שנכנסו למארב תוך כדי קרב עיקש במחבלים. את הדר חטפו לתוך המנהרה. איתן פונד שהיה הסמ"פ של בניה, נכנס אחרי הדר למנהרה וקיבל על כך את עיטור המופת. בזכותו היה בידינו המידע שהדר אכן נהרג.

זה היה אחד הרגעים הקשים בחיי. הזעזוע העמוק מהמחשבה על הדר חסר אונים, הדר הגיבור, החזק, הכל כך חי. לא הגיוני לחשוב עליו כמת. קשה להסביר או להמחיש את התחושה הנוראית הזאת של החלום שמתנפץ. ובתוך כל הסיטואציה הנוראית הזאת המשפחה של הדר מקבלת באצילות נפש את הכרזת הצבא על הדר כחלל, כדי למנוע מחמאס לייצר תמונת ניצחון שיש בידיהם חייל חי, אך במקביל דורשת מהנוכחים לדאוג לחזרתו של הדר לקבר ישראל בקרוב. שר הביטחון בוגי יעלון וכל אנשי הצבא שנכחו בחדר הבטיחו שהם ערבים לכך שהדר יחזור בקרוב מאוד.

אחרי שכל הנציגים הלכו, נשארנו בחדר לעכל את הדברים. היינו צריכים רגע לעצמנו לפני שפתחנו את הדלת ויצאנו לעולם עם הבשורה הקשה וההבנה שצריך להתארגן על לוויה.

ביחד עם ההודעה הנוראית הזאת שעוד תשנה את חיי מקצה לקצה נחשפתי לחיבוק העצום של עם ישראל, הרבה הודעות מאנשים שאני מכירה ולא מכירה, המוני אנשים בהלוויה וגם אנשי המקצוע שבחרנו בהם לחתונה שלנו שהגיעו לנחם והחזירו את כל המקדמות שכבר שילמנו. הרגשתי שעם ישראל איתנו, כאב לי עליהם שהם הפסידו את הדר וכאב לי עליי.

ביני לבין עצמי החלטתי שאני עוברת את הכול כמו אלמנה, שאני קורעת קריעה ויושבת שבעה כאילו כבר היינו נשואים. הרגשתי שאני אלמנה ולא ראיתי את עצמי נוהגת אחרת. אבל בגלל שלא הספקנו להתחתן, לא קיבלתי הכרה מהמדינה ומצאתי את עצמי מתעסקת המון במקום שלי בתוך השכול. משרד הביטחון לא דאג לי והרגשתי שהאבל שלי שקוף. מי

שכן העניקה לי מעמד זו עמותת "הותיר אחריו חברה" של החברות של חללי צה"ל. זאת עמותה מדהימה שמצד אחד עזרה לי המון, יש שם נשים מדהימות שעושות הכול כדי לשקם את בנות הזוג של חללי צה"ל, ומצד שני הרגשתי שהיא לא משקפת את המקום שלי ואולי אפילו מנציחה את תחושת ההחמצה שלי.

להיות רק מאורסת זה לחיות בתחושת החמצה על מה שלא היינו. והתחושה הזאת מתקיימת כל הזמן. בכל חג או שבת או אירוע משפחתי לכאוב את זה שאני מגיעה לבד כי הייתי אמורה כבר להיות משפחה.

להיות רק מאורסת זה לפחד ללכת לחתונות כי אני לא אפסיק לדמיין את החתונה שלנו שכל כך חיכיתי לה. זה לדמיין את הבית שלא היה לנו, את הילדים שלא היו לנו, את צנצנת העוגיות שלי שהוא אהב לאכול שכבר לא תהיה לנו, את השקיות עם המתנות לבית שקיבלנו לאירוסין, או החפצים שכבר קניתי לבית שלנו שחיכו בבית שלי ועברו להיטמן לתמיד במחסן.

את הכול דמיינתי לפרטי פרטים. דמיינתי אותנו שותים קפה של בוקר ביחד, פותחים רדיו ורוקדים, משחקים משחקי קופסה, ראיתי אותנו לומדים ביחד, כמו שאהבנו. ורואים סרטים, אוכלים שווארמה, מטיילים. דמיינתי את ימי שישי ואת ההכנות לשבת, את המתנות לחג ואפילו את הוויכוחים הזוגיים שלנו ראיתי. ראיתי ולא זכיתי לראות.

הדר ואני נפגשנו בפעם הראשונה כשהייתי בת 22 וחצי. הדר מייד התלהב ממני. מאוד. לי לקח קצת זמן. אהבתי את החיוך שלו מייד כשנפגשנו, והרגשתי שהוא מתרגש מהפגישה. הוא הקדים קצת ואני איחרתי, כך שיצא שהוא חיכה לי כמעט חצי שעה, ובכל זאת הוא קיבל אותי בחיוך רחב ובהליכה מעט גמלונית. הוא היה קצת נבוך והיה ניכר עליו שהוא לא מיומן בדייטים ראשונים.

היה משהו פשוט מאוד בשיחה. אומנם הוא שיתף אותי בכנות בדברים שאיתם הוא מתמודד ושאל שאלות כדי להכיר אותי, אבל בלי לחפור ובלי להתפלסף. בדיעבד אני מבינה שאולי חיכיתי לפלספנות הזאת שלא הגיעה, גם לא בהמשך. גם אם בהתחלה קצת התבאסתי, בסופו של דבר למדתי לאהוב את הישירות שלו, וגם להתחבר לפשטות שהייתה בו.

אני זוכרת שאחרי הפגישה הראשונה שלנו הוא התקשר למוחרת בערב ואמר, וואלה, התגעגעתי. ואני חשבתי לעצמי, מה, כבר התגעגעת? מה אתה יודע על געגוע?

וככה התחלנו את הדרך שלנו, באופן שונה ממה שהכרתי לפני, ומאיך שדמיינתי את הזוגיות שלי.

אבל היה בהדר משהו שסיקרן אותי, שתמיד השאיר בי טעם של עוד. היה משהו כמעט ילדי בקשר שלנו. נמשכתי לילדיות הזאת שהייתה בו, ילדיות לא במובן הילדותי, אלא במובן של תום ונקיות וסקרנות.

לפני הפגישה הרביעית או החמישית שלנו הוא הודיע לי שהוא צייר לי ציור שהוא רוצה להביא לי. אף פעם לא ציירו לי ציור ולא ידעתי למה לצפות. דמיינתי שהוא צייר איזו קריקטורה על דף נייר. כשנפגשנו הוא הגיע עם ציור על בד קנבס גדול. הייתי בהלם. היה ברור שהוא צייר אותנו, זוג יושב על חוף הים בלילה וצופה בדייג שעומד בתוך המים, החכה שלו מכוונת לשמיים ומעליהם ירח מאיר. זה היה מדהים כמה רגש הוא הצליח להעביר אליי בלי מילים בציור הזה. זו הייתה הצצה עבורי לרגישות שלו ולעומק ולאומץ לאהוב ולהתמסר בפשטות. ובעיקר התרגשתי מהיכולת שלו לנצור רגע ולהפוך אותו לחי ומלא בקסם וברגש.

הדר הצחיק אותי מאוד, התחברתי אליו בהרבה מובנים והיה לי כיף איתו. ידעתי שהוא מעוניין בי והיה בו משהו שכבש אותי. זיהיתי בו איכויות של אדם טוב, אבל לקח לי זמן להתמסר אליו.

הדרך שלנו ידעה עליות ומורדות ואפילו פרידות וחזרות. חיפשנו את עצמנו וניסינו לייצר לנו עולם ערכי ששנינו מתחברים אליו ועם כמה שפחות התפשרות. למדנו בתוך הקשר שלנו להקשיב ללבבות האחד של השנייה, ולא להיבהל מהפערים בינינו.

הדר היה פתוח לעולם הגדול, היה לו ידע כללי רחב, הוא היה אומן עם נפש שמחה ומוארת. הוא צייר מדהים והתעניין מאוד באומנות. כשהיינו יושבים במוצאי שבתות לאורך חופי ישראל בדייטים שלנו, הוא היה מאייר על החול תוך כדי דיבור, בקלילות כזו. הרגשתי שאיתו אין לי מה לדאוג, אני בטוח אהיה הגרסה הכי טובה של עצמי, מלאה באידיאלים וברצון לעשות דברים גדולים. הרגשתי שביחד אנחנו אדירים!

הוא היה בחור שאפתן, עם צימאון ללימוד, צימאון לחיים ואהבת תורה אמיתית שמחוברת לחיים, כזאת שמעצימה אותם ומפארת אותם. הוא גם היה בחור מאוד מעשי ועינייני, הוא אהב את הצבא, הייתה לו תחושת שליחות והוא הרגיש שיש לו זכות לגדל לוחמים חדשים לערכים שהוא מאמין בהם. כל הקשר שלנו התקיים כשברקע הצבא, עם כל האתגרים שהוא הביא אלינו. לא יכולנו לדבר כשרצינו, ובטח לא להיפגש. השיחות שלנו היו יחסית קצרות ועם המון הפרעות באמצע. הדר היה עסוק מאוד, בתחילת הקשר הוא היה בקורס קצינים, בהמשך הוא היה בתפקיד של מפקד צוות. הוא עשה את הכול במלאות כזאת ללא פשרות, לא סתם הוא תמיד הצטיין בקורסים ובפיקוד. את הכול הוא קיבל בענווה גדולה וראה בתפקיד שלו שליחות לעשות את הכול הכי טוב שהוא יכול בלי הרבה דיבורים ובשמחה ובחיות. הייתי צוחקת עליו לפעמים שהוא ניזון מהשמש, כי הוא ישן כל כך מעט ועושה כל כך הרבה והייתי תוהה מאיפה כל האנרגיה המטורפת הזאת.

הדר אהב אנשים, ממש. כולם היו בעיניו ״גיבורי ישראל״, כל אחד היה ״אדם מיוחד״. העיניים שלו היו עם ברק כזה מיוחד שלא רואים בכל יום.

אני הייתי קצת יותר ספקנית, משהו בתפיסה שלי ובדרך הדתית שלי אומנם היה מצד אחד מאוד מחובר וצמא לרוח, אבל מהצד השני הייתי תמיד שואלת שאלות ומקשה וזה דרש מאיתנו לייצר לנו מרחב זוגי שיצליח להכיל את המרדנות שלי לצד האמונה החזקה שלו. יצרנו לעצמנו דרכים להתווכח ודרכים להתחבר אחרי ויכוחים כאלה ופשוט גדלנו ביחד.

בשנה הראשונה אחרי שהדר נפל, איבדתי את הטעם לחיים. הרגשתי שאני פשוט לא רוצה להיות פה בעולם הזה בלי הדר, שאני לא רוצה להמשיך את החיים בלעדיו. אני רוצה להיות איתו ורק איתו. זו הייתה הפעם הראשונה שבה באמת הרגשתי שאני עומדת במצב של חוסר אונים מוחלט שאין לי איך לשנות. הסופיות של המוות הייתה בלתי נתפסת עבורי. שאלתי את עצמי: מה האלטרנטיבות שלי? כי לחיות בלי הדר לא בא בחשבון, אבל אני תקועה פה בעולם ואני לא יודעת איך להתמודד עם זה, וכל מה שאני רוצה זה להגיע כבר לעולם הבא ולהתאחד עם הדר שוב, אבל זה לא אפשרי כי אין לי בחירה בזה.

מצאתי את עצמי במלכוד. ידעתי שאם יש לי עוד כל כך הרבה שנים לחיות בעולם אני צריכה למצוא דרך נורמלית להעביר אותן כי הכאב בלתי נסבל ואי אפשר להיות בתוכו כל הזמן. אבל לא ידעתי איך כן אפשר לחיות איתו.

בשנים הראשונות אחרי שהדר נפל, דיברתי איתו וכעסתי עליו. אמרתי לו שהוא כל כך הפסיד, ואני בכלל הפסדתי, כי יכול היה להיות לו איתי בית מטורף. היינו יכולים להיות זוג שלא מהעולם הזה. הרגשתי שכשאנחנו ביחד, אנחנו משהו אדיר.

חוויית השכול היא נוראית תמיד, בכל מצב. אבל משהו בבדידות שבה חוויתי אותה הוסיף לה עוד רובד. הרגשתי אבודה, בלי מקום, בלי אוויר ובלי שיוך לשום קבוצה. כמובן, המשפחה שלי וחברות שלי היו סביבי עד כמה שאפשרתי, אבל היה לי קשה להסביר את התחושות ולתאר את הדקויות של הכאב.

בשנים הראשונות אחרי שהוא נפל, מכל המקומות האפשריים, לרוב הרגשתי הכי טוב אצל המשפחה של הדר. בתוך כל השכול, דווקא אצלם הייתה קצת יותר תנועה של חיים והרגשתי שם את הנוכחות שלו דרך האחים שלו וההורים. והיה שם גם הרבה הומור. איכשהו שם היה לי הכי קל פשוט להיות, כי היה לי מקום לדמיין את כל מה שרציתי וייחלתי לנו. זה עשה לי טוב.

שם רציתי להישאר, אצל משפחת גולדין. לא רציתי להמשיך הלאה, לא רציתי לחפש אהבה אחרת. אבל מצד שני, לחיות שנים בעולם בלי משפחה ובלי ילדים? לא היה נראה לי כמו משהו שאני רוצה להתמודד איתו. ובשביל משפחה וילדים צריך להתחתן, אבל הרגשתי שאם אתחתן, זה יהיה הדבר הכי עצוב בעולם. לא יכולתי לדמיין את החתונה כאירוע שמח. לא דמיינתי שאני מתחתנת עם מישהו אחר והדר לא שם.

עם השנים, הרגשתי מאוד בודדה, ולמרות שלא רציתי אהבה, הייתי זקוקה למישהו שיפיג לי את הבדידות.

בהתחלה מצאתי את עצמי בתוך קשרים קצרים, שלא באמת התכוונתי להיכנס אליהם, אבל היה לי נעים שבחורים גילו בי התעניינות, וככה לאט לאט הכמיהה לאהבה ולקשר זוגי התחילה להוציא ניצנים קטנים. זה לקח זמן, ואולי רק אחרי ארבע שנים יכולתי להודות ביני לבין עצמי שיום אחד ארצה להקים בית ושאני רוצה אהבה.

בתקופה הזו של הקשרים השונים, שחלקם היו ממש קצרצרים וחלקם ארוכים, פגשתי בחורים שנרתעו מהדמות של הדר ברקע, ופגשתי גם כאלה שאהבו אותו וחיבקו את זה.

בכל הזמן הזה עוד היה לי בחדר מקדש להדר, עם תמונות שלו וכל מיני מזכרות שקיבלתי באירועים שהשתתפתי בהם. בשנה הראשונה החדר שלי נשאר בדיוק כמו ביום שאחרי האירוסין, כולל מתנות בצד החדר והשברים של הצלחת ששברנו בטקס, ארוזים בתוך שקית ניילון מונחת על השולחן. לא נגעתי בכלום.

שנה אחרי שהדר נהרג, כשטסתי לטייל בהודו, אמא שלי עשתה איתי חסד. היא סידרה את החדר, צבעה את הקירות והשאירה את החפצים של הדר מסודרים, אבל בצד. אנשים אמרו לי, משוגעת. מי ירצה להתחתן איתך ככה? אבל אני הרגשתי שאני צריכה את המקדש הזה, כי זה מה שנשאר לי.

בפעם אחרת שבה טסתי להודו, חמש שנים אחרי שהדר נהרג, הכרתי את האיש שלי, אבל רק שנתיים לאחר מכן הקשר בינינו התפתח לחברות טובה ומשם לזוגיות ולחתונה.

וממש כמו שאומרים שעל כל ילד שמביאים לעולם – הלב מתרחב. ככה בדיוק הרגשתי, שהלב שלי מתרחב ושיש בו מקום לשניים, ולכל אחד מהם יש את האהבה שלו אצלי. ושהאהבה לאחד לא קטנה יותר בגלל האחר. להיפך. אולי זה אפילו מה שהופך את כל אחת מהאהבות האלה לכל כך מיוחדת.

לקח לנו זמן להצליח לגשר ולבנות ולהכיל את זה שלצד הקשר שלנו יש את הדר. התקופה שלפני האירוסין שלנו הייתה מטלטלת, אבל גם בונה. פחדתי וכאב לי לחשוב שאני משאירה את הדר מאחור, אבל כשלמדנו לדבר על זה ביחד הבנו שההתעסקות שלנו בפצעים החשופים שלנו בונה אצלנו משהו חזק. ושהוא הולך ומתעצם.

לפעמים הסיפור של הדר ושלי מרגיש לי כמו שיר השירים, מפגש שאני כל כך רוצה ולא קורה. אני מרגישה שיש משהו באהבה שלנו שהוא לא סטטי, זאת לא האהבה שלנו מלפני עשר שנים. יש בה משהו שמשתנה כל הזמן, שמתבגר יחד איתי ועם השינויים שאני עוברת. יש תקופות שבהן

אני צריכה את הקשר הרוחני איתו ויש תקופות שבהן רק הנוכחות שלו ברקע מספיקה לי.

לפעמים אני מרגישה שיש את הדר האלוהי, הבלתי מושג, שיש לו גם תכונות שהן מעל הטבע, שאני מלאה בכמיהה וגעגוע אליו, ויש את האיש הנוכחי שלי, שהוא האהוב שלי במציאות העכשווית והוא גם ארצי וגם רוחני, אבל הוא היומיום שלי, החבר הכי טוב שלי והשותף שלי לחיים, ושניהם מלווים אותי.

ולפעמים אני גם מתגעגעת לשייכות שלי לעולמות שבהם הדר היה ואני לא נמצאת בהם היום, כמו עולם התורה העשיר שהיה לו, עולם הערכים והאידיאלים, העומק האין־סופי והצימאון ללמוד ולחיות ולהתפתח. אני זוכרת איך היינו אומרים שהתורה היא תורת חיים ומתרגשים מהביטויים האלו שדיברנו עליהם. אני מתגעגעת לעולמות האלו כי יש עולם שלם של עדנה שמת ביחד עם הדר, וגם אל עדנה הזאת אני מתגעגעת.

ואותה עדנה גם יודעת שהאיש שלי היום הוא השותף שלי בחיים. הוא החבר הכי טוב שלי והאדם שבחרתי לחיות איתו. הוא הדמות הממשית, המציאות שמתרחשת ולא רק הפנטזיה והגעגוע. ביחד הגדרנו מחדש מה זאת אהבה. הייתי מופתעת ואני עדיין מופתעת איך שהלב מתרחב עוד ועוד ויש מלא מקום לאהוב עוד מישהו. אני מרגישה שאני אוהבת את הדר בכל ליבי ויחד עם זאת יש לי אהבה מאוד גדולה לבן זוגי הנוכחי. כשהוא נכנס לחיי פתאום נוסף לחיים עוד רובד, כמו פלטפורמה אחרת של חיים.

איתו פתאום יש לי זוגיות שמתנהלת כמו זוגיות הכי רגילה בעולם. הגדרתי את עצמי מחדש, אישה עם זוגיות פשוטה ואוהבת שלצידה יש עוד משהו, מישהו, כאב גדול וגעגוע. וגם הערכה גדולה על מה שכן זכיתי להיות ולממש בחיים שלי. שום דבר לא מובן מאליו.

בהדר יש משהו יוצא דופן, חד פעמי, ואני לא יכולתי לסבול את חוסר המימוש של הקשר שלנו ואת העובדה שלא נשארתי עם שום דבר ממנו שהלך איתי הלאה. החזקתי את הדר כדי שהוא יחזיק אותי. ברור שחשבתי שאני צריכה להמשיך לחיות, אבל כעסתי על אלוהים שהוא מכריח אותי להמשיך לשתף פעולה עם המציאות שהוא יצר. העולם הפסיד ואני הפסדתי.

עד היום קשה לי להתעסק בדינמיקה שנוצרת אצלי בין המקום של הדר והמקום של האיש שלי, כי יש בהתנגשות הזו משהו שמפחיד אותי. דלתות מסתובבות.

אני לא יכולה לשאת את המחשבה שאם הייתי חיה עם הדר, לא הייתי מתחתנת עם בעלי הנוכחי, וגם הילד שלנו לא היה נולד. זאת מחשבה נוראית. כשעולה לי מחשבה כזאת אני מזכירה לעצמי שלא אני מחליטה, אני רק בוחרת בתוך המציאות שנכפתה עליי ולכן אני לא נותנת לעצמי מקום לתהיות כמו מי מהם עדיף ומה עדיף, אלא משתדלת להודות על מה שיש ולהבין עד כמה שום דבר לא מובן מאליו.

בסופו של דבר, ביומיום, אני לא חיה את ההבדלים שבין הדר לאיש שלי. אני חיה את חיי, חיה את הזוגיות הנוכחית שלי, והגעגוע שלי להדר נמצא במקום המיוחד שלו ומלווה את הכול.

מאז שהדר נפל אני מרגישה שלא חזרתי לעצמי באופן מלא, ברמת החיות שלי. עדיין יש לי פחד להתמסר לחיים ולהשאיר את הדר מאחור. אבל ההבנה שהחיים כל כך שבריריים ולא מובנים מאליהם מעצימה את תחושת ההודיה על מה שזכיתי ועל מה שעוד אזכה.

עם השנים יש חלקים בשכול שהופכים לנסבלים יותר, כי אני חיה חיים מלאים בסך הכול ויש לי ילד ויש משהו בחיים שנע מעצמו. זה לא כמו בשנים הראשונות, שבהן דשדשתי בתוך התהום. אבל לצד התנועה קדימה יש גם הרבה ירידות או נפילות, מקומות קשים יותר בתוכי. כאלה שעוד לא נסגרו ויותר מזה, שעכשיו נפתחו ביתר שאת.

במקביל לחיים הפשוטים שלנו עם הדר ברקע, מתנהל מאבק ארוך וצודק להשיב את הדר לקבר ישראל. ההורים של הדר והאחים המדהימים שלו נלחמים בעוז בכל מקום שהם יכולים. יש לנו כחברה חוב ערכי להחזיר את החיילים הביתה. אבא של הדר דיבר כבר שנים על כך שמי שמפקיר מתים, יפקיר גם פצועים ויפקיר גם את החיים. כשאתה לא רואה ערך בלהחזיר את מי שיצא להגן עליך, אתה מאבד את הערך הכי בסיסי שעליו קמה החברה הישראלית, את הרעות. וכשאין לך רעות, ההפקרות תלך ותתעצם.

בשבעה באוקטובר הנבואה הנוראית של אבא של הדר התממשה.

אנחנו חייבים להחזיר את ערך הרעות לעם שלנו, זו הדרך לתיקון החברה המשוסעת שלנו.

כשהדר יחזור כחלל צה"ל זה יכאב, אבל אני חושבת שתהיה לי גם הקלה גדולה. ואני מוכנה לזה. כשהודיעו לי שהחזירו את אורון שאול, זה היה מטלטל, כמו רכבת הרים של התרגשות, של תקווה ושל פחד גדול וכאב.

זה מטלטל מאוד כי הדר נשאר היחיד שלא הוחזר מהתקופה של לפני השבעה באוקטובר ועדיין קיים הפחד המצמית שיפקירו אותו שוב. אסור שישכחו אותו. הדר חייב לחזור הביתה. זה מגיע לו, זה מגיע לנו.

אני חולמת שהדר יחזור, שיהיה לו שקט ושקט למשפחה שלו. שיהיה שקט גם לי. שכל החטופים יחזרו, מי שחי – לשיקום, והחללים – לקבורה. ושנהיה מאוחדים. זה באמת החלום שלי.

אבל רגע, דיברתי רק על קשרים ועוד לא אמרתי כלום על אהבה.

אחרית דבר

הנה סיפור על פרק שהושמט מבין דפי הספר ממש עם סיום תהליך העריכה.

היה זה אחד הראיונות הראשונים שקיימתי בתחילת 2024. בחוץ סער החורף ואני נסעתי בכבישים מפותלים וחשוכים כדי לפגוש אלמנה צעירה שבן זוגה נפל חודשים ספורים קודם לכן.

אבל משהו לא היה שלם אצלי עם הריאיון הזה.

בחודשים שאחרי המפגש שלנו עיבדתי עם עצמי את החוויה, ושמתי לב שכל סיפור שעלה בשיחה, יכולתי להבחין שהוא סופר כבר הרבה פעמים. בשבעה, בתקשורת, לשכנים. הרגשתי שאנחנו לא מצליחות להגיע לשיתופים שמשקפים תהליכים עמוקים.

אני לא מוותרת על אף סיפור, אמרתי לצוות שלי, אבל לצערי הסיפור הזה לא ייכנס לספר, כי נראה שהאלמנה הזו עוד לא מצליחה להתחיל לעבד את הכאב. בלב לא קל, אבל שלם, החלטתי לבסוף להשאיר את הסיפור מחוץ לספר.

אבל אז הופתעתי.

במסגרת חודש הספר ביוני של אותה שנה, הרציתי על ספר הילדים שהוצאתי – "מלחמה של גיבורים". בסוף השיחה התקבצו מסביבי התלמידות המתוקות של בית הספר היסודי שסיפרו על מי מבני משפחותיהם הלוחמים שנפצעו או נפלו בקרב. ואז ילדה מתוקה־מתוקה אמרה שקרוב משפחה שלה נפל ושעכשיו אלמנתו מתחתנת. שמחתי מאוד וכששאלתי מי הגיבור, גיליתי שהאלמנה הטרייה שראיינתי מצאה אהבה!

בשיחת טלפון איתה הבנתי שהמידע, כדרכם של ילדים, נופח וזלג לאוזניי מוקדם מהצפוי, אבל כעבור כמה חודשים אכן הגיעה אליי הודעה מחברה משותפת: האלמנה מתחתנת.

הופתעתי, ובאותה המידה לא הופתעתי כלל. אם יש משהו שגם הספר הזה לימד אותי הוא שהחיים חזקים מהכול. ועכשיו כבר הייתי ממש סקרנית לשמוע את המשך הסיפור שלה.

שבוע אחרי שהיא התחתנה, המשכנו את הריאיון. קיוויתי בכל ליבי שנצליח לפצח את הסיפור. שאוכל לחזור בי מהחלטתי שלא לכלול אותו בספר, ואצליח לתת מקום של כבוד לתהליכים אמיתיים ועמוקים. כן, חיפשתי אצלה, כמו אצל כל המרואיינות בספר, גם את התהליך. כי כל סיפור הוא תהליך שיש בו התחלה אמצע וסוף, שמתחברים לכדי מעגל שנסגר בקצוות. אבל אצלה לא מצאתי כזה. בסיפור שלה, הכול באמצע, או שאולי הכול קורה בבת אחת. האבל הוכרע באבחה לטובת דהרת החיים, היא כואבת ומתחתנת, היא מתפרקת ובונה. היא בוכה בעין אחת ומחייכת בשנייה. ואז הבנתי: האלמנה הזאת היא מראה בהירה וחדה, אולי מדי, לחיים של כולנו, בישראל של 2025. אנחנו חיים בעצימות גבוהה ועוברים תהליכים מורכבים בעוצמות גדולות. מדי.

הריאיון הנוסף איתה, כאישה נשואה שנושאת גם כאב וגם תקווה, היה מרתק. הייתי שם כמראיינת וכחברה ולבסוף החברה שבי ניצחה. הבנו ביחד שאת הריאיון צריך בכל מקרה לגנוז, בגלל הרגישות הכרוכה בסיפור החיים שנקטעו וממשיכים מהאמצע, סיפור שמעורבים בו אנשים רבים שבונים מחדש את חייהם.

נשארתי עם ח"י אלמנות, וידעתי שיש מילה אחת שמחברת את כל הסיפורים שלהן. תיכף נגיע אליה.

בגמרא, אומר רבי יוחנן: "כל הנושא אשה לשם שמים – מעלה עליו הכתוב כאילו ילדה". גבר שנושא אישה מוציא אותה לאור, מביא אותה למימוש הנשיות והכוחות שלה. ואני רוצה לטעון גם להיפך. כל המותיר את אשתו אלמנה, כאילו לוקח אותה איתו. קול חזק שעולה מהאלמנות הטריות הוא נהמה של איבוד זהות. געגוע לאישה שהייתה והפכה לאלמנה, והיום היא

אישה עם חיות אחרת, אולי עם אישיות אחרת. ובתוך חדרי ליבה מתקיימים ביחד האהוב המת, אובדנו, והאהוב החי שהגיע או שיגיע אחריו. והם פועמים ויפעמו בתוכה תמיד. והאנרגיה הזאת משאירה אותה בחיים, אבל גם מחלישה ומפזרת. הן חיות בינינו, האלמנות החדשות, והן מחייכות ברשתות החברתיות, אבל אל תטעו, הן חיות ומתות בו־זמנית.

ומכאן נחזור לשם הספר שבקלות יכול היה להיות "אלמנות", אבל זה בכלל לא מה שהשתוקקתי לְסַפֵּר. בישורת האחרונה של עריכת הספר, שלחתי לצוות שלי את ההקלטה הבאה:

בנות. אני מתעקשת על שם הספר (ובכן, רק אני הייתי בעדו לאורך הדרך), שאימצתי מתוך המונולוג של עדנה סרוסי נגה, המאורסת והנשואה בו־זמנית. עדנה סיפרה לי שיום אחרי הדייט הראשון שלה עם הדר גולדין, הוא אמר לה "התגעגעתי", והיא חשבה לעצמה: "מה אתה בכלל יודע על געגוע?".

ואני ידעתי, פשוט ידעתי באותו הרגע, שזה יהיה השם של הספר, כי זהו הלב שלו.

הספר הזה לא מדבר על פרידות, הוא מדבר על אהבות. וכאשר האהבות מתמשכות, הן משחילות את חרוזי היומיום על הרגע הנצחי הזה שהוא מעבר לטעם ולדעת ולכאן ולעכשיו. מה כבר יכול זוג מאורס לעורר בזוג נשוי ותיק, מלבד את מהותו של הרגע הזה, הנגוז? הוא הרי תמיד נגוז, ואז מתעייפים ממאבקים ומתעייפים מהאהבה ומתעייפים מהתקווה, ורק השאיפה לחיות חיים ששווה לחיות אותם, ולהתגעגע אליהם כאשר יימוגו, יכולה להחזיר את הנצח הזה לתוך נשימת העכשיו, השגרה עצמה.

אבל הנצח הזה לא חוזר לבד, צריך לפעול למענו. ולכן השאלה טמונה בשם הספר, כדי שהוא ישלח אותי, את כולנו, לעשות עבודה ולשאול את עצמנו, מה באמת אנחנו יודעים על געגוע?

אני יודעת שגעגוע הוא תנאי בסיסי ויסודי לאהבה. אם אין געגוע ואין כמיהה, לא ירחק היום וגם האהבה תימוג. ולכן את אותה כמיהה, את אותו געגוע, אני רואה גם כסוד יהודי עתיק. הכמיהה אל מה שאף על פי שהוא בידינו, תמיד יישאר בו רובד מסתורי, בלתי מושג ובלתי מפוענח. כי געגוע הוא משב רוח שתמיד מגיע ולא מגיע בו־זמנית, והוא מקבל את האיכות שלו מהשורש המרובע ג.ע.ג.ע, נוגע ולא נוגע: אני נמצאת במקום אחד, אבל

גם נמצאת בכיסופים למקום אחר שאני לא נמצאת בו, לאיש שלא נמצא איתי. ולפעמים הוא איתי בחדר ואולי הוא אפילו אוחז בידי, אבל הוא לא באמת איתי. אולי כי אני לא באמת איתו. אולי הוא לא נוכח, אולי לא כל החלקים שלו נגלו אליי, אולי יש רובד שקיים בינינו שמתקשה לצוף מעל החיים העמוסים והטורדים. אולי נצטרך להמתין ליום שבו נצא לפנסיה, או ליום שבו יהיה לנו זמן להביט לקשר שלנו בעיניים ויהיה לנו מספיק אומץ לקפוץ אל הלא נודע, אבל גם להתחייב שבמסע הזה אנחנו שומרים ברית זה לזה ומסיימים אותו ביחד. לכל אחד חומות משלו.

והמסתורין הזה, כשהוא מצליח להישמר על האש הנכונה, הוא בערת האהבה. כי אהבה שיש לה חיים ארוכים היא תמיד ריקוד של גילוי וכיסוי. בעוד גילוי מוחלט יוצר בנאליות וכיסוי מוחלט מוליד ניכור, השילוב ביניהם הוא אהבה. איך כולנו מתים לדעת את הריקוד הזה.

ריקוד שבמהלכו תמיד אשמור על מקום שבו אני לא מכירה אותך עד הסוף ואתה לא מכיר אותי, והמסתורין הזה מאפשר לאהבה שלנו להסתחרר. אולי לזה התכוונה אחת האלמנות כשדיברה על הזוגיות כקודש הקודשים שלה. נוגעים ולא נוגעים, חשופים ולא חשופים, התנאי הזה יכול לשמר אהבה.

הגעגוע הזה שקורה ולא קורה הוא הדבר המרתק ביותר בעולם. יש בינינו מרחב שיש בו אהבה, אבל לפעמים גם אין בו. כי אנחנו עכשיו בגלים. כי אני עוד לא בטוחה שאני רוצה להתחייב על הקשר הזה למרות שכולי בפנים, ברור שכולי בפנים. ולכן סוד האהבה הוא געגוע. המשחק של הגעגוע מאפשר חברות ותשוקה ואהבה.

למה בעצם אומרים "מצאתי אהבה"? לא תמיד היא מגיעה בהפתעה כמציאה. אני בכלל חושבת שאהבה היא חציבה. חצבתי אהבה. כשערכתי את המונולוגים, הרגשתי שאני חוצבת סיפור אהבה.

געגוע הוא המרחק בין מה שקורה בינינו עכשיו בהווה העלוב, השגרתי והאפור שאין זולתו, לבין הבאר הנסתרת שקיימת בין שנינו שמבטיחה לנו שלא סתם נפגשנו, הבאר שמתוכה דולים אהבה. יש אנשים שלא מגלים את הבאר הזאת אף פעם. מה הם יודעים על געגוע? מה אנחנו?

השיחות עם האלמנות ציירו את המאבקים האישיים, אבל צבעו גם את הסיפור של ישראל והמדינה שמשנה פנים עם השנים. וגם השכול שינה פניו.

אני בטוחה שבמהלך קריאת הספר הבחנתם גם אתם שיש הבדל בין אופי השכול של אלמנות המלחמות הוותיקות, לבין זה של המלחמות בעשורים האחרונים, וכמובן השכול של אלמנות מלחמת חרבות ברזל, שכאשר שוחחתי איתן הבנתי שאני חוקרת בזמן אמת שכול בעל דפוס ייחודי.

אז איך התמודדו אלמנות המלחמות הראשונות עם אובדן האהבה? השפה של אותה תקופה הייתה שפה של עשייה, הישרדות ודילוג מעל פני ההתמסרות לעומקו של הכאב. זהו דפוס שמאפיין את דור הקמת המדינה, גם של מי שהגיעו לכאן אחרי השואה, והוא עלה בכל מפגש שלי עם שכול ותיק.

באחד מהראיונות שלא נכנסו לספר, ביקשתי מאלמנה שנושקת לגיל תשעים להצטלם עם תמונה של האהוב שלה. הם התחתנו כשהיו בני עשרים והיו נשואים למשך שמונה שנים בלבד. כשהיא שמעה את הבקשה שלי היא הניפה את היד בביטול כמו אומרת, מה זה השטויות האלה. ואז ניגשה למטבח, פתחה מגירה חורקת והוציאה פומפייה שקיבלה במתנה לחתונה שלהם אי שם לפני שבעה עשורים. היא הצטלמה עם הפומפייה הכסופה, מחייכת, ואני חשבתי לעצמי כמה קל להמשיך לתפקד כשיש למי להכין אוכל.

האלמנה הזו ויתרה במודע על מציאת אהבה חדשה בחייה, סירבה להיפגש עם גברים והחליטה שפרק האהבה בחייה הסתיים ומאז, למעלה משישים שנה, היא לבד, אך לא מרגישה בודדה. את חייה הקדישה לעזרה ליתומי צה"ל. כששאלתי אותה, מה היו הדברים שבהם אהבת לפנק את בן זוגך או לעשות למענו? ענתה כעת באופן נוקב: תפסיקי לשאול את השטויות האלה! מה שחשוב הוא המפעל שהתחלתי לעשות למען אחרים. את לא יכולה בכלל לתאר מה התוצאות של כל הפעילות הזאת. שאלתי אותה, עם מי הרגשת שאת יכולה באמת לדבר ולחלוק את הכאב בשנים האלו? והיא ענתה, אין לי זמן לחשוב על הדברים האלה. אני רצה הלאה. מוכרחים. והתעקשתי ושאלתי: ואם עוצרים, מה קורה? והיא חתמה: אז את נופלת.

והיא לא היחידה. אלמנות רבות מאותן המלחמות לא התחתנו. לחיות ללא אהבה הייתה אפשרות קבילה עבורן. כששאלתי למה, הן ענו שהיה צריך לבנות את המדינה, או להתמסר לגידול הילדים. כששאלתי כיצד

התמודדו עם הכאב, הן ענו שלא באמת הרגישו אותו. אולי מדי פעם. חיינו את החיים, הן אמרו.

לעומת זאת, המפגש עם נשות הנופלים ממלחמת חרבות ברזל והמסקנות שהגעתי אליהן גרמו לי להבין שאני פוגשת שכול עם דפוס הפוך לגמרי.

האלמנות העכשוויות מנציחות את האהובים שלהן יותר מאשר בכל ההיסטוריה של מדינת ישראל.

רוב האלמנות שפגשתי אומרות בפה מלא, היה לי את האיש הכי מדהים בעולם, לעולם לא אמצא כזה גבר מושלם. ובאותה הנשימה הן מכריזות, ואני ממשיכה הלאה. ואני יודעת שתהיה לי אהבה חדשה.

כששאלתי אותן מתי לראשונה עלתה המחשבה הזאת, להמשיך הלאה, הן ענו, ברגע שנפרדתי ממנו בחדר המתים. בהלוויה. בשבעה. המאוחרות מביניהן הצביעו על נקודת זמן כלשהי במהלך השנה הראשונה. לא פגשתי את הדפוס הזה אצל האלמנות הוותיקות.

ההסכמה להמשיך הלאה היא שפה מאוד עכשווית.

כשאני שואלת את עצמי מדוע זה כך, מה יכול להסביר את ההבדל הזה שבין תפיסת האהבה של האלמנות הוותיקות לבין תפיסת האהבה של האלמנות החדשות, נדמה לי שהמחשבה להמשיך הלאה קשורה במושג נאמנות, שכמו כל דבר, הגדרתו משתנה עם השנים.

נראה כי האלמנות הוותיקות שמרו נאמנות לבעלים שלהן בעצם הישארותן לבד. לעומתן, רבות מהאלמנות של היום נאמנות לחיים עצמם. הן לא שוכחות את האהובים שנפלו, אבל גם לא את המחר.

אלמנה ותיקה האירה את עיניי כשאמרה "מי שהייתה לה זוגיות טובה, רוצה באופן טבעי להמשיך הלאה, כי היא לא יכולה לחיות בלי אהבה".

לאותה אלמנה לקח מעל עשרים שנה למצוא אהבה חדשה והמעניין הוא שכיום, כשהיא בת יותר מתשעים, האופן שבו היא חווה אהבה קרוב לאופן שבו הדור הנוכחי חווה אהבה. כלומר, היא מאוהבת בבעלה למרות שהם לא צעירים והזוגיות שלהם לא צעירה, והיא מדברת עליו בהערצה וברטט עדין של התרגשות.

ההתרגשות הזאת נגעה בי ואפילו טלטלה אותי והסיפור שלה אתגר אותי. שאלתי את עצמי איך היא הצליחה למצוא אהבה, לרצות בה ולטפח אותה, בעוד אלה שהתאלמנו במקביל אליה, היו מונעות מדפוסים הפוכים?

ואז היא סיפרה על מנהג מיוחד שיש לה. מתברר שהיא נוהגת לעצור, לחשוב ולהתבונן על חייה במשך שעות. כלומר, יש לה מנגנון של דפוס חשיבה פנימי, שחוקר את עצמה ואת העולם, ולכן היא הצליחה לעשות את הטרנספורמציה ולאמץ דפוסי חשיבה והתנהלות שקרובים יותר לאלה של נשות הדור הנוכחי שמפנה את מבטו אל עבר עצמו הרבה יותר מאי פעם. האהוב השני שלה האיר את עולמה וגרם לה לחשוב מחשבות חדשות על אהבה. האם יש מרגש מזה? כנראה המוח שלנו אכן גמיש ושינויים יכולים להתרחש בכל גיל.

הלשון, גם היא מאפיינת ותמונת מראה של תקופה.

במהלך הכתיבה, אי אפשר היה להתעלם מכך שאלמנות המלחמה הנוכחית משתמשות במידה מרובה במילה "מושלם". המילה הזו ניכרת במונולוגים שלהן, למרות שדיללתי אותה כהוגן. כשאני בוחנת את תמלולי הראיונות שערכתי עבור הספר הזה, אני מגלה שאצל אלמנות המלחמות מלפני עשרות שנים, המילה "מושלם" לא הייתה שגורה לשם תיאור יחסים או תיאור בכלל. שימוש מזערי בה החל בצוק איתן, והפך למופרז אצל אלמנות חרבות ברזל, אלמנות דתיות, חילוניות ודרוזיות – כולן שייכות לדור שלנו; דור שמחפש את הקשר בין תוכן הדברים לאופן שבו הם מוצגים, דור שבו כל המידע נאמר אין יור פייס, ברשתות החברתיות ובסטיקרים, באופן כן, אותנטי וחשוף, ועם זאת – תוך שאיפה ליופי ולמצג של שלמות. אנחנו דור ששואף לצלם טייק מושלם של סיפור שנדמה מושלם ואפשר להגיד שזה מאוד רדוד, אבל התקווה הזאת לספר סוף טוב ופוטוגני היא בעיניי סממן חיצוני למשאת נפש פנימית. משאת נפש של דור שמכיר את הסלפי שלו יותר מכל דור אחר, ולכן למשל, גם פוגש את הפוסט טראומה באחוזים הולכים וגדלים. ואף מטפל בה. ובין הצללים לשמשות, נאבק להאיר את החיים באור מחמיא.

מאלמנות ותיקות קיבלתי תחושה שהחיים הקודמים נשארו במובן מסוים על כנם ורק נגרע מהם בן הזוג. כמו תמונת שחור לבן שהוא נחתך מתוכה. הן פרשו שתי זרועות חסונות והחזיקו כל מה שהצליחו להחזיק, את הפרנסה, את חינוך הילדים ואת האווירה בבית – אנחנו חזקים והכול

יהיה בסדר. אך ככל שהמונולוגים התקדמו על ציר הזמן הכרונולוגי, שמעתי יותר ויותר קולות של רפיון ההחזקה ואפילו איבוד זהות. הגעגוע ניצח את החינוך לשמירת הפאסון.

ככל שהתקדם הספר, נעתי גם אני על ציר שלאורכו התגבשה התפיסה שלי, שנבעה גם מהטעויות שבדרך. כל כך מפחיד לטעות. הייתי חרדה שלא תתפתח בי הרגישות המתאימה, ונראה שגם היו לא מעט רגעים כאלה, אבל מריאיון לריאיון הבנתי שלכל טעות הייתה כתובת.

ביקשתי מאלמנה אחת, ספרי על רגע בלתי נשכח שאת זוכרת מהתקופה שהייתם ביחד. והיא אמרה מייד, אל תקראי לזה 'התקופה שהיינו ביחד!' זה מאוד מעליב! אלו היו החיים שלנו ביחד. ואני השתוממתי, מהיכן זה הגיע? למרות ששאלתי את אותה השאלה בגרסאות אחרות כבר עשרות פעמים, זאת הייתה הפעם הראשונה שבה השתמשתי במילים האלה, אז למה דווקא אותה שאלתי באופן הזה? יש שאלות שנשאלו מהפה שלי בניסיון להבין את הדי.אנ.איי המיוחד של הסיפור, לפעמים מבלי שאבין על איזה אוצר אני דורכת. האמנתי בדינמיקה הזאת, במה שמתרחש בחדר והוא גדול ממני בעוד אני רק צינור שמביא את הסיפור השלם.

עם הזמן גיליתי שכמו כל דבר בצה"ל שנחלק לשלושה, גם למונולוגים יש דפוס שנקרא "ריאיון שלוש השעות".

בשעה הראשונה נחשף הרובד הראשוני שאני קוראת לו "סימביוזה". ברובד הזה האיש הוא תמיד גיבור ומדהים ולעולם לא אמצא כמוהו כי אין עוד כזה. והייתה לנו זוגיות מדהימה, אבל באמת.

בשעה השנייה של הריאיון פגשתי את "הסדקים": באמת לפעמים היה לנו לא קל, היו לנו פה ושם התמודדויות. לעיתים נדירות גם היינו רבים ויש בתוכי חלקים שלא היו בשלום עם שלו. התמונה האידיאלית של השעה הראשונה נסדקת.

השעה השלישית של הריאיון הביאה תמיד את הרובד התלת־ממדי שהשלים את התמונה. אני קוראת לשעה הזאת "עכשיו אני". בשעה הזאת הגענו לרובד שבו האלמנה מעזה לחלום גם על החיים הבאים, לפעמים הגבר הבא, הזוגיות שבה יתממשו גם חלקים שלה שלא באו לידי ביטוי בזוגיות

הקודמת. בשעה הזאת נפתח האופק להאמין ולקוות שלמרות האובדן הבלתי נתפס, יש עתיד שיכול להיות אפילו טוב יותר.

יש רגע שלקחתי כתמונת זיכרון והוא ילך איתי לשארית חיי.

אני יושבת בעיר דרומית עם אלמנה ותיקה בסלון ביתה. כפרה עלייך, היא אמרה. יש הרבה פרטים לתקן, אני לא יכולה ככה בטלפון, בואי אליי. ושוב עליתי על הכביש ושוב פקקים ושוב אני על ספת הזמש השחורה. אני אקריא לך את הסיפור? שאלתי אותה.

ומול פנים שמביטות בי בעיניים סקרניות, אפילו ילדיות, שלא ניכר עליהן כובד השנים, הקראתי לה סיפור כמו אם שלוחשת מעשיות לילדיה לפני השינה. ופתאום כבר לא היו טעויות. היה שם רק הסיפור שלה כפי שהיא רצתה לספר וכשסיימתי הייתה בחדר שתיקה והיא אמרה, כן, נכון, כתבת הכול.

באותו הרגע הבנתי שהקראתי לה את סיפור חייה. והיא חתמה עליו.

המעמד הזה חזר על עצמו עם אלמנה ותיקה נוספת, בדיוק כך. הן חתמו על הסיפור שלהן ואישרו את עצמן. ואני הרגשתי שאני שותפה למעמד שהוא לא פחות מקדוש.

אני אישה מתגעגעת. וזה הסוד שלי. קראתי את עצמי בכל אחת מהנשים שמונחות כאן בין דפי הספר אף על פי שהסיפורים שלנו שונים.

כמותן, גם אני כל הרגעים השבורים, גם אני האהבה שנגדעה, גם אני סיפור של אהבה שיש בה רגעים מרגשים ומסעירים ששווה לחיות למענם, כמו גם רגעים לא פוטוגניים ותקופות של חוסר מודעות. אני תהליכים שלעולם לא יגיעו לסופם, ואני דרך של בדידות. ולמרות שנבקעתי וצולקתי, אני עדיין מאמינה באהבה ומחליטה לרצות אותה בחיים שלי. להיות געגוע שלעולם לא יפסיק ולא במובן הפואטי, אלא במובן הפרקטי.

שמעתי שיש אנשים שנפלו עליהם מיליוני שקלים מבלי שהתאמצו ולקחו סיכונים והקריבו כל מיני הקרבות קטנות וגדולות. בחיים לא פגשתי כאלה.

שמעתי שיש אנשים שיושבים מסביב לשולחן השבת עם חמישה עשר ילדיהם וכולם שרים ועושים קולות שניים ושלישיים ואומרים דברי תורה ואוכלים בסכין ומזלג. ואומרים תודה אמא. ואפילו מפנים את הכלים! לזה אני דווקא כן מאמינה. אבל אני בטוחה שיש להם אתגרים אחרים.

שמעתי שיש אנשים שיש להם אהבה יפה מבלי שהזיעו עליה. אני לא מאמינה לזה.

ועכשיו, כשאני חותמת את הספר, אני מרגישה יותר מתמיד שיש סיפור שצריך להיות מסופר. לא תמיד נוצץ ורומנטי כמו סיפור של דיסני, אבל סיפור ראוי על אהבה ששווה לחיות למענה, אהבה של עליות ומורדות בארץ קטנה ומוקפת אויבים, שבה החיים תמיד סוערים.

אולי אם נצליח להיות אוהבים ומחזיקים שלום בינינו, גם היא תוכל לנוח.

הלוואי שנשאל תמיד מה אנחנו יודעים על געגוע.

מה זאת אהבה?

אולי אהבה זה כשחיים מביא לרבקה מהמכולת שק של קלמנטינות, כי הוא יודע שהיא אוהבת. או כשמיכל צריכה ללכת לישון מוקדם, אבל דולב כל הזמן מציק לה ומצחיק אותה ולא נותן לה להירדם. או כשאברהים ונדין רצים ביחד בכל בוקר, ואברהים מחזיק לה את היד. או כשנועם כותב לנוגה "בפעם הבאה שיקראו לי למילואים, נחליט ביחד", ומדגיש את המילה "ביחד" עם שני קווים מתחת. או כששמוליק אומר לאיריס "אני רוצה שפעם אחת בחיים שלי תקבלי אותי כמו שאמא שלך מקבלת את אבא שלך". או כשנוגה יוצאת מהבית בלי כיסוי ראש וצועקת על נועם "ביי, אני יורדת לאילת". או כשיוסוף מכריח את אלין לכתוב את המכתבים שלה בעברית, כדי שהיא תשתפר. או כשיניב חוזר מהמילואים, והם יושבים שניהם ברכב ובוכים, עשר דקות של התפרקות. או כשאמציה ומאירה צועדים יד ביד ברחבת הכותל המערבי מיד אחרי ששת הימים, והיא לוחשת לו "אני מרגישה שאני צועדת על גג ההיסטוריה". או כשיהונתן וג'ערה מכינים כל ערב ביחד את החלט הקבוע שלהם: חסה, מלפפון, עגבניות שרי, פטריות וקרוטונים. או כשיערה חוזרת מהעבודה גמורה ישר למיטה, ויהונתן מופיע בחדר עם קערה וסבון ושוטף לה את הרגליים. או כשעופרה אומרת לעמוס "אני מכירה את כל הפצעים שלך, תפסיק לנסות לשמור עליי". או כשעמנואל מעזה סופסוף להיכנס לאפליקציית דייטים ושומעת בתוכה את אלעד אומר לה "איך ברור שתבחרי אותו, את צריכה תיקון לקרחת שלי". או כשרגע אחרי החופה שלהם, אדוה מניחה את כף ידה הקטנה בתוך כף ידו הגדולה של עומר, חברו הטוב של ארוס שלה, זיו, שנהרג. או כשכלתה של תמר מציעה לה לחדש את הדרכון, ותמר מסרבת ואומרת לה "אני בת תשעים ואחת, יש לי את ארנון, יש לי כל מה שאני צריכה". או כשיגאל כותב לאורה בשדה הקרב את המילים שהפכו לאחרונות "עכשיו אני יותר קרוב אלייך מתמיד". או כשיהלי שמה בעריסת התינוק תמונה של יאיר, כדי שהבן שלו יכיר אותו. או כשהדר יושב בשטח הכינוס לפני הכניסה לעזה, ומצייר לעדנה יונים ורימונים להזמנת החתונה שלהם. או כשיעל יושבת על נדנדה בחצר, ומרגישה לפתע כאב חד ועוצמתי כאילו מנסרים אותה, ושם היא מבינה, מבלי לדעת, שברגע זה הוא נהרג. או כשזוהרה לובשת את הסווטשירט הקרוע והמכוער שיניב לבש לדייט הראשון שלהם, והולכת לזהות אותו במחנה שורה. או כשמיכל מבקשת בכל לילה מנריה שיבוא אליה בחלום. או כשאיריס אומרת לאהוב נפשה על קברו "שמוליק, מחילה, אני בוחרת בחיים".

אולי כל אלו, אולי כל זה, זאת אהבה.